U0793777

湖北省社会科学基金一般项目（后期资助项目）成果（项目编号：2018077）

“一带一路”
共建国家语言教育政策研究

主　编　宋红波　沈国环
副主编　耿殿磊　章木林　张　淳
编　委　陈春梅　陈　玲　程　宏　冯　婕　郭　晶　耿殿磊
何　清　刘　妤　姜岳慧子　吕　鸣　牛婷婷　沈国环
宋红波　汪　睿　吴俊昊　吴　月　谢晓涵　姚　刚
张　淳　章木林　周德艳　周　岚

WUHAN UNIVERSITY PRESS
武汉大学出版社

图书在版编目(CIP)数据

“一带一路”共建国家语言教育政策研究/宋红波,沈国环主编.—武汉:武汉大学出版社,2020.12(2022.4 重印)
ISBN 978-7-307-21491-0

Ⅰ.一…　Ⅱ.①宋…　②沈…　Ⅲ. 外语教学—教育政策—研究—中国　Ⅳ.①H09　②G520

中国版本图书馆 CIP 数据核字(2020)第 079917 号

责任编辑:罗晓华　　责任校对:汪欣怡　　版式设计:韩闻锦

出版发行:**武汉大学出版社**　(430072　武昌　珞珈山)
(电子邮箱:cbs22@ whu.edu.cn 网址:www.wdp.com.cn)
印刷:武汉邮科印务有限公司
开本:787×1092　1/16　印张:20.75　字数:492 千字　插页:2
版次:2020 年 12 月第 1 版　2022 年 4 月第 2 次印刷
ISBN 978-7-307-21491-0　定价:60.00 元

版权所有,不得翻印;凡购买我社的图书,如有质量问题,请与当地图书销售部门联系调换。

作者简介

宋红波

英语语言文学博士，武汉科技大学外国语学院教授、院长、硕士生导师，湖北省翻译工作者协会常务理事。研究方向为应用语言学、翻译学。先后主持省部级、市厅级项目8项，获省级教学成果奖2项，出版教材、专著3部，发表论文30余篇。

沈国环

武汉科技大学外国语学院副教授。研究方向为应用语言学，主持或参与省级、校级项目5项，主持在线课程1门。

前　言

自2013年中国提出共建“丝绸之路经济带”和“21世纪海上丝绸之路”的“一带一路”倡议以来，越来越多的国家、地区和国际性组织加入到该倡议中来，“一带一路”已经超越了其传统的地理概念范围，成为“和平发展、合作共赢”的发展理念。建设“一带一路”既是中国国家战略，又是中国向世界发出的构建人类命运共同体的倡议。中国作为倡议的发起国，积极推动各国在政治、经济、军事和文化等多个领域内的合作与交流。“一带一路”的纵深发展给参建各国带来了巨大的经济效益和发展机遇，比如更加广阔的市场、更多的就业机会。中国正在逐步从一个资本和技术进口型的国家发展成为技术和资本出口型国家，在这个转型过程中，中国面临着语言不通、文化冲突等挑战。

从国家战略层面上来说，中国的发展离不开和平的外部环境与稳定的市场，与“一带一路”共建国家在政治、经济和文化等多领域的合作，有利于构建一个和平稳定的环境。我们需要全方位了解这些国家，才能与它们顺利合作。《“一带一路”共建国家语言教育政策研究》响应我国的“一带一路”发展倡议，研究“一带一路”共建国家的语言教育政策，分析这些国家的语言国情，有助于我们从语言教育视角了解这些国家。

邓小平曾说，“百年大计，教育为本”，一个国家未来的长远发展离不开当下教育规划和教育政策的制定。语言教育政策作为教育政策和语言政策的重叠部分，既有教育政策的因素，又有语言政策的因素，是一个国家在一定时期内为实现政治治理目标或者发展目的而制定的有关语言教育的计划和措施。它反映了政府对国内各语言的定位以及态度。因而，了解“一带一路”共建国家的语言教育政策对我们来说意义重大：

首先，研究“一带一路”共建国家语言教育政策，梳理这些国家的语言分布状况，有助于及时调整我国的外语语种设置和外语人才培养规划，加强国家综合外语能力建设，提升我国应对外语需求和解决文化冲突的能力。

其次，研究“一带一路”共建国家语言教育政策对汉语的国际教育与推广，尤其是其本土化工作至关重要。汉语国际教育的推广需要遵守所在国的语言教育政策、风俗和传统。汉语国际教育的本土化一定程度上标志着中国语言和文化在当地的扎根与生长，这是中国提升国家软实力的重要途径之一。

再次，研究“一带一路”共建国家语言教育政策对我国的语言教育政策有着重要的借鉴和参考价值，有利于我们从对比的角度来审视国内的语言教育政策，吸取他国优秀的经验和失败的教训，强化我们已有的成功的做法，更正或者摒弃不当的做法，在政策层面尽量做到科学规划、指导明确，以达到实践效果的最大化。

最后，研究“一带一路”共建国家语言教育政策，能够让我们更加了解这些国家的国情和文化，有利于减少合作中的误解甚至是摩擦，为我国的发展创造一个和平的大环境。

这也是我们编写此书的初衷。

本书的编写得到了湖北省社会科学基金的支持(项目编号：2018077)，并得到了武汉科技大学外国语学院和国际学院师生的鼎力相助。在本书的写作和出版过程中，得到了武汉大学出版社游径海主任和谢群英编审的大力支持。在此，我们一并对所有促成此书出版的机构、组织和个人表示衷心的谢意。

由于时间仓促，加之编者水平有限，书中难免有疏漏和不足之处，恳请读者和专家批评指正。

宋红波　沈国环

2020 年 2 月

目　录

第一章 绪 论

1.1 “一带一路”倡议的提出

2013年9月和10月，习近平主席在哈萨克斯坦纳扎尔巴耶夫大学和印度尼西亚国会演讲中先后提出共建“丝绸之路经济带”和“21世纪海上丝绸之路”的经济发展构想。“一带一路”是对上述两个构想的概括和延伸，旨在借用“丝绸之路”的历史符号，向世界各国发出倡议，与沿线各国发展经济合作伙伴关系，共同打造政治互信、经济融通、文化包容的利益共同体、命运共同体和责任共同体。2013年11月，“一带一路”被写入党的十八届三中全会通过的《中共中央关于全面深化改革若干重大问题的决定》，正式上升为党和国家的重大战略。2015年3月28日，国家发展和改革委员会、外交部、商务部三部委经国务院授权，联合发布了《推动共建丝绸之路经济带和21世纪海上丝绸之路的愿景与行动》(以下简称《愿景与行动》)，标志着“一带一路”倡议进入全面推进阶段。2017年6月20日，国家发展和改革委员会、国家海洋局特制定并发布《“一带一路”建设海上合作设想》，旨在进一步与沿线国家加强战略对接与共同行动，推动建立全方位、多层次、宽领域的蓝色伙伴关系，实现人海和谐、共同发展，共筑和繁荣21世纪海上丝绸之路。

“一带一路”以互联互通建设为主要内容。习近平主席在“加强互联互通伙伴关系”东道主伙伴对话会上指出：“我们要建设的互联互通不仅是修路架桥，不光是平面化和单线条的联通，而更应该是基础设施、制度规章、人员交流三位一体，应该是政策沟通、设施联通、贸易畅通、资金融通、民心相通五大领域齐头并进。”①作为一个宏大的经济愿景，“一带一路”以“共商、共建、共享”为原则，以互联互通为切入点，通过政治互信更加深入、经济联系更加紧密、资源整合利用更加有效、人文交流更加广泛，践行和平合作、开放包容、互学互鉴、互利共赢的丝路精神，旨在同沿线各国分享中国发展机遇、实现共同繁荣。②

根据最初的战略构想，计划覆盖“一带一路”沿线65个国家，贯穿亚、欧、非三大洲，包括东南亚11国、东亚1国、南亚7国、中亚5国、西亚20国、中东欧16国、东

---

① 习近平. 联通引领发展 伙伴聚焦合作——在“加强互联互通伙伴关系”东道主伙伴对话会上的讲话. 人民日报，2014-11-09.

② 习近平. 中国发展新起点 全球增长新蓝图. 在二十国集团工商峰会开幕式上的主旨演讲，2016-09-03.

欧4国以及北非1国，占世界224个国家和地区的29%，总人口约为45.21亿，约占世界总人口的62.27%。《愿景与行动》同时还指出：“一带一路”相关的国家基于但不限于古代丝绸之路的范围，各国和国际组织、地区组织均可参与，让共建成果惠及更广泛的区域。可见，“一带一路”并非一个实体或机制，而是一个合作发展的理念和倡议，它本质上是一个开放、包容的国际区域经济合作平台，没有绝对的地理界线。中国“一带一路”网的“各国概况”栏目指出：该栏目收录的国家包括“一带一路”沿线国家以及与中国签订“一带一路”相关合作协议的国家。① 六年来，“一带一路”的实际建设情况进一步验证了该理念：中国已与100多个国家和国际组织签署了共建“一带一路”相关合作文件。就最新情况而言，2018年8月19日，乌拉圭同中国签署共建“一带一路”谅解备忘录，是与中方签订此类备忘录的首个南方共同市场国家，有望成为南美同中国交往合作的枢纽以及“一带一路”建设在拉丁美洲的一个重要节点；2018年8月27日，希腊与中国签署共建“一带一路”合作谅解备忘录，成为与中方签订此类备忘录的首个欧洲发达国家；2019年3月24日，意大利与中国签署了“一带一路”倡议谅解备忘录，成为第一个加入“一带一路”倡议的西方七国集团成员。

2018年8月22日，中国驻瑞士大使耿文兵接受瑞士国家广播电视台“一带一路”专题节目采访时指出：“‘一带一路’的内涵有一个发展过程，由积极发展与沿线国家的经济伙伴关系拓展到共同打造政治互信、经济融合、文化包容的利益共同体、命运共同体和责任共同体。重点面向亚欧非大陆，同时向所有国家开放。不论来自亚洲、欧洲，还是非洲、美洲，都是‘一带一路’建设的国际合作伙伴。”②基于上述理念以及“一带一路”建设的实际情况，本书介绍的国家并非仅仅是被纳入最初战略构想的65个“一带一路”沿线国家，而是根据“一带一路”官网以及主流媒体的相关报道，时间节点为2018年9月10日，选取了80个“一带一路”共建国家，包括亚洲44国、欧洲19国、非洲17国。同时对中国的语言国情和语言教育政策进行了介绍。

汉代张骞两次出使西域，开辟了横贯东西、连接欧亚的古丝绸之路；明代郑和七下西洋，兴起了我国海上贸易的发展，并形成了海上丝绸之路。这两条丝绸之路不仅打通了中国与亚、欧、非各国之间商业贸易的通道，更架起了东西方文明交融的桥梁，推进和维系了欧亚大陆的经济发展、文明交流和文化繁荣，让世界开始了解中国、让中国开始影响世界。今天，中国政府再次借用“丝绸之路”这个历史符号，向全世界传递“和平、友谊、交往、繁荣”的核心理念，承载着沿线各国“共享、共荣、共赢”的发展愿景，已成为当今中国与国际社会(尤指周边国家和地区)对话交流从而实现合作发展、互利共赢的重要语境。随着中国与沿线国家经济、文化联系的日益加深，“一带一路”倡议将赋予古老的丝绸之路新的时代内涵，为中国全面深化改革开放规划美好蓝图，为亚、欧、非区域合作注入新的活力，为世界的发展繁荣提供新的路径，具有深远的历史影响和现实意义。

---

① https：//www.yidaiyilu.gov.cn/info/iList.jsp？cat_id=10037，2018-07-31.

② http：//www.fmprc.gov.cn/web/dszlsjt_673036/t1587421.shtml，2018-08-22.

1.2 “一带一路”与语言互通

“一带一路”以互联互通建设为主要内容，其中民心相通是“一带一路”建设的社会根基。民心相通的深层基础是有着不同语言文化背景的人们相互了解、相互交流、相互理解和相互融合，而语言作为人类的伟大创造，可会通中外思想、超越文化藩篱、推动文明创新，是促进人文交流、实现民心相通的根本保障，是服务互联互通建设的重要支撑。正所谓，“一带一路”需要语言“铺路”。①

习近平主席在《愿景与行动》中指出：国际区域经济协作、民间文化沟通、学术往来、人才交流、媒体合作与志愿者服务都要依靠语言互通。语言互通是人与人之间使用能相互理解的语言进行的沟通，它是一种高层级的设施联通。② 曼德拉曾经说过，“若你用一个人听得懂的语言和他交谈，你的话能进入他的大脑，若你用他自己的语言和他交谈，你的话能进入他的心灵”。通过掌握不同国家语言，特别是深度发展外语能力，可以全面了解沿线国家的文化意识、增进相互认同、促进文化交流，对于“一带一路”倡议的实施具有重要作用。英语已成为“一带一路”沿线发展中国家最重要的外语，在其国际交往中发挥重要作用，这意味着“一带一路”建设某种程度上可将英语等作为通用语。然而，由于各国对英语的接受程度不均衡，加上有些民族对英语的认同度较低，英语并不一定是“一带一路”建设过程中的第一语言选择。“一带一路”是中国提出的倡议，相关国家在理解、认同和接受中国主张和做法、了解“一带一路”愿景的基础上才会愿意合作。为此，中国需进行积极有效的交流和宣介，该过程中若能有效使用当地语言，则更容易达到宣介效果。然而，“一带一路”沿线国家的语言文化复杂丰富，宗教信仰各异，区域发展极度不平衡，具有鲜明的区域特色，实现与“一带一路”沿线国家的语言互通并非易事。

仅就官方语言而言，仅“一带一路”沿线65个国家的官方语言就达53种，属于九大语系。大部分国家从法律上讲都以单一的官方语言为主，但是，一些曾经的殖民地国家，如东帝汶、菲律宾、新加坡以及大部分非洲国家，都采用两种或者两种以上的官方语言；14个国家以阿拉伯语作为官方语言(或之一)，主要集中在西亚和北非；东南亚和南亚有4个国家以英语作为官方语言之一；以俄语为官方语言(或之一)的国家有4个，集中在中亚和东欧；③ 以法语为官方语言的国家主要集中在非洲。除官方语言以外，沿线国家使用的非官方语言和少数民族语言数量也非常多，重要的区域民族或部族语言达200余种。

面对如此复杂丰富的语言文化状况，与沿线国家和地区的语言交流问题是关乎“一带一路”建设成功与否的关键要素之一。因此，语言互通应包含在“一带一路”互联互通的建设内容之中，应纳入“一带一路”建设规划。国内研究者已针对“一带一路”建设中的语言互通议题展开了深入探讨。李宇明从国家转型角度指出尽快开展语言规划、实现语言互通的重要性，并建议从以下几方面展开：研究“一带一路”的语言状况，培育“一带一路”的

---

① 李宇明.“一带一路需要语言“铺路”. 人民日报，2015-09-22(07).

② 魏晖.“一带一路”与语言互通. 云南师范大学学报(哲学社会科学版)，2015(4)：46.

③ 王辉，王亚蓝.“一带一路”沿线国家语言状况. 语言战略研究，2016(2)：13-19.

语言人才，了解相关国家语言政策和语言使用习惯，充分利用语言技术，发展社会语言服务。① 魏晖认为实现语言互通主要有四种途径，即：选择沿线国家比较常用的一种或多种国际通用语作为主要交际语，推行沿线国家比较认可的一种或多种语言作为主要交际语，提升个体语言能力，提升机器语言能力。② 沈骑从国家外语能力的高度探讨实现语言互通的路径，强调开展国家语言规划、推进国家外语战略转型、提升国家外语能力对实现语言互通的重要性。③ 赵世举从语言需求与语言服务的角度探讨语言互通的实现路径，将外语需求分析和调查作为国家外语能力建设以及外语规划的重要依据。④

综上所述，实现"一带一路"建设过程中的语言互通要求重新进行语言规划、加快建设国家语言能力、着力培养个体语言能力、全面推动社会语言服务发展。培养和储备服务于"一带一路"建设的高层次外语人才，受外语教育政策的制约和影响。

1.3 "一带一路"与外语教育政策

外语教育不单纯是外语教学，它折射出时代的需求、国家的开放程度和社会经济的发展水平，其发展与国家外语政策或外语规划密切相关。⑤ 外语缺乏国内语言所具备的自然传承条件和应用环境，其发展尤其需要依靠人为的语言教育，外语教育政策因此成为外语规划中特别重要的一个部分，⑥ 也是国家教育政策的重要组成部分，是关乎我国政治、经济、外交、国防、教育、文化以及国际地位的大事。⑦ 语种选择是国家外语教育政策的重要问题，直接影响国家安全。⑧

1.3.1 "一带一路"与外语规划

国家语言能力是国家实力的重要组成部分，在全球竞争中有着不容忽视的作用，而国家外语能力建设是首要的任务。国家语言能力是一个国家掌握和利用语言资源、提供语言服务、处理语言问题、发展语言及相关事业等方面能力的总和，⑨ 是国家应对特定语言需求的能力。"一带一路"建设各个环节的实施都要以语言沟通为基础，国家外语能力建设成为当务之急。作为国家语言能力的重要组成部分，国家外语能力主要指国家处理海内外

---

① 李宇明. "一带一路"需要语言"铺路". 人民日报，2015-09-22(07).

② 魏晖. "一带一路"与语言互通. 云南师范大学学报(哲学社会科学版)，2015(4)：43-47.

③ 沈骑. "一带一路"倡议下国家外语能力建设的战略转型. 云南师范大学学报(哲学社会科学版)，2015(9)：9-13.

④ 赵世举. 全球竞争中的国家语言能力. 中国社会科学，2015(3)：105-118.

⑤ 王克非. 外语教育政策与社会经济发展. 外语界，2011(1)：2-7.

⑥ 赵蓉晖. 中国外语规划与外语政策的基本问题. 云南师范大学学报(哲学社会科学版)，2014(1)：1-7.

⑦ 胡文仲. 关于我国外语教育规划的思考. 外语教学与研究，2011(1)：131-136.

⑧ 仲伟合，王巍巍，黄恩谋. 国家外语能力建设视角下的外语教育规划. 语言战略研究，2016(5)：45-51.

⑨ 赵世举. 全球竞争中的国家语言能力. 中国社会科学，2015(3)：105-118.

各种外语事件，或运用外语处理各种事务的能力，以一个国家能够掌握并使用的外语资源种类和质量作为重要衡量标志。① 当前我国国家外语能力尚存在诸多不足，主要表现为外语语种数量不足和语言资源结构不平衡，这与我国外语规划存在的问题不无关系。

长期以来，因缺少一个专门的机构协调和管理不同层次上的外语教育以及与外语有关的政策和语言规划，导致我国在外语规划方面的战略意识缺位，长期聚焦于欧美主要发达国家语言，对“一带一路”区域的语言关注不多，外语语种的规划与布局、外语人才培养的数量和水平、外语教育层次间的衔接等都缺乏中长期战略规划，存在资源投入不足、配置不合理、语种数量偏少、结构不均衡、非通用语种专业发展严重滞后等诸多问题。与许多国家相比，我国现有的语种规模尚存在较大差距。比如，美国可教授的语种达 153 个，仅哈佛大学就开设了 95 个语种(包括语种课程和语种专业)，法国国立东方语言文化学院开设 93 个语种，俄罗斯圣彼得堡国立大学开设 124 个语种。② 相比之下，在目前世界上仍在使用的 6000 多种语言中，我国有所了解的仅有 100 余种，在 2015 年之前，开设课程的仅 60 余种，能够较好使用的仅 20 种左右，③ 2016 年之前，参与“一带一路”共建国家非通用语种为 56 种，中国高校开设的课程仅包括其中 13 种，语种覆盖率仅为 23%。④

为此，我国教育部于 2015 年正式出台关于加强外语非通用语种教育的文件，小语种专业建设已成为学校语言教育和课程开发的重点对象。在 2017 年教育部公布的新设本科专业中，有一半是小语种专业，这在一定程度上改善了我国外语教育的语种规模、语种布点与资源投入，有助于缓解小语种人才欠缺的问题。然而，现有外语语种规划尚存在一定的盲目性和无序性，非通用语语种专业和课程设置缺乏科学调研，一些办学水平不高的学校也开始盲目设置一些非通用语种专业，也许几年后就会出现部分语种人才培养过剩、培养不精、语种分布不均衡等问题。⑤ 高层次外语人才规划定位和目标尚不清晰，导致现有语言人才储备相对于国家战略需求仍存在较为严重的供需缺口和结构性失衡，语种数量和语种结构难以适应“一带一路”建设的需要。因此，亟待进一步完善外语语种规划、加强“一带一路”非通用语种人才建设。

语种规划是外语规划或外语政策的核心基础，主要涉及关键外语或战略外语的语种选择。国际著名语言政策学家博纳德·斯波斯基指出，“语言政策就是对语言作出选择”⑥，并且是关于语言与社会生活之间关系的一系列有意识的选择，与特定的国家和特定的历史背景相联系。为尽快统筹制定能服务于国家外语能力建设需求、为“一带一路”倡议实施提供语言保障的外语语种规划，应统筹国内和国际语言生活两个大局。我们既要实事求是

① 文秋芳. 国家外语能力现状. 选自：教育部语言文字管理司. 中国语言生活状况报告(2012). 北京：商务印书馆，2012.

② 张天伟. 国家语言能力视角下的我国非通用语教育：问题与对策. 外语界，2017(2)：44-52.

③ 赵世举. 全球竞争中的国家语言能力. 中国社会科学，2015(3)：105-118.

④ 仲伟合，王巍巍，黄恩谋. 国家外语能力建设视角下的外语教育规划. 语言战略研究，2016(5)：45-51.

⑤ 孙吉胜. 国家外语能力建设与“一带一路”的民心相通. 公共外交，2016(3)：53-59.

⑥ 博纳德·斯波斯基. 语言政策——社会语言学种的重要论题. 张治国，译. 北京：商务印书馆，2011：7.

地分析我国的外语国情，探讨国内语言生活、语言生态的变化趋势及其对策，更要分析沿线国家和地区的语言生活、双边和多边交流中的语言使用，根据“一带一路”沿线国家和地区政治、经济、安全和教育等多领域状况开展外语能力需求调查，着眼于“一带一路”建设中的语言问题和语言需求。在此基础上，我们应及时调整我国的外语语种规划或外语政策，重新进行语言资源配置，作出具有战略价值的外语语种，即关键语言或战略语言的选择。一方面，我们要改革现有的外语语种比重及教育分布布局，加大非通用语种比重，特别是亚、非、拉国家等语言在外语教育规划中的语种数量及教育规划，以改变英语为主要外语语种的局面、解决“单一型”外语语种失衡问题；另一方面，我们要注意平衡关键语言、小语种语言、通用语言及非通用语言之间的关系，以避免语种选择和语言资源配置的单一性。相关部门需要从国家层面规划，哪些语种属于关键性语种，哪些是次关键语种，哪些属于迫切语种。这样语言院校就可以根据实际情况，本着既着眼当前，也兼顾未来的原则，保质保量，有序推进。

由此可见，国家外语能力建设应服务于国家和社会整体发展战略。“一带一路”倡议的提出表明我国国家战略定位已发生重大转型，意味着我国国家外语能力建设将面临新的战略转型任务，① 这将为我国外语教育带来新的挑战和机遇。外语语种规划是外语教育政策的基础，外语规划落实以及外语人才培养必须以外语教育政策为保障。因此，在做好外语语种规划、作出关键或战略外语选择后，我们应思考如何最大化发挥外语教育在外语人才培养及战略储备中的积极作用。

1.3.2 “一带一路”与语言教育

外语教育是中国语言教育事业的有机组成部分，对国家总体战略的有效实施和国家外语能力的建设具有重要的支撑作用。因此，我国高校的语言资源配置、专业规划、学术研究以及外事活动等教育工作应面向“一带一路”沿线的语言态势，积极应对“一带一路”的语言发展需求和教育支持责任。然而，我国相关部门对国外的外语教育政策和措施缺乏足够了解，致使我国外语教育政策制定带有一定的盲目性，存在外语教育整体规划缺失、外语教育理论研究和创新意识缺失、高水平外语人才培养规划缺失等问题。② 尽管我国外语教育已取得一定的成就，如国民语言实践能力有所提高、复合型外语人才的培养得到重视、大学外语教学改革取得了阶段性成果等，但因相关部门很少从语言战略和政策规划的角度对外语教育进行有效管理和指导，使其关注点在于个体发展的实用性而不是自觉地服务于国家战略利益，导致我国外语人才培养模式较为单一。“一带一路”沿线国家的语言很多是非通用语，文化也不像英美文化那样为中国人所熟悉，因此，在学习“一带一路”沿线国家语言的同时学习当地的文化、民情、国情尤为重要。然而，我国外语教学中普遍存在“重语言、轻文化”“重工具、轻人文”的弊病。以上情况导致我国外语教育无法满足“一带一路”建设对“通语言、懂文化、熟悉专业知识”的高端人才的需求。

---

① 沈骑. “一带一路”倡议下国家外语能力建设的战略转型. 云南师范大学学报(哲学社会科学版)，2015(9)：9-13.

② 胡文仲. 新中国六十年外语教育的成就与缺失. 外语教学与研究，2009(3)：163-169.

因此，我国外语学科应加大转型力度，兼顾语言教育的工具价值、文化价值和战略价值，研究语言能力与其他专业能力的组合问题，以提升外语教育的效率。这将直接关系到“一带一路”全方位、多领域的开放发展和合作共赢。为此，2016年，教育部牵头制定了《共建“一带一路”教育行动》方案，不仅明确指出了我国小语种语言人才稀缺的境况，还提出了“小语种+”的专门语言人才培养模式，以培养能更好地服务于“一带一路”建设的“外语+专业”高层次复合型语言人才。

除外语教育政策外，对外汉语教育政策也是我国语言教育政策的重要组成部分。① 随着中国经济的发展和国际地位的提高，汉语在沿线国家也日益受到重视。据统计，“一带一路”沿线国家中，已有51个国家建立134所孔子学院和127个中小学孔子课堂，2016年注册学员达46万人，开展各类文化活动近8000场，受众270万人，受到各国民众热烈欢迎。② 随着“一带一路”倡议的实施，参与共建的国家对汉语的需求无疑会不断增加，提升汉语文化的传播力度将为我国汉语文化的教育、传播和发展带来新机遇。作为“一带一路”建设倡议国、主要投资国和出口国，如何利用这一契机开展汉语需求调查、调整汉语国际教育专业人才培养模式，或在中国高等教育国际化进程中如何推动汉语作为教学语言，促进汉语进入“一带一路”共建国家教育体系，使其成为“一带一路”共建国家外语教育语种之一，都是值得深入思考的问题。

1.4 研究思路与总体内容

“一带一路”倡议的实施标志着我国开始从“本土型国家”向“国际型国家”转变，③ 意味着我国需面向“一带一路”进行国家外语能力建设，这对我国外语教育事业改革与发展意义重大，同时也事关国家战略实施成败大局，是一个重大的战略问题。外语教育的现状从某种程度上说是外语教育政策直接或间接的反映。

将语言看作“战略”，在语言战略观的指导下加强对“一带一路”共建国家语言教育政策的了解与研究，并据此重新修改制定我国的外语教育政策，可为我国外语教育提供指导性理论框架，为我国参与全球治理和国际文化交流储备外语人才，为“一带一路”和新时期“走出去”战略提供重要支撑和保障。

本书在结构上共分为六章。

第一章为绪论。该章对“一带一路”的区域范围、主要建设内容、时代意义进行了简单回顾；针对语言互通在“一带一路”互联互通建设中的重要性与挑战以及实现语言互通的可能路径进行了探讨，由此引出外语教育政策以及外语教育在“一带一路”建设中的战略地位；最后从国家语言及外语能力建设的角度，从外语规划以及语言教育(包括外语教

① 董晓波. 西方语言规划取向的嬗变对我国语言教育政策制定的启示. 西安外国语大学学报，2014(2)：59-62.

② 张淳，田欣. 语言文化交流是实施“一带一路”倡议的“助推器”. 湖北社会科学，2017(10)：85-91.

③ 李宇明. 中国外语规划的若干思考. 外国语，2010(1)：2-8.

育和对外汉语教育）两个层面探讨了外语教育政策服务于“一带一路”建设的必要性。

第二章为理论框架基础。该章在厘清教育政策、语言政策、语言规划及语言教育政策几个核心概念的基础上，对本书中的语言教育政策概念进行界定，解释相关概念之间的关系；并分析影响语言教育政策的综合因素：语言观和社会因素；再从主体语言教育政策、少数族群语言教育政策和全球化背景下的外语教育政策三个层面对语言教育政策领域的国内外研究现状和进展进行梳理，为“一带一路”共建国家的语言教育政策分析提供框架，同时体现本书的理论意义和实用价值。

第三章为本书主体部分。该章对80个参与“一带一路”共建国家的基本国情、主体语言教育政策、少数族群语言教育政策、外语教育政策进行了介绍。

第四章为我国语言国情及语言教育政策介绍。该章对我国的语言国情、语言政策以及语言教育政策进行了回顾，总结分析了“一带一路”背景下我国的语言需求以及语言困境，指出语言顶层规划应与国家的战略部署紧密结合，语言教育政策既要服务于国家当前政治、经济发展的需要，又要考虑教育的长远效应。

第五章为建议。该章基于前文对“一带一路”沿线国家的语言国情、语言政策、语言教育政策等情况的深入分析以及“一带一路”背景下我国语言能力现状与困境的探讨，从外语教育语种规划、汉语传播规划、国民语言能力提升、“一带一路”语言平台建设等方面，提出“一带一路”建设背景下我国语言教育政策的相关建议。

第六章为结语。该章对全书内容进行总结。

◎ 参考文献：

1. 李宇明．“一带一路”需要语言“铺路”［N］．人民日报，2015-09-22(07)．
2. 沈骑．“一带一路”倡议下国家外语能力建设的战略转型［J］．云南师范大学学报（哲学社会科学版），2015(9)：9-13．
3. 王辉，王亚蓝．“一带一路”沿线国家语言状况［J］．语言战略研究，2016(2)：13-19．
4. 魏晖．“一带一路”与语言互通［J］．云南师范大学学报（哲学社会科学版），2015(4)：43-47．
5. 张淳，田欣．语言文化交流是实施“一带一路”倡议的“助推器”［J］．湖北社会科学，2017(10)：85-91．
6. 赵世举．全球竞争中的国家语言能力［J］．中国社会科学，2015(3)：105-118．

第二章　语言教育政策研究总论

2.1　相关核心概念界定

本研究以语言教育政策为主体，相关核心概念有以下三个：教育政策、语言政策和语言教育政策(如图 2-1 所示)。

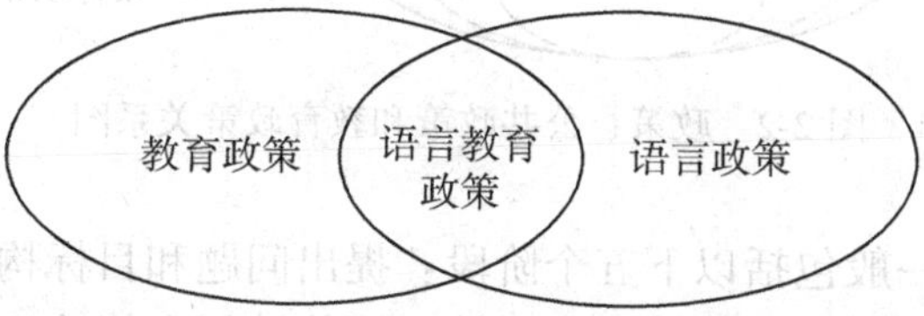

图 2-1　教育政策、语言政策和语言教育政策关系图

2.1.1　教育政策

对于“教育政策”这一概念，目前学界有两种基本不同的理解：一是从教育社会学或教育政治学的角度来理解，认为教育本身就是一种社会控制手段、一项基本国策。一是从公共政策的角度来理解，把教育作为政策的内容，把教育政策归为公共政策中的一类。综合考量，教育政策是一个动静兼具的理论概念，既要理清概念的静态属性，也要兼顾其过程及效果的动态属性。

联合国教科文组织认为：“教育政策就是阐述教育发展重点的方向、目标和方针，发展所依据的基本原则以及为达到这些目标而选择的方法。”①以色列教育专家因巴(Inbar)认为教育政策是“一种明确的或者含蓄的单个或者一组决定，它可以制定一些方针以指导将来的决定，发动或阻止某种行动，或者引导先前决定的实施”②。华东师范大学的吴志宏教授认为，教育政策是“政府在一定时期为实现一定教育目的而制定的关于教育事务的行动准则”③。华东师范大学的吴遵民教授则认为，“教育政策是一个国家对教育进行计划、指导、协调和控制的重要方式。它是一个复杂的、动态的、持续的过程，涉及多方面

① 转引自：周南照. 教育英语文选. 北京：教育科学出版社，1983：257.

② Inbar, D. E.，等. 教育政策基础. 史明洁等，译. 北京：教育科学出版社，2003：96.

③ 吴志宏，等. 教育政策与教育法规. 上海：华东师范大学出版社，2003：4.

的价值要素与利益调整"①。尽管学界对于教育政策的定义很多，但是，归根结底，教育政策就是政府相关部门针对教育现象的有目的的选择。因此本书认为：教育政策属于公共政策的范畴，它从政治学、经济学及社会学等角度出发，是由政府及其机构和官员制定的、调整教育领域社会问题和社会关系的公共政策。

政策、公共政策与教育政策三者的关系是上下义关系，政策包括公共政策和教育政策，公共政策又包括教育政策(如图 2-2 所示)。教育政策处于最底层，故而，教育政策的制定和实施必须在遵循国家总体政策和公共政策的前提之下进行，对教育政策的研究也必须考虑国家的总体政策和公共政策的大环境。

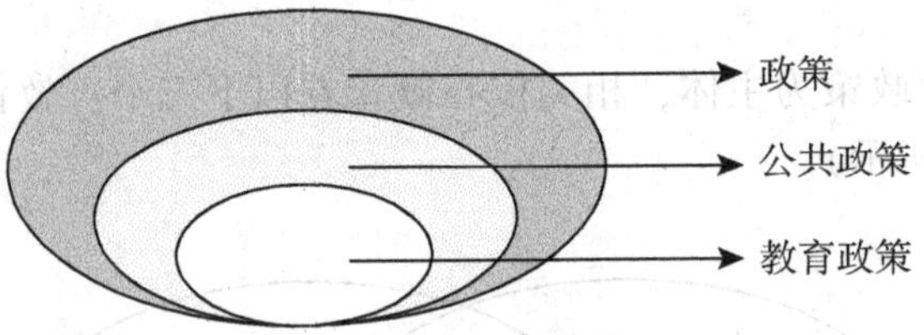

图 2-2　政策、公共政策和教育政策关系图

教育政策制定过程一般包括以下五个阶段：提出问题和目标构想；拟定各种可供选择的政策方案；政府制订计划；执行计划和反馈；评价计划和修改，产生新的计划。在教育政策的一般过程中，教育政策的制定阶段是最为关键的。

2.1.2　语言政策

"语言政策"和"语言规划"都是相对较新的概念，提到语言政策往往都涉及语言规划。卡普兰和巴尔道夫(Kaplan & Baldauf)认为语言政策是"为了在某一社会、团体或系统内部实现按规划的语言变化而制定的一系列思想、法律、规章、规则和实践"②，美国社会语言学家费什曼(Fishman)把语言政策看成"为了解决社会语言问题而采取的有组织的行动"③，前国家语委副主任陈章太认为："语言政策是政府对语言文字的地位、发展和使用所作的行政规定。"④

就语言规划而言，库帕(Cooper)列举了继豪根(Haugen)1959 年定义语言规划之后的各种定义多达 12 种。费什曼和维因斯坦(Fishman & Weinstein)对语言规划作了比较宽泛的界定，他们都认为语言规划是基于交际问题而在政府授权下所进行的长期不断的、有意

---

① 吴遵民. 基础教育决策论. 上海：华东师范大学出版社，2006：301.

② Cited from：Kam, H. W. & Wong, R. Y. L. Introduction：Language Policies and Language Education in East Asia. In：H. W. Kam & R. Y. L. Wong(eds.). *Language Policies and Language Education：The Impact in East Asian Countries in the Next Decade*. Singapore：Time Academic Press, 2000：1-28.

③ Cited from：Ruiz, R. Official Languages and Language Planning. In：K. L. Adams & D. T. Brink. *Perspectives on Official English：The Campaign for English as the Official Language of the USA*. Berlin & New York：Mouton de Gruyter, 1990：13.

④ 陈章太. 语言规划研究. 北京：商务印书馆，2005：148.

识的为改变语言在社会中的功用所做的努力。美国学者瑞兹(Ruiz)认为，“语言规划包含以下内容：语言的官方化、外语教育、文字发展(graphization)、语言的净化、语言与技术(语言的现代化)、词典和语法的发展(语言的标准化)、正字法(orthography)、少数民族语言教育、语言与商业、通用语言立法、翻译服务、法律语言学(forensic linguistics)、文件设计、可读性方案、读写能力、语言测试、投票权、语言中的性别歧视、语言复兴、移民和公民语言要求、媒体语言、语言保持和语言转用、计算机语言”①。暨南大学郭熙教授则认为，“语言规划是指国家或社会为了对语言进行管理而进行的各种工作。这里的规划或管理是个广义的概念，包括语言的选择和规范化、文字的创造和改革、语言文字的复兴等方面的具体问题。中国目前把语言规划称为‘语文建设’或‘语文规划’”②。

以上“语言政策”和“语言规划”的定义中都提到这些关键词：“国家或社会”“语言问题”“政府或行政”“管理”和“行动”。国外许多社会语言学家基本上把“语言政策”与“语言规划”看成同义词，指“为改变语言的形式或语言的使用而做出的努力”。陈章太指出，“在国外，一般称语言政策为‘language planning’，中文还可以翻译成‘语言计划’等”③。他还认为语言政策与语言规划密切相连。语言政策是基础、核心，是行政行为，语言规划是语言政策的延伸与体现，语言规划的理论又可以为语言政策的制定提供理论依据，语言规划既是政府行为，又是社会行为。郭熙也指出，“语言规划主要是指一个国家对官方语言的选择和规范化。语言政策涉及的范围则要广泛得多，除了语言规划以外，它还包括对待官方语言以外的语言、方言以及它们的各种变异形式的态度”④。语言政策对语言规划有直接的影响，同时，语言政策的提出也要以语言规划的理论为原则，否则，语言政策就会出现问题，将无法实行，而语言政策反映的是国家和社会团体对语言问题的根本态度。从上述两位学者的观点来看，“语言政策”和“语言规划”两个概念有许多相近之处，密切相连，但也有不同之点。本书的编撰是顺应“一带一路”倡议，基于国际视野，为了与国际接轨，因此，暂且把“语言政策”和“语言规划”视为同义词，不再深究其细微差异。

本书认为语言政策是对语言多样性的一种人工调节；语言政策不是要消灭语言的多样性，而是要保护这种多样性；语言规划的目的不再只是解决交际问题，而且应该考虑其他非交际的问题；语言政策也应该考虑受众的感受，考虑规划行为对整体语言生态系统的影响；语言政策不仅仅是语言学的一个分支，也和社会学、政治学有着密切的关系；语言政策应该被视为社会规划的一部分。本书认为，语言政策就是政府对语言文字的地位和应用进行有目的管理的行为，主要包括两方面的内容：一是就语言本身的地位、发展、规范和改革所制定的标准与法规；二是对语言文字使用的要求与规定。

库珀(Cooper)认为语言政策可以划分为地位规划、本体规划和语言习得规划(也叫语

① Ruiz, R. Official Language and Language Planning. In: K. L. Adams & D. T. Brink. *Perspective on Official English: The Campaign for English as the Official Language of the USA*. Berlin & New York: Mouton de Gruyter, 1990: 14.

② 郭熙. 中国社会语言学. 南京：南京大学出版社，1999：213.

③ 陈章太. 语言规划研究. 北京：商务印书馆，2005：149.

④ 郭熙. 中国社会语言学. 南京：南京大学出版社，1999：217.

言教育规划)。语言的地位规划是指在某一社会中在各种语言领域中树立某种语言的声望和该语言在使用方面的主导地位，如在一国刚独立时，官方语言和国语的选择就属于语言地位规划的内容。语言地位规划之前往往会进行语言声望规划，即一种语言要得到全社会的认可，就需要增强该语言的社会声望，这是语言地位规划的一个先决条件。语言的本体规划是指对语言本身的改造，包括音韵的、词汇的、语法的以及书写系统等方面的改造。本体规划往往是在地位规划之后，只有确定了国语或官方语言，才能对这些语言进行本体规划，为的是使语言变得更加规范和实用。本体规划有三大任务：一是为没有文字的语言建立书写系统，为有文字的语言进行改革，如正字法或拼写改革；二是处理语言中的新词汇，为新事物和新概念提供规范的新词汇；三是语言的标准化(standardization)或规范化(normalization)，即什么是正确的语言，如何保持语言的纯洁性。语言的习得规划(acquisition on planning)也叫"语言习得政策"(language acquisition policy)、"语言教育规划"、"语言教育政策"或"教育语言政策"(educational language planning)①。

2.1.3 语言教育政策

根据前文对语言政策及教育政策的论述，语言教育政策是语言政策与教育政策的集合体，相对前两个学科研究更为薄弱，国内外的研究也相对缺乏。"语言教育政策"这一术语，首先是由库珀(Cooper)提出并推广。它是语言政策的一个分支，指的是依据官方教育部门的规定，各级教育机构采取的有关语言教学与语言学习方面的措施。② 联合国教科文组织早在1951年就指出："教育中的语言问题是世界性的问题，因此也是联合国教育机构进行调查研究的一个适当的领域。"③孔颂华认为语言教育政策是政府为实现语言教育目的而颁布的法令、法规及政策指导性文件，它包括政府以书面形式颁布的法律、法案、文书、文件、通告及国家领导人在公共场合所发表的言论、通知、通告等。④ 张治国认为，"语言教育政策"也称"教育语言政策"(或"语言习得政策")，是语言政策的一个分支，指依据官方教育部门的规定，各级教育机构采取的有关语言教学与语言学习方面的措施。⑤综合前文所述语言政策与教育政策的特点，本书认为，语言教育政策指的是官方教育部门在一定时期内为实现国家的语言教育目的所制订的有关语言教育与教学等方面的计划和措施，它包括政府以书面形式颁布的法律、法案、文书、文件、通告及国家领导人在公共场合所发表的言论、通知、通告等。

2.1.4 语言教育政策与教育政策和语言政策的关系

教育政策和语言政策都是社会公共政策的有机组成部分，它们都是语言教育政策的上义词。在语言教育政策、教育政策和语言政策三者中，语言教育政策是教育政策和语言政

---

① Cooper, R. L. *Language Planning and Social Change*. Cambridge: Cambridge University Press, 1989.
② Cooper, R. L. *Language Planning and Social Change*. Cambridge: Cambridge University Press, 1989.
③ 联合国教科文组织. 多语并存世界里的教育. 巴黎：联合国教科文组织出版社，2003：10.
④ 孔颂华. 当代马来西亚语言教育政策发展研究. 华南师范大学硕士论文，2007.
⑤ 张治国. 全球化背景下的中美语言教育政策比较研究. 华东师范大学博士论文，2009.

策的重叠部分，也就是说，语言教育政策既有教育的因素，又有语言的特点。因此，语言教育政策的研究是一个跨教育政策学和语言学两个学科的研究，同时受到语言政策和教育政策的影响，对语言教育政策的研究也必须考虑到教育政策和语言政策的大环境。

2.2　影响语言教育政策的因素

2.2.1　语言观

人类对世界上的各种事物或现象都会产生一定的看法，也就是观点，如世界观、生活观、价值观、爱情观等。同样，人类对语言也会产生一定的看法，即语言观。具体而言，语言观就是人们对语言本质的普遍看法，也就是回答“语言是什么”这个最基本的问题。语言观一般包含了对语言的起源、语言的定义和语言的功能三个方面的看法。

观点影响态度，态度决定行动。2002 年 5 月，联合国前秘书长加利在南京大学发表题为“多语化与文化的多样性”的演讲时说过，一门语言反映的是一种文化和一种思维方式，说到底，它表达了一种世界观。人们的语言观直接影响到人们的语言应用观。“不同的语言观会导致不同的语言理论，产生不同的语言研究方法，追求不同的语言研究目标和结果。”①对于学生来说，语言观影响或决定了学生的语言学习动力和学习态度。对于教师来说，“任何一个外语教师的外语教学总是自觉或不自觉地体现了一定的语言观”②。对于语言教育政策的研究者来说，他们对语言的看法直接影响着他们对语言教育政策的研究路径和研究结果、对政策的制定取向。对于国家语言教育政策的制定者来说，语言观影响着本国或本地区的语言教育政策的制定取向。李宇明指出：“如何构建和谐的语言生活，以促进社会和谐，是重要的时代课题，需要学界从各个角度去研究，需要语言文字工作者从多个方面去实践。在研究和实践过程中，一定要解放思想。我国的许多领域都经历了改革开放的思想洗礼，而语言文字工作由于种种原因接受改革开放的洗礼不充分。我们需要在解放思想中，树立新时期的语言观，尤其是新时期的语言文字规范观和语言文字工作观。”③语言观包括语言身份观、语言人权观、语言资源观和语言软实力观。

2.2.1.1　语言身份观及其对语言教育政策取向的影响

从词源学的角度来分析，英语单词“identity”来源于拉丁语词根“idem”，意思是“相同”。“identity”被译成“认同”“身份”或“身份认同”。身份是一个极其复杂的概念，因为它带有一种“矛盾的含义”(paradoxical meaning)：一方面，身份既可以指你我之间的不同点；另一方面，又可以指大家的相同点。例如，在中国，每个成人都有自己的身份证，此时“身份”就表明每个人都是与众不同的独立的个体。但是，倘若一群看似亚裔的人在美国都显示各自的身份证件，人们马上就可以分辨出哪些是中国人，哪些是日本人。中国人

① 潘国文. 语言的定义. 华东师范大学学报，2001(1)：97.

② 左焕琪. 外语教育展望. 上海：华东师范大学出版社，2001：1.

③ 李宇明. 中国当前的语言文字工作——在中国语文现代化学会第 8 次学术会议上的讲话. 北华大学学报(社会科学版)，2009(1)：59.

在一起时就开始说汉语，而日本人在一起时就开始说日语。这时，“身份”则可以用来表明某些人的共同点。可见，当“身份”强调的是人与人之间的不同点时，“身份”是指个人身份。而当“身份”强调的是人与人之间的共同点时，此时“身份”则是指集体身份。集体身份又可分为民族身份和社会身份。语言身份的特点可以体现在个人身份、民族身份和社会身份三方面上。

认同论或身份论指出：语言行为是一种认同活动。认同是一种定位，这种定位首先体现在文化认同上，而文化认同又体现在语言认同上，身份的确定使人有种归属感。语言认同有两层含义：一是语言是个体自我认同的工具；二是语言被视为一种外在行为，人们据此来识别群体成员。

2.2.1.1.1 语言行为体现个体身份

身份与语言有紧密的关系。“一个人使用的语言和他或她作为该语言使用者的身份是不可分割的。语言行为就是身份行为。”①身份就是认同，认同就是在对“自我”或“他者”进行界定，而在界定过程中，语言起着重要的作用。洪堡特(Humboldt)指出：“每当一个人听到母语的声音，就好像感觉到了他自身的存在。”②语言与身份具有复杂的联系。在语言使用中，一个语言特点足以识别或暴露一个人的某些身份。所以，当社区成员在听到用自己社区语言说的一段话语时，或者当社会语言学家在对这一段话语进行分析时，他们不但能识别其意义，而且还能发现说话者在说话时所表现出来的细微语言差异。这些细微差异反映了说话者的以下特征：年龄、性别、社会阶层、出生地点和教育地点、教育程度和观点等。此外，他们还能根据自己听到的这段话语提供线索以便判断话语所发生的场合和上下文背景。这些细微语言差异受到规约性规则的控制，就像言语社区的成员在成长的过程中习得语法规则一样，说话者在说话时所体现出来的这些个人语言差异也是在习惯中逐渐形成的。

2.2.1.1.2 语言是民族认同的一个重要标志

中国社科院民族研究所的王希恩研究员认为，移民社会的扩大造就和强化了族性认同、民族认同、族群认同、国家认同、泛群和区域认同。③ 人口的跨国流动和定居使得原本民族成分单一的国家成分多元化，而原本就是移民社会的国家则扩大了移民社会的规模。移民的不断进入导致了新来者与原居者的利益纷争和文化纷争，由此强化了各自群体的认同。一般说来，大部分民族都有自己的语言。语言与民族关系密切：一方面，语言不能没有民族，任何一种语言都依附于某一个民族，离开了民族，语言也就难以生存和发展；另一方面，一个民族不能没有语言，语言是民族的标志和象征，语言是民族的灵魂和精神。洪堡特甚至认为，语言是民族的最大特征，民族差异主要表现在语言上。

语言是民族文化的载体。许嘉璐把民族文化分为三个层次：表层是物质文化，即体现在人们衣食住行中的文化；中层是制度文化，即贯穿在宗教、风俗、制度、艺术等里面的

---

① Tabouret-Keller, A. Language and Identity. In: F. Cooulmas (eds.). *The Handbook of Sociolinguistics*. 北京：外语教学与研究出版社，布莱克威尔出版社，2001：317.

② 姚小平. 洪堡特——人文研究和语言研究. 北京：外语教学与研究出版社，1995：144.

③ 王希恩. 全球化与族性认同. 西北师大学报(社会科学版)，2002(5)：1-7.

文化；底层文化是民族文化的核心和灵魂，是关于人生、世界的哲学思考和观念。① 这一核心和灵魂不能孤立存在，而是无所不在地渗透在表、中两层文化中。在所有文化表现形式中语言有着极其特殊的地位：它是一种特殊的文化现象，同时又是最重要的文化载体，因而是民族文化、民族精神的直接体现。语言文字是规范还是混乱、水平高还是低，就是民族文化发达与落后的生动反映。一个没有文化归属感的民族也难以成为具有文化身份识别的民族，传统文化对于一个民族和国家的全部价值就在于它能不断提供精神动力和智慧养料、国家安全的实现所需要的文化力量和国家文化安全的实现所需要的集体认同的价值力量。

语言是民族认同的基础。民族认同就是“个人视其自己作为他们民族国家成员的信念和程度”②，也就是指个人对自己所在的民族国家的认同，即自觉地把自己视为整个民族国家的一分子。如果说，作为社会交际的工具，语言把整个民族从活动上联系在一起，那么，作为民族认同的标志，语言则把整个民族从感情上联系在一起。

2.2.1.1.3 语言是社会团体的标志与纽带

语言是文化身份(cultural identity)的重要标志，文化身份是社会团体的重要标志，因此语言是社会团体的标志。美国加州大学伯克利分校的克拉姆斯(Kramsch)教授说：“众所周知，一个社会群体成员所使用的语言与该群体的身份之间存在着一种天然的联系。通过一个人说话时所使用的音调、词汇以及话语模式，说话者自己知道，别人也能发现，这个说话者是属于这个而不是那个言语和话语社区的成员。”③另外，语言还是社会团体的纽带。语言可以把大家聚集在一起，形成社会团体。斯波斯基(Spolsky)发现：“识别一个人最常用的方法之一就是他的语言。因为语言天生就与社交有关，当你会说一个社会群体的语言时，这个社会群体就是你的重要的身份群体(identity group)。尽管民族身份还有其他标记，如食物、服装和宗教等，但是语言具有一种独特的作用，一方面是因为语言能够组织思维，另一方面是因为语言还能够建立社会关系。”④此外，蒙多扎·邓顿(Denton)也认为：“认同是个人与各种社会建构之间的积极协调，这种协调关系往往通过语言和其他符号表现出来。所以，认同是个人与集体层面之间的‘符号协调过程’(process of semiosis)。”⑤

语言身份论使各国政策制定者意识到语言可以增加民族凝聚力和国家的归属感。因此，许多国家认识到母语教育的重要性，语言的民族身份体现在各民族语言的教育上，语言的社会身份则体现在一个国家国语或主体语言的教育上。于是，联合国教科文组织鼓励各国在教育领域要发展多语教育。欧盟也鼓励各成员国采取多语的教育政策。

---

① 许嘉璐. 当前文化问题的症结在哪里?. 新华文摘，2006(15)：67.

② Pye, L. & Verba, S. *Political Culture and Political Development*. Princeton, N. J.: Princeton University Press, 1965: 529.

③ Kramsch, C. *Language and Culture*. Shanghai: Shanghai Foreign Language Education Press, 2000: 65.

④ Spolsky, B. *Sociolinguistics*. Shanghai: Shanghai Foreign Language Education Press, 2000: 57.

⑤ Mendoza-Denton, N. Language and Identity. In: J. K. Chambers, P. Trudgill & N. Schilling-Estes (eds.). *The Handbook of Language and Variation*, Oxford: Blackwell, 2002: 475.

2.2.1.2 语言人权观及其对语言教育政策取向的影响

从法律的角度来说，人生来是平等的，每个人都需要在语言上得到身份的认可，因此，每个人在语言的选择和使用上也应该享有平等的地位。对于少数民族来说，他们有权学习和使用自己的语言，这就是语言人权论。

事实上，世界各地早就一直存在着剥夺“语言人权”的现象，主要表现为语言侮辱(language stigmatization)、语言排除(language exclusion)和语言剥夺(language proscription)。语言侮辱其实是一种语言歧视，主要表现为主体语言使用者对非主体语言使用者、标准语言使用者对方言等语言变体的使用者所产生的语言偏见和恶劣的语言态度。语言排除指学校，特别是小学，使用一些主体语言作为学校的教学语言，而把儿童的母语排除在教学语言之外。多数持少数民族语言者(如移民和土著居民)的子弟不能享受到使用母语作为教学语言的教学。语言剥夺现象存在于政府机构、公司组织以及学校等地方。例如，有些组织作出规定，要求员工必须在工作时间使用某种语言。

今天，全球化促进了人口流动和语言接触，从而导致主体语言更加强大，一些非主体语言更加弱小，濒危语言越来越多。全球化更强化了人们的语言人权观。为了保护少数民族的语言合法权利，也为了保护语言的多样性，早在20世纪中期，联合国就提出过语言权问题，并于1966年通过的《国际民权和政治权盟约》第27款规定：“在有民族、宗教或语言少数族群存在的国家，当这些少数族群与其他人共处时，不能剥夺少数族群的权利，他们有权享受自己的文化，有权使用自己的语言。”①1985年，人们开始把语言权看成基本人权。联合国1988年通过了《土著人权声明草案》，该草案规定土著人有权学习和推广自己的语言。他们的儿童有权接受用他们母语作为教学用语的教育。联合国教科文组织于1989年还召开了语言人权大会，会上发表了《全球语言人权声明》。从1990年开始，越来越多的国际会议和条约都肯定了个人语言权和语言少数民族的权利。

语言人权(linguistic human right)也叫“语言的权利”(linguistic right)或“语言权”(language right)。不少社会语言学家和国际组织都对语言权给出过定义。美国语言文化学教授克拉姆斯(Kramsch)说，“语言权是联合国和其他国际组织共同提出的一个概念，其目的是为了保护人们有权习得和推广他们自己的语言，特别是儿童有权获得用自己母语进行教学的教育”②。芬兰和丹麦社会语言学专家斯古纳伯和菲利普森(Skunub & Philipson)认为，“语言人权既包括对一种或多种母语的认同权，又包括用一种或多种母语作为媒介进行教育和公共服务的权利”③。以色列语言学家斯波斯基(Spolsky)认为：“语言权包含以下三点内容：一是少数语言群体有权学习本国国语，同时在他们还没有掌握国语之前，由于不懂国语可能会引起不利的情况时，要为这些人提供语言帮助；二是不能因为少数语

① Philipson, R. *Linguistic Imperialism.* Shanghai: Shanghai Foreign Language Education Press, 2000: 21.

② Kramsch, C. *Language and Culture.* Shanghai: Shanghai Foreign Language Education Press, 2000: 129.

③ 斯古纳伯，菲利普森. 语言人权的历史与现状. 高建平，译. 选自：周庆生. 国外语言政策与语言规划进程. 北京：语文出版社，2001：289.

言群体说其他语言而在工作、教育、司法或医疗卫生等方面歧视他们；三是少数语言群体有权保护和保留他们自己所钟爱的语言，同时还有权扭转语言转用现象。”①

另外，联合国教科文组织(2003)对语言权的解释是：“语言不仅是思想交流和知识传播的工具，也是个人与群体文化特性和权力的基本属性。因此，尊重属于不同语言群体的人的语言是和平共处的基础。对于多数群体、少数群体(不管是一直生活在一个国家或是最近的移民)和土著人，都应如此。要求语言权利是少数群体在政治变革中首先要求得到的权利之一。这种语言权利的要求包括少数人语言和土著语言争取获得正式和法律地位，也包括语言教学和在学校和其他机构以及媒体中使用这种语言。在教育方面，一些国际协议已经确定的少数群体和土著群体的语言权利包括：如果愿意，可选择自己的语言接受教育；有机会学习更大社会的语言和国家教育系统的语言；倡导积极对待少数人语言和土著语言及其表达的文化的文化间教育；有机会学习国际语言。国际协议中规定的移徙工人及其家庭成员的教育权利包括：通过教授学校系统使用的语言，促进其孩子的融入；应创造机会，使用他们自己的语言和文化，对儿童进行教学。”②

但是国际组织的声明不足以保护少数群体语言，语言人权既不能得到保证也不能得到保护。主要原因有以下三个：一是政治上的问题，为了减少麻烦、方便管理和统一语言身份，“事实上，大多数国家都指望本国的土著居民和移民少数民族被主流文化和语言所同化”③。二是现实中的问题，语言人权的实施的确会碰到许多实际的困难，这些困难涉及经费、实用性、教材、教师等。三是观念上的问题，许多国家都把语言权看成人权(individual right)而不是集体权(group right)。当语言权被视为个人权时，语言权的索取和实施都是由个人来完成，而当语言权被看成集体权时，语言权的索取和实施则都由集体来执行。

在20世纪后半期，一些国际组织、地区组织和专业协会(如联合国和欧盟以及语言教师协会)开始倡导保护语言人权。随着人们对人权意识的加深，他们逐渐认识到语言的选择和使用也是人们的一项基本人权。于是，语言人权成了各国在制定语言教育政策(尤其是少数群体语言教育政策)时必须考虑的一个重要因素。但是，班博斯(Bamgbose)指出，忽视语言人权，出现语言排外的现象在非洲还非常严重：现在非洲许多国家的语言教育规划只是强调了精英阶层子弟的利益，继续使用“进口”的欧洲语言作为官方语言和教学语言，而把非洲本土语言的使用限制在一些非重要领域。④ 因此，语言政策制定者的主要挑战就是如何制定和实施使语言排外现象最小化的语言教育政策。在全球化时代，国际组织(如联合国教科文组织)极力倡导各国保护语言少数族群的语言权，多语国家在制定语言教育政策时也开始更关注语言少数族群的语言人权。

---

① Spolsky, B. *Sociolinguistics*. Shanghai: Shanghai Foreign Language Education Press, 2000: 59-60.

② 联合国教科文组织. 多语并存世界里的教育. 巴黎：联合国教科文组织出版社，2003：16-17.

③ Philipson, R. *Linguistic Imperialism*. Shanghai: Shanghai Foreign Language Education Press, 1992: 94.

④ Bamgbose, A. *Language and Exclusion: The Consequences of Language Policies in Africa*. London: Lit Verlag Global, 2000.

2.2.1.3 语言资源观

在全球化时代，由于国际贸易量的增加、能源的紧缺，人们越加认识到资源的重要性，学界也兴起了对资源的科学研究。世界资源可以分自然资源和社会资源。自然资源是物质的，如石油、森林、土地、资本、书籍、住房、汽车等。而社会资源则是非物质的，如语言、文化、经验、教育、知识、时间等。以前人们往往只关注有形的自然资源，而忽略了无形的社会资源。但是，现在人们也开始关注、研究和保护非物质资源，例如，联合国教科文组织于2003年通过了《保护非物质文化遗产公约》(*Convention for the Safeguarding of Intangible Cultural Heritage*)。在这种背景下，越来越多的人开始认识到语言是一种特殊的极其重要的社会资源。

"语言资源"有广义和狭义之分，广义的"语言资源"是指语言本体及其社会、文化等价值；狭义的"语言资源"是指语言信息处理用的各种语料库和语言数据库，以及各种语言词典等。语言既是物质的又是社会的，而更多地是社会的。语言以它的物质结构系统，承载着丰富、厚重的社会文化信息，为社会所利用，能够产生社会效益和政治、经济、文化、科技等效益。所以，语言是一种有价值、可利用、出效益、多变化、能发展的特殊的社会资源。

语言资源观的内容包括两个方面：一是语言本身是一种资源；二是学习并掌握一门语言也是一种资源。每一种语言本身就是一种资源，因为每种语言背后都蕴涵着一个民族的文化和思维等社会资源。这就意味着，任何语言，不管大小，都具有自己的价值和角色。不过，语言越强势，使用范围越广，其价值就越大。例如，《英国文化委员会1987—1988年度报告》指出："英国真正的黑色金子不是北海的石油，而是英语。长久以来，它是我们文化的根基，现在它正在成为商业和信息领域的全球语言，我们面临的挑战是如何充分挖掘它的潜力。"①英国文化委员会(British Council)仅在1989年至1990年的教学、出版、教育项目等方面的收入就达到了5亿英镑，2006年至2007年度英国文化委员会的收入达2.32亿英镑。② 另外，设立在英国本土和海外各地的私立语言学校成为英国一项发财致富的大买卖。从另一个角度来看，掌握一门语言就相当于获得了一种资源。因为在全球化的信息时代，谁掌握了语言，谁就能更快、更好、更直接地获得信息和使用信息，而信息就是资源。所以，现代解释学大师伽达默尔(Gadamer)说："谁拥有语言，谁就拥有世界。"美国著名的未来学家托夫勒(Tofler)也说："谁掌握了信息，控制了网络，谁就将拥有整个世界。"语言作为资源具有许多难以估量的价值。目前人类至少发现了语言的以下价值：战略价值、文化价值、经济价值、科技价值、历史学的价值、社会学的价值和人类学的价值等。

语言是一种奇妙的东西，暂且不论它结构上的神妙之处，就它的社会作用而言，语言是复杂的，甚至是矛盾的。世界上不少语言学家都发现了语言的资源性社会特点。譬如，费什曼(Fishman)认为："语言既有分裂性，也有很强的统一性。它是真诚与敌对、团结

---

① *Annual Reports*. London: British Council, from http://www.britishcouncil.org.

② http://www.britishcouncil.org.

与冲突、傲慢与偏见的标志。”①社会语言学专家库尔马斯(Coulmas)也发现：“语言既有凝聚的力量，也有分离的作用，它能使人产生各种情感，如语言忠诚和民族主义……基于语言的这种社会力量，我们应该把语言作为一种社会资源来看待。语言资源像其他资源一样，可以用来为社会的政治目标服务。”②此外，华裔澳大利亚学者陈平和澳大利亚昆士兰大学的高特利艾博(Chen & Gottlieb)也指出，“没有什么东西比语言更能‘凝结’或‘分离’(link or divide)人与社区之间的关系”③。北京市社科联语言学学者奚博先认为，语言和生产工具一样具有二重性。工具既可用来建设，也可造成破坏。一把斧子，可以用它来做家具，也可以用它来毁家具。语言也是如此，人们既可以用它来做好事，又可以用它来做坏事。古人有“一言兴邦，一言丧邦”的说法，民间有“一句话使人笑，一句话使人跳”的说法，语言的资源属性像是把双刃剑，它具有“水能载舟，亦能覆舟”的两面性：当语言规划得好时，语言的正面特点就发挥作用，语言就成了一种社会的“黏合剂”，它具有“团结”“凝聚”“凝结”或“建设”的作用，此时，语言是“资源”。而当语言规划得不当时，语言的负面特点就会暴露无遗，语言就变成了“分化素”，它具有“冲突”“分裂”“分离”或“破坏”的作用。此时，语言就成了“问题”。

语言资源观使得人们开始从新的角度来看待语言，并重视各类语言的规划和教育政策。刘海涛认为：“如果语言只是一种工具，那么人们只需要追求工具的实用性、易用性、高效性就行了。而作为资源的语言就有了更多的含义，为了人类的可持续发展，任何资源，特别是难以再生资源的利用和保护就显得格外重要。语言的资源观也会使人们从更广泛的背景去处理语言和生态的关系。”④倘若一种语言就是一种资源，那么，对于个人来说，一个人会说几种语言，他就能获得更多的资源。对于国家来说，多语言应该被视为国家的财富，国民掌握几种语言也是国家的资源。语言资源论使人们清晰地认识到保护、开发和利用语言资源的必要性、重要性和迫切性。事实上，语言作为一种资源的观念早已在西方国家的语言规划模式中盛行，就像“制定和消费国家经济中的其他资源一样，语言的选择是严格地按照经济规则运行的”⑤。

如今，语言资源论已经被不少人认识，许多国家和国际组织制定的语言政策里面都蕴涵了语言资源论的观点。例如，澳大利亚联邦政府认识到外语学习与国家经济和贸易的发展密切相关，把语言看成国家的资源。1984 年澳大利亚发布了《国家语言政策》(*A National Language Policy*)，该报告重申了英语的国语地位，还提出了口语、印度尼西亚语、汉语、法语、德语、西班牙语、阿拉伯语，以及土著语等 14 种语言为“优先语言”

---

① Fishman, J. A. *The Sociology of Language*. Rowley, Mass: Newburry House, 1972: 4.

② Coulmas, F. *The Handbook of Socioliguistics*. 北京：外语教学与研究出版社，布莱克威尔出版社，2001：438.

③ Chen, P. & Gottlieb, N. *Language Planning and Language Policy: East Asian Perspectives*. Richmond, Surey: Curzon Press, 2001: 1.

④ 刘海涛. 语言规划和语言政策：从定义变迁看学科发展. 选自：教育部语用所社会语言学与媒体语言研究室. 语言规划的理论与实践. 北京：语言出版社，2006：56.

⑤ Jernudd, B. & Das Gupta, J. Towards a Theory of Language Planning. In: J. Ruben & B. Jernudd (eds.). *Can Language Be Planned?* Honolulu: East-West Center Press, 1971: 195-196.

(priority language)的方案，强调保护少数群体语言的重要性。

2.2.1.4 语言软实力观及对语言教育政策的影响

如果语言是一种"资源"，为什么掌握这种资源的国家和政府会拿出钱来极力让别人使用他们的资源呢？这就涉及另一种语言观——语言软实力观。在全球化背景下，语言文化越来越成为一个国家综合国力的重要组成部分，文化的交流和传播越来越成为国际竞争和国际冲突的一个重要方面。"软实力"(Soft Power)的概念就是在这种背景下提出来的。具体地说，软实力是20世纪90年代初由美国哈佛大学教授小约瑟夫·奈(Joseph. S. Nye, Jr.)提出来的。[①] 1990年，他分别在美国的《政治学季刊》和《外交政策》期刊上发表《变化中的世界力量的本质》和《软实力》等一系列论文，并在此基础上出版了 *Bound to Lead: The Changing Nature of American Power*(中译本《美国定能领导世界吗?》)一书。约瑟夫·奈在书中提出了"软实力"的概念并在以后的论文中予以完善。实力可分软实力和硬实力。他认为软实力"是一种通过吸引力而不是通过威逼或购买而达到目的的能力"。他指出，一个国家的综合国力既包括由经济、科技、军事实力等表现出来的"硬实力"，也包括以语言文化和意识形态吸引力体现出来的"软实力"。硬实力和软实力就像一枚硬币的两面，缺一不可，它们在一个国家中同样重要。硬实力是软实力的有形载体和物质表现，而软实力是硬实力的无形延伸。但是，在不同的时期，硬实力和软实力的作用有所不同。在战争年代，硬实力显得更突出，而在和平和信息化时代，软实力正变得比以往更为重要。硬实力和软实力在一个国家的关系就像"大棒与胡萝卜"的关系。

语言软实力论强化了各国对自己语言国际推广的重要性。语言是信息传播的基础，也是衡量一个国家软实力大小的重要指标。在全球化时代，如果一个国家的语言文化能够对其他国家产生吸引力，得到普遍认同，甚至被吸纳或融合到其他国家的文化中去，这个国家与他国之间就会少几分敌意，多几分理解。因此，为了维护自己国家的语言文化利益以及扩大自己国家的语言文化利益在国际传播中的份额，目前许多国家都在有计划地实施各自的语言推广战略，并努力通过建立和壮大自己的语言国际推广机构来扩大语言的国际影响。例如：英国文化委员会(British Council)、法国的法语联盟(Alliance France)、西班牙的塞万提斯学院(Cervantes Institute)、德国的歌德学院(Goethe Institute)、葡萄牙的卡蒙斯学院(Camoes Institute)、意大利的但丁学院(Instituo Dante Alighieri)、日本国际交流基金会(Japan Foundation)、美国众多的语言文化传播机构，以及中国的孔子学院。近年来，韩国也提出要建"世宗学院"，印度要建"甘地学院"。另外，许多经济实力比较薄弱的国家则提供奖学金或研究项目，鼓励外国师生来学习和研究它们的语言和文化。

2.2.2 社会因素

影响语言教育政策的制定、实施及评估的主要是社会因素，即社会的政治、经济、文化准则、国内语言环境、英语地位及母语实用性等对公共政策的影响最直接、最重要，甚

① Nye, J. S. Jr. Soft Power and European-American Affairs. In: Thomas L. Ilgen(eds.). *Hard Power, Soft Power, and the Future of Transatlantic Relations*. Burlington, VT: Ashgate Publishing Company, 2006: 26.

至起决定性的作用。语言教育政策的制定是一个比较复杂的过程，任何一项语言教育政策的制定都要受到社会中各种因素的制约和影响，其主要影响因素如下：

2.2.2.1　政治因素

任何政策的制定都是一种政治行为，任何教育政策都是为政治服务的。在决定学校教学语言时，政治因素无疑是最重要的因素。“采用什么语言作为各教育层次的教学媒介语是很多国家的学校所面临的教学上的难题与潜在的爆炸性政治问题。这一问题在发展中国家特别尖锐，但今日也严重地存在于很多发达国家。不可思议的是，选择教学语言的问题也是在国际论坛上所有重要教育问题中人们最少意识到的问题。”①

许多语言政策研究指出，语言政策永远不只是教育的问题，我们必须从社会和政策等更广泛的背景来理解语言政策。教学媒介语的选择是语言政策决定的核心，因为这决定着谁来执政和控制财富。教学媒介语政策是通过政治、社会和经济等因素之间的博弈后才制定出来的。在这些因素中，政治因素总是处于优势，“其他因素只有与政策因素站在一起时才会发挥出更大的作用”②。

政策的目标确定、制定方式和方案选择起着举足轻重的作用。比如“一战”带来的排外主义对美国外语教育打击巨大。德语和法语本来是当时相对来说比较受欢迎的外语。1915 年，选修德语的中学生达到学生总数的 4.4%，1922 年则下降到了 0.6%。③ “二战”后，美国的排外主义更为盛行，语言上的同化政策使移民语言教育陷入低谷，尤其是德语教育从此一蹶不振，从比较强势的外语语言沦为被歧视压迫的语言。

2.2.2.2　经济因素

“任何政策归根结底是由经济状况所决定，特别是由经济基础和经济利益所决定。一国的经济状况决定其政策的基本构架、规模、程度和方向，决定某种政策的必要性、可能性和实施效果。”④复杂的社会语言因素导致学生家庭语言（home language）和学校语言（school language）之间产生鸿沟。如果学生的母语不是国语或官方语言，而学校要使用学生的母语作为教学用语，那么学校将会遇到一系列学校之外的社会与经济问题。例如，学校的教学媒介语何时开始从学生的母语转向官方规定的学校教学语言？学校何以满足众多学生对母语教材和辅导书的要求？若一定要达到上述要求，增加的费用由谁来支付？有些学生母语甚至还没有书写系统，这又如何处理？如何招聘到懂得所有学生母语的教师？若分别招聘，增加的教学成本又该谁来负责？等等。

经济因素对美国语言教育政策制定的影响是巨大的。首先是美国政府对教育的资金扶持对美国语言教育的发展起到至关重要的作用。如联邦政府按照 1968 年双语教育法的计划开始实施投资，投资逐年增加。从 1968 年的 1500 万美元增加到 1969 年的 3000 万美元，再到 1970 年的 4000 万美元。1974 年修正案再度加大了对双语教育的投入，国会拨

---

① 菲利浦·库姆斯. 世界教育危机. 赵宝恒，译. 北京：人民教育出版社，2001：267.

② Toffefson，J. W. & Tsui，A. B. *Medium of Instruction Policies*. New Jersey：Lawrence Erlbaum Associates Inc.，2008：113.

③ 李英姿. 美国语言政策研究. 南开大学博士论文，2009：53.

④ 袁振国. 教育政策学. 南京：凤凰出版传媒集团/江苏教育科学出版社，2001：43.

款从 1974 年度开始为 1.35 亿美元，后增至 1976 年的 1.4 亿美元，1983 年度跃至 4 亿美元。① 拨款的增加最直接使双语教育尤其是印第安教育开展起来。其次，语言教育政策的发展也对经济发展有巨大的推动作用，如外语教育的发展对美国经济尤其是外贸商业是不小的促进。因此，政策制定者要根据当前国家的经济水平和经济发展的需要，制定合理的、切实可行的、能促进经济发展的语言教育政策。

2.2.2.3 文化因素

文化因素对语言教育政策的影响同样不可忽视。随着当今多元文化和多元语言状况的出现，语言教育政策的制定要考虑文化因素的存在，承认文化多元。例如在美国，盎格鲁-撒克逊清教徒文化对美国文化的发展影响最大，其他各种族文化影响着盎格鲁-撒克逊清教徒文化，同时又受盎格鲁-撒克逊清教徒文化的影响。要真正制定适合美国印第安人语言文化的语言教育政策，就要重视印第安人自身的语言权利，尊重他们自身需要、从自身利益出发的权利。

当然，美国语言教育政策的制定还有其他一些因素的影响，比如国家安全因素的考量。出于国家安全因素的考虑，第二次世界大战触发了美国社会对外语的认识，美国需要派大批军事人员到世界各地工作，他们必须快速掌握有关地区通用语言的口语，通晓外语成了大问题。美国政府委托美国的大学为军事人员专门研发语言培训计划，为了在 36 周内迅速提高听、说和文化适应方面的技能，1942 年启动了“军方特别训练计划”(Army Specialized Training Program，即 ASTP)，1943 年全美 55 所大学开始着手开展语言培训。这项计划在短期内培养了大批掌握外语口语能力的军事人员，满足了战争的需要。同样地，1957 年苏联发射第一颗人造地球卫星，对美国的震动很大，舆论界对学校教育的批评非常激烈，强烈呼吁改革学校的课程和教学方法，要求提高课业的标准，加强科学和数学的训练，重新关注语言教育，于是出台了《国防教育法》。

又比如一些隐形权力如私人基金会也对语言教育政策的制定起着重要的作用。在美国，私人基金会是由拥有巨额财富的人作为慈善机构建立起来的。最大的几个基金会包括福特基金会、洛克菲勒基金会、利里捐赠基金会、凯洛格基金会等。由于具有充足的经费来源，私人基金会可以为政策调研、制定和组织提供大量的资助经费。这些基金会已经对美国社会政策的制定尤其是语言教育政策产生了重要影响。

2.2.2.4 国内语言环境因素及英语因素

在教学语言的选择方面，不同类型的国家有不同的选择难处。鉴于殖民地的宗主国语言对殖民地国家的语言影响颇大，我们把国家分为非殖民地国家和前殖民地国家。在多语的非殖民地国家里(世界上几乎没有纯粹的单语制国家)，有些人的母语未能成为国语或官方语言，因此学校教学语言选择的难处主要表现在国语和其他国内语言的两难选择上。而在前殖民地国家中，如印度、巴基斯坦和许多非洲和南美国家，学校教学语言选择的难处则主要表现在国语、其他国内语言和前宗主国语言(特别是英语、法语或西班牙语)的三难选择上。总体而言，学校教学语言的选择难处更多地是出现在多语言国家的少数族群学校中和前殖民地国家的学校中。在全球化时代，英语显得越来越重要，许多国家在教学

① 谭琪. 当代美国双语教育政策评析. 东北师范大学硕士论文，2006：12.

语言，特别是高等教育中的教学语言的选择方面都必须考虑到英语因素。在全球化时代，没有哪个非英语国家在制定本国的语言教育政策时不考虑英语因素。

2.2.2.5　母语实用性因素

由于受到多语言、城市化和移民等因素的影响，同一所学校的儿童可能说着各种不同的语言。世界上使用母语作为教学语言的愿望还远没有得到普遍贯彻，因为使用母语作为教学语言可能遇到以下困难：母语可能是一门没有文字的语言；该语言可能甚至不被公认为一门合格的语言；教育方面的词汇(尤其是现代科技词汇)可能还有待开发；可能缺乏用该语言编印的教学资料；可能缺乏训练有素的教师；学生、家长和教师可能不愿意用自己的母语进行教育。联合国教科文组织指出："令人惊奇的是，有些持本地语者强烈反对在他们孩子的教育中使用自己的语言。他们或许认为，通往发达的唯一途径是掌握一种国语或世界性语言，而他们自己的语言什么都不是，只是障碍。"①尽管众多的实验证明，对所有学生而言，母语是最有效的教学语言，但是，在教育中，特别是早期教育中，不使用儿童的第一语言作为教学语言的现象还很常见，这叫语言排除(language exclusion)，忽略了儿童的家庭语言，即第一语言(L1)或母语。忽略移民语言也是"语言排除"的一种表现。儿童倘若未能享受使用母语作为教学语言的教育，他们在课堂上就要克服许多语言困难，人们特别是教师往往会因为儿童在使用第二语言(L2)时所犯的语言错误而错误地判断儿童的智力和能力，最终影响他们的学习。

2.3　语言教育政策的国内外研究现状

语言教育政策既是语言政策(属于社会语言学)中的一个组成部分，也是教育政策(属于教育学)的一个内容，因此，语言教育政策的研究是跨学科的研究。目前国内外对语言教育政策的专门研究不多，所以，本书将从语言教育、语言政策、语言规划以及教育政策中去寻找有关语言教育政策方面的研究成果。语言教育政策领域的研究对象一般都涉及一国的主体语言、少数族群语言和外语三部分的教育。

2.3.1　主体语言教育政策研究

2.3.1.1　国内研究

(1)汉语虽然是中国的主体语言，但是，在全球化的进程中，时任中国的汉语教学却出现了的"外热内冷"的现象。在"第二届华文教学国际论坛"上，时任中国教育部语言文字信息管理司司长的李宇明指出，当前正值全世界讨论汉语发展时期，但中国内地的汉语教育学却处于"外热内冷"的局面。王铁琨主编的《中国语言生活状况报告(下)》对中国国内"汉语冷"和海外"汉语热"的语言教育现象进行了梳理。② 郭龙生客观分析了当前对外汉语教学面临的"外热内寒"的原因。姚亚平在《中国语言规划研究》一书中指出：全球化

① UNESCO. *The Use of Vernacular Languages in Education.* Paris: UNESCO, 1953.

② 王铁琨. 中国语言生活状况报告(下). 北京：商务印书馆，2006.

使语言生活的图景更加色彩斑斓，使语言态度的关系更加微妙复杂。①

(2)对于汉语教育的"内冷"，中国应该加强母语意识。道布论述了普通话的全国推广政策，② 李宇明在《论母语》一文中阐述了母语教育对于个人、民族和国家的重要性。③ 李芳、④ 李开拓⑤等认为在英语热潮下要从语言政策层面和民族意识的高度提高汉语的地位。成尚荣指出，母语教育是全球化语境中的一个重要命题，全球化是一个与多样性、多元化同时进行的过程，加强母语教育的实质是强化民族文化认同感。⑥

(3)对于汉语教育的"外热"现象，中国应该采取"走出去"战略。由于中国综合国力的增强，汉语教育的海外市场迅速扩大。谭一红认为，加强对外汉语教育是中国的需要，也是世界的需要，⑦ 因此，在全球化时代和网络时代的语言规划已不仅仅是一个国家内部的事情了。⑧ 李泉的对外汉语教学理论思考聚焦课堂和理论，为对外汉语的教学提供了微观的理论指导。由于对外汉语教育还涉及多国的政治、经济和文化等因素，对外汉语的教育必然会遇到许多困难。⑨ 针对许多汉语教材在国外的使用中出现"水土不服"现象，要加强对外汉语教材的研究与开发。⑩张德鑫进一步指出，对外汉语教学学科建设要有"世界意识"和"现代意识"。⑪国家汉办主任许琳分析了目前的国际语言形势，并提出汉语在国外推广工作的具体发展思路和孔子学院的办学政策。⑫

2.3.1.2　国外研究

国外的主体语言教育政策的研究主要集中在以下几个方面：

(1)强调在国际背景下母语教育的重要性。在全球化背景下，一国的主体语言往往是该国大多数人的母语，也是该国的国语。因此，各国在制定语言教育政策时都特别强调母语的教育。语言素养是精神素养的一面镜子，联合国教科文组织早在 1951 年就指出母语的定义："母语就是人在幼年时习得的语言，通常是思维和交际的自然工具。"并且指出学校教育应尽可能延长母语的使用期限，尽可能持续到学校更高的教育阶段。1999 年，联合国教科文组织第 30 届大会决定将每年的 2 月 21 日确定为"国际母语日"(International Mother Language Day)，以便增强人们的母语意识。

(2)全球化下英语帝国主义对各国母语的威胁。丹麦语言学教授菲利普森(Philipson)

---

① 姚亚平. 中国语言规划研究. 北京：商务印书馆，2006.

② 道布. 中国的语言政策和规划. 民族研究，1998(6)：42-52.

③ 李宇明. 论母语. 世界汉语教学，2003(1)：48-58.

④ 李芳. 英语热潮下对汉语的冷思考. 武汉大学学报(人文社科版)，2004(4)：499-502.

⑤ 李开拓，曹佳. 提升汉语地位，做好语言规划. 北华大学学报(社会科学版)，2005(5)：82-85.

⑥ 成尚荣. 母语教育与民族文化认同. 外语与外语教学，2003(5)：23.

⑦ 谭一红. 加强对外汉语教育——中国和世界的需要. 云南师范大学学报，2003(5)：23.

⑧ 孟万春. 中国语言规划的历史演变. 青海民族学院学报，2005(2)：128.

⑨ 李泉. 对外汉语课堂教学的理论思考. 中国人民大学学报，1996(5)：87-93.

⑩ 王路江. 从对外汉语教学到国际汉语教学——全球化时代的汉语传播趋势. 世界汉语教学，2003(3)：11.

⑪ 张德鑫. 对外汉语教学五十年——世纪之交的回眸与思考. 语言文字应用，2000(1)：56-58.

⑫ 许琳. 汉语国际推广的形势和任务. 世界汉语教学，2007(2)：106-110.

在专著《语言帝国主义》中分析了英语的发展以及英语强大后对世界各国语言的影响。① 以色列语言学教授斯波斯基(Spolsky)在《语言政策》中指出，没有哪个国家的语言以及语言教育不受英语的影响。② 美国比较教育学教授阿特巴赫(Altbach)在《全球化与大学——不平等的神话与现实》一文中研究了全球化在怎样影响着发展中国家，特别是在教育国际化和英语世界化背景下，小语种面临生存威胁。③ 英国阿斯顿(Aston)大学语言学教授艾哲(Ager)阐述了英法两国的母语教育政策。④

(3)在多语国家，推广国家主体语言有利于国家经济的发展。卡兹丹和迪金斯(Cazden & Dickinson)指出教育不仅仅发生在学校，美国的语言教育基本上就是英语的教育，所以要制定和实施语言的标准化教学和考试。⑤ 马歇尔(Marshal)在《美国官方语言问题：语言权利与英语修正案》一文中论述了美国为何没有官方语言却要不断培养主体语言——英语。⑥ 伽文(Garvin)在《有关语言规划的评论》一文中阐述了标准语的定义以及对言语社区的作用。⑦ 美国(俄勒冈)语言与教育政策研究所所长克劳福德(Crawford)在其专著《语言多样性中的战争：美国焦虑时代的语言政策》中剖析了美国的"唯英语运动"，指出美国在多语社会中维持英语绝对主体的社会意义。⑧ 陈平和高特利艾博(Chen & Gottlieb)在专著《语言规划与语言政策：从东亚视角研究》中对中国和日本等国家的语言政策进行了回顾和总结。⑨

(4)在海外推广本国语言可以增强国家的软实力。西班牙的桑切斯(Sanchez)阐述了西班牙语的传播政策，⑩ 菲利普森(Phillipson)研究了英语的传播政策，⑪ 法国的科莱内当

① Philipson, R. *Linguistic Imperialism*. Shanghai: Shanghai Foreign Language Education Press, 2000.

② Spolsky, B. *Language Policy*. Cambridge: Cambridge University Press, 2004.

③ Altbach, P. Higher Education and the WTO: Globalization Run Amok. *International Higher Education*, 2001(21).

④ Ager, D. *Francophonie in the 1990s*. Clevedon, England: Multilingual Matters Ltd., 1996.

⑤ Cazden, C. B. & Dickinson, D.K. Language in Education: Standardization Versus Cultural Pluralism. In: C. A. Ferguson & B. Heath (eds.). *Language in the USA*. New York: Cambridge University Press, 1981: 446-468.

⑥ Marshall, David F. The Question of an Official Language: Language Rights and the English Language Amendment. *International Journal of the Sociology of Language*, 1986: 7-75.

⑦ Garvin, Paul. Some Comments on Language Planning. In: Joan Rubin and Roger Shuy(eds.). *Langauge Planning: Current Issues and Research*. Washington, DC: Geodgetown University Press, 1973: 24-73.

⑧ Crawford, James. *At War with Diversity: US Language Policy in an Age of Anxiety*. Clevedon, England: Multilingual Matters Ltd., 2000.

⑨ Chen, P. & Gottlieb, N. *Language Planning and Language Policy: East Asian Perspectives*. Richmond: Curzon Press, 2001.

⑩ Sanchez, A. & Duenas, M. Language Planning in the Spain-Speaking World. *Current Issues in Language Planning*, 2002, 3(3).

⑪ Philipson, R. *Linguistic Imperialism*, Shanghai: Shanghai Foreign Language Education Press, 2000.

(Kleineidam)研究了法语的传播政策以及法国采取的语言行动,① 德国的阿蒙(Ammon)阐述了德语传播的政策,② 日本的平高文也回顾了日本的语言传播政策,③ 这些语言在海外的推广政策都说明，语言的国际推广与语言政策的制定有很大关系，语言的国际推广可以为语言的母国带来许多益处。

中国以前对汉语教育政策的研究主要集中在汉语语言的本体规划上，即普通话的推广、汉语拼音以及汉字的简化。近年来，中国开始重视汉语母语教育以及汉语“走出去”战略的研究。而国外对主体语言的研究主要集中在内外关系上，对内要加强母语教育意识，这既是爱国主义的内容，也有利于国家政治稳定和经济发展，对外则要积极推广，树立良好的国际形象和增强国家软实力。中国的母语教育意识还不够强，这需要加强我国在汉语教育政策方面的研究，而中国的汉语国际推广语言政策在“走出去”方面也只是刚刚开始，还有许多需要学习、实践、研究和改善的地方。

2.3.2 少数族群语言教育政策研究

2.3.2.1 国内研究

(1)普遍认识到中国很多少数民族语言面临消亡的威胁，中国非常有必要制定切实可行的语言政策来保护这些少数民族语言。道布论述了少数民族语言的保护政策和双语政策,④ 徐世璇出版了第一部论述中国濒危语言的理论性著作《濒危语言研究》。⑤ 许嘉璐说：“世界只有语言多样，文化多元，不同语言和文化间的交流畅通，才谈得上世界的稳定与和平。”⑥

(2)从国家民族团结与民族语言层面论述保护少数民族语言教育政策的重要性，并提倡与鼓励民族地区的双语教学或多语教学。少数民族的双语或多语教育是指一种少数民族语言和汉语和(或)一种外语的教育。张贡新在《民族语文·民族关系》一书中论述道：没有民族语言平等，就不可能实现真正的完整的政治上、经济上、文化上的平等，也就不可能实现真正意义上的民族平等。实行民族语言教学，使用民族文字课本，用民族语言讲课，贯彻于整个小学和中学的学程，是我们党和国家一贯的最主要、最根本的民族教育政策，是民族教育政策中的一条总纲。中国必须实行民族语文教学为主和汉语教学为辅的两条平行的双轨教育体制。刘海涛在《计划语言和语言规划关系初探》一文中论证了语言是可以被规划的，也是需要规划的，语言规划对于民族语言的发展是有好处的,⑦ 冯小钉提

---

① 阿尔米·科莱内当. 语言传播政策和法语区：法国采取的语言行动. 选自：周庆生. 国外语言政策与语言规划进程. 北京：语文出版社，2001 年。

② Ammon, U. *Status Changes of Languages*. Berlin: Mouton de Gruyter, 1992.

③ 平高文也. 日本的语言传播政策. 选自：周庆生. 国外语言政策与语言规划进程. 北京：语文出版社，2001.

④ 道布. 中国的语言政策和规划. 民族研究，1998(6)：42-52.

⑤ 徐世璇. 濒危语言研究. 北京：中央民族大学出版社，2001.

⑥ 许嘉璐. 许嘉璐出席世界汉语大会闭幕式的重要讲话. http://www.enorth.com.cn, 2005-07-22.

⑦ 刘海涛. 计划语言和语言规划关系初探. 外国语，1996(5)：23.

出保护少数民族语言是确保语言多样性的前提,① 戴庆厦论述了语言规划在多民族和多语言国家中的重要性。②

2.3.2.2　国外研究

(1)世界语言生态遭破坏。挪威裔美国语言学家豪根(Haugen)很早就提出了语言生态(linguistic ecology)的概念,③ 澳大利亚阿德莱德大学的语言学教授缪尔豪斯勒(Muhlhausler)和民主刚果裔美国芝加哥大学教授马福威(Mufwene)都是生态语言学(ecolinguistics)的提倡者。澳大利亚的武尔姆(Wurm)在《语言的消亡与消失：原因与环境》一文中分析了影响语言生态环境变化的主要因素有经济、文化和政治(包括征服),指出很多少数民族语言需要适当的管理和规划才能生存下去。④ 澳大利亚的斯莫利兹(Smolicz)在《澳大利亚语言政策和少数民族权利：核心价值透视》一文中指出澳大利亚的少数民族语言数量在骤减,但是人们对此的意识尚不深刻。⑤ 芬兰社会语言学家斯古纳伯(Skutnabb)指出,在经济全球化的今天,语言被“谋杀”的速度是人类历史上最快的,少数族群语言数量多,使用人数却不多,96%的语言的使用者总人数仅占全球人口的4%。根据联合国教科文组织(2006年2月26日)讨论的“多种语言”论题,目前世界上共有大约6000种语言,其中有一半多濒临灭绝,全球语言消亡速度加快。⑥ 美国宾夕法尼亚大学教育学教授霍恩博格(Hornberger)根据各大洲的语言政策和实践,提出了“学校能拯救土著语言吗”的问题。⑦

(2)全球化加速了少数族群的语言消失。全球化带来更多的语言接触(language contact)和语言转用(language shift)。专家预测,全球五至九成的语言将在这一百年内消失,原因就在于全球化,即全球性的文化均一化。语言作为民族身份特征的标志,它的复兴运动今后也许会更加旺盛。日本21世纪研究会指出,一直以来只对英语的普及产生推动作用的互联网等媒体,是不是也应该成为保护少数族群语言的强有力的工具呢?

(3)语言多样性对人类的重要性。语言对于知识的发展和传播不可或缺,语言多样性是文化多样性的前提。如果把语言的消亡比作动植物的灭亡,那么我们就更容易理解保护少数族群语言(特别是濒危语言)的重要性。尽管如此,由于各国主要民族漠视语言权,少数族群语言正在悄无声息地消逝,很多肩负着继承少数族群语言重任的民族自身丢弃了

---

① 冯小钉. 语言消亡与保护语言多样性问题的研究评述. 安徽大学学报(哲社版), 2003(3): 74.

② 戴庆厦. 云南蒙古族喀卓人语言使用现状及其演变. 北京：商务印书馆, 2008.

③ Haugen, E. *The Ecology of Language*. Stanford: Stanford University Press, 1972.

④ Wurm, S. & Kincade, D. Taxonomy. In: R. Robins and E. Uhlenbech(eds.). *Endangered Languages*. Oxford: Berg, 1991.

⑤ Smolicz, J. J. & Nical, I. Exploring the European Idea of a National Language: Some Educational Implications of the Use of English and Indigenous Languages in the Philippines. *International Review of Education*, 1997(5).

⑥ Skutnabb-Kangas, T. The Globalization of Educational Language Rights. *International Review of Education*, 2001, 48.

⑦ Hornberger, N. H. Multilingual Language Policies and the Continua of Biliteracy: An Ecological Approach. *Language Policies*, 2002, 1: 27-51.

母语。荷兰学者波尔斯顿(Paulston)在《少数民族与语言政策：四种案例分析》一文中分析了西班牙(具体地说是加泰罗尼亚)、坦桑尼亚、秘鲁和瑞典的语言状况，并指出在现代民族国家中各民族长期接触造成的语言结果是语言保持、双语现象或语言权与语言多样性的保护。① 保护少数民族语言就是尊重少数民族的语言权，人人享有语言权。语言立法可以提高少数民族语言在教学中的地位，但是在语言实践中，双语教育遇到很多困难，诸如缺乏合格双语教师、儿童语言背景不同和学生家长态度冷淡等。美国著名社会语言学家费什曼(Fishman)在《论民族语言的民主限度》一文中提出民族语言的民主原则。② 斯古纳伯和菲利普森(1995)在《语言人权：克服语言歧视》一文中回顾了语言人权的发展沿革，指出少数民族比主体民族更迫切需要语言权利，我们应该从法律的层面来制定少数族群语言的教育政策。他们认为，如果人们被迫转用自己的语言，以求得某种基本生活之外的经济利益，那么这不仅侵犯了他们的经济人权，也侵犯了他们的语言人权。③ 对于语言人权的侵犯，可能导致民族争斗并削弱语言及文化的多样性。人类要永久地保持语言多样性，就是要承认所有的个人和群体都享有基本的语言人权。此外，2001 年联合国教科文组织通过了《世界文化多样性宣言》，2003 年通过了《保护非物质文化遗产国际公约》和《关于普及网络空间及促进并使用多种语言的建议书》，这些文件对于语言多样性的保护具有重要意义。

中国对少数民族语言教育政策的研究主要是从政治和社会层面(即民族团结、国家稳定和社会发展)进行研究，而国外则更倾向于从法律层面(即语言人权)和语言生态角度(即少数民族语言是语言生态中的组成部分)进行论证，并从全球化的角度来分析少数民族语言消亡的原因。

2.3.3 全球化背景下的外语教育政策研究

2.3.3.1 国内研究

(1)对中国外语教育现象的研究。左焕琪的专著《外语教育展望》从教学论的角度阐述了中国的外语教育。④ 陈新仁(2008)主编的《全球化语境下的外语教育与民族认同》评价了海外外语教育政策对民族认同的影响。⑤ 庄智象(2009)主编的《中国外语教育发展战略论坛》阐述了外语学科的发展轨迹，对学科未来发展提出了战略性思考与建议。⑥ 此外，有些机构(如 CCTV 东方时空栏目)也对国内的外语教育热现象做过实证调查和研究。他

---

① Paulston, C. B. Language Policies and Language Right. *Annual Review of Anthropology*, 1997: 72-85.

② Fishman, J. On the Limits of Ethnolinguistic Democracy. In: Skutnabb-Kangas, T. & Philipson, R. (eds.). *Linguistic Human Rights: Overcoming Linguistic Discrimination.* Berlin and New York: Mouton de Gruyter, 1995: 49-62.

③ Skutnabb-Kangas, T. & Philipson, R. (eds.). *Linguistic Human Rights: Overcoming Linguistic Discrimination.* Berlin and New York: Mouton de Gruyter, 1995.

④ 左焕琪. 外语教育展望. 上海：华东师范大学出版社，2001.

⑤ 陈新仁. 全球化语境下的外语教育与民族认同. 北京：中国社会科学出版社，2003.

⑥ 庄智象. 中国外语教育发展战略论坛. 上海：上海外语教育出版社，2009.

们得出的总体结论是：中国的外语教育取得了很大的成绩，但是，“费时低效”现象依然存在。

(2)对中国双语教学现象的研究。“外语热”带来了“双语热”。王斌华的《双语教育与双语教学》从理论和实践两方面系统地介绍了双语教育。① 之后，有许多介绍或比较中外双语教学的专著和文章。张治和熊建辉以上海市杨浦小学为例探索了中国的双语教育，② 赵慧的专著《双语教学纵横谈》介绍了美国、加拿大、新加坡、上海、苏州等国家和地区的双语教学，③ 吴剑丽等④和陈纳⑤分析了美国的双语教育政策及其对中国双语教学的启示，马庆株认为很多“双语”学校(中小学)已经把英语用作教学语言了。然而，我国并没有外语可以作为教学语言的法律规定。⑥

(3)对外语教育政策重要性的研究。胡文仲教授在《我国外语教育规划的得与失》一文中指出，对于外语教育规划缺乏考虑或者考虑不当，都会对外语教育产生负面影响，如20世纪50年代的俄语教育就缺乏科学的语言教育规划，胡文仲分析了中华人民共和国成立60年来外语教育的成就与缺失。⑦ 复旦大学的蔡基刚在《外语能力培养与我国外语政策》一文中指出，国家的外语政策决定了这个国家外语语种的选择和外语教育发展的规模。⑧ 张正东在《中国外语教育政策漫议：外语是把双刃剑》一文中指出，外语是一把双刃剑，在制定中国外语教育政策中应给外语作出妥善的定位。⑨

(4)对外语教育史的研究。该方面最有代表性的是以下三本专著：付克的《中国外语教育史》⑩、李良佑的《中国英语教学史》⑪和李传松等的《中国近现代外语教育史》⑫。

2.3.3.2　国外研究

(1)提倡双语或多语教育。联合国教科文组织早在1951年的报告中指出懂得一门世界性语言能够帮助增强民族之间的了解，应鼓励掌握世界性语言的教学。鲁宾(Rubin)在《语言规划过程》中阐述了双语教育规划的必要性和重要性，⑬ 麦基(Mackey)在《双语教育

① 王斌华. 双语教育与双语教学. 上海：上海世纪出版社，上海教育出版社，2003.

② 张治，熊建辉. 双语教育与实践——上海市杨浦小学的探索. 上海：上海社会科学出版社，2005.

③ 赵慧. 双语教学纵横谈. 天津：天津教育出版社，2006.

④ 吴剑丽. 美国的语言文化倾向与双语教育政策. 湖南师范大学教育科学学报，2004(5)：101-103.

⑤ 陈纳. 美国双语问题的两派之争. 华东师范大学学报(教育科学版)，2007(1)：29.

⑥ 马庆株. 谈中国的语言地位规划. 选自：教育部语用所社会语言学与媒体语言研究室. 语言规划的理论与实践：第四届全国社会语言学学术研讨会论文集. 北京：语文出版社，2006.

⑦ 胡文仲. 建国60年来我国外语教育的成就与缺失. 外语界，2009(5)：10-18.

⑧ 蔡基刚. 外语能力培养与我国外语政策. 外语与外语教学，2003(5)：29-32.

⑨ 张正东. 中国外语教育政策漫谈：外语是把双刃剑. 基础教育外语教育研究，2006(1).

⑩ 付克. 中国外语教育史. 上海：上海外语教育出版社，1986.

⑪ 李良佑. 中国英语教育史. 上海：上海外语教育出版社，1998.

⑫ 李传松，等. 中国近现代外语教育史. 上海外语教育出版社，2006.

⑬ Rubin, J. & Jernudd, B. (eds.). *Language Planning Processes*. The Hague: Mouton, 1977.

类型》中界定了何为双语教育,① 联合国教科文组织鼓励在教育领域要发展多语教育(multilingual education):地方语言和一种国际语言。斯波斯基(Spolsky)在《教育语言学手册》中以以色列为例,论述了现代人“至少使用三种语言:母语、一种国语或一种外语”②。美国亚利桑那州立大学课程与教学系教授加西亚(Garcia)对美国的双语教育政策进行过分析。③ 美国哥伦比亚大学教授加西亚(Garcia)论述了全球化背景下的双语教育所面临的挑战和重要性。④

(2)外语教育与国家安全。英国认为英国人不学外语失去了参与竞选许多国际组织领导人的机会,于是制定了外语的学习政策。美国为了鼓励美国人学习外语制定了一系列语言教育政策,而且都是从国家安全的角度来进行制定。澳大利亚开始重视外语的教育,并把外语(特别是主要贸易国的语言)看成资源。

中国的外语教育政策研究比较薄弱,主要是零星地总结和分析中国外语教育政策得失的文章,以及较多介绍外国双语教育政策的文章。而加拿大、美国、新加坡、澳大利亚等国家的双语教育研究比较成熟。特别在9·11事件后,美国把外语教育提高到国家安全的高度来对待,为此,美国近年来对外语教育政策的研究成果比较丰富。

2.4 语言教育政策分析框架

全面地分析语言教育政策必须有一个宏观的结构框架。美国南加州大学语言学家卡普拉兰教授(Kaplan)和澳大利亚南昆士兰大学的语言学家巴尔道夫(Baldauf)基于之前学者对语言政策分析框架的研究,从语言生态角度提出地位规划、本体规划、习得规划和声誉规划四因素分析框架。⑤

2.4.1 语言的地位规划

语言的地位规划是指在某一社会中,在各种语言领域中树立某种语言的声望和该语言在使用方面的主体地位,如在国家刚独立时,官方语言和国语的选择就属于语言地位规划的内容。如制定培养规划和目标,包括少数族群语言的拯救、关注多语社区的创建、开展地区语维护及语言传播。这种规划一般要借助于政治的力量来进行,因此,它相当于语言

① Mackey, W. F. *Education and Bilingualism.* London: KoganPage Ltd., 1987.

② Spolsky, B. *The Handbook of Educational Linguistics.* Oxford: Oxford Press, 1998.

③ Garcia, E. Bilingualism and Schooling in the United States. *International Journal of the Sociology of Language*, 2002, 4: 115-124.

④ Garcia, O. How Threatened Is the Spanish of New York Puerto Ricans? Language Shift with Vaiven. In: Fishman J. A. (ed.). Can Threatened Languages Be Saved? Clevedon, England: Multilingual Matters Ltd., 2001.

⑤ Kaplan, Robert B. & Baldauf, Richard B. *Language Planning from Practice to Theory.* Clevedon, England: Multilingual Matters Ltd., 1997.

学家诺依斯图蒲里(*Neustupny*)的“政治法”①。

2.4.2 语言的本体规划

本体规划也叫本体政策，是指对语言本身的改造，包括语音的、词汇的、语法的以及书写系统等方面的改造，也就是我们通常所说的语言的规范化和标准化。本体规划往往是在地位规划之后，只有确定了国语或官方语言，才能对这些语言进行本体规划。本体规划是为了使语言变得更加规范和实用。本体规划在形式上的政策规划和目标包括文字、语法和词汇的语言规范化和副语言规范化，在功能上的培育规划和目标包括词汇现代化、语体现代化、语言的革新和国际化。

2.4.3 语言的习得规划

习得规划是语言教育政策中非常重要的一个部分。语言的习得规划在形式上的政策规划和目标包括语言确定、教学人员、课程建设、教材教法、资金来源、社区关系和测试评估等，功能上的培育规划和目标包括语言再习得、语言维护、外语或二语、语言变迁等。

2.4.4 语言的声誉规划

地位规划和本体规划是一种能产性的活动，而声誉规划却是一种接受性(或价值)功能，它会影响地位规划和本体规划如何被规划者执行，又是如何被受众接受的。主要表现形式有官方或政府、机构、利益集团、个人对语言的推广。培养规划和目标主要是科学语言、专业语言、雅文化语言的知识化。语言声誉规划刻意营造一种有利的心理环境，这种环境对于语言规划活动取得持久成功具有至关重要的作用，此理论架构有助于我们对语言规划层级的理解。

综上所述，语言教育政策研究是跨学科的研究，公共政策学、教育政策学、语言学的相关理论是语言教育政策研究的理论基础。语言教育政策研究既具有公共政策的特征，教育政策学又为语言教育政策的研究提供了方法论基础，语言学的理论基础为语言教育政策的研究提供了研究视野。从语言教育政策的四因素分析来看，各国语言教育政策不仅包括国家层面的宏观政策，更牵涉微观的语言规划活动；语言教育政策不仅是教育部门的事情，且涉及国家的其他政治、经济发展部门；语言教育政策不仅是政治事务也包含经济利益的考量；语言教育政策不仅牵涉个人利益更是全社会和谐的福祉。

◎ 参考文献：

1. Ager, D. *Francophonie in the 1990s* [M]. Clevedon, England: Multilingual Matters Ltd., 1996.

2. Altbach, P. Higher Education and the WTO: Globalization Run Amok [J]. *International*

① Neustupny, J. V. Basic Types of Treatment of Language Problems. In: J. A. Fishman (ed.). *Advances in Language Planning*. Mouton: The Hague, 1974.

Higher Education, 2001(21).

3. Ammon, U. *Status Changes of Languages*[M]. Berlin: Mouton de Gruyter, 1992.

4. *Annual Reports*[R]. London: British Council, from http: //www. britishcouncil. org.

5. Bamgbose, A. *Language and Exclusion: The Consequences of Language Policies in Africa*[M]. London: Lit Verlag Global, 2000.

6. Cazden, C. B. & Dickinson, D. K. Language in Education: Standardization Versus Cultural Pluralism[A]. In: C. A. Ferguson & B. Heath (eds.). *Language in the USA*[M]. New York: Cambridge University Press, 1981: 446-468.

7. Chen, P. & Gottlieb, N. *Language Planning and Language Policy: East Asian Perspectives*[M]. Richmond, Surey: Curzon Press, 2001.

8. Cooper, R. L. *Language Planning and Social Change*[M]. Cambridge: Cambridge University Press, 1989.

9. Coulmas, F. *The Handbook of Sociolinguistics*[M]. 北京：外语教学与研究出版社，布莱克威尔出版社，2001.

10. Crawford, J. *At War with Diversity: US Language Policy in an Age of Anxiety*[M]. Clevedon, England: Multilingual Matters Ltd., 2000.

11. Fishman, J. A. On the Limits of Ethnolinguistic Democracy[A]. In: Philipson, R. & T. Skutnab-Kangas(eds.). *Linguistic Human Rights: Overcoming Linguistic Discrimination*[M]. Berlin and New York: Mouton de Gruyter, 1995: 49-62.

12. Fishman, J. A. *The Sociology of Language*[M]. Rowley, Mass: Newburry House, 1972.

13. Garcia, O. How Threatened Is the Spanish of New York Puerto Ricans? Language Shift with Vaiven[A]. In: Fishman, J. A. (ed.). Can Threatened Languages Be Saved? [M]. Clevedon, England: Multilingual Matters Ltd., 2001.

14. Garcia, E. Bilingualism and Schooling in the United States[J]. *International Journal of the Sociology of Language*, 2002, 4: 115-124.

15. Garvin, Paul. Some Comments on Language Planning[A]. In: Rubin J. & Roger S. (eds.) *Language Planning: Current Issues and Research*[M]. Washington, D. C.: Geodgetown University Press, 1973: 24-73.

16. Haugen, E. *The Ecology of Language*[M]. Stanford: Stanford University Press, 1972.

17. Hornberger, N. H. Multilingual Language Policies and the Continua of Biliteracy: An Ecological Approach[J]. *Language Policies*, 2002, 1: 27-51.

18. Jernudd, B & Das Gupta, J. Towards a Theory of Language Planning[A]. In: J. Ruben & B. Jernudd (eds). *Can Language Be Planned?* [M]. Honolulu: East-West Center Press, 1971.

19. Kam, H. W. & Wong, R. Y. L. Introduction: Language Policies and Language Education in East Asia[A]. In: H. W. Kam & R. Y. L. Wong(eds.). *Language Policies and Language Education: The Impact in East Asian Countries in the Next Decade*[M]. Singapore: Time Academic Press, 2000: 1-28.

20. Kaplan, R. B. & Baldauf, R. B. *Language Planning from Practice to Theory*[M]. Clevedon, England: Multilingual Matters Ltd., 1997.
21. Kramsch, C. *Language and Culture*[M]. Shanghai: Shanghai Foreign Language Education Press, 2000.
22. Mackey, W. F. *Education and Bilingualism*[M]. London: Kogan Page Ltd., 1987.
23. Marshall, David F. The Question of an Official Language: Language Rights and the English Language Amendment[J]. *International Journal of the Sociology of Language*, 1986, 60: 7-75.
24. Mendoza-Denton, N. Language and Identity[A]. In: J. K. Chambers, P. Trudgill & N. Schilling-Estes (eds.). *The Handbook* of *Language and Variation* [M]. Oxford: Blackwell, 2002.
25. Neustupny, J. V. Basic Types of Treatment of Language Problems[A]. In: Fishman, J. A. (ed.). *Advances in Language Planning*[M]. Mouton: The Hague, 1974.
26. Nye, J. S. Jr. Soft Power and European-American Affairs[A]. In: Thomas L. Ilgen(eds). *Hard Power, Soft Power, and the Future of Transatlantic Relations*[M]. Burlington, VT: Ashgate Publishing Company, 2006.
27. Paulston, C. B. Language Policies and Language Right[J]. *Annual Review of Anthropology*, 1997, 26: 72-85.
28. Philipson, R. *Linguistic Imperialism*[M]. Shanghai: Shanghai Foreign Language Education Press, 2000.
29. Pye, L. & Verba, S. *Political Culture and Political Development*[M]. Princeton, N. J: Princeton University Press, 1965: 529.
30. Rubin, J. & Jernudd, B. (eds.). *Language Planning Processes* [M]. The Hague: Mouton, 1977.
31. Ruiz, R. Official Language and Language Planning[A]. In: K. L. Adams & D. T. Brink. *Perspective on Official English: The Campaign for English as the Official Language of the USA*[M]. Berlin & New York: Mouton de Gruyter, 1990: 14.
32. Sanchez, A. & Duenas, M. Language Planning in the Spain-Speaking World[J]. *Current Issues in Language Planning*, 2002, 3(3).
33. Skutnabb-Kangas, T. The Globalization of Educational Language Rights[J]. *International Review of Education*, 2001, 48.
34. Skutnabb-Kangas, T. & Philipson, R. *Linguistic Human Rights: Overcoming Linguistic Discrimination*[M]. Berlin and New York: Mouton de Gruyter, 2001.
35. Smolicz, J. J. & Nical, I. Exploring the European Idea of a National Language: Some Educational Implications of the Use of English and Indigenous Languages in the Philippines [J]. *International Review of Education*, 1997(5).
36. Spolsky, B. *Sociolinguistics* [M]. Shanghai: Shanghai Foreign Language Education Press, 2000.

37. Spolsky, B. *Language Policy*[M]. Cambridge: Cambridge University Press, 2004.
38. Spolsky, B. *The Handbook of Educational Linguistics*[M]. Oxford: Oxford Press, 1998.
39. Tabouret-Keller, A. Language and Identity[A]. In: F. Cooulmas(eds.). *The Handbook of Sociolinguistiics*. 北京：外语教学与研究出版社，布莱克威尔出版社，2001：317.
40. Toffefson, J. W. & Tsui, A. B. *Medium of Instruction Policies*[M]. New Jersey: Lawrence Erlbaum Associates Inc., 2002: 113.
41. UNESCO. *The Use of Vernacular Languages in Education*[M]. Paris: UNESCO, 1953.
42. Wurm, S. & Kincade, D. Taxonomy[A]. In: R. Robins & E. Uhlenbech(eds.). *Endangered Languages*[M]. Oxford: Berg, 1991.
43. 阿尔米·科莱内当. 语言传播政策和法语区：法国采取的语言行动[A]. 选自：周庆生. 国外语言政策与语言规划进程[M]. 北京：语文出版社，2001.
44. 蔡基刚. 外语能力培养与我国外语政策[J]. 外语与外语教学，2003(5)：29-32.
45. 陈纳. 美国双语问题的两派之争[J]. 华东师范大学学报(教育科学版)，2007(1)：28-34.
46. 陈新仁. 全球化语境下的外语教育与民族认同[M]. 北京：中国社会科学出版社，2003.
47. 陈章太. 语言规划研究[M]. 北京：商务印书馆，2005.
48. 成尚荣. 母语教育与民族文化认同[J]. 外语与外语教学，2003(5)：22-26.
49. 戴庆厦. 云南蒙古族喀卓人语言使用现状及其演变[M]. 北京：商务印书馆，2008.
50. 道布. 中国的语言政策和规划[J]. 民族研究，1998(6)：42-52.
51. 菲利浦·库姆斯. 世界教育危机[M]. 赵宝恒，译. 北京：人民教育出版社，2001.
52. 冯小钉. 语言消亡与保护语言多样性问题的研究评述[J]. 安徽大学学报(哲社版)，2003(3)：71-74，78.
53. 付克. 中国外语教育史[M]. 上海：上海外语教育出版社，1986.
54. 郭熙. 中国社会语言学[M]. 南京：南京大学出版社，1999.
55. 胡文仲. 建国60年来我国外语教育的成就与缺失[J]. 外语界，2009(5)：10-18.
56. 孔颂华. 当代马来西亚语言教育政策发展研究[D]. 华南师范大学硕士论文，2007.
57. 李传松. 中国近现代外语教育史[M]. 上海：上海外语教育出版社，2006.
58. 李芳. 英语热潮下对汉语的冷思考[J]. 武汉大学学报(人文社科版)，2004(4)：499-502.
59. 李开拓，曹佳. 提升汉语地位，做好语言规划[J]. 北华大学学报(社会科学版)，2005(5)：82-85.
60. 李良佐. 中国英语教育史[M]. 上海：上海外语教育出版社，1998.
61. 李泉. 对外汉语课堂教学的理论思考[J]. 中国人民大学学报，1996(5)：87-93.
62. 李英姿. 美国语言政策研究[D]. 南开大学博士论文，2009.
63. 李宇明. 论母语[J]. 世界汉语教学，2003(1)：48-58.
64. 李宇明. 中国当前的语言文字工作——在中国语文现代化学会第8次学术会议上的讲话[J]. 北华大学学报(社会科学版)，2009(1)：56-59.

65. 联合国教科文组织. 多语并存世界里的教育[M]. 巴黎：联合国教科文组织出版社，2003.
66. 刘海涛. 计划语言和语言规划关系初探[J]. 外国语，1996(5)：23.
67. 马庆株. 谈中国的语言地位规划[A]. 选自：教育部语用所社会语言学与媒体语言研究室. 语言规划的理论与实践：第四届全国社会语言学学术研讨会论文集[C]. 北京：语文出版社，2006.
68. 孟万春. 中国语言规划的历史演变[J]. 青海民族学院学报，2005(2)：124-129.
69. 潘国文. 语言的定义[J]. 华东师范大学学报，2001(1)：97.
70. 平高文也. 日本的语言传播政策[A]. 选自：周庆生. 国外语言政策与语言规划进程[M]. 北京：语文出版社，2001.
71. 斯古纳伯，菲利普森. 语言人权的历史与现状[A]. 高建平，译. 选自：周庆生. 国外语言政策与语言规划进程[M]. 北京：语文出版社，2001.
72. 谭琪. 当代美国双语教育政策评析[D]. 东北师范大学硕士论文，2006.
73. 谭一红. 加强对外汉语教育——中国和世界的需要[J]. 云南师范大学学报，2003(5)：21-23.
74. 王斌华. 双语教育与双语教学[M]. 上海：上海世纪出版社，上海教育出版社，2003.
75. 王路江. 从对外汉语教学到国际汉语教学——全球化时代的汉语传播趋势[J]. 世界汉语教学，2003(3)：9-12.
76. 王铁琨. 中国语言生活状况报告(下)[M]. 北京：商务印书馆，2006.
77. 王希恩. 全球化与族性认同[J]. 西北师大学报(社会科学版)，2002(5)：1-7.
78. 吴剑丽. 美国的语言文化倾向与双语教育政策[J]. 湖南师范大学教育科学学报，2004(5)：101-103.
79. 吴志宏，等. 教育政策与教育法规[M]. 上海：华东师范大学出版社，2003.
80. 吴遵民. 基础教育决策论[M]. 上海：华东师范大学出版社，2006.
81. 许嘉璐. 当前文化问题的症结在哪里？[J]. 新华文摘，2006(15)：67.
82. 许嘉璐. 许嘉璐出席世界汉语大会闭幕式的重要讲话[EB/OL]. http://www.enorth.com.cn，2005-07-22.
83. 许琳. 汉语国际推广的形势和任务[J]. 世界汉语教学，2007(2)：106-110.
84. 徐世璇. 濒危语言研究[M]. 北京：中央民族大学出版社，2001.
85. 姚小平. 洪堡特——人文研究和语言研究[M]. 北京：外语教学与研究出版社，1995：144.
86. 姚亚平. 中国语言规划研究[M]. 北京：商务印书馆，2006.
87. 英博，等. 教育政策基础[M]. 史明洁等，译. 北京：教育科学出版社，2003.
88. 语言研究室. 语言规划的理论与实践[M]. 北京：语言出版社，2006.
89. 袁振国. 教育政策学[M]. 南京：凤凰出版传媒集团/江苏教育科学出版社，2001.
90. 张德鑫. 对外汉语教学五十年——世纪之交的回眸与思考[J]. 语言文字应用，2000(1)：49-59.
91. 张正东. 中国外语教育政策漫谈：外语是把双刃剑[J]. 基础教育外语教育研究，2006

(1)：23.
92. 张治，熊建辉. 双语教育与实践——上海市杨浦小学的探索[M]. 上海：上海社会科学出版社，2005.
93. 张治国. 全球化背景下的中美语言教育政策比较研究[D]. 华东师范大学博士论文，2009.
94. 赵慧. 双语教学纵横谈[M]. 天津：天津教育出版社，2006.
95. 周南照. 教育英语文选[M]. 北京：教育科学出版社，1983：257.
96. 庄智象. 中国外语教育发展战略论坛[M]. 上海：上海外语教育出版社，2009.
97. 左焕琪. 外语教育展望[M]. 上海：华东师范大学出版社，2001.

第三章 “一带一路”共建国家语言教育政策

3.1 亚洲国家语言国情与语言教育政策

3.1.1 阿富汗

阿富汗伊斯兰共和国(The Islamic Republic of Afghanistan)简称阿富汗，与中国接壤，位于亚洲中南部，坐落在亚洲心脏地区，是一个多民族的伊斯兰教国家，约3680万人口，包括普什图族、塔吉克族、哈扎拉族、乌兹别克族、土库曼族等20多个少数民族，官方语言为普什图语和达利语(波斯语)，其他语言有乌兹别克语、俾路支语、土耳其语等。① 阿富汗是古丝绸之路上的重要枢纽，在中国“一带一路”建设中具有重大意义。

作为世界上最为动荡的国家之一，阿富汗的和平与安定一直牵动着各国人民，但鲜有人着眼于阿富汗这个多民族国家的语言。阿富汗地处中亚和南亚的要冲，自古以来就动荡不安。从公元前6世纪至今，阿富汗都阶段性地处于战争或内乱的状态。早期的波斯人、希腊人、印度人、阿拉伯人、蒙古人以及其他一些民族都轮番统治过该地区。② 不同人种、民族的侵略使该地区的语言十分多样，约有40至50种语言，分属4大语系、7大语族。挪威语言学家摩根斯坦认为，阿富汗在语言方面是世界上最复杂的国家。③

3.1.1.1 主体语言教育政策

阿富汗的官方语言是普什图语和达利语(波斯语)，两者都属印欧语系，因此当地人普遍具有双语能力。

达利语既是塔吉克人、哈扎拉人的母语，也是阿富汗各族群间交往的媒介。达利语和波斯文化在阿富汗经贸、文学、宗教和政治领域处于支配地位。早在8世纪，达利语就已经是阿富汗及周边地区的通用语言了。④ 19世纪中期，国王希尔·阿里开始在政府和军队

---

① http://www.fmprc.gov.cn/web/gjhdq_676201/gj_676203/yz_676205/1206_676207/1206x0_676209/, 2018-07-01.

② http://af.mofcom.gov.cn/article/ztdy/200511/20051100712696.shtml, 2018-07-01.

③ Harold F. Schiffman (eds.). *Language Policy and Language Conflict in Afghanistan and Its Neighbors: The Changing Politics of Language Choice*. Korninklijke Brill NV, 2012: 2.

④ Anthony Hyman. Nationalism in Afghanistan. *International Journal of Middle East Studies*, 2002, 2: 300.

中推行使用普什图语，规定军队教材、军衔、军事训练及政令的发布只能使用普什图语。[①] 然而直到20世纪早期，阿富汗才将普什图语规定为官方语言，并开始编撰普什图语词典，推动普什图语法、拼写和发音标准化，但普什图语在教学中一直处于弱势地位，直至1946年被废除。"十年宪政"后，1964年阿富汗宪法规定"普什图语是阿富汗国语""普什图语与波斯语皆为官方语言"，并"将波斯语更名为达利语，与其他国家的波斯语区别"。[②] 此后，无论是教育、出版、学术研究还是国际条约的缔结，阿富汗都大力推行普什图语，提高了普什图语的规范化、标准化和普及程度。从政府的作为来看，普什图语既是官方语言，更是国家语言，在各个方面都已超过了达利语。然而，普什图语始终未成为真正的通用语言，其原因在于，达利语作为另一种官方语不仅在塔吉克族等少数民族内通用，还简单易学，而且历史上长期属于阿富汗及中亚、南亚和中东部分地区的通用语言。

3.1.1.2　少数族群语言教育政策

阿富汗是一个多种族社会，该国人口分成多个少数民族群体。由于几十年都未有系统的人口普查，有关各族裔群体的规模和组成的准确数字不可获知。据美国中央情报局世界概况预估，[③] 现今阿富汗普什图人占42%，塔吉克人占27%，其余由多个少数民族组成。由此可见，尽管普什图人是阿富汗人口最多的族群，仍占不到人口的绝对多数，而剩下的少数民族虽然单族群人口不多，但总数却在半数以上。少数民族各自语言多种多样，包括达利语、乌兹别克语、俾路支语、土耳其语等语言，还包括各语言的各种方言。早在"十年宪政"时期，语言问题就是阿富汗的一大社会热点问题，但争论的焦点在于普什图人倡议的普什图语和以塔吉克人为主体的少数民族通用的达利语，不涉及其他方言。

3.1.1.3　外语教育政策

1978年政变之前，阿富汗的高等教育在中东地区处于领先地位。而在政变时期，特别是塔利班时期，阿富汗国内局势动荡、人民饱受战争摧残，国家教育一蹶不振。战后，阿富汗政府发布了首个全国高等教育战略规划，即《国家高等教育战略规划(2010—2014)》，以发展其教育。外语方面，学生们重点学习法语、英语、德语、汉语、俄语等国际通用语言，而且选修这些课程的学生人数也在不断增加。[④] 据前几年喀布尔大学文学与语言学院的一份调查结果显示，[⑤] 喀布尔大学外语专业热度排名依次是英语、法语、德语、阿拉伯语、西班牙语、土耳其语和俄语专业。

2014年10月，阿富汗总统加尼在会见国务院总理李克强时表示："丝绸之路经济带建设有利于阿富汗等地区国家的长远发展，阿方愿积极参与，同中方扩大互利合作，支持

---

① Mohammad Hassan Kakar. *A Political and Diplomatic History of Afghanistan*, *1863-1901*. Leiden: Brill Academic Publishers, 2006: 120-122.

② 闫伟. 阿富汗穆沙希班王朝的文化整合与族际关系. 世界历史, 2017(3): 98.

③ https://www.cia.gov/library/publications/the-world-factbook/fields/2075.html? countryName=Afghanistan&countryCode=af&regionCode=sas&#af, 2018-07-02.

④ 刘进, 闫晓敏, 等. "一带一路"沿线国家的高等教育现状与发展趋势研究(一)——基于以色列与阿富汗教育工作者的访谈. 世界教育信息, 2018(5): 28.

⑤ 赵京武, 王胜香. 阿富汗汉语推广现状及对策——以阿富汗喀布尔大学孔子学院的发展为例. 长春理工大学学报, 2012(6): 129.

南亚国家同中国加强合作。”①自2002年阿富汗开展战后重建以来，中国与阿富汗的经贸合作不断发展，两国之间的教育交流与合作也逐渐活跃起来，汉语教育在阿富汗教育中发挥着重要的作用。比如，2008年，阿富汗喀布尔大学建立孔子学院，设立喀布尔大学中文系，为优秀学生提供奖学金。由于阿富汗的战乱环境和汉语师资相对匮乏，目前只在喀布尔大学开设了汉语课程，只招收喀布尔大学外语系的在校生。再者，随着2009年美国开始从阿富汗撤军，特别是自2014年年底美国及其北约盟友从阿富汗撤出主要作战部队后，阿富汗安全形势更是每况愈下，② 种种问题阻碍了汉语在阿富汗的发展。可见，中阿教育合作虽然为阿方青年来华留学提供了便利，在增进两国人民的了解、改善阿富汗教育基础设施状况等方面起到了积极的作用，但汉语教育在阿富汗的发展仍面临着许多困难。

◎ **参考文献：**

1. Anthony Hyman. Nationalism in Afghanistan[J]. *International Journal of Middle East Studies*, 2002, 2: 300.
2. Harold F. Schiffman(eds.). *Language Policy and Language Conflict in Afghanistan and Its Neighbors: The* Changing *Politics of Language Choice*[M]. Korninklijke Brill NV, 2012: 2.
3. Mohammad Hassan Kakar. *A Political and Diplomatic History of Afghanistan, 1863-1901*[M]. Leiden: Brill Academic Publishers, 2006: 120-122.
4. 刘进，闫晓敏，等."一带一路"沿线国家的高等教育现状与发展趋势研究(一)——基于以色列与阿富汗教育工作者的访谈[J]. 世界教育信息，2018(5): 24-29.
5. 王凤. 阿富汗安全治理：是否可以摆脱困境？[J]. 西亚非洲，2017(6): 3-22.
6. 闫伟. 阿富汗穆沙希班王朝的文化整合与族际关系[J]. 世界历史，2017(3): 95-108, 159.
7. 赵京武，王胜香. 阿富汗汉语推广现状及对策——以阿富汗喀布尔大学孔子学院的发展为例[J]. 长春理工大学学报，2012(6): 128-129.
8. http://af.mofcom.gov.cn/article/ztdy/200511/2005110071 2696.shtml, 2018-07-01.
9. https://www.cia.gov/library/publications/the-world-factbook/fields/2075.html? countryName=Afghanistan&countryCode=af&regionCode=sas&#af, 2018-07-02.
10. http://www.fmprc.gov.cn/web/gjhdq_676201/gj_676203/yz_676205/1206_676207/1206x0_676209/, 2018-07-01.
11. http://www.gov.cn/guowuyuan/2014-10/29/content_2772269.htm, 2018-07-02.

3.1.2 阿拉伯联合酋长国

阿拉伯联合酋长国(The United Arab Emirates)简称阿联酋，是一个由阿布扎比、迪拜、

① http://www.gov.cn/guowuyuan/2014-10/29/content_2772269.htm, 2018-07-02.

② 王凤. 阿富汗安全治理：是否可以摆脱困境?. 西亚非洲，2017(6): 4.

沙迦、富查伊拉、乌姆盖万、阿治曼和哈伊马角7个酋长国组成的联邦国家。阿联酋位于阿拉伯半岛东部，北濒波斯湾，西北与卡塔尔为邻，西和南与沙特阿拉伯交界，东和东北与阿曼毗连。阿联酋是一个以石油、天然气著称的西亚沙漠国家，有"沙漠中的花朵"的美称。官方语言是阿拉伯语，通用英语。阿联酋930万人口中外籍人士占88.5%，居民大多信奉伊斯兰教。①

世界经济论坛《2017—2018年全球竞争力报告》显示，阿联酋在全球137个经济体竞争力排名中位列第17，在阿拉伯国家中脱颖而出。② 近年来，中国与阿联酋经济合作频繁、文化交流丰富，两国关系呈现全面、乐观的发展态势。作为亚洲基础设施投资银行的创始成员国之一，阿联酋积极响应中国"一带一路"倡议，助力中阿深入合作的实施。

3.1.2.1 主体语言教育政策

阿联酋《宪法》第7条规定："联邦的官方语言是阿拉伯语。"公元7世纪，阿联酋所在区域隶属阿拉伯帝国。从16世纪开始，帝国遭到了来自葡萄牙、荷兰、法国等殖民主义者的入侵。19世纪初，该地区沦为英国的保护国。1971年，英国宣布终止保护条约，由6个酋长国组成的阿拉伯联合酋长国宣告成立。1972年，哈伊马角也加入联邦。时间并未改变阿联酋的文化，曾作为阿拉伯帝国一部分的它与其他阿拉伯国家一样，官方语言都是阿拉伯语。细微区别在于，阿联酋本地人使用的是阿拉伯语的海湾方言（Gulf Dialect of Arabic）。③

《阿拉伯语语言宪章》规定，阿拉伯语是阿联酋教学语言；政府应支持向非阿拉伯语使用者教授阿拉伯语，建立文化交流的桥梁；鼓励将先进的科学技术用语翻译为阿拉伯语；鼓励使用阿拉伯语创作文学、翻译作品。④ 原先在阿联酋教育中，小学课程每周只有5个小时的阿拉伯语课程，其中包括1~2个小时的伊斯兰宗教课程；而在高等教育中，阿拉伯语的学习时间也在持续减少，从最初的第一学期300小时减少到之后的204小时。⑤ 2010年，联邦通过了《愿景2021国家议程》。该议程的目的在于通过多种战略目标使阿联酋的经济逐渐摆脱对石油和天然气的依赖，建立一个可持续发展、高生产率和高竞争性的知识经济社会。随后的2014年，联邦又推出《阿联酋国家议程》作为实现这一目标的延伸，其中"一流的教育系统"（First-rate Education System）战略的重点之一是改善阿拉伯语的教育，以此传承并发扬阿拉伯文化，让阿拉伯语重新活跃在日常交流和学术平台，以展现阿联酋的阿拉伯-伊斯兰文化。⑥ 联邦主要通过修订阿拉伯语课程以匹配教育部要求和现代外语框架，包括修改阿拉伯语学习阶段、聘用高素质和技能型教师团队采取各种学习策略、定期开展阿拉伯语周和文化活动、重新定位小学和中学人文学科中的阿联酋社会研

---

① http：//www.fmprc.gov.cn/web/gjhdq_676201/gj_676203/yz_676205/1206_676234/1206x0_676236/，2018-07-17.

② http：//www.ccpit.org/Contents/Channel_4010/2017/1103/907187/content_907187.htm，2018-07-17.

③ Shane Christensen. *Frommer's Dubaip*. Wiley Publishing Inc.，2008：174.

④ 金絮，沈骑. 阿联酋《愿景2021国家议程》教育战略探析. 世界教育信息，2017(14)：11.

⑤ 王辉. "一带一路"国家语言状况与语言政策(第一卷). 北京：社会科学文献出版社，2015：8.

⑥ https：//uaecabinet.ae/en/national-agenda，2018-07-17.

究等措施。①

联邦高等学府——阿拉伯联合酋长国大学的阿拉伯语言文学系②也反映了社会对阿拉伯语教育的重视。该院系旨在保存和丰富阿拉伯语，因其作为文字和口语反映出阿拉伯-伊斯兰文化和文明的多样性和复杂性，为此，该院系决心加强和发展阿拉伯语教学和教学法，以表明国家阿拉伯-伊斯兰的身份。

随着《愿景2021国家议程》中教育战略的推进，阿拉伯文化在阿联酋发展中的地位愈发重要，阿拉伯语也将覆盖人民生活、科研学术的方方面面。

3.1.2.2　少数族群语言教育政策

自1966年在阿联酋发现石油以来，联邦经济迅猛发展，但本国工人数量却远不能满足其现代化建设。为此，阿联酋开始大规模聘用外籍劳工，这也是造成如今国内外籍人占绝大多数的原因。大批劳工移民中包括来自南非和亚洲地区的菲律宾人、印度人、巴基斯坦人、伊朗人等。他们担任佣人、司机等职务，导致很多阿联酋本地的孩子学会了乌尔都语、波斯语等，生活习俗也受到影响。③ 外籍劳工带入联邦的不同文化而引发的社会问题肯定会受到政府的重视，但在发展国家经济、本土劳工严重短缺、本国国民人口基数过小的情况下，采取相关措施以控制外籍人口数量并不可行。由此看来，阿联酋政府在《愿景2021国家议程》中教育问题上对阿拉伯语及阿拉伯文化高度重视不无道理，可以达到使阿联酋公民在巨大文化冲击下继续保持其强烈民族、国家归属感的目的。

3.1.2.3　外语教育政策

阿联酋国内外语以英语为主，英语是阿联酋教育系统不可或缺的一部分，这与其曾是英国殖民地不无关系。独立后的阿联酋在联邦内发展教育初期，采取的是西方教育模式，英语也就成为了教育的一部分。此外，在阿联酋现代化发展进程中吸引了大批的外籍劳工，不同国家之间人们的交流不可避免会出现障碍。诉求于同一种语言理所应当成为人们共同的选择，而英语这一在阿联酋国内已开展教育的国际通用语便走上了舞台，逐渐成为联邦内的通用语。不仅民众在公共交流时会使用英语，就连阿联酋行政办公、基础设施标志、教学课堂中英语都随处可见。政府也为民众提供免费的非强制性英语课程，以此促进社会发展，使得英语这一外来语在阿联酋境内广泛使用。

阿拉伯联合酋长国大学的英语教育分为两个院系：英语语言文学系④和翻译系⑤。前者帮助学生熟练掌握英国、美国及世界文学的主要作品、英语文学发展的历史以及相关的社会和文化背景；后者着重阿拉伯语和英语的双语互译，也提供法语、德语、韩语及商务英语的学习，要求学生具备必要的语言能力和技能，以满足阿联酋和世界不断发展的翻译行业的需求，培训学生有效和高效地使用现代翻译及口译工具，包括文字处理、编辑和术语数据库等。

---

① http：//rwadubai. com/media/2578/uae-national-agenda. pdf，2018-07-17.

② https：//chss. uaeu. ac. ae/en/departments/arabic/index. shtml#，2018-07-17.

③ 仝菲. 阿拉伯联合酋长国现代化进程研究. 西北大学博士论文，2010.

④ https：//chss. uaeu. ac. ae/en/departments/english/index. shtml，2018-07-18.

⑤ https：//chss. uaeu. ac. ae/en/departments/translation/index. shtml，2018-07-18.

随着东方世界的崛起，中国文化通过汉语也开始在阿联酋传播。新闻出版方面，生活在阿联酋的30万华人华侨在2001年创办了阿联酋第一份华人报纸《绿洲》，之后还有《新民商报》《东方商报》《华人时报》《华人之窗》等。华人斥资买下的“亚洲商务卫视”和“中阿卫视”卫星电视台都以阿拉伯语和英语双语全天候循环播出，架构了中国与中东商贸最直接的桥梁。① 汉语教育方面，阿联酋已有两所孔子学院：2011年3月，阿联酋迪拜大学与宁夏大学联合建立阿联酋迪拜大学孔子学院；2013年3月，阿联酋扎耶德大学和中国北京外国语大学联合建立扎耶德大学孔子学院。这两所学校为当地民众学习汉语、了解中国文化提供了重要平台，有利于不断加深两国人民之间的了解和友谊。

2012年，中阿签署《中华人民共和国和阿拉伯联合酋长国关于建立战略伙伴关系的联合声明》，双方成功建立战略伙伴关系。此后，中国与阿联酋一直保持着友好合作伙伴关系，在文化交流上也十分频繁，已经搭建起了中阿汉语教育的平台。在阿拉伯国家大力发展海外分校的背景下，我国应抓住机遇，以孔子学院为依托，加强大学之间的文化交流与对话。② 然而，仅通过孔子学院作为汉语传播的跳板远远不够。阿联酋外语以英语为主，国内人才与西方国家的交流频繁；相比之下，阿联酋和中国的交流，尤其是文化之间的往来较少。因此，中方应该抓住“一带一路”倡议提供的平台，在与阿联酋经济合作达成共赢的同时，也需要促进文化之间的交流。一方面可以增加孔子学院、中文系在阿联酋的数量，或者在中国国内为阿联酋提供汉语人才培训，另一方面也可以通过协商，为双方人才提供更多的工作机遇，为中文和中国文化在阿联酋的传播创造语言上的条件。

◎ 参考文献：

1. Shane Christensen. *Frommer's Dubai*[M]. Wiley Publishing Inc., 2008.
2. 金絮，沈骑. 阿联酋《愿景2021国家议程》教育战略探析[J]. 世界教育信息，2017(14)：9-15.
3. 刘欣路. 阿联酋新闻出版业的体制与特点[J]. 中国出版，2017(5)：64-67.
4. 仝菲. 阿拉伯联合酋长国现代化进程研究[D]. 西北大学博士论文，2010.
5. 王辉. “一带一路”国家语言状况与语言政策(第一卷)[M]. 北京：社会科学文献出版社，2015.
6. 郑立. 阿联酋引入海外分校的特征及启示[J]. 中国国情国力，2017(11)：70-73.
7. http：//rwadubai. com/media/2578/uae-national-agenda. pdf，2018-07-17.
8. http：//www. ccpit. org/Contents/Channel_4010/2017/1103/907187/content_907187. htm，2018-07-17.
9. http：//www. fmprc. gov. cn/web/gjhdq_676201/gj_676203/yz_676205/1206_676234/1206x0_676236/，2018-07-17.
10. https：//chss. uaeu. ac. ae/en/departments/arabic/index. shtml#，2018-07-17.

---

① 刘欣路. 阿联酋新闻出版业的体制与特点. 中国出版，2017(5)：67.

② 郑立. 阿联酋引入海外分校的特征及启示. 中国国情国力，2017(11)：73.

11. https：//chss. uaeu. ac. ae/en/departments/english/index. shtml，2018-07-18.
12. https：//chss. uaeu. ac. ae/en/departments/translation/index. shtml，2018-07-18.
13. https：//uaecabinet. ae/en/national-agenda，2018-07-17.

3.1.3　阿曼

阿曼苏丹国(The Sultanate of Oman)简称阿曼，是一个世袭君主制国家，位于阿拉伯半岛东南部，与阿联酋、沙特阿拉伯、也门接壤，濒临阿曼湾和阿拉伯海。阿曼地处波斯湾，地理位置得天独厚，是素有“世界石油输出咽喉”之称的霍尔木兹海峡沿岸国家。阿曼是阿拉伯半岛最古老的国家之一，公元前2000年已经广泛进行海上和陆路贸易活动，并成为阿拉伯半岛的造船中心。阿曼人口455.9万(2018年)，其中阿曼人251万，约占55%。伊斯兰教为国教，本国90%的伊斯兰教教徒属伊巴德教派。官方语言为阿拉伯语，通用语言为英语。阿曼在经济、教育等方面的发展在阿拉伯国家中处于领先地位。①

3.1.3.1　主体语言教育政策

阿曼历史悠久，公元7世纪就是阿拉伯帝国的一部分，直到11世纪才从帝国独立出来。先后经历过葡萄牙、波斯、英国的殖民入侵以及国家分裂、重组后，阿曼才取得如今的独立与安定。虽然经历了如此大时间跨度的动荡，但阿拉伯语一直是阿曼的最主要语言。阿曼的阿拉伯语又称哈吉尔阿拉伯语，是阿拉伯语所有方言中分布最东的一支，主要分布在阿曼的哈吉尔山和一些沿海城镇、阿拉伯联合酋长国的部分地区。

阿曼《国家基本法》第一章第三条规定：“阿拉伯语是国家官方语言。”②阿拉伯语的运用体现在人民生活的方方面面。阿曼国家的教育事业起步晚，自1970年卡布斯苏丹执政并推行复兴运动以来才蓬勃发展。阿曼青少年教育分为小学、初中和高中三个阶段。从小学一年级开始，阿拉伯语就是学生的必修课程。③ 阿拉伯语在高等教育中同样受到重视。阿曼最高学府——卡布斯苏丹大学语言学院阿拉伯语语言文学系强调推广阿拉伯语的重要性，称其为民族语言，是其统一和认同的象征，是其遗产和知识的组成部分，也反映在国王陛下的愿景中。因此，阿曼在推动阿拉伯语对外传播方面作出了一定成就，比如，2007年7月3日，阿曼教育大臣叶海亚·本·沙特代表阿曼政府与北京大学签署了“北京大学卡布斯苏丹阿拉伯研究讲席”项目协议，以此推动阿曼与其他文明国度的文化交流以及阿拉伯语言文化研究。④ 大众传媒方面，阿曼取得了巨大飞跃，从1970年仅覆盖首都马斯喀特的一个小型广播电台到后来的全国广播网，每天的阿拉伯语播音时长达到19.5小时。⑤

3.1.3.2　少数族群语言教育政策

悠久的历史赋予了阿曼文化包容性，不同的民族、信仰、语言都得到了尊重。阿曼国

---

① http：//om. chineseembassy. org/chn/zjam/amgk/，2018-07-14.
② http：//www. wipo. int/wipolex/zh/text. jsp? file_id = 180952，2018-07-14.
③ 黄培炤. 蓬勃发展的阿曼教育事业. 阿拉伯世界，2000(3)：25.
④ http：//www. gov. cn/jrzg/2007-07/03/content_671563. htm，2018-07-14.
⑤ 韩志斌，李庆丰. 多维视域中的阿曼伊斯兰社会. 宁夏社会科学，2010(4)：83.

内的阿曼人约占55%，其余多为外来定居人口，包括印度人、伊朗人、巴基斯坦人等。因此，阿曼国内除阿拉伯语和英语两种主要语言外，斯瓦西里语、俾路支语(南俾路支语)、乌尔都语和各种印度语言均有使用。其中俾路支语是巴基斯坦西部、伊朗东部和阿富汗南部俾路支省的俾路支人的母语，而乌尔都语则主要由20世纪80至90年代来自巴基斯坦的移民使用。斯瓦西里语是非洲语言当中使用人口最多的一种，是来自桑给巴尔的阿曼侨民的通用语。①

阿曼社会尊重多元化的信仰和传统，这一原则成为阿曼与其他国家及社会各群体间良性互动的关键基础。② 以伊斯兰教为国教的阿曼在宗教信仰上极为温和、开放，语言方面自然没有作出任何限制，但在教育、传媒等方面还是以阿拉伯语和英语为主。

3.1.3.3 外语教育政策

阿曼国内的外语教育以英语为主。19世纪后期，阿曼帝国沦为西方资本扩张的牺牲品，成为英殖民地，这为英语在阿曼的传播奠定了基础。而英语能成为阿曼的通用语与其国内外语教育的发展密不可分。为了跟上全球化的步伐，阿曼在过去数十年中十分重视通过外语教育积极进行教育改革。阿曼的基础教育体制要求学生们从一年级开始学习英语，③ 与阿拉伯语学习同步。高等教育领域中，英语学习仍十分重要，尤其在卡布斯苏丹大学和高等教育学院成立后，大学理工科课程的课堂语言均用英语。阿曼还与英、美国家一些大学签署协议，选派本国教师和学生前往进修英语。阿曼高教部在阿联酋、科威特、巴林、沙特阿拉伯、英美等阿曼留学生较多的国家设有办事处，并派遣文化专员管理在这些国家学习的阿曼学生。④

卡布斯苏丹大学语言学院于1987年成立英语语言文学系和翻译系，⑤ 是阿曼英语高等教育方面的佼佼者，旨在培养具有独创性和学术成就，以及专业技能(如在毕业生就业中受到重视的文化、沟通和翻译能力)，同时能在文化上了解自己的身份以及在多元文化和多语言社会中发挥作用的英语人才。马斯喀特大学的语言中心⑥建立几十年以来，一直专注于提供高质量的英语教学，使学生获得必要的英语语言技能，并给予他们批判性思维和分析技能。

早在汉朝时期，阿曼的苏哈尔就是古代丝绸之路上重要的一环，中国商船将其作为港口，开启了两国之间的海上贸易。如今，阿曼作为第一批加入亚投行的成员，⑦ 积极响应了我国提出的"一带一路"合作计划。随着中阿双方《中华人民共和国和阿曼苏丹国关于建立战略伙伴关系的联合声明》的发布，双方合作前景广阔，文化交流也日益密切。中方早

---

① Nafla S. Kharusi. The Ethnic Label Zinjibari: Politics and Language Choice Implications Among Swahili Speakers in Oman. *Ethnicities*, 2012, 3: 336-337.

② 陈小迁，韩志斌. 中东变局以来阿曼国家治理转型述评. 西亚非洲，2017(4)：121.

③ Ali Salim Mohamed, Al Mujaini. 经济全球化和阿曼的高等教育改革. 比较教育研究，2002(1)：132.

④ 黄培炤. 蓬勃发展的阿曼教育事业. 阿拉伯世界，2000(3)：27.

⑤ https://www.squ.edu.om/cass/Departments/English-Language-and-Literature/Home, 2018-07-14.

⑥ http://www.muscatcollege.edu.om/english-language-centre/, 2018-07-14.

⑦ http://www.mofcom.gov.cn/article/i/jyjl/k/201701/20170102503247.shtml, 2018-07-14.

已开始了对阿拉伯语的研究，而汉语在阿曼的传播却不甚理想，目前尚未有中文系和孔子学院。阿曼能将英语这一国际语言变为国内的通用语，相信汉语在阿曼的发展也不会十分困难。因此，在“一带一路”互利共赢的框架下，中阿双方应加快脚步，积极推进文化，特别是语言上的沟通与学习。

◎ 参考文献：

1. Ali Salim Mohamed, Al Mujaini. 经济全球化和阿曼的高等教育改革[J]. 比较教育研究, 2002(1): 132.
2. Nafla S. Kharusi. The Ethnic Label Zinjibari: Politics and Language Choice Implications Among Swahili Speakers in Oman[J]. *Ethnicities*, 2012(3): 336-337.
3. 陈小迁，韩志斌. 中东变局以来阿曼国家治理转型述评[J]. 西亚非洲，2017(4): 106-126.
4. 韩志斌，李庆丰. 多维视域中的阿曼伊斯兰社会[J]. 宁夏社会科学，2010(4): 78-83.
5. 黄培炤. 蓬勃发展的阿曼教育事业[J]. 阿拉伯世界，2000(3): 24-29.

3.1.4 阿塞拜疆

阿塞拜疆共和国(The Republic of Azerbaijan)简称阿塞拜疆，意为“火的国家”，位于外高加索东部，所处地区东临里海，南接伊朗，西边和亚美尼亚、土耳其及格鲁吉亚为邻，北接俄罗斯，是东欧和西亚的“十字路口”。

1828年，阿塞拜疆一部分归并于俄罗斯，其余部分作为波斯的一个省保留了下来。1917年11月建立了独立的阿塞拜疆民主共和国，1918年正式宣布独立，成立阿塞拜疆民主共和国，成为第一个以伊斯兰教教徒占绝大多数的世俗化民主共和国。1920年4月28日成立阿塞拜疆苏维埃社会主义共和国，1922年3月12日同格鲁吉亚、亚美尼亚组成外高加索苏维埃社会主义联邦共和国，同年12月30日该联邦共和国加入苏联，1936年12月5日改为直属的苏联加盟共和国之一。1991年8月30日宣布独立，成立阿塞拜疆共和国。阿塞拜疆以地理位置而言属于亚洲，但对外一般自称欧洲国家。

3.1.4.1 主体语言教育政策

阿塞拜疆官方语言为阿塞拜疆语，属阿尔泰语系、突厥语族，居民多通晓俄语。① 经典的阿塞拜疆语文学在15世纪形成，以多种在早期中世纪的大不里士和希尔凡方言为基础。这些方言为阿塞拜疆经典的作家，如富祖里、伊斯玛仪一世等人所使用。阿塞拜疆的现代文学主要基于希尔凡方言，而在伊朗则主要基于大不里士方言。

受苏联的影响，阿塞拜疆大部分居民通晓俄语。阿塞拜疆共和国成立后，阿塞拜疆在国内开始推行阿塞拜疆语。阿塞拜疆宪法第21条规定：阿塞拜疆语是阿塞拜疆共和国的国语，阿塞拜疆共和国应保证阿塞拜疆语的发展。在教育方面，阿塞拜疆虽然教育基础较

① http://az.mofcom.gov.cn/article/ddgk/, 2018-06-23.

差，但中小学的教育基本是以阿塞拜疆语为主，阿塞拜疆语的推行富有成效；高等教育中，巴库国立大学和阿塞拜疆国立石油大学都使用阿塞拜疆语进行授课。

阿塞拜疆主流媒体大多使用阿塞拜疆语。阿塞拜疆有各类报刊400多种，主要有总统办公厅机关报《巴库工人报》和《人民报》、国民议会机关报《阿塞拜疆报》、穆萨瓦特党报《穆萨瓦特报》等；主要通讯社有阿塞拜疆通讯社（官方通讯社，1920年成立）及图兰、世界知识、趋势等独立通讯社；主要广播电台有阿塞拜疆中央电台，用阿塞拜疆语、俄语、英语、法语、德语、阿拉伯语、波斯语等13种语言播音；主要电视台有阿塞拜疆国家电视台、阿塞拜疆公共电视台及ANS、SPACE、ATV、LIDER等私营电视台，绝大部分媒体使用的是阿塞拜疆语。①

3.1.4.2　少数族群语言教育政策

阿塞拜疆是一个多民族的国家，全国总人口996万人，共有43个民族，其中阿塞拜疆族占90.6%，列兹根族占2.2%，俄罗斯族占1.8%，亚美尼亚族占1.5%，塔雷什族占1.0%。② 虽然是多民族国家，阿塞拜疆的语言教育政策始终以官方语言阿塞拜疆语为主，在少数民族中，除阿塞拜疆语外，俄语使用者占多数。阿塞拜疆受俄国影响深远，在语言上也有所体现。在阿塞拜疆，仍有部分少数民族使用自身民族的语言，但国内的少数民族语言教育很薄弱。这也从另一个角度体现出了阿塞拜疆语在国内的影响力之大。

3.1.4.3　外语教育政策

阿塞拜疆官方语言为阿塞拜疆语，而多数居民通晓俄语，俄语可以说是阿塞拜疆最大的外语语种。

阿塞拜疆石油和天然气资源丰富，近年来，由于经贸等产业的发展不断升级，与亚洲、欧洲、美洲等国的贸易往来不断增多，其外语教育政策也呈现出多元化态势。在阿塞拜疆最大的高校——巴库国立大学中，除英语、俄语外，中国区域学专业和日语、韩语等专业共同纳入了远东语言与文学系。目前，阿塞拜疆的汉语教育发展势头迅猛，虽然起步较晚，但发展很快，以孔子学院为代表的汉语教学组织在阿塞拜疆落地生根。除各大学之外，孔院的教学点还包括阿塞拜疆国家新闻通讯社、阿塞拜疆国家社会科学院等。③ 中国针对阿新社的记者开设了专门课程，汉语成为其官方网站的七种语言之一。由于阿塞拜疆国家社科院成立了“一带一路”等中国问题的专业研究小组，中国也针对其研究学者开设了更多汉语相关课程。在阿塞拜疆的外语教育中，汉语教育潜力巨大。

◎ 参考文献：

1. 吴卉. 阿塞拜疆汉语推广回顾与现状[EB/OL]. http://www.sohu.com/a/158003532_788744，2017-01-31.

① http://www.chinanews.com/gj/zlk/2014/01-15/41.shtml，2018-06-25.

② 中国驻阿塞拜疆大使馆商务经贸参赞处. 对外投资合作国别（地区）指南——阿塞拜疆. 北京：商务部出版社，2014.

③ 吴卉. 阿塞拜疆汉语推广回顾与现状. http://www.sohu.com/a/158003532_788744，2017-01-31.

2. 中国驻阿塞拜疆大使馆商务经贸参赞处. 对外投资合作国别(地区)指南——阿塞拜疆[M]. 北京：商务部出版社，2014.
3. http://az.mofcom.gov.cn/article/ddgk/, 2018-06-23.
4. http://www.chinanews.com/gj/zlk/2014/01-15/41.shtml, 2018-06-25.

3.1.5 巴基斯坦

巴基斯坦伊斯兰共和国(The Islamic Republic of Pakistan)位于南亚次大陆西北部。东接印度，东北与中国毗邻，西北与阿富汗交界，西邻伊朗，南濒阿拉伯海。巴基斯坦国土面积880254平方公里(含巴控克什米尔)，人口约2.12亿(2018年)，首都为伊斯兰堡(Islamabad)。海岸线长980公里。除南部属热带气候外，其余属亚热带气候。南部湿热，受季风影响，雨季较长；北部地区干燥寒冷，有的地方终年积雪。年平均气温27℃。①

巴基斯坦历史上是莫卧儿帝国的一部分。1857年莫卧儿帝国(包括今印度和巴基斯坦)沦为英国殖民地，成为英属印度的一部分。1940年3月，全印穆斯林联盟通过了关于建立巴基斯坦的决议。1947年6月，英国公布《蒙巴顿方案》，实行印巴分治。同年8月14日，巴基斯坦宣告独立，成为英联邦的一个自治领，包括巴基斯坦东、西两部分。1956年3月23日，巴基斯坦伊斯兰共和国成立。

巴基斯坦经济以农业为主，农业产值占国内生产总值的19.5%，工业基础薄弱。

巴基斯坦奉行独立和不结盟外交政策，注重发展同伊斯兰教国家和中国的关系。1951年5月21日，中巴两国正式建立外交关系。建交以来，两国在和平共处五项原则的基础上发展睦邻友好和互利合作关系，进展顺利。进入21世纪以来，中巴全面合作伙伴关系进一步深入发展。2006年两国签署自由贸易协定，2009年签署《中巴自贸区服务贸易协定》，当年中国成为巴基斯坦第二大贸易伙伴。2017年5月，巴基斯坦总理谢里夫来华出席“一带一路”国际合作高峰论坛。中巴文化、科技与教育等方面的双边交往与合作日益频繁。1964年起我国开始接收巴基斯坦留学生。2018年巴基斯坦来华留学生人数为28023人，位居第三。②

3.1.5.1 主体语言教育政策

巴基斯坦是多民族国家，其中旁遮普族占63%，信德族占18%，帕坦族占11%，俾路支族占4%。95%以上的居民信奉伊斯兰教(国教)，少数信奉基督教、印度教和锡克教等。乌尔都语为国语，官方语言为乌尔都语和英语。

1947年，按照《蒙巴顿方案》，以宗教信仰为基础，印度被分成了以印度教徒为主的印度和以伊斯兰教教徒为主的巴基斯坦。新独立的巴基斯坦，97%的居民信仰伊斯兰教，但是他们分属不同的民族，习俗不同，语言不同。新独立的巴基斯坦需要一种统一的语言作为联系和团结各民族的纽带。在这种情况下，巴基斯坦新领导人选择乌尔都语作为国语

① 参见巴基斯坦国家概况. http://www.fmprc.gov.cn/web/gjhdq_676201/gj_676203/yz_676205/1206_676308/1206x0_676310/.

② http://www.moe.gov.cn/jyb_xwfb/gzdt_gzdt/s5987/201904/t20190412_377692.html.

和各省官方语言。各省语言只是地方语言，只流行在各个省内。然而，从巴基斯坦独立伊始，各省纷纷要求把本民族语言作为省级官方语言，拒绝接受乌尔都语的呼声此起彼伏，由此还引发了各省要求独立的呼声。巴基斯坦语言政策发展的历史充斥着英语、乌尔都语和其他地方语言的矛盾冲突。因此，把乌尔都语作为国语已不再是一个单纯的语言问题，而是起着凝结各族人民，维护国家完整统一的重要作用。①

1973年的巴基斯坦宪法第251条规定，巴基斯坦的国语为乌尔都语，在之后的15年内，巴基斯坦需做多种安排使乌尔都语成为官方语言，并发挥其他更广泛用途。通过中央政府的语言政策和规划活动，乌尔都语的地位得到了有力提升。作为巴基斯坦的国语，现在乌尔都语已经成为该国使用人口最多、影响最大的本土语言。不过，几十年来围绕乌尔都语而进行的语言规划工作并不是一帆风顺的，乌尔都语依旧面临着本土其他民族语言和英语的双重挑战。

长久以来，巴基斯坦都将英语作为自己的官方语言，这让在民间普及率非常高的本土语言——乌尔都语陷入尴尬。不过，随着国家语言政策的改变，这种局面被打破。2015年9月，巴基斯坦国家规划部部长伊克巴尔(Ahsan Iqbal)在接受《时代》杂志专访时，正式确认乌尔都语取代英语，成为巴基斯坦的官方语言。② 同年，巴基斯坦最高法院颁布命令：政府部门将乌尔都语定为国家官方语言，全面取代英语的地位，且政府各机构文件、法院裁决书、国家元首讲话都必须是乌尔都语，以让所有巴基斯坦民众能理解相关信息。废除英语“国语”地位收到了当地学者和媒体的正面评价，他们认为此举终结了该国因语言造成的社会分化，打破了“语言隔离”，民众不再因语言而被强行划分为“精英阶层”和“大众阶层”。③

3.1.5.2 少数族群语言教育政策

巴基斯坦国内语系繁杂，地方方言多达几十种，主要民族语言有旁遮普语、信德语、普什图语和俾路支语等。此外，该国还有多种地区语言，包括旁遮普语、萨雷基语、普什图语、辛迪希语、俾路支语、巴罗基语、克什米尔语、希德语、什纳语、巴尔提语、卡瓦耳语、马尔瓦里语、瓦希语和布卢萨斯基语。尽管1973的巴基斯坦宪法第251条第3点规定，省级议会可以制定法律，使用除乌尔都语以外的其他语言进行教学和推广，但是，人们了解使用乌尔都语和英语带来的机会和权力，越来越不重视自身母语，而转向权力语言，导致其他本土语言被轻视贬值，国家多语言多文化发展受到影响。④ 在巴基斯坦列出的语种有74种，都是生活语言。其中66个是土著语言，8个是非土著语言。此外，也可划分为7个“机构型”语言、17个“发展型”语言、39个“活力型”语言、9个“陷入困境型”语言、2个“消亡型”语言。⑤ 国内很多区域方言濒临灭绝，如斯瓦特山谷(Chail Valley of

① 钱伟. 多民族国家的国语、官方语言、通用语言的比较研究——以中国周边六国为例. 新疆社会科学，2016(3)：149.

② 田莎. “一带一路”视角下巴基斯坦语言政策研究. 高教学刊，2017(24)：2.

③ 参见百度百科巴基斯坦. https：//baike. baidu. com/item/%E5%B7%B4%E5%9F%BA%E6%96%AF%E5%9D%A6/199648? fr=aladdin.

④ 田莎. “一带一路”视角下巴基斯坦语言政策研究. 高教学刊，2017(24)：2.

⑤ 编译自 https：//en. wikipedia. org/wiki/Languages_of_Pakistan.

Swat)使用的 Badeshi 语、Ushojo 语，印度河东岸科伊斯坦县(Kohistan)使用的 Chilliso 语。①

3.1.5.3 外语教育政策

巴基斯坦独立以后，英语依然是政府、银行、海关、法院等国家机关的办公用语，县以上的官方文书均使用英语，因此懂英语一直是高级公务员和高薪职员招聘的必需条件。在报刊新闻方面，尽管也有乌尔都语的《战斗报》《东方报》和《乌尔都语月报》等，但都影响有限，发行量最多的几份报纸还是英文的《新闻报》《黎明报》《国民报》等。在大学里，英语是理工科的课堂用语，即使是文史专业，使用英语授课的老师也越来越多。在目前的巴基斯坦，大学的教学用语、政府的官方用语、官方文件都是用英语，就连宗教法庭使用的都是英语。文化艺术方面，英语的渗透更直接，西方的电影、音乐等不需翻译就可直接登场。还有一点和印地语的情况类似，英语词汇在人们的日常生活中的运用越来越普遍。由于一个多世纪英国殖民主义者的统治，部分英语词汇早已融入乌尔都语，人们已经习以为常，说话时无需考虑，就会脱口而出。相当多的英语词汇已成为地地道道的乌尔都语词汇。规划部部长伊克巴尔(Ahsan Iqbal)表示，英语的官方语言地位丧失并不表示巴基斯坦放弃使用英语，最高法院也表示“巴基斯坦国民不应该因为不懂英语错失经济和政治方面的机会”，英语将继续用于科学研究和教学，政府也将继续与外国政府以英语交流，所有的官方文件可以是双语。

随着中巴两国在经贸、文化、教育等方面的交流日趋频繁，巴基斯坦对汉语的需求逐步增大，汉语教育在巴基斯坦发展势头良好。目前，中国在巴基斯坦共设立了四所孔子学院。② 首所孔子学院于 2007 年在伊斯兰堡正式启动运行，由伊斯兰堡国立现代语言大学同北京语言大学共同创办。2013 年在卡拉奇成立的第二所孔子学院——卡拉奇大学孔子学院由卡拉奇大学同四川大学共同创办。同年，李克强总理访问巴基斯坦期间宣布，未来 5 年，中国将为巴基斯坦培训 1000 名汉语教师。2015 年，费萨拉巴德农业大学与我国新疆农业大学共同创办了费萨拉巴德农业大学孔子学院，旁遮普大学同江西理工大学共同创办了旁遮普大学孔子学院。同年，习近平主席访问巴基斯坦期间，中方宣布未来五年内为巴基斯坦提供 2000 个培训名额。

2017 年 10 月 25 日，由孔子学院总部主办的送文化进企业活动在巴基斯坦费萨拉巴德地区中铁二十局项目营地举行。本次活动由费萨拉巴德农业大学孔子学院和中南民族大学承办。中铁二十局承建了巴基斯坦卡拉奇至拉合尔高速公路(拉合尔至阿卜杜勒·哈基姆段)为中巴经济走廊建设，为两国人文交流合作和中巴友谊贡献更大力量。费萨拉巴德农业大学孔子学院院长杨志江在接受采访时说，民心相通是“一带一路”建设的重要内容，举办此类活动有助于中巴双方加深理解、提升友谊。孔子学院将继续致力于促进中巴教育

① Baart, J. *The Language of the Kandal Shahi Qureshis in Azad Kashmir*. Islamabad: National Institute of Pakistan Studies & Summer Institute of Linguistics, 2003.

② https://www.hanban.org/confuciousinstitutes/.

合作和人文交流，服务好“一带一路”和中巴经济走廊建设。①

2017年巴基斯坦中国文化中心在伊斯兰堡启用，② 为巴基斯坦青年人提供了一个了解中国文化的机会。中巴两国文化交流不断加深、友谊不断加强，中巴经济走廊作为两国友谊的纽带之一取得更大的发展。

◎ 参考文献：

1. Baart, J. *The Language of the Kandal Shahi Qureshis in Azad Kashmir*. Islamabad: National Institute of Pakistan Studies & Summer Institute of Linguistics, 2003.
2. 毕俊峰. 南亚国家语言政策与我国面向南亚的外语教育规划研究[J]. 外语教学，2016(5)：38-42.
3. 季伟. 巴基斯坦中国文化中心正式启动. https：//www.xinhuanet.com/world/2017-04/26/c_1120878770.htm，2017-04-26.
4. 季伟. 孔子学院在巴基斯坦举办送文化进企业活动. https：//www.xinhuanet.com/world/2017-10/26/c_1121860536.htm，2017-10-25.
5. 钱伟. 多民族国家的国语、官方语言、通用语言的比较研究——以中国周边六国为例[M]. 新疆社会科学，2016(3)：147-153，164.
6. 田莎. “一带一路”视角下巴基斯坦语言政策研究. 高教学刊，2017(24)：1-3，6.

3.1.6 巴勒斯坦

巴勒斯坦国(the State of Palestine)通称巴勒斯坦，位于亚洲西部，是中东的一个国家，由加沙地带和约旦河西岸两部分组成。加沙地带面积365平方公里，约旦河西岸地区面积5884平方公里，目前实际控制领土为2500平方公里。巴勒斯坦主要民族为犹太人和阿拉伯人，人口约468万(2018年)，其余为在外的难民和侨民。巴勒斯坦是一个多宗教信仰的国家，主要信仰伊斯兰教，其余有犹太教、天主教、东正教、基督新教。通用语为阿拉伯语。

巴勒斯坦古称迦南，历史上犹太人和阿拉伯人都曾在此居住。巴勒斯坦是一个由居住在巴勒斯坦地区的约旦河西岸以色列占领区以及加沙地带的阿拉伯人所建立的国家，1988年11月15日正式宣布建国，目前是联合国观察员国，正在争取正式会员国席位。2013年1月，总统阿巴斯签署命令，要求将法规、公文、证件等使用的“巴勒斯坦民族权力机构”称谓统一改为“巴勒斯坦国”。2019年4月14日，巴勒斯坦新政府宣誓就职，但哈马斯抵制。

① 季伟. 孔子学院在巴基斯坦举办送文化进企业活动. https：//www.xinhuanet.com/world/2017-10/26/c_1121860536.htm，2017-10-25.

② 季伟. 巴基斯坦中国文化中心正式启动. https：//www.xinhuanet.com/world/2017-04/26/c_1120878770.htm，2017-04-26.

巴勒斯坦属于亚热带地中海型气候，夏季炎热干燥，冬季微冷，湿润多雨。巴勒斯坦经济以农业为主，其他有手工业、建筑业、加工业、服务业等。巴勒斯坦经济严重依赖以色列，巴以对峙对巴勒斯坦经济发展形成严重制约。国际援助是巴勒斯坦民族权力机构的主要收入来源之一。联合国近东巴勒斯坦难民救济和工程处(UNRWA)是最主要的国际对巴援助机构，美国和欧盟是最大的援助方。UNRWA 平均每年总支出约 12 至 13 亿美元。美国于 2018 年年初宣布切断对巴方的援助，UNRWA 面临巨大财政困难。①

中国与巴勒斯坦一直维持着友好关系，支持巴勒斯坦的发展。两国关系由毛泽东主席、周恩来总理、阿拉法特总统等老一辈中巴领导人亲手缔造，巴勒斯坦解放组织 1965 年在北京设立了享有外交机构待遇的办事处。多年来，中国已援建外交部大楼等 40 多个项目，培训 4500 名各领域人才。中方 2018 年向巴方再次提供 1 亿元人民币无偿援助，向联合国近东巴勒斯坦难民救济和工程处增加捐款，并向巴方提供紧急人道主义援助。两国在“一带一路”框架下合作方兴未艾，中巴经贸联委会首届会议 2018 年 7 月在北京召开，双方启动中巴自贸协定谈判。双方就政党、文化、体育、新闻、司法、智库和人力资源合作签署合作协议，巴方党派、媒体、青年等友好交流团每年访华。

3.1.6.1 主体语言教育政策

教育帮助保存和维持巴勒斯坦民族认同，推动巴勒斯坦民族主义在没有国家存在的情况下构建巴勒斯坦民族，并为巴勒斯坦民族国家构建做准备。然而，巴以和平进程停滞导致的巴勒斯坦民族国家构建的困境给其教育带来巨大的危机。在国际社会援助下，巴勒斯坦大学数量不少，具有一定规模的城镇几乎都有一所甚至多所大学，许多地方还有专为方便在职人员进修的开放式大学，也可以获得学位。总体而言，巴勒斯坦教育比较普及，几乎没有文盲，但是大学教育水平参差不齐。

虽然巴勒斯坦的教育发展因其国内外局势受到局限，但是语言教育政策似乎并未受到较大影响。巴勒斯坦属于阿拉伯国家，其官方语言为现代标准阿拉伯语，通用语言为巴勒斯坦阿拉伯语。现代标准阿拉伯语属闪-含语系闪米特语族，主要应用于官方文件等书面形式，即正式场合。巴勒斯坦阿拉伯语是巴勒斯坦人的口头通用语言。巴勒斯坦阿拉伯语有来自中东及欧洲的词汇。乡村的巴勒斯坦阿拉伯语有一些与众不同的特征。例如将字母 qaf 发作 kaf，这点将其与其他阿拉伯语变体区分开来。城市的巴勒斯坦阿拉伯语与北黎凡特阿拉伯语(如叙利亚和黎巴嫩的阿拉伯语)更为相像。②

英国殖民期间(1917—1948 年)，英语、希伯来语与阿拉伯语成为巴勒斯坦地区的三种官方语言，但英语与希伯来语的影响力并不大，使用人数最多的仍然是阿拉伯语，因此真正的官方语言其实为阿拉伯语。

据巴勒斯坦统计办公室的调查统计，1996 年巴勒斯坦在约旦河西岸、加沙和耶路撒冷的人口达到 253 万人。其中加沙地带有近 100 万巴勒斯坦人，其余居住在约旦河西岸，通用语言为阿拉伯语。

---

① https://www.fmprc.gov.cn/web/gjhdq_676201/gj_676203/yz_676205/1206_676332/1206x0_676334/.

② https://baike.baidu.com/item/巴勒斯坦阿拉伯语/13026223.

3.1.6.2 外语教育政策

第一次世界大战时，巴勒斯坦地区很多幼儿园、中小学、专业学校都把希伯来语作为唯一授课语言。"一战"结束后，英国取得了管辖巴勒斯坦的"委任统治权"。1921年，英国以执行《贝尔福宣言》为由，采取了传统的分而治之的政策，以约旦河为界，将巴勒斯坦分为东西两部分。目前学习和使用英语的人数在不断增多。但是，英语进入巴勒斯坦地区的历史最早可以追溯到奥斯曼帝国统治时期，少数讲英语的传教士和公使进入了巴勒斯坦地区，他们是最早将英语带入这个地区的传播者。目前，在巴勒斯坦，英语、法语、意大利语、德语和希伯来语都是其中学、大学阶段的必修课程，由此可见巴勒斯坦对外语教育的重视程度。自英国委任统治以来，面临民族生存挑战的巴勒斯坦人就极为重视教育。在政治局势前景不明确的情况下，通过接受高等教育提高自身竞争力、克服就业阻碍，是巴勒斯坦人能够掌握的有效生存手段。①

在巴勒斯坦，中文教师及志愿者在比尔宰特大学和圣城大学教授中文。中国政府每年向巴方提供100个政府间奖学金名额，累计接受815名巴方留学生。② 然而，巴勒斯坦作为丝绸之路沿线地区之一，目前还未设立孔子学院。受巴以冲突和中东问题的困扰，巴勒斯坦在中国媒体上的形象趋于固化，给中国企业和人民留下了"纷争不断、动荡不安"的刻板印象，给"一带一路"倡议的推进、给中巴合作都带来了一定的挑战，这也是导致国内民众对巴勒斯坦的认识还不够全面，在巴勒斯坦建立孔子学院、推广汉语教育的障碍。为促进"一带一路"建设，我们理应加大在巴勒斯坦的汉语传播力度，让巴勒斯坦人认识汉语、了解中国文化。为此，中巴双方需为合作共同付出更大的努力。我国必须作出适合当前状况的顶层设计，确定目标及路线，建立多维度的互动机制，以保证沟通的畅通以及合作的推进。③

◎ 参考文献：

1. 姚慧娜. 高等教育与巴勒斯坦：民族国家之构建[J]. 阿拉伯世界研究，2015(4)：107-120.
2. 驻巴勒斯坦办事处郭伟主任在庆祝国庆69周年暨中巴建交30周年招待会上的讲话[EB/OL]. https：//www.fmprc.gov.cn/web/dszlsjt_673036/t1596436.shtml.
3. http：//www.myzaker.com/article/58fc2afb1bc8e02b4d000009.
4. https：//baike.baidu.com/item/巴勒斯坦/208486？fr=aladdin.
5. https：//baike.baidu.com/item/巴勒斯坦阿拉伯语/13026223.
6. https：//www.fmprc.gov.cn/web/gjhdq_676201/gj_676203/yz_676205/1206_676332/1206x0_676334/.

① 姚慧娜. 高等教育与巴勒斯坦民族国家之构建. 阿拉伯世界研究，2015(4)：107.

② 驻巴勒斯坦办事处郭伟主任在庆祝国庆69周年暨中巴建交30周年招待会上的讲话. https：//www.fmprc.gov.cn/web/dszlsjt_673036/t1596436.shtml.

③ http：//www.myzaker.com/article/58fc2afb1bc8e02b4d000009.

3.1.7 巴林

巴林王国(The Kingdom of Bahrain)简称巴林，首都麦纳麦，是一个邻近波斯湾西岸的岛国，巴林岛为巴林最大的岛屿。沙特阿拉伯位于巴林西部，并可经由法赫德国王大桥连接；伊朗则位于巴林北方；卡塔尔半岛位于巴林湾东南侧。① 巴林人口157万(2018年)，外籍人占55%。85%的居民信奉伊斯兰教，其中什叶派占70%，逊尼派占30%。

从政治上看，巴林是君主世袭制王国。国家元首由哈利法家族世袭，掌握政治、经济和军事大权。从经济上看，巴林是海湾地区最早开采石油的国家。近年来，巴林开始向多元化经济发展，建立了炼油、石化及铝制品工业，大力发展金融业，成为海湾地区银行和金融中心。从国家实力看，巴林金融业发达，享有中东地区金融服务中心的美誉，全国实行免费医疗，并且是中东海湾地区受教育程度较高的国家。

1989年4月18日，中国和巴林建立外交关系。建交后，两国关系发展顺利，双方在政治、经济、文化、新闻等领域合作稳步发展。中国“一带一路”倡议和巴林的《2030经济发展愿景》在发展理念、发展领域、发展模式上有许多契合之处。巴林社会普遍希望政府加速向东看、向中国看，以搭乘中国经济顺风车，加快自身发展。② 2017年5月，巴林文化与文物局长梅率团来华参加“一带一路”国际合作高峰论坛。2017年，中国与巴林双边贸易总额19.7亿美元，是继沙特阿拉伯、阿联酋之后，巴林的第三大贸易伙伴，中国为巴林最大进口来源国，是巴林第五大出口目的地国。③ 2018年7月，巴林外交大臣哈立德来华出席中阿合作论坛第八届部长级会议，双方签署政府间共建“一带一路”谅解备忘录。2019年4月，巴林文化与文物局长梅率团来华参加第二届“一带一路”国际合作高峰论坛。中巴经贸关系稳步发展。

3.1.7.1 主体语言教育政策

巴林官方语言是阿拉伯语，通用语为英语。2002年宪法规定，现代标准阿拉伯语是巴林的官方语言。英语也为巴林境内的主要语言，它既是巴林的商业语言，也是学校必须学习的第二语言，还是事实上的国家工作语言。

从宏观来看，巴林教育部控制着公立学校的标准，并对私立学校的建立、合法性和运作产生一定影响，规定私立学校的上课时间和天数，使之与公立学校的上课时间和日期相匹配。《第12/1986号阿米尔法令》规定：阿拉伯语是教学和交流的官方语言。④

从中观来看，一般而言，巴林的公立学校只接受信奉伊斯兰教的学生，公立学校均使用阿拉伯语授课，课程完全以阿拉伯语为基础，英语仅作为外语授课。此外，巴林的科学

① 《巴林国家概况》，选自中华人民共和国外交部官网。

② 王波. 巴林成为海湾地区“一带一路”建设中的重要国家——访中国驻巴林大使戚振宏. 新华社，2017.

③ 中华人民共和国驻巴林王国大使馆经济商务参赞处. http://bh.mofcom.gov.cn/article/zxhz/201803/20180302721943.shtml.

④ http://www.qqa.edu.bh/En/Reports/UniReports/Second%20Cycle%20Reports/IRRUoBENS.pdf P9.

课程标准特别关注通过科学课程坚定学生的宗教信仰，培养具有伊斯兰教文化的人才。① 为了满足大量外籍人士的需求，私立学校在巴林很常见，绝大多数私立学校用英语授课，由讲英语的西方外籍人士管理。许多巴林人都愿意将孩子送至私立学校以接受国际化的教育，外籍人士如日本人、法国人和德国人也倾向于将孩子送到国际学校。

从微观来看，巴林电视台共有3个频道，其中两个阿拉伯语频道，一个英语频道。广播电台也用阿拉伯语和英语广播，有4个波段。全国共有报纸13种，主要报纸以阿拉伯语发行，比如《海湾消息报》《中间报》《祖国报》《光明日报》等，也有不少英语报纸，如《海湾日报》《每日论坛报》《海湾每周镜报》《海湾消息报》等。商场、指示牌、广告牌以阿拉伯语为主，有些配以英文版本或波斯语版本。

巴林奉行温和务实的外交政策，主张加强海湾国家之间的团结与合作，系联合国、阿拉伯国家联盟和海湾合作委员会的成员国，目前已同156个国家建立了外交关系。

3.1.7.2 少数族群语言教育政策

巴林公民大多数是伊斯兰教教徒，包括逊尼派和什叶派；非伊斯兰教教徒包括巴哈伊、基督徒、印度教徒、犹太人和锡克教徒。然而，巴林157万人口中约有一半是外籍劳工，主要来自南亚。巴哈纳人(Baharna)被认为是巴林最初的前伊斯兰居民。巴哈纳人与卡提夫的什叶派密切相关，甚至说类似的方言。在巴林首都麦纳麦和一些巴林村庄使用的各种阿拉伯语叫巴哈纳(Baharna)阿拉伯语或巴哈伊(Bahrani)阿拉伯语。巴哈纳阿拉伯语由几种方言和口音组成，使用最多的是穆哈拉格(Muharraq)和斯特拉(Sitra)。巴林城市地区的方言与农村地区的方言之间也存在差异。② 巴林的什叶派波斯人是一个重要且有影响力的少数民族，他们保持着独特的文化和语言，但早已融入巴林文化，几乎所有人在学校、工作和日常事务中都使用阿拉伯语和波斯语。巴林作为君主立宪制国家政治上较为进步，对少数民族的宗教和语言持宽容态度，正式承认多个基督教教派、印度教徒、锡克教徒，犹太教徒和巴哈伊族也得到承认。

3.1.7.3 外语教育政策

在巴林使用较广泛的外语有波斯语、乌尔都语和马拉雅拉姆语。巴林境内还有一些移民使用的语言：伊朗波斯语、乌尔都语、葛林芝语(苏门答腊岛上马来语的一种)、马拉雅拉姆语(印度西南部德拉威语的一种方言)、北库尔德语或泰米尔语、泰卢固语(印度东部德拉维拉语)、韩语等。

巴林国家课程要求将英语作为第二语言教授，并且在中小学对英语教师要求很高，高于数学、国语、音乐等课程教师。在巴林的大多数大学，课程主要以英文为教学语言，如工程、IT、科学、工商管理课程，英语是其应用研究领域的官方语言。巴林大学学术人员大多是美国、欧洲等地国际大学毕业生。大学规范也与国际规范接近，比如巴林大学提供86个学术课程，包括5个博士学位、21个硕士学位、38个学士学位，同时还有8个学院提供22个文凭。所有这些计划都得到了《第12/1986号阿米尔法令》及《第18/1999号阿米

---

① 亚斯. 巴林王国与中国基础教育课程标准比较——以初中物理为例. 南京晓庄学院学报，2009(3)：60.

② https://www.justlanded.com/english/Bahrain/Bahrain-Guide/Language2/Language.

尔法令修正案》的承认，这些方案的学分时数与国际规范相当。① 此外，巴林也有一些法语学校，教授学生法文。

综上，巴林官方语言为阿拉伯语，通用语言为英语，由于历史移民原因，波斯语也在一定范围内使用，部分族群使用阿拉伯语和波斯语双语。巴林的官方教育语言为阿拉伯语，公立学校注重阿拉伯和伊斯兰教育，将英语设为第二语言科目教授，私立学校大多以英语为教学语言。公共领域以阿拉伯语为主，辅之以一定的英语。

在文化交流领域，中国和巴林合作紧密而广泛。在“一带一路”倡议背景下，2014 年 4 月，上海大学与巴林大学合作开设孔子学院，以进一步为推广汉语和中国文化起到积极作用，培养更多懂汉语的巴林本地人。学院为巴林内政、国防、海关、外交等部门开设汉语培训班，普及中国传统文化。学院还举办儒家思想专题讲座、“青花”艺术讲座，邀请中国书法家做讲座，组织 HSK 考试。截至 2018 年年初，巴林大学孔子学院为巴林政府部门培训官员 200 余人，为 1500 多名巴林各界人士讲授汉语，已经成为巴林民众了解中国文化和学习汉语的重要平台，也是连接中国与巴林友谊的重要纽带。自 2017 年 10 月起，还与中国企业华为公司合作开设了教学点，针对海外华人子女的学习需求，从语音、认字、国学三方面同步开展教学，受到家长好评。随着巴林大学孔子学院在当地的影响力不断扩大，越来越多的机构和个人希望孔子学院就汉语教学给予支持。2019 年春季学期，巴林大学孔子学院首次在巴林理工大学开设了汉语学分选修课程，这是巴林大学孔子学院在校外开设教学点的开端，学院将在此基础上不断推广汉语和中国文化，增设校外教学点。②

◎ 参考文献：

1. 王波. 巴林成为海湾地区“一带一路”建设中的重要国家——访中国驻巴林大使戚振宏[EB/OL]. www.xinhuanet.com/world/2017-05/11/c_1120954743.htm.
2. 亚斯. 巴林王国与中国基础教育课程标准比较——以初中物理为例[J]. 南京晓庄学院学报，2009(3)：60-63.
3. http：//bh.mofcom.gov.cn/article/zxhz/201803/20180302721943.shtml.
4. http：//www.fmprc.gov.cn/chn//gxh/cgb/zcgmzysx/yz/1206_5/1207/t312290.htm.
5. http：//www.hanban.org/article/2019-03/28/content_767358.htm.
6. http：//www.qqa.edu.bh/En/Reports/UniReports/Second%20Cycle%20Reports/IRRUoBENS.pdf.
7. https：//www.bbc.com/news/world-middle-east-14540571 BBCBahrain country profile.
8. https：//www.justlanded.com/english/Bahrain/Bahrain-Guide/Language2.
9. http：//www.qqa.edu.bh/En/Reports/UniReports/Second% 20Cycle% 20Reports/IRRUoBENS.pdf P.

① http：//www.qqa.edu.bh/En/Reports/UniReports/Second%20Cycle%20Reports/IRRUoBENS.pdf.

② http：//www.hanban.org/article/2019-03/28/content_767358.htm.

3.1.8 不丹

不丹王国(The Kingdom of Bhutan)简称不丹，位于中国和印度之间喜马拉雅山脉东段南坡，总面积38394平方公里。境内主要分布着3个民族，人口约73.5万，是世界上人口密度最小的国家之一，① 其中不丹族的人数占全国总人口的50%，尼泊尔族占35%，其他土著和移民占15%左右。② 首都廷布(Thimphu)是最大城市。农业是不丹的传统产业，水电及相关建筑业和旅游业是近年兴起的两大支柱产业，不丹在经济上处于不发达国家行列。

地缘上，不丹地处喜马拉雅山脉东段南坡，扼守喜马拉雅山重要通道，位于“一带一路”经济带，是中国和印度之间的“缓冲国”，③ 对我国西藏地区的边境安全、互联互通建设、地缘政治都具有一定的影响。

政治上，中不两国迄未建交，且两国边界仍未完全勘定，但出于平衡大国关系的需要，不丹政府奉行“一个中国”政策，积极谋求同中国交往。而且不丹与中国西藏地区语言、风俗、文化相近，历史联系悠久，其同中国深入合作、开展政治接触并无障碍。④

3.1.8.1 主体语言教育政策

虽然国土面积不大，民族种类和人口数量不多，但不丹的语言状况较为复杂，地区语言差异很大。官方认为，目前不丹全国使用着19种本土语言，宗卡语是不丹使用人数最多的语言，从公元12世纪开始，在藏传佛教的政治统治下，宗卡语就已经有了“官方语言”的地位，在军事、政治、教育和佛教领域广泛运用。宗卡语(Dzongkha)又译为宗喀语，其“宗”(Dzong)意指“政府行政部门”，“卡”(kha)意指“语言”或“话语”，所以，“宗卡”可理解为“不丹官方行政部门所使用的语言”⑤，故而从语义上讲，宗卡语是不丹的国语，也称不丹语(Bhutanese)。

在历史发展的积淀中，不丹形成了极具特色的文化传统和文化表现形式，为了学习和保护本国丰富的语言文化遗产、促进不丹的和平发展、提高人民的凝聚力、加强国家的稳定性，从而提升国民幸福总值，历代不丹政府都着力灌输“一个国家，一个民族”的思想，将宗卡语视为不丹的身份象征和国家表达，其地位不容其他语言挑战。2008年7月颁布首部宪法明确规定“宗卡语是不丹的国家语言”“本国所有公民都需要掌握宗卡语的读写技能”⑥。宗卡语发展委员会则呼吁“最大限度地发展和推广不丹语，是每一个不丹人的首要责任”⑦。此外，不丹教育部也规定“所有学校都应教授宗卡语，以确保所有学生都能熟练

① Bhutan Population 2019, World Population Review. http://worldpopulationreview.com/countries/bhutan-population/, 2019-07.

② 杨亦鸣，赵晓群.“一带一路”沿线国家语言国情手册. 北京：商务印书馆，2017：93-99.

③ Ahsan, Syed Azizal & Bhumitra Chakma. Bhutan's Foreign Policy: Cautious Self-Assertion?. *Asian Survey*, 1993, 33(11): 1043-1054.

④ 陈恒敏. 不丹教育现代化：发展策略及主要特点. 比较教育研究，2018(1)：13-23.

⑤ 张治国. 南亚邻国不丹的语言生态及语言政策研究. 语言生活研究，2016(3)：76-82.

⑥ Article 1 Kingdom of Bhutan. *The Constitution of The Kingdom of Bhutan*, 2008: 1.

⑦ 张治国. 南亚邻国不丹的语言生态及语言政策研究. 语言生活研究，2016(3)：76-82.

掌握宗卡语"①。

主体的语言政策以具体的语言教育政策作为实施的基石。宗卡语发展委员会(Dzongkha Development Committee)规定：从学前班到三年级，要开设宗卡语课程，促进学生从各地方言到国语的转化，并使用宗卡语教授课程；小学四到六年级，除了继续教授宗卡语课程，与价值教育相关的课程如不丹政治和宗教历史等都要使用宗卡语教学；在初级和中级中等义务教育阶段，宗卡语是学生学习的科目之一；在高级中等教育阶段，宗卡语是选修科目之一；在高校入学考试中，宗卡语是必考科目；在大学预科或学位课程中，都要设置宗卡语必修科目，而在不丹皇家大学(Royal University of Bhutan)，国家传统医学院的教学几乎完全使用宗卡语，不丹的僧侣学院或藏传佛教寺庙(lamasery)往往也以传统的藏文即丘克语(chöke/chökey)进行教学；在所有硕士学位课程中，都将宗卡语语法和不丹文化列为选修课。②③

教学师资和材料是确保语言教育政策实施的前提。为了确保宗卡语教学的师资，政府首选招聘研究生从事教学工作。为使国内外研究生都能胜任宗卡语教学，政府提供6个月到1年的免费宗卡语能力建设课程。为了编写合格的教学材料和制定宗卡语语言规范，自1961年不丹政府发起国家语言现代化计划，着手建立民族语言系统，历任不丹政府一直致力于为不丹的学校系统编写宗卡语教材，开发宗卡语课程；编写不丹语词典，补充新词汇和新拼写方法；协调和组织宗卡语语言学研究，为学术及教学服务；协调和组织对不丹其他语言的研究，从而推动学术研究，保护不丹丰富的语言遗产。

深入推广继续教育是不丹政府为落实宗卡语教育政策而采取的另一有力举措：学校教育方面，政府在全国所有地区推行宗卡语继续教育，并将现行远程教育制度延长至硕士学位水平，配套以类似于英语计算机学习的宗卡语计算机技能建设课程，为所有希望提升宗卡语学历的人士提供机会；职业培训方面，皇家公务员制度委员会、劳动和人力资源部在英国皇家管理学院和其他政府机构提供的所有职前和在职培训课程中，都提供基于就业的宗卡语培训并专门设立至少一个宗卡语发展岗位，组织开展各种宗卡语活动和项目；在政府机构，根据宗卡语在不同岗位分级使用的要求，政府为所有公务员提供宗卡语能力建设课程，入职首年或处于试用期的公务员则需要参加宗卡语能力课程学习并在课程结业时接受考核，合格者录用；在武装部队，也要尽量推行和使用宗卡语。此外，重要的政府官员应借助公众集会宣传宗卡语的重要性，相关机构

---

① Ministry of Education Royal Government of Bhutan. *National Education Policy Draft*, 2000: 9.

② National Policy and Strategy of Dzongkha Development and Promotion. *DDC Policy Strategy*, 2012: 17-30.

③ 不丹的普通教育结构由7年初等教育和6年中等教育组成，前者包括1年学前教育和6年小学教育，后者分为初级、中级中等、高级中等教育三个阶段，其中初等教育和初级、中级中等教育为义务教育，总计11年。完成中级中等教育后，学生可以选择凭借不丹中等教育证书(Bhutan Certificate for Secondary Education, BCSE)成绩继续2年的高中学习，也可以参加职业培训然后进入劳动力市场。高级中等教育完成后，毕业生通过参加不丹高级中等教育证书考试(Bhutan Higher Secondary Education Certificate, BHSEC)，进入高等院校。无法参加或未能完成寺庙教育、普通教育的人可以接受全国非正规教育中心提供的基础扫盲课程。

应经常在所有学校组织宗卡语宣传活动，向社会和公众推广宗卡语。这些举措都有效地促进了不丹全国各族人民“不丹化”。①

语言政策的落实还体现在不丹国民的社会生活和日常交往中。为了加强宗卡语在国家语言生活中的作用和地位，不丹官方政策规定不丹每一个公民都应该接受宗卡语教育，并且要具备在工作中熟练使用宗卡语的能力。宏观层面，宪法委员会、宪法机关、行政机关和私营机构的网站都应提供宗卡语版本，所有与公众有关的书面和口头官方通讯都应采用宗卡语发布，新闻报道和政治活动都应使用宗卡语；中观层面，各部门、各级单位的工作如土地记录、普查、选举及文化记录，林业、农业、畜牧业等其他工作以及一切与公众直接相关的活动，都必须使用宗卡语开展；微观层面，政府向宗卡语音像节目和平面媒体提供指导方针使其节目可持续发展，尽可能多地推广宗卡语电影和音乐，从而促进和改善宗卡语使用环境，设立一个新的宗卡语电话服务中心，向一切咨询者提供最新出现的宗卡术语、词汇的正确拼写和语法等技术服务。根据上述举措的实施情况，不丹内阁议会预期，到2025年，不丹议会会议、内阁会议和所有其他各级政府会议、公共演讲、报告都将使用宗卡语进行，如有外国人出席上述会议，则通过翻译转达。②

除了宗卡语，不丹政府还将英语作为官方语言。英语的官方地位是多种因素共同作用的结果。一方面，由于历史原因，英语在不丹境内比较普及，很多受过教育的不丹人都能读写英文，但却只能半通宗卡文；③ 另一方面，学校教育中缺乏足够的宗卡语教材，在很长时间依赖英语作为学校的教学媒介语。此外，出于与世界其他国家交流联系的需要，从不丹第三世国王开始，英语被确定为官方语言之一，各级政府对外交往都使用英语，记载和保护不丹文化遗产也使用英语。

在宗卡语发展委员会(Dzongkha Development Committee)起草并经内议会批准的《国家宗卡语推广和发展战略》中关于英语的使用表述如下：④

> 1.1.2 地方名称、办公室名称、房屋名称、商店名称、机构名称、职位名称、职责名称、招牌、横幅、公告等标识均应使用宗卡语和英语双语书写。已有车牌号可根据实际情况保留原有书写形式，或用宗卡语和英语双语书写。
>
> 所有在不丹国生产的包装和制成品都应附有宗卡语和英语双语标签和使用手册。
>
> 所有的表格和电话号码簿都应提供宗卡语和英语双语版本。
>
> 大宗进口商品内需附有宗卡语标签和使用手册后才能在国内销售。
>
> 要取得营业执照，需经宗卡语发展委员会批准，商铺或商号的招牌必须用宗卡语和英语双语书写。

---

① National Policy and Strategy of Dzongkha Development and Promotion. *DDC Policy Strategy*, 2012: 17-30.

② National Policy and Strategy of Dzongkha Development and Promotion. *DDC Policy Strategy*, 2012: 17-30.

③ 杨亦鸣，赵晓群.“一带一路”沿线国家语言国情手册. 北京：商务印书馆，2017：93-99.

④ National Policy and Strategy of Dzongkha Development and Promotion. *DDC Policy Strategy*, 2012: 17-30.

1.1.7 ……为了保证有关宗卡语发展条款的推行，政府需要向所有不丹人提供宗卡语和英语双语能力建设课程。此外，对两种语言的使用需得到平等接受和对待。

1.3.8 为提高不丹国内研究生的知识水平，政府应不时提供进修课程和游学机会，并为不具备英语知识的研究生提供英语学习机会。

1.6.5 所有国家计划、方案和报告均应以宗卡语和英语同等执行。

1.6.6 全国性新闻报纸应同时以宗卡语和英语刊发。

3.1.8.2 少数族群语言教育政策

在不丹的19种本土语言①中，真正广泛使用的语言只有2种，即主要在西部及西北部使用的宗卡语(Dzongkha)和在南部使用的尼泊尔语(Nepali)。不丹政府对尼泊尔语的政策经历了支持和限制两个阶段。②

尼泊尔语又称洛昌语(Lhotshamkha，意为南部人的语言)，它不是纯粹的本土语言，而是来自早期尼泊尔的难民语言或移民语言。在不丹政府民族政策较为宽松的时期，尼泊尔语作为过渡是南部语区的行政辅助语言，也是南部学校教育中使用的媒介语言，一度与宗卡语的地位不相上下。随着20世纪80年代不丹政府一系列“不丹化”政策对不丹境内尼泊尔人的打压，尼泊尔语在不丹的地位逐渐下降。20世纪90年代，随着一系列语言教育政策的出台，宗卡语和英语逐渐成为南部地区学校必学语言，政府不再把有限的财政资源投入到尼泊尔语课程和教材的开发，尼泊尔语教学随之停止。但不丹政府在尼泊尔语研究和语言文化遗产保护方面没有予以限制。

在强调和推广宗卡语的同时，不丹语言政策也给予了其他语言生存的空间，做到“语言统一化和多样性兼顾”③，有些语言还被列入了濒危语言名单加以保护，既保持各民族的语言文化传统，又保护不同民族的身份，从而增强下一代作为全球公民的国民幸福感。

然而不丹独特的地理环境导致不丹农村居住分散，交通不便，语言接触少，加之跨民族婚姻普遍，许多人虽然从小就沉浸在各种语言和方言中，在会话水平上能讲两种或多种语言，但从母语过渡到宗卡语和英语对拥有不同母语的学生来说仍然是一个巨大的挑战，因而不丹政府允许教师在初始阶段使用方言来帮助学生解读宗卡语和英语提供的文本材料，但他们需要很快过渡到官方语言。为了帮助学生们迅速适应，许多中小学都有一项语

---

① 这19种语言分别为宗卡语(Dzongkha)、尼泊尔语(Nepali)、夏却普语(Sharchopikha)、肯卡语(Khengkha)、布姆塘语(Bumthangkha)、乔卡纳卡语(Cho-ca-nga-ca-kha)、扎拉语(Dzalakha)、可特普语(Kurtoepkha)、涅恩语(Nyenkha)、欧雷语(Olekha)、拉卡语(Lakha)、布洛克巴语(Brokpa)、洛克普语(Lhokpu)、雷布查语(Lepcha)、查里语(Chalikha)、达克巴语(Dakpakha)、贡独语(Gongduk)、康巴藏语(Khampa Tibetan)和布洛卡特语(Brokkat)。夏却普语又称昌拉语(Tshangla)，同时还称东部语，主要在不丹东部地区使用，肯卡语和布姆塘语的使用者主要集中在中部地区，总计使用人数约20万，其他语言的总计人数不超过10万。

② 张治国. 南亚邻国不丹的语言生态及语言政策研究. 语言生活研究，2016(3)：78.

③ George van Driem. Language Policy in Bhutan. *Bhutan*：*Aspects of Culture and Development*. Scotland：Kiscadale，1994：87-105.

言政策，要求学生在上课时间只能用宗卡语和英语交谈。①

3.1.8.3 外语教育政策

在不丹历史上，不丹最早的学校只有僧侣学院或藏传佛教寺庙，藏文即丘克语(chöke/chökey)是唯一教学语言。由于用这种语言出版的教学读物非常有限，现在仅在僧侣学院或藏传佛教寺庙使用。20 世纪五六十年代，印度作为不丹最大的贸易伙伴国、援助国和债权国，对不丹的影响甚巨，不丹政府一段时间内曾以印地语(Hindi)为教学媒介语言。在英语被不丹政府确定为官方语言和教学语言后，印地语不再作为教学语言使用，但仍是不丹国内的主要外语之一。

另外，由于地理位置的原因，印度的阿萨姆语(Assamese)、尼泊尔的斑塔瓦语(Bantawa)、马嘉尔语(Magar)和达芒语(Tamang)也是不丹的常见外语。② 对于这些外语使用者，不丹政府对他们的语言教育政策与少数族群一样，即在小学初始阶段允许教师使用方言来帮助学生解读宗卡语和英语提供的文本材料，但他们需要很快过渡到官方语言，而且学生在上课时间只能用宗卡语和英语交谈。

不丹政府这种"一国多语"的政策导致的结果之一就是无形中置宗卡语和英语于竞争中。现实是，很多受过教育的不丹人都能读写英文，却只能半通宗卡语，宗卡语无论在哪个方面都处于劣势，尤其是在书写方面。尽管宗卡语代表的是不丹政府所尊崇的"传统"与"身份"，不丹学生及其家长却似乎更喜欢英语所代表的"现代"和"发展"。在这种矛盾和竞争中，不丹政府只有尽量平衡好两者的关系，才能从根本上实现"国民幸福总值"的增长。

近年来，随着中不贸易量以及前往不丹的中国游客数量的增加，不丹人学习和使用汉语的现象也在增加。但不丹目前没有开设孔子学院或孔子课堂，高校也没有开设中文系或中文专业。

◎ 参考文献：

1. Ahsan, Syed Azizal & Bhumitra Chakma. Bhutan's Foreign Policy: Cautious Self-Assertion? [J]. *Asian Survey*, 1993, 33(11): 1043-1054.

2. Bhutan Population 2019, World Population Review[EB/OL]. http://worldpopulationreview.com/countries/bhutan-population/, 2019-07.

3. Ethnologue, 2019, Bhutan. n. d. https://www.ethnologue.com/country/BT. 10, 2019-07-10.

4. George van Driem. Language Policy in Bhutan [A]. In *Bhutan: Aspects of Culture and Development*[M]. Scotland: Kiscadale, 1994: 87-105.

① Jessica Ball & Karma Chimi Wangchuk. Using a Policy of "Gross National Happiness" to Guide the Development of Sustainable Early Learning Programs in the Kingdom of Bhutan: Aspirations and Challenges. *Global Education Review*, 2015, 2(1): 5-22.

② Ethnologue, 2019, Bhutan. n. d. https://www.ethnologue.com/country/BT. 10, 2019-07-10.

5. Jessica Ball & Karma Chimi Wangchuk. Using a Policy of “Gross National Happiness” to Guide the Development of Sustainable Early Learning Programs in the Kingdom of Bhutan: Aspirations and Challenges[J]. *Global Education Review*, 2015, 2(1): 5-22.
6. National Policy and Strategy of Dzongkha Development and Promotion [J]. *DDC Policy Strategy*, 2012: 17-30.
7. 陈恒敏. 不丹教育现代化：发展策略及主要特点[J]. 比较教育研究，2018(1)：13-23.
8. 杨亦鸣，赵晓群. “一带一路”沿线国家语言国情手册[M]. 北京：商务印书馆，2017.
9. 张治国. 南亚邻国不丹的语言生态及语言政策研究[J]. 语言生活研究，2016(3)：76-82.

3.1.9 东帝汶

东帝汶民主共和国(Democratic Republic of Timor-Leste)简称东帝汶，是位于努沙登加拉群岛东端的岛国，包括帝汶岛东部和西部北海岸的欧库西地区以及附近的阿陶罗岛和东端的雅库岛。西与印度尼西亚西帝汶相接，南隔帝汶海与澳大利亚相望。东帝汶是世界上国土面积较小的国家之一，大约相当于北京市的面积，约为 14874 平方公里，人口为 126.8 万(2016 年)，其中 78%为土著人(巴布亚族与马来族或波利尼西亚族的混血人种)，20%为印尼人，2%为华人。约 91.4%的人口信奉天主教，2.6%的人口信奉基督教，1.7%的人口信奉伊斯兰教。① 东帝汶的少数民族语言有 17 种之多，包括 12 种南岛语系的语言和 5 种非南岛语系的语言。②

东帝汶历史上长期被葡萄牙殖民。1975 年葡政府允许东帝汶实行民族自决，当年主张独立的东帝汶独立革命阵线宣布东帝汶独立，成立东帝汶民主共和国。但同年，印尼出兵东帝汶，次年宣布东帝汶为印尼第 27 个省。在联合国的干预下，印尼于 1999 年同意东帝汶通过全民公决选择自治或脱离印尼。2002 年 5 月 20 日，东帝汶民主共和国正式成立。

2002 年，东帝汶先后加入葡语国家共同体(第 8 个成员国)和联合国，重视发展与澳大利亚、印尼、美国、葡萄牙等葡共体国家、太平洋岛国关系，广泛寻求国际援助，迄今已同 100 多个国家建交。东帝汶被联合国开发计划署列为亚洲最贫困国家和全球 20 个最落后的国家之一，经济处于重建阶段。经济以农业为主，基础设施落后，粮食不能自给，没有工业体系和制造业基础。1999 年脱离印尼以来，经济主要依靠外国援助和国际机构拉动当地消费。人民生活贫困，一些地区基本上处于自然经济状态。东帝汶政府将经济发展的重点放在基础设施重建和改善农业、开发油气资源方面，加大在这些方面的投入，致力于推动经济的可持续发展。

① http://www.fmprc.gov.cn/web/gjhdq_676201/gj_676203/yz_676205/1206_676428/1206x0_676430/, 2018-07.

② 王辉. “一带一路”国家语言状况与语言政策(第一卷). 北京：社会科学文献出版社，2015：163.

1999 年东帝汶脱离印尼后，中国与其交往逐步增多。2002 年东帝汶独立，中国与东帝汶建立外交关系。2014 年，两国正式建立睦邻友好、互惠互利的全面合作伙伴关系。2017 年，东帝汶政府代表团来华出席“一带一路”国际合作高峰论坛。两国政府签署了《贸易协定》和多项经济技术合作协定。2017 年双边贸易额 1.34 亿美元，其中中方出口 1.326 亿美元，进口 140 万美元。2017 年中国对东帝汶工程承包合同额为 3.24 亿美元。①

3.1.9.1 主体语言教育政策

1975 年后东帝汶爆发内战，之后被印度尼西亚吞并，被印尼殖民统治长达 25 年。在此期间，印尼出于维护自己统治的需要，禁止葡萄牙语在东帝汶的学校、政府机构和媒体领域使用，实行强势的“印尼化”政策。1999 年 8 月，公民投票决定东帝汶脱离印尼独立，2002 年 5 月 20 日东帝汶正式独立。

独立后的东帝汶，语言生态系统发生了重大变化，形成了德顿语、葡语、其他民族语言、印尼语和英语共生的局面，其中，德顿语(Tetum)和葡萄牙语为官方语言，印尼语和英语为工作语言。政府非常重视民族语言的发展。2004 年 4 月 14 日，东帝汶政府通过了 2004 年 第 1 号法案，全称为《德顿语标准正字法》，俗称《2004 年语言法案》。条款 3 明确了德顿语的使用范围，包括公共教育领域、官方出版物和媒体，但东帝汶政府并没有限定公共领域的语言文字必须使用德顿语。可见，东帝汶政府是尊重民族语言的多样性的，并不限制少数民族和外来语言的发展，尊重语言多样性的语言权力观。② 2011 年，东帝汶政府发布《东帝汶发展战略规划(2011—2030)》的报告，指出“基础教育的头几年，可以使用本地语言作为语言教学的媒介，以便顺利过渡到东帝汶官方语言的学习，同时要提倡基于母语的多语教育政策”③。该报告中的教育发展部分直接涉及了东帝汶的语言问题，提倡实行基于母语的多语教育政策，保障儿童拥有平等接受教育的权利。④

3.1.9.2 少数族群语言教育政策

东帝汶被葡萄牙殖民统治期间，殖民者对当地的少数民族语言不加干涉，默许葡语和当地语言的接触与融合，虽然后期殖民者有将葡萄牙语推广的倾向，实行语言强化政策，但总而言之，殖民期间的数百年内没有对语言多加控制。印尼殖民期间，印尼政府似乎对保护东帝汶的少数民族语言不太感兴趣。⑤ 独立之后的东帝汶保护语言的多样性，东帝汶政府没有限制所有公共领域都要使用德顿语，允许民族语言自由发展。

3.1.9.3 外语教育政策

东帝汶 1999 年发生暴乱，联合国维和部队进驻东帝汶。英语作为维和部队的日常交际用语，也由此进入东帝汶社会。同时，一大批非政府组织和国际人道主义援助组织也开

① https://www.fmprc.gov.cn/web/gjhdq_676201/gj_676203/yz_676205/1206_676428/1206x0_676430，2018-06-10.

② 王亚蓝，杨涛. 基于语言规划观的东帝汶语言政策研究. 安庆师范大学学报(社会科学版)，2018(2)：55.

③ *Timor-Leste Strategic Development Plan 2011-2030.* Dili：Government of Timor-Leste，2011.

④ 王亚蓝，王辉. 东帝汶的语言政策. 光明日报，2016-07-10.

⑤ Hajeck J. Language Planning and the Sociolinguistic Environment in East Timor：Colonial Practice and Changing Language Ecologies. *Current Issues in Language Planning*，2000(3)：405-406.

始进入东帝汶，帮助东帝汶进行重建，这些组织机构基本上使用英语作为通用语。①

虽然英语作为全球化的语言对东帝汶的影响很大，但是华文在东帝汶的影响力也不容忽视。早在明清时代，就有中国人“下南洋”来到东帝汶。随着历史的发展，越来越多的华人在葡萄牙殖民时期迁居到东帝汶。1975 年前，全东帝汶十三个县每个县都有华文学校，除设在帝力的是由幼稚园至中学外，其他地方的均为小学。当时华文教育较为普遍，甚至在东帝汶的货币上都有华文，足见华人影响力之大。第二次世界大战后，东帝汶遭受过两次较大的动乱，当地华人亦难幸免，损失惨重，其中最令他们痛心和遗憾的，就是华文教育被迫中断。但 1975 年发生政变后，所有华文学校均被当局关闭，华人子弟失去了系统学习中华文化的机会。经过二十多年时间，已有整整一代华人既不会说普通话，也不会写汉字，更谈不上了解中华文化。近年来，由于政府的重视和管理，东帝汶的语言生活已经基本趋于稳定，随着多语教育政策的实施，汉语作为外语在东帝汶发展的前景是乐观的。

中国和东帝汶建交以来，两国在经济、文化、教育等各领域取得了丰硕的合作成果。2016 年广西师范大学与东帝汶商学院合作共建“汉语文化中心”，这是东帝汶首家汉语言文化中心，旨在加强中国—东帝汶双方高校在高教领域的合作，进一步推进汉语言教学与文化交流，为两国人才交流与合作提供一个崭新的平台。2017 年 4 月，双方签署政府间共同推进“一带一路”建设谅解备忘录，为两国关系和务实合作开启新篇章。② 2017 年 6 月 9 日，应东帝汶帝力商学院邀请，驻东帝汶大使刘洪洋出席该校汉语课程开班仪式。该仪式标志着自 1975 年以来东帝汶首次恢复汉语教育，对深化中东教育合作具有积极意义。教育和人文交流是拉近两国人民距离的有效途径，也是双边关系持续健康发展的有力保障。

◎ 参考文献：

1. Hajeck J. Language Planning and the Sociolinguistic Environment in East Timor: Colonial Practice and Changing Language Ecologies［J］. *Current Issues in Language Planning*, 2000 (3): 405, 406.
2. *Timor-Leste Strategic Development Plan 2011-2030*［Z］. Dili: Government of Timor-Leste, 2011.
3. 王辉. “一带一路”国家语言状况与语言政策（第一卷）［M］. 北京：社会科学文献出版社，2015.
4. 王亚蓝，王辉. 东帝汶的语言政策［N］. 光明日报，2016-07-10.
5. 王亚蓝，杨涛. 基于语言规划观的东帝汶语言政策研究［J］. 安庆师范大学学报（社会科学版），2018（2）：52-56.

① 王亚蓝，王辉. 东帝汶的语言政策. 光明日报，2016-07-10.

② http://www.fmprc.gov.cn/web/wjdt_674879/zwbd_674895/t1469226.shtml，2018-06-10.

3.1.10 菲律宾

菲律宾共和国(Republic of the Philippines)简称菲律宾，地处西太平洋，是东南亚一个多民族群岛国家，国土面积为29.97万平方公里，共有大小岛屿7000多个，其中吕宋岛、棉兰老岛、萨马岛等11个主要岛屿占全国总面积的96%。①

菲律宾总人口约1亿200万，其中马来族占人口总数的85%，其他还包括他加禄人、伊洛人、邦邦牙人、维萨亚人和比科尔人等；少数民族及外来后裔有华人、阿拉伯人、印度人、西班牙人和美国人；还有为数不多的原住民。② 不同国家移民带来不同的宗教以及贸易的发展，为菲律宾陆续带来了马来文化、印度文化、中国文化和伊斯兰文化，许多东西方的风俗习惯在此交汇，多元化种族与文化构成导致了菲律宾的多元化语言结构。目前，菲律宾共有将近170种本土语言，其中常用语言80多种。③ 以他加禄语为基础，吸收英语、西班牙语、马来语、梵文、阿拉伯语、中国福建话、邦邦牙语等词汇形成的菲律宾语现在是菲律宾国语，也是第一官方语言，英语则为第二官方语言，形成了类似于新加坡的“多官方语言现象”④。但英语的影响力远大于菲律宾语，议会辩论、官方文件等都使用英语，报刊、电视、广播电台等媒体也以英语为主。

菲律宾于1975年6月9日与中华人民共和国建交。两国签有贸易、文化、民用航空、科学技术合作、广播电视合作、新闻交换等协定。中菲除互设大使馆外，中国在宿务设有总领馆，在拉瓦格开设领事馆。菲律宾在厦门、广州、上海、重庆、香港和澳门分别设有总领馆。

3.1.10.1 主体语言教育政策

菲律宾历史悠久，具有许多的民族以及各具特色的方言，古代菲律宾人彼此交流不畅，互相之间只能通过自己部落的语言交流，真正意义上的教育语言政策规划始于1863年西班牙殖民统治者在菲律宾小学教育体制的建立，经历了“他治”和“自治”两大阶段，每一阶段语言教育政策的制定都取决和反映了国家主权的独立程度。

“他治”始于西班牙统治时期。1863年，为了传播宗教，西班牙殖民者开始在菲律宾开办学校，规定学校的教学语言为西班牙语。这一规定可以看作菲律宾“他治”语言教育政策的萌芽。与此同时，殖民政府对原住民语言采取听之任之的态度，各地方言自由发展，不受政府干扰。19世纪末，菲律宾成为美国的殖民地，以“开化”为名，美国政府在菲律宾建立免费的初级英语教育系统，而且以立法的形式规定“从小学开始，以英语为教学媒介，使用美国课本”“任何法律条文、告示和政府管理的口头和书面文件都使用英语”⑤，从此，英语成为当时菲律宾政府部门的官方语言，其他语言则被限制使用。

---

① https://www.fmprc.gov.cn/web/gjhdq_676201/gj_676203/yz_676205/1206_676452/1206x0_676454/, 2019-04.

② https://www.fmprc.gov.cn/web/gjhdq_676201/gj_676203/yz_676205/1206_676452/1206x0_676454/, 2019-04.

③ 李娅玲. 菲律宾语言教育政策的历史演变及启示. 外语教学与研究，2011(5)：756-763.

④ 钱伟. 试析菲律宾和新加坡的多官方语言现象及语言政策. 东南亚研究，2015(3)：103-107.

⑤ 李娅玲. 菲律宾语言教育政策的历史演变及启示. 外语教学与研究，2011(5)：756-763.

1935年菲律宾自治政府的成立标志着菲律宾语言教育政策“他治”结束，“自治”开始，先后经历了国语教育政策、双语教育政策，一直发展到现代的多元语言教育政策。

1936年，菲律宾自治政府以宪法形式将影响最为深远的他加禄语确定为国语，出台《国语法》，国语研究所随之成立，去除语言教育政策中浓重的殖民化色彩成为首要任务。1940年，自治政府通过教育法令和第58号法令，要求小学必须由学习英语转为学习他加禄语并规定所有的学校必须开设他加禄语课程。其后，菲律宾获得独立，为顺应民众的爱国热情，新政府在宪法中正式将他加禄语更名为菲律宾语，力图在基础教育阶段废除英语，全面推行国语教育政策。1978年，菲律宾语开始成为小学和中学的强制性教学用语。1987年菲律宾颁布正式宪法（*The 1987 Constitution of the Republic of the Philippines*），其中第十四条第六节规定：菲律宾语作为民族语言……在受到法律规定和国会认为适当的情况下，政府应当采取措施来启动和维持菲律宾语作为教学用语使用的正式沟通和教育体系。

然而，相较于英语在菲律宾根深蒂固的影响以及深厚的殖民文化背景，尽管菲律宾语在政策层面的地位不断提升，其群众基础却相对较弱且师资力量缺乏，“弃英用菲”方案的实际效果并不明显，英语在学校教育和社会生活中的影响无处不在。1974年，政府出台一项双语政策，规定将英语和菲律宾语同时作为教学用语，并允许居民根据当地实际状况使用地方方言。根据菲律宾第7722号政令，菲律宾高等教育委员会于1994年5月宣布成立，并随即开始了修改课程工作。1996年，委员会发布第59号令，规定自1997年6月起，双语教育方案正式实施，菲律宾语第一次在实践教学中提升到和英语一样的重视程度，在法律法规的表述中也第一次排在了英语前面，如高等教育委员会第59号备忘录规定：“语言课程可选择菲律宾语或英语进行授课，高等教育机构有自主权和自由权；文学主题可用菲律宾语、英语或者其他任何语言进行授课，只要有合适的教学材料，学生和教师可以决定语言的使用。”①委员会同时指出：人文和社会科学课程应尽量用菲律宾语进行授课。

进入21世纪以来，菲律宾的语言环境进入新的模式。2003年，题为《确立加强英语作为教学媒介语》的第210号总统令规定：菲律宾语、英语作为课程从一年级开设，其中菲律宾语仅用于人文地理和菲律宾语课程的教学用语；从小学三年级起，英语开始作为除菲律宾语和人文地理外所有课程的教学用语；中学用英语授课的课程应占总课程的70%以上；此外，明确指出该总统令适用于高等教育，并规定了英语应作为高等教育的主要教学语言。2006年教育部第36号令《实现第210号行政命令的指南》指出：英语应作为第二语言从一年级开始学习；作为小学的媒介引导语，学习英语所占的时间必须高于学习时间总数的70%。

3.1.10.2 少数族群语言教育政策

进入21世纪，世界多元语言生态遭受严峻挑战，人们越来越意识到生物多样性、文化多样性和语言多样性之间相互依存的关系，世界各国纷纷倡导多元语言政策。鉴于菲律宾本土民族语言日渐衰落的现状，菲律宾政府修改了推广长达三十五年的双语教育政策，逐步推行以地区母语为教学媒介的多元语言教学，一方面对地区方言加以保护，另一方面

① 刘敏. 菲律宾语言政策演变及对华校学生语言使用影响. 新疆社会科学，2016(6)：83-87.

以语言为钥匙解决族群问题。

2008年，教育部在第60号令中作出如下规定：课堂教学中英语使用时间的增加依照2006年第36号和第210号文件执行；在多元语言教育大背景下，菲律宾语和英语依然充当主要教学媒介，但当地方言可在正规教育和选修教育中作为辅助性教学用语，母语教育在一年级开始用于教学指导。这不仅可有效提升学生的母语水平，也有助于学生更快更好地学习第二语言。2009年，菲律宾教育部颁布第74号令，提出“依据母语学习多种语言”的语言教育政策，第一次将地方母语作为课程加入课程体系，规定将地方方言作为单独的课程在一年级开始学习，英语和菲律宾语课程不得早于小学二年级开设，幼儿园到小学三年级的数学、科学、人文地理课程应使用母语教学。法令中还提到：研究表明优先使用母语更能提高学习者的学习成绩，学母语时先学习阅读可提高学习的效率，先学习母语的读写，再学习第二语言或第三语言的说、读、写的学生比直接学二语、三语的学生的学习效率更高，学生用母语学习阅读和写作能够更快提高认知水平和学习成绩。①

为了充分落实“依据母语学习多种语言”这一政策，各政府部门做了大量准备工作。2010年教育部针对学校、学生、教师，调查大部分人在学校交流中所使用的通用语，并记录在第426号备忘录《2010年对以母语为基础的多语教育数据调查》中。2010年教育部第357号备忘录《2010学年依据母语学习多种语言开展的不同活动》指出：应对教育者进行培训，在某些地区选择一些重点学校实施依据母语学习多种语言的项目；在参与者中反复宣传爱护并尊重文化遗产和母语、国语的思想，并通过国家和相关团体的监控和评价作用，追踪参与者在项目结束后的表现。

3.1.10.3　外语教育政策

2009年，菲律宾特殊外语项目启动，该项目旨在使学生在高等教育和就业中具有较强的第二外语竞争力，能在全球工作岗位中对语言或文化交流发挥积极的推动作用，目前已涉及西班牙语、法语、日语、德语和汉语普通话5种语言，在全国范围内的159个中学实施，并得到西班牙、法国、日本大使馆、歌德学院和红溪礼示大学孔子学院的协助支持。

2011年2月23日，菲律宾教育部在新闻稿《教育部为毕业生提供更多的外语学习使其更好地适应全球化的舞台》中指出：……因汉语普通话广泛应用于世界经济大国——中国，以及阿拉伯语广泛用在广阔的中东市场，计划加入汉语普通话和阿拉伯语作为选修外语。2011年，菲律宾教育部颁布政令，宣布在重点高中开设汉语课程，汉语第一次被正式列入菲律宾课程体系。除此之外，菲律宾政府批准中国在菲建立孔子学院达4所。②

◎ 参考文献：

1. 李娅玲．菲律宾语言教育政策的历史演变及启示[J]．外语教学与研究，2011，43(5)：

① 刘敏．菲律宾语言政策演变及对华校学生语言使用影响．新疆社会科学，2016(6)：83-87.

② 这4所孔子学院按设立时间先后顺序分别为：亚典耀大学孔子学院、布拉卡国立大学孔子学院、红溪礼示大学孔子学院、菲律宾国立大学孔子学院。

756-763.

2. 刘敏. 菲律宾语言政策演变及对华校学生语言使用影响[J]. 新疆社会科学，2016(6)：83-87.

3. 钱伟. 试析菲律宾和新加坡的多官方语言现象及语言政策[J]. 东南亚研究，2015(3)：103-107.

4. https：//www. fmprc. gov. cn/web/gjhdq _ 676201/gj _ 676203/yz _ 676205/1206 _ 676452/1206x0_676454/，2019-04.

3.1.11 格鲁吉亚

格鲁吉亚(Georgia)位于外高加索中西部，地处欧亚交界处，包括外高加索整个黑海沿岸、库拉河中游和库拉河支流阿拉扎尼河谷地，北邻俄罗斯，南部与土耳其、亚美尼亚、阿塞拜疆接壤。格鲁吉亚是古代丝绸之路和现代欧亚陆上交通的必经之地，面积 6.97 万平方公里，人口总数为 372 万(2018 年 6 月)。境内主要民族为格鲁吉亚族，约占总人口的 86.8%。① 多数国民信仰东正教，少数信仰伊斯兰教。首都是第比利斯。

19 世纪初，格鲁吉亚被沙皇俄国兼并。1918 年 5 月 26 日成立格鲁吉亚民主共和国。1921 年 2 月 25 日成立格鲁吉亚苏维埃社会主义共和国。1922 年 3 月 12 日加入外高加索苏维埃社会主义联邦共和国，12 月作为该联邦成员加入苏联。1936 年 12 月 5 日，格鲁吉亚苏维埃社会主义共和国正式成为苏联加盟共和国。1990 年 11 月 4 日发表独立宣言，定国名为"格鲁吉亚共和国"。1991 年 4 月 9 日正式宣布独立。1995 年 8 月 24 日通过新宪法，定国名为格鲁吉亚。②

近几年，格鲁吉亚一方面谋求加入北约和欧盟，另一方面缓和同俄罗斯的关系。2015 年 9 月初，格鲁吉亚举行驻外使节会议，强调突出外交的务实平衡性和经济外交作用，寻求对外关系的"四个发展"，即：积极发展多元平衡外交、着力发展务实经济外交、恢复发展与欧亚国家关系(包括坚持对俄务实政策)、加快发展对华关系等。③

1992 年 6 月 9 日，中华人民共和国与格鲁吉亚建交。同年 10 月，中国在格鲁吉亚设立大使馆。中格建交以来，两国关系发展顺利。2012 年 6 月 9 日，国家主席胡锦涛、外交部长杨洁篪分别与格鲁吉亚总统萨卡什维利、外交部长瓦沙泽互致贺电，庆祝中格建交 20 周年。2012 年，格鲁吉亚成为中国公民组团出境旅游目的地。2015 年 3 月，格鲁吉亚申请成为我国倡议设立的亚投行创始成员国之一。

3.1.11.1 主体语言教育政策

格鲁吉亚的官方语言为格鲁吉亚语，使用人数约占总人口的 94%，该语种属于伊比

---

① http：//www. fmprc. gov. cn/web/gjhdq _ 676201/gj _ 676203/yz _ 676205/1206 _ 676476/1206x0 _ 676478/，2018-08-30.

② http：//www. fmprc. gov. cn/web/gjhdq _ 676201/gj _ 676203/yz _ 676205/1206 _ 676476/1206x0 _ 676478/，2018-08-30.

③ http：//www. fmprc. gov. cn/web/gjhdq _ 676201/gj _ 676203/yz _ 676205/1206 _ 676476/1206x0 _ 676478/，2018-08-30.

利亚-高加索语系卡尔特维里语族，融合了罗马语、波斯语、阿拉伯语、斯拉夫语等多种语言的特点。除了格鲁吉亚语，格鲁吉亚的通用语言还有俄语和英语。在苏联时期，俄语被确立为官方语言，所有人都需要学习俄语。苏联解体后，格鲁吉亚宪法规定格鲁吉亚语为国语，俄语逐渐成为少数民族语言，但仍有很多人使用俄语。20 世纪 90 年代以来，英语在政府官员和年轻人中流行起来，成为较通用的语言。

格鲁吉亚的中世纪文化始于公元 4 世纪，受东正教影响较深。在 9 至 10 世纪，格鲁吉亚全国各地都支持使用本国文字，特别是在文学和绘画上。格鲁吉亚和格鲁吉亚语的实际影响区域在团结统一和解放之后有所扩大，格鲁吉亚语广泛传播，许多周边国家的民众也将其用于与陌生人之间的交流。

苏联时期，由于文学传统较为悠久，格鲁吉亚一直使用自己独特的字母符号。20 世纪 20 年代，格鲁吉亚宪法就规定格鲁吉亚语为国语，同时宣布其他语言享有平等地位。20 世纪 60 至 70 年代，格鲁吉亚语既是学校的教学语言，也是学校开设的语文课程，学习和使用的人数快速增加。20 世纪 90 年代，独立后的格鲁吉亚政府在保护少数民族权益的同时，大力推广官方语言——格鲁吉亚语。根据格鲁吉亚《普通教育法》第 4 条和第 7 条规定，所有格鲁吉亚公民都要学习格鲁吉亚语；格鲁吉亚语成为学校教授语言、文学、历史、地理的教学语言。① 根据 2014 年的统计，格鲁吉亚的识字率为 99.7%。②

在基础教育阶段，格鲁吉亚语是大多数小学唯一的教学语言。在高等教育领域，格鲁吉亚也在不断进行改革，不论是第比利斯国立大学，还是新建的巴统海洋学院、国际关系学院、国际经济学院等，这些学校基本上都以格鲁吉亚语为教学语言。③

媒体方面，根据 2010 年的统计，格鲁吉亚出版 225 种报纸及多种期刊，其中主要的《格鲁吉亚共和国报》使用格鲁吉亚语，《格鲁吉亚时报》《24 小时报》《信使报》等使用格、英两种语言，除部分媒体单独使用俄语、英语外，大多数媒体机构都使用格鲁吉亚语，④ 这也对格鲁吉亚语的传播起到了推动作用。

3.1.11.2 少数族群语言教育政策

格鲁吉亚人口约为 373 万(2018 年)，主要为格鲁吉亚族(占 86.8%)，⑤ 其他民族有阿塞拜疆族、亚美尼亚族、俄罗斯族及奥塞梯族、阿布哈兹族、希腊族等。⑥ 受 20 世纪苏联影响，多数居民通晓俄语。可以说俄罗斯族虽然是格鲁吉亚的一个少数族群，但其语言——俄语却是格鲁吉亚最主要的少数族群语言，也是最大的外语语种。限于人力和财力的不足，格鲁吉亚对少数民族语言教育重视程度不够，也难以支撑其在这方面的发展。虽然仍有部分少数民族使用自身的民族语言，但国内相关的教育基本处于空白，格鲁吉亚现

① 杨亦鸣，赵晓群．"一带一路"沿线国家语言国情手册．北京：商务印书馆，2017：125.

② http://data.uis.unesco.org/index.aspx? queryid=166#，2018-06-28.

③ 杨恕．格鲁吉亚教育科技现状．东欧中亚研究，1997(5)：94.

④ http://www.fmprc.gov.cn/web/gjhdq_676201/gj_676203/yz_676205/1206_676476/1206x0_676478/，2018-07-02.

⑤ 统计截至 2018 年 6 月。

⑥ http://www.fmprc.gov.cn/web/gjhdq_676201/gj_676203/yz_676205/1206_676476/1206x0_676478/，2018-07-02.

有的财力、人力也不足以支撑其在这方面教育的发展，这也从侧面显现出格鲁吉亚语在国内的主导地位。同时，由于少数民族教师对格鲁吉亚语的熟练程度较低，目前格鲁吉亚的语言改革进程并未有效弥合少数民族的语言差距。①

3.1.11.3 外语教育政策

因在历史上深受俄罗斯的影响，20 世纪的格鲁吉亚居民多数通晓俄语。在苏联解体后，俄语在格鲁吉亚的地位迅速下降。首先是法律地位的下降，在苏联时期，俄语是格鲁吉亚的官方语言，学习俄语是格鲁吉亚每个公民的义务。苏联解体后，格鲁吉亚宪法规定格鲁吉亚语为国语，俄语由官方语言或者说第二语言的地位跌至少数民族语言甚至是外语的境地。在教学方面，苏联时期，格鲁吉亚国内开设许多俄语教学的学校，俄语是学生的必修课，而现在俄语在格鲁吉亚只是一门选修课。目前，在格鲁吉亚使用俄语交流的人大多是一些中老年人，年轻人基本上不懂俄语，有约 90%的年轻人不打算了解俄语。②

在苏联解体后，英语逐渐成为格鲁吉亚外语教育的主流。总统萨卡什维利上台以来，一直推行亲美亲欧的外交政策，并实行了语言改革计划，从外国聘请大批英语教师。当局希望有朝一日英语能够取代俄语，成为格鲁吉亚最通行的第二语言。由于历史和地缘的关系，学习和使用波兰语和土耳其语的人也不在少数。

目前，我国国内还没有开设格鲁吉亚语的高校。中国在格鲁吉亚设有 1 所孔子学院，为第比利斯自由大学孔子学院，合作单位为兰州大学(2010 年开设)。另外开设有 1 个孔子课堂，为第比利斯开放教育大学孔子课堂，合作单位也是兰州大学(2017 年启动)。③格鲁吉亚境内开设中文专业的高校有 1 所，为第比利斯自由大学。另有 2 所高校开设汉语课程，分别为开放大学和国立大学。④

◎ 参考文献：

1. Teresa Wigglesworth-Baker. Multilingual Education Reforms in Georgia in the Post-Soviet Period: Discourses of Ethnic Minority Integration[J]. *Language Policy*, 2018, 1(3).
2. 陶雪梅. 试析格鲁吉亚俄语现状及其前景[J]. 语文学刊·外语教育教学，2012(4)：15-16.
3. 杨恕. 格鲁吉亚教育科技现状[J]. 东欧中亚研究，1997(5)：94-97.
4. 杨亦鸣，赵晓群. “一带一路”沿线国家语言国情手册[M]. 北京：商务印书馆，2017.

3.1.12 哈萨克斯坦

哈萨克斯坦共和国(The Republic of Kazakhstan)简称哈萨克斯坦，位于亚洲西北部及

① Teresa Wigglesworth-Baker. Multilingual Education Reforms in Georgia in the Post-Soviet Period: Discourses of Ethnic Minority Integration. *Language Policy*, 2018, 17(3): 285.

② 陶雪梅. 试析格鲁吉亚俄语现状及其前景. 语文学刊·外语教育教学，2012(4)：15.

③ http: //zhuanti. hanban. org/videolist/? cat=379&tag=cn, 2018-08-30.

④ 杨亦鸣，赵晓群. “一带一路”沿线国家语言国情手册. 北京：商务印书馆，2017：127.

欧洲东南部，是中亚的内陆国家，也是世界上最大的内陆国。国名来自其主体民族——哈萨克族。哈萨克斯坦原为苏联加盟共和国之一，在1991年12月16日宣布独立。与俄罗斯、中华人民共和国、吉尔吉斯斯坦、乌兹别克斯坦、土库曼斯坦等国接壤，并与伊朗、阿塞拜疆隔里海相望，国土面积排名世界第九位。① 哈萨克斯坦近年来加强了与俄罗斯等独联体各国的经济、政治、军事等方面的一体化，2015年1月1日与俄罗斯、白俄罗斯、亚美尼亚等国家成立欧亚经济联盟。

3.1.12.1 主体语言教育政策

1991年12月10日，哈萨克苏维埃社会主义共和国更名为哈萨克斯坦共和国，1991年12月16日通过《哈萨克国家独立法》宣布独立，1991年12月21日加入独联体，独立以后的哈萨克斯坦和其他中亚国家一样，强调发展主体民族语言。

1997年7月11日颁布的《哈萨克斯坦共和国语言法》第1章总则第4条中规定，哈萨克斯坦共和国的国语是哈萨克语。同时，俄语因其特殊的地位，是该国的“族际交际语”。可以说，哈萨克语和俄语都属该国的主体语言。这有一定的历史原因：在哈萨克斯坦独立之前，俄语是主要语言，民族语言被边缘化；哈萨克斯坦独立后，将主体民族的语言——哈萨克语定为国语。为了突出哈萨克语的主体地位，教育部门强制推行哈萨克语，政治领域把是否懂得哈萨克语作为干部职务任命的条件之一。然而，这种带有鲜明政治化倾向的语言政策的制定和实施加剧了族际关系的紧张。1995年哈萨克斯坦修改新宪法，承认俄语同哈萨克语的同等地位，“在国家组织和地方自治机构中，俄语和哈萨克语一样，平等正式使用”②。2011年2月新修订的《哈萨克斯坦共和国宪法》明确规定：“哈萨克斯坦共和国的国语为哈萨克语；在国家机关和地方自治机构内同等使用哈萨克语和俄语。”③这在法律上认可了俄语的官方地位。在《哈萨克斯坦共和国语言法》第1章第5条中规定：“在国家机关和地方自治机构内同等使用哈萨克语和俄语。”正是在这样的宏观政策下，哈萨克语和俄语同为该国的官方语言，俄语的使用范围甚至超出了哈萨克语的使用范围。但根据近年来的统计，哈萨克语的地位得以巩固和加强，俄罗斯《观点报》曾报道，2010年哈萨克斯坦的人口普查显示，超过60%的公民通晓哈萨克语。④ 哈萨克斯坦政府继续采取一些发展国语的措施，计划在2025年前，哈萨克语将在居民生活各领域占统治地位并成为社交普及语言。

在教学语言和公共领域语言等方面，《哈萨克斯坦共和国语言法》第3章第16条进行了规定：“哈萨克斯坦共和国保障建立使用国语的儿童学前机构……国语和俄语是国内教育机构里必修的教学课程，它们被列入相关教育文件中规定的课程目录。”⑤哈萨克斯坦的媒体主要使用哈萨克语和俄语，优先使用哈萨克语。《哈萨克斯坦共和国语言法》第3章第18条规定：“哈萨克斯坦共和国保障国语以及其他语言在出版印刷以及大众传媒领域

---

① http://www.fmprc.gov.cn/ce/ceka/chn/zhgx/HSKSTGQ/t1065973.htm.

② 1995年哈萨克斯坦共和国宪法第七条第二款，1995-08-30.

③ 王辉.“一带一路”国家语言状况与语言政策(第二卷). 北京：社会科学文献出版社，2015：31.

④ www.vz.ru/news/2010/11/12/446813.html，2019-06-20.

⑤ www.ru.government.kz/docs/z970000151-20081121.htm，2019-06-20.

的使用。为了营造必要的语言环境以及保障国语的充分使用，电视广播频道使用国语播放的时间总量不得少于使用其他语言播放的时间总和。”《哈萨克斯坦共和国语言法》第4章第19条规定：“国家机构及其各部门的名称应该使用国语和俄语。联合机构或者国外机构的名称应该转译成国语以及俄语。”第4章第21条规定：“所有印刷品、机构印章、表格、牌匾、广告、商标、价目表等可视性信息的正文必须用双语(哈萨克语和俄语)印制。正文的上边或左边以国语书写，正文的下边或右边以俄语书写。”①

3.1.12.2 少数族群语言教育政策

哈萨克斯坦是典型的多民族国家，境内约有130个民族，哈萨克族和俄罗斯族是哈萨克斯坦的主要民族，各约占总人数的66%和21%。130个民族共使用126种语言，其中哈萨克语和俄语的使用人数最多，使用范围最广。有42种语言(占总语言数量的33%)的操持者不足200人，正濒临消失。

为保存和发展少数族群的语言和文化，哈萨克斯坦意识到要提供相应的条件。在《哈萨克斯坦共和国语言法》第1章第6条中规定：“本法令为在哈萨克斯坦共和国应用各种语言确立了法律基础，也规定了政府研究和发展这些语言所必须承担的责任，表明了对哈萨克斯坦共和国境内所使用语言的同等尊重态度。”“每一位哈萨克斯坦公民有权使用本民族的语言，有自由选择交际、教育、学习和创造活动中所使用语言的权利。”哈萨克斯坦独立后，宪法多次修订关于语言规划的规定，通过《哈萨克斯坦共和国语言法》不断完善其内容。为维护民族团结和社会稳定，对于少数民族语言，哈萨克斯坦政府采取鼓励少数民族发展本民族语言的政策，因而少数民族语言教育政策的制定和实施带有鲜明的政治色彩。事实上，由于政策和学校发展缺乏连贯性，少数民族语言教育十分落后，少数民族语言学校普遍缺乏师资和教材，学生规模逐渐减少，少数民族语言学校提出的解决语言教育的要求常常被忽视。为解决少数民族语言教育的问题，2007年7月27日，哈萨克斯坦颁布新的教育法，其中包括明确保证少数民族语言教育的法律法规，比如，在第3段第9条中规定，“通过设置机构来保证每个公民学习母语的权利，如果情况允许，在预算合理的条件下，会提供相应的教育机构”。其后，哈萨克斯坦的一些中学开始教授十多种少数民族语言，如乌兹别克语、塔吉克语、土耳其语、维吾尔语等。这些都说明，哈萨克斯坦对《宪法》中的语言规划反复修订，对《哈萨克斯坦共和国语言法》不断完善，反映出哈萨克斯坦在保护主体民族语言时并不抑制俄语的使用，同时还鼓励少数民族发展其本民族语言。

3.1.12.3 外语教育政策

近年来，哈萨克斯坦越来越重视外语的学习，尤其是英语的学习。2006年10月，在哈萨克斯坦第十二届人民大会上，哈萨克斯坦总统纳扎尔巴耶夫提出了“三语政策”的思想。2007年，在《新世界中的新哈萨克斯坦》政府国情咨文中，纳扎尔巴耶夫提出实施“三位一体语言”的方案：“哈萨克斯坦应该成为世界上一个被视为有学识的国家，其人口可以通晓三种语言，分别为：哈萨克语——国语，俄语——族际交际语，英语——融入全球经济一体化的语言。”该方案很快成为国家内政的一个重要方面，同时成为教育领域的一

① www.ru.government.kz/docs/z970000151-20081121.htm, 2019-06-20.

个优先发展的方向。为了鼓励英语教学，哈萨克斯坦教育与科学部做了很大的努力。作为世界性交际语言的英语在哈萨克斯坦逐渐得到重视，2012 年起哈萨克斯坦的学校从小学二年级开始英语教学，哈萨克斯坦还改革全国统一考试，将英语作为一门必修的科目纳入考试体系中。

同时，哈萨克斯坦积极响应中国的“一带一路”倡议，把握机遇，与中国建立友好发展关系。由于当地中国企业不少，经济贸易日益频繁，文化交流也越来越多，哈萨克斯坦国内对汉语的兴趣也日益浓厚。汉语已成为哈萨克斯坦的第二外语，并由于中哈两国关系的友好发展，汉语在哈萨克斯坦越来越受到重视。如今，哈萨克斯坦在华的留学人数已超过 8000 人，哈萨克斯坦境内有 10 余所大学开展了汉语教学。2006 年至 2012 年，先后有 4 所孔子学院在哈萨克斯坦成立，开设有汉语精读、汉语口语、汉语视听说等课程。孔子学院的建立得到当地政府的大力支持，成为学习汉语和了解中国的平台。学习汉语的学生不仅有大学生，还有高中生和成年人等。哈萨克斯坦国际通讯社是哈萨克斯坦唯一的国家通讯社，除哈萨克语和俄语外，还以英语、阿拉伯语、中文报道新闻，是中亚地区国家中第一个开设中文网的通讯社。

另外，哈萨克斯坦也有一些由土耳其政府以及一些教育协会支持的、以土耳其语为媒介的学校，哈萨克斯坦的土耳其语世界研究基金会也在哈萨克斯坦开办了一些中学。多语言政策有利于哈萨克斯坦同世界各国的沟通与交流，有助于为各领域的国际交流合作提供人才支撑。

◎ **参考文献：**

1. 王辉. “一带一路”国家语言状况与语言政策(第二卷)[M]. 北京：社会科学文献出版社，2015.
2. 1995 年哈萨克斯坦共和国宪法第七条第二款. 1995-08-30.
3. www. ru. government. kz/docs/z970000151-20081121. htm，2019-06-20.

3.1.13 韩国

大韩民国(Republic of Korea)简称“韩国”(South Korea)，位于亚洲大陆东北部朝鲜半岛南半部，总面积约 10 万平方公里(占朝鲜半岛面积的 45%)，首都为首尔。韩国三面环海，西边濒临中国黄海，东南是朝鲜海峡，东边是日本海，北边隔着“三八线”非军事区与朝鲜相邻。主体民族为朝鲜族，通用韩语，总人口约 5164 万(2018 年)。韩国是一个较为发达的资本主义国家，产业以制造业和服务业为主，是亚洲太平洋经济合作组织(APEC)、世界贸易组织(WTO)和东亚峰会(EAS)的创始成员国，也是经合组织、二十国集团和联合国等重要国际组织成员。

朝鲜半岛在中国周朝为箕子封地与三韩领土，汉武帝在朝鲜设置汉四郡。在新罗、高丽、百济时代，李氏朝鲜时期获得统一，改国号为朝鲜，为中国明清两朝的藩属国，清末中国在甲午战争中战败，朝鲜正式脱离与中国的藩属关系。1910 年朝鲜半岛沦为日本殖民地，1945年8月15日光复独立。1948年8月和9月，苏美两国以北纬38℃线为界分别进驻北半部和南半部，先后成立大韩民国和朝鲜民主主义人民共和国。1950年爆发朝鲜战争，1953年7月27日朝韩双方停战。第二次世界大战后，韩国长期以对美外交为主。20世纪70年代初开始推行门户开放政策。近年来基本形成了以韩美同盟为基轴，加强美、中、日、俄四大国外交、积极参与地区与国际事务的多层次、全方位外交格局。

中韩1992年8月24日建交，两国各领域关系发展迅速。1998年建立面向21世纪的中韩合作伙伴关系，2003年建立全面合作伙伴关系，2008年5月建立战略合作伙伴关系。2014年7月，双方宣布中韩努力成为实现共同发展的伙伴、致力地区和平的伙伴、携手振兴亚洲的伙伴、促进世界繁荣的伙伴。截至2017年年底，中国是韩国最大贸易伙伴、最大出口市场和最大进口来源国，也是韩国第二大海外投资对象国；韩国是中国第三大贸易伙伴国。双方共建立了196对友好省市关系。两国人文交流发展迅速，截至2017年年底，韩国在华留学生约6.7万人，中国在韩留学生约6万人，均居对方国家外国留学生人数之首。韩国有23家孔子学院和5家孔子课堂。

3.1.13.1 主体语言教育政策

朝鲜族是古亚洲人和新亚洲人在新石器时代到青铜器时代之间陆续从欧亚大陆迁徙到朝鲜半岛后形成的。从语系上来讲，学术界一般把韩语定论为阿尔泰语系，与满语、突厥语、蒙古语属于同一个语系。朝鲜民族在很长一段时期内是一个只有民族语言却无民族文字的民族。公元3世纪左右，汉字传入朝鲜，后来又采用汉字的音和意来记录朝鲜语，即"吏读文"。1444年，在朝鲜王朝第四代国王世宗的倡导下，朝鲜学者在研究朝鲜语的音韵和一些外国文字的基础上，创制了由28个字母组成的朝鲜文字，称为"训民正音"，为朝鲜语书面语的发展以及朝鲜文学的发展提供了良好条件。①

现代韩国是一个单一民族国家，被韩国人称为"国语"的韩国语则是唯一使用的语言，所以韩国的基本语言政策也都是围绕韩国语展开实行的。但是韩国的语言政策没有特别成文的语文政策纲领，只有语文政策的对象。面对存在的种种语言问题，韩国自光复后到20世纪90年代，在语言工作上，主要围绕"国语醇化"、正字法、汉字问题、标准语审定、国语教育、南北语言统一等方面制定和实施了一系列的语言政策。1988年1月出台的《标准语规定》(第88-2号)中规定，"标准语是有教养的人们广泛使用的现代首尔话"②，即作为韩国公用语言的国语。20世纪80年代之前，韩国一直强调自己是单一民族单一语言国家，把国内语言环境看得太过简单，因而没有在国家层面上推行大规模、强有力的语言政策。直到1984年，韩国才设立了第一个和语言文字相关的机构——国语研究所。1991年，国语研究所升格为国立国语研究院，2004年正式改为今天的国立国语院，隶属于文化体育观光部，负责制定、实行推动国语发展的语文政策，开展多种研究活动，为国民打造正确的语言生活。除了语言机关的设立，韩国针对国语也颁布了法律文件。2005年1月27日，《国语基本法》(法律第7368号)制定并公布，2005年7月28日开始正式施行。该法律目的在于"促进国语使用，为国语发展和保持奠定基础，通过增进国民创

① 朴荣顺. 韩国语的社会语言学. 首尔：韩国文化社，2001：46.

② 标准语规定. 韩国文教部告示第88-2号. 1988.

造性的思维能力，提升国民的文化生活质量，为民族文化的发展作出贡献”①。为了发展与普及国语，其中规定了“为发展和保持国语，文化体育观光部长官每5年要制定并实行国语发展基本计划”，至今已完成了2007—2011，2012—2016两轮计划，第三轮2017—2021计划也正在开展中。进入21世纪，随着全球化浪潮的来袭，作为一种类似韩流的文化输出行为，韩国开始以“韩国语世界化”为重点，大力开展语言工作。为了推广国语，面向国内针对想学习国语的外国人和海外同胞，积极开发教育课程、培养专家，面向国外受众，设立世宗学堂财团，在全世界范围内建立多所世宗学堂传播韩国的语言和文化。②此外，还通过检查的方式来鼓励国民积极提高国语能力，进行有创造性的语言生活。

3.1.13.2 少数族群语言教育政策

韩语作为韩国的单一语言，因为地域上的差异存在不少的方言，除济州岛外，大部分地区的方言与标准语间只存在个别用语和语调上的差距，但是也对国民的交流形成了一定的障碍。

3.1.13.3 外语教育政策

韩国历史上受中国政治和文化的影响极大，曾长期使用汉字作为官方文字。因而，汉语词汇在韩语中占据极大比重，约占外来词的70%，在韩文中可以用汉字书写。③ 韩文作为表音文字，虽然与作为表意文字的汉字本质上存在差别，但是韩国国内围绕“韩文专用”和“韩汉文并用”展开的争论直至今日也没有统一。即使在“训民正音”发明以后，汉字仍在使用。朝鲜王朝宫廷文书的书写、历史典籍的记录等都有汉字夹在其中(类似于今天的日文)。1948年，韩国颁布了《韩文专用法案》，禁止公开使用汉字，但无论是学校的语文教育还是国民的文字书写，汉字的使用一直没有完全停止。韩国教科书中使用汉字的政策也在不断变化之中，如1968年的总统令曾要求删除中小学课本中的汉字，但1972年汉字又被定为初中的必修课编入正规课程。1973年中学教科书规定重新使用汉字，1995年又将其改为选修课程。④ 1999年2月，韩国总统金大中签署总统令，批准在政府公文和道路牌中使用汉字，打破了韩国政府50多年来对使用汉字的禁令。⑤ 现在韩国教育部颁布的教育用“新订通用汉字”为1800个，供日常生活用的“常用汉字”为1300个。近年来，韩国人对汉语日趋重视，这既与新时期中国经济的良好表现有关，同时物价指数也是韩国学生钟爱汉语的一个重要因素。⑥

1910年起，日本曾对朝鲜半岛进行了长达35年的殖民统治。其间，在朝鲜半岛进行了严格的语言抹杀政策，禁止民众使用韩语，而把日语定为朝鲜半岛的国语开展文学教育等活动。受此影响，韩语中也出现了很多的日语元素。20世纪40年代，日本统治者更是变本加厉，大搞所谓“创氏改名”，不准出生的朝鲜人使用朝鲜语，姓氏也必须改用日本

① 安有善．韩国语言教育政策研究．山东大学硕士论文，2015.

② 杜丽荣，刘秀平．韩国的语言文化推广策略与民族文化辐射力．青海社会科学，2013(5)：148.

③ 崔丽红．韩国的语言政策与国家意识探析．云南师范大学学报(哲学社会科学版)，2012(3)：41.

④ 郭春立，马爱莲．韩国的母语教育探微．现代教育论丛，2008(12)：41.

⑤ 李慧珍．论韩国语言政策对韩国汉语教学的影响．天津师范大学硕士论文，2015.

⑥ 金仁勇．韩国汉语教育现状综述．东北师范大学硕士论文，2013.

姓氏。1945年8月15日朝鲜半岛光复后，为了规范文字的使用，朝韩双方在建立政权后分别对文字的使用进行了改革。

除了汉语和日语的影响，韩语受英语的影响也不可忽视。韩国解放后，和美国保持着密切的关系，加之英语作为国际通用语言地位的不断上升，使得韩语中出现了越来越多的外来词，很多新兴事物用语、科技用语等都用英语外来词标记。① 按照2009年教育课程，小学三年级起开始施行外语教育，小学及初中的外语课程只有英语，高中开始开设第二外语教育。②

近年来，除英语以外进行的第二外语教育潮流与从前有所不同，西方语言中法语、德语为主的潮流转变为以汉语和日语为主，尤其是对汉语的重视程度非常明显。此外，随着时代变化及产业发达的需求，越南语、泰语、阿拉伯语、俄语等各种以前没人关注的语言也很受欢迎，这显然是与韩国企业的全球变化步伐相适应的。③

◎ 参考文献：

1. 安有善. 韩国语言教育政策研究[D]. 山东大学硕士论文，2015.
2. 程宏. 中国与韩国外语教育政策比较研究[J]. 吉林省教育学院学报(上旬)，2014(1)：83-84.
3. 崔丽红. 韩国的语言政策与国家意识探析[J]. 云南师范大学学报(哲学社会科学版)，2012(3)：41-46.
4. 杜丽荣，刘秀平. 韩国的语言文化推广策略与民族文化辐射力[J]. 青海社会科学，2013(5)：147-155，171.
5. 郭春立，马爱莲. 韩国的母语教育探微[J]. 现代教育论丛，2008(12)：40-44.
6. 韩国文教部. 标准语规定. 第88-2号，1988.
7. 金仁勇. 韩国汉语教育现状综述[D]. 东北师范大学硕士论文，2013.
8. 李慧珍. 论韩国语言政策对韩国汉语教学的影响[D]. 天津师范大学硕士论文，2015.
9. 朴荣顺. 韩国语的社会语言学[M]. 首尔：韩国文化社，2001：46.
10. 张贞爱. 外语教育政策与多维制约因素分析——以韩国外语教育60年改革与发展为例[J]. 中国外语，2011(4)：60-63，65.
11. 朱家治. 国家安全视角下的韩国外语教育政策研究[D]. 上海外国语大学硕士论文，2013.

3.1.14 吉尔吉斯斯坦

吉尔吉斯共和国(The Kyrgyz Republic)通称吉尔吉斯斯坦，是一个位于中亚东北部的

---

① 朱家治. 国家安全视角下的韩国外语教育政策研究. 上海外国语大学硕士论文，2013.

② 程宏. 中国与韩国外语教育政策比较研究. 吉林省教育学院学报，2014(1)：83.

③ 张贞爱. 外语教育政策与多维制约因素分析——以韩国外语教育60年改革与发展为例. 中国外语，2011(4)：61.

内陆国家。吉尔吉斯斯坦位于欧亚大陆的腹心地带，不仅是连接欧亚大陆和中东的要冲，还是大国势力东进西出、南下北上的必经之地。吉尔吉斯斯坦面积为 19.99 万平方公里，东南和东边与中国相接，北边与哈萨克斯坦相接，西边则为乌兹别克斯坦，西南为塔吉克斯坦。比什凯克是吉尔吉斯斯坦的首都和最大城市。

公元 15 世纪下半叶，吉尔吉斯民族基本形成。1936 年，吉尔吉斯并入苏联，成为苏联加盟共和国之一。1991 年 8 月 31 日独立，改为吉尔吉斯共和国。吉尔吉斯斯坦现为独联体、欧亚经济联盟和集体安全条约组织成员国；同时也是上海合作组织成员国，伊斯兰合作组织、突厥语国家合作委员会和突厥文化国际组织成员国。① 吉尔吉斯斯坦的政治体制为单一制和议会制，人口 632 万(2018 年)，主体民族为吉尔吉斯族，其余为乌兹别克族和俄罗斯族等民族。②

3.1.14.1 主体语言教育政策

吉尔吉斯斯坦的国语是吉尔吉斯语，官方语言是俄语。吉尔吉斯语属于阿尔泰语系突厥语族东匈语支吉尔吉斯-克普恰克语族。吉尔吉斯族历史上使用过突厥鲁尼文，这种文字也被称为古吉尔吉斯(在我国被称为柯尔克孜) 碑文或“叶尼赛文”，该文字早已失传。吉尔吉斯族在信仰伊斯兰教后改为使用阿拉伯字母拼写自己的语言。吉尔吉斯语分南、北方言，现代的吉尔吉斯文学语言是在北部方言基础上发展起来的。③ 早在 1989 年，吉尔吉斯就颁布了《吉尔吉斯苏维埃社会主义共和国语言法》，根据这一法规，吉尔吉斯语为国语，俄语是族际交际语。1993 年，独立后第一部宪法重申了这一点，并保证保留和平等自由地发展共和国居民所使用的俄语和其他语言。2000 年 5 月 25 日吉尔吉斯斯坦出台的《官方语言法》规定，俄语作为官方语言受到国家保护，国家机关应为其发展创造必要条件，这就以法律的形式确定了俄语的官方地位。2003 年 2 月，新宪法重申了吉尔吉斯语的国语地位，同时再次确定俄语作为官方语言使用。2004 年 4 月，阿卡耶夫总统强调，吉尔吉斯斯坦将坚决保护俄语，俄语和吉尔吉斯语将永远共存。其后，2007 年、2010 年的宪法中都赋予并重申了吉尔吉斯语的国语地位，并且颁布了一系列的法令和规划继续巩固国语的地位。整体来说，吉尔吉斯斯坦正在坚持双语化的发展方向。

吉尔吉斯斯坦的教学语言同样遵循双语化的原则。根据《官方语言法》第 13 条规定，中小学和高等学校中，官方语言是必修课。2004 年 2 月颁布的《国家语言法》第 5 章第 18 条规定，从幼儿园到大学，所有阶段的教育都应以吉尔吉斯语为基本的授课语言。在高等教育和科学研究领域，尽管吉尔吉斯斯坦的许多大学都用吉尔吉斯语和俄语进行授课，但相对来说，吉尔吉斯语占据主导地位。吉尔吉斯斯坦的媒体语言也是双语化。广播、电视、印刷等媒体均使用规范的吉尔吉斯语，所有广电公司一半以上节目都使用国语播放。但由于吉尔吉斯语网站发展相对薄弱，多数用户更偏好使用俄文获取信息。④

---

① http：//kg. china-embassy. org/chn/jstgk/.

② https：//baike. baidu. com/item/吉尔吉斯斯坦/129860？fr=aladdin.

③ 海淑英. 吉尔吉斯斯坦的语言政策及其双语教育. 民族教育研究，2013(3)：24.

④ 王辉. “一带一路”国家语言状况与语言政策(第一卷). 北京：社会科学文献出版社，2015：53-54.

3.1.14.2 少数族群语言教育政策

对于吉尔吉斯斯坦来说，俄语的地位是不可回避的问题，鉴于俄语在吉尔吉斯斯坦具有强大社会功能和族际交际语的作用，在历次立法中对俄语的地位都作了明确的规定。① 1991 年吉尔吉斯斯坦独立后，为了调动各民族的积极性，1993 年 5 月颁布《吉尔吉斯共和国宪法》，在重申吉尔吉斯共和国国语的同时强调指出：“吉尔吉斯共和国保证保留、平等而自由地发展共和国居民所使用的俄语及其他一切语言，并保证其发挥作用。不允许因不懂得或没有掌握国语而侵害公民的权利和自由。”2000 年 5 月 25 日，吉尔吉斯共和国最高会议立法会议通过本国的《官方语言法》。该法明文规定，俄语为吉尔吉斯斯坦的“官方语言”。该法强调，官方语言受到国家保护，国家机关为使官方语言发挥作用及其发展创造条件；公民有权用官方语言向国家权力机关和地方表达思想；共和国总统的命令和指示用国语和官方语言两种语言公布；最高会议两院代表、政府成员以及应邀人员有权在议会和政府会议上用官方语言发言；政府决议及其他规范性法律文件用国语和官方语言起草；共和国法律、生效的国际公约、一切规范文件、国家预算执行报告、官员的工作报告均用国语和官方语言公布与表达；国家权力机关、地方自治机关和组织的正式名称用国语和官方语言书写。这些部门的印章、印记和公文用纸上的文字同时用国语和官方语言等。目前，在吉尔吉斯斯坦，俄语同国语——吉尔吉斯语一样发挥着作用。

对于其他少数民族语言，包括吉尔吉斯斯坦 1993 年、2007 年宪法和 2004 年的《国家语言法》中都有保障少数民族语言权利的条款。从语言立法可以看到，吉尔吉斯斯坦独立后把强化吉尔吉斯语的国语地位作为其语言政策的重中之重，同时也试图保障俄语作为官方语言的地位，以及兼顾其他少数民族语言的权利。然而，由于社会矛盾一直得不到缓解，严重影响了吉尔吉斯斯坦语言政策的制定和实施，几乎每一个涉及语言政策的法律都会遭到强烈的质疑，语言问题俨然成了吉尔吉斯斯坦社会问题的一个缩影。在 2001 年吉尔吉斯斯坦总统签署修宪法令、将俄语定位为官方语言之前，俄语人口的代表和一些资深议员们从 1996 年起就曾为这个目标进行了漫长的争取和辩论。即使如此，宪法颁布后仍激起了有民族主义情绪的人士的强烈批评。早在 2001 年，议会就曾驳回一项吉尔吉斯语熟练程度测试法草案，因为该草案的反对者坚称这是对俄语使用者和其他少数民族的歧视。2004 年颁布的《国家语言法》实际上早在 2002 年年末就向议会提交了，其被通过之前，在议会和公众中也经过了激烈的辩论，焦点主要集中在人们担心它会导致对俄语使用者和其他语言群体成员的歧视，并担心该法律可能激化民族矛盾，可能把公民划分为“说吉尔吉斯语的人”和“说俄语的吉尔吉斯人”。②

3.1.14.3 外语教育政策

吉尔吉斯斯坦在独立后所制定的语言政策充分表明，该国已经认识到国内语言生活事实，不再局限于民族中心主义，而是兼顾语言规划与语言生活实际，同时注意保护少数民族语言，发展外语教学，建设多语种研究中心，高校外语教学呈多元化发展趋势。根据吉

① 陈联壁. 中亚民族与宗教问题. 北京：中央民族大学出版社，2002：228.

② 刘宏宇，池中华. 吉尔吉斯斯坦独立后的语言政策与实践. 中南民族大学学报(人文社会科学版)，2013(3)：33.

尔吉斯斯坦教育法第6条的规定，政府保障公民学习国语、官方语言及一门外语。学校不同，外语设置也不同：吉尔吉斯语学校开设有吉尔吉斯语、俄语及一门外语；俄语学校开设有俄语、吉尔吉斯语及一门外语。根据吉尔吉斯斯坦教育部2014—2015年中小学教学计划，外语在3-11年级平均每周开设2个学时。此外，还有专门针对一些少数民族的外语学习，如：东干族除了吉尔吉斯语、俄语、一门外语的学习外，还有每周1课时的东干语学习。① 吉尔吉斯斯坦的外语体系中，英语占有优势，除此之外还有德语、法语、汉语、西班牙语、韩语、日语、阿拉伯语等。为推动外语学习，吉尔吉斯斯坦与外国高校合作，成立吉尔吉斯-俄罗斯斯拉夫大学、吉尔吉斯-美国中亚大学、吉尔吉斯-土耳其玛纳斯大学、吉尔吉斯-乌兹别克高级工学院等大学。美国在吉尔吉斯斯坦大部分地区都设有美国角，向广大民众免费发放英文书刊，介绍英语软件、培训师资，并有志愿者到中小学开展英语教学活动。

吉尔吉斯斯坦是“丝绸之路经济带”上的重要国家，中吉两国民心相近、地缘相邻、优势互补，在交通、能源、贸易、畜牧业、农业等领域具有广阔的合作前景。吉尔吉斯斯坦汉语教学虽然起步较晚，但发展势头强劲。根据2015年孔子学院发展报告，目前吉尔吉斯斯坦拥有孔子学院(课堂)20所，其数量在亚洲名列第四，其中孔子学院3所、孔子课堂17所，几乎所有城市都设有汉语教学点，其汉语教学的规模在中亚地区居于前列。

◎ **参考文献：**

1. 陈联壁. 中亚民族与宗教问题[M]. 北京：中央民族大学出版社，2002.
2. 海淑英. 吉尔吉斯斯坦的语言政策及其双语教育[J]. 民族教育研究，2013(1).
3. 刘宏宇，池中华. 吉尔吉斯斯坦独立后的语言政策与实践[J]. 中南民族大学学报(人文社会科学版)，2013(3).
4. 王辉. “一带一路”国家语言状况与语言政策(第一卷)[M]. 北京：社会科学文献出版社，2015.

3.1.15 柬埔寨

柬埔寨王国(the Kingdom of Cambodia)通称柬埔寨，旧称高棉，位于中南半岛，西部及西北部与泰国接壤，东北部与老挝交界，东部及东南部与越南毗邻，南部则面向暹罗湾。面积约18万平方公里，首都金边。人口约1500万(2018年)。柬埔寨是一个多民族国家，有20多个民族，其中高棉族为主体民族。柬埔寨是传统农业国，贫困人口占总人口的28%。柬政府实行对外开放的自由市场经济，推行经济私有化和贸易自由化，把发展经济、消除贫困作为首要任务。② 1999年柬埔寨加入东盟，成为东盟第10个成员国。

中柬两国有着悠久的传统友谊。1958年7月19日两国正式建交。长期以来，中国几

① 王辉. “一带一路”国家语言状况与语言政策(第一卷). 北京：社会科学文献出版社，2015：61.
② https：//baike. baidu. com/item/柬埔寨#13_2.

代领导人与柬太皇西哈努克建立了深厚的友谊，为两国关系的长期稳定发展奠定了坚实的基础。2010 年 12 月，两国建立全面战略合作伙伴关系，双边关系进入新的发展阶段。中国的发展为柬埔寨未来的走向提供了很好的借鉴，柬埔寨的百废待兴与中国的“一带一路”在此时找到了最佳的双赢结合点。近年来，中柬两国已经成为推进“一带一路”建设的重要合作伙伴。柬埔寨领导人来华出席了“一带一路”国际合作高峰论坛、金砖国家政党、智库和民间社会组织论坛及亚欧数字互联互通高级别论坛、第十四届中国—东盟博览会、中国共产党与世界政党高层对话会。2017 年中柬双边贸易额 57. 9 亿美元。截至 2017 年年底，我国企业在柬累计签订承包工程合同额 175. 4 亿美元，完成营业额 110. 8 亿美元。2017 年中国对柬非金融类直接投资 5. 5 亿美元，同比增长 45%。2018 年，李克强总理赴柬埔寨出席澜湄合作第二次领导人会议并正式访柬。

3. 1. 15. 1 主体语言教育政策

柬埔寨的语言具有丰富性、多样性的特点，以南亚语系、汉藏语系和南岛语系为主。高棉语又称作柬语，属于南亚语系的孟-高棉语族，是柬埔寨的通用语言和官方语言。1911 年，柬埔寨国王下令全国教授高棉语。1932 年，教育部组织成立课本编写委员会，组织人员采用高棉语编写教材。1953 年柬埔寨获得独立后，获得了语言选择权，开始推广民族语言，为尽可能地清除法国殖民文化遗留影响，实施了排斥宗主国语言的政策。柬埔寨政府重新确定了高棉语的国语地位。1993 年柬埔寨颁布宪法，明确规定了高棉语为柬埔寨官方语言，高棉文字为柬埔寨官方文字。①《柬埔寨王国宪法》第五款明确规定：柬埔寨王国的国家官方语言和文字为高棉语(Khmer)，在全国范围内通用。②《柬埔寨王国宪法》第六十九条规定：“国家有义务保护和发展高棉语，使之适用于需求。”在全面推动高棉语普及时期，佛学院受命研究和编撰高棉语书籍，创造和丰富现代高棉语词汇，编著了柬埔寨权威工具书《高棉语大辞典》，这使得柬埔寨的高棉语有了标准化和规范化的保障，还有力地保护了高棉文化。2011 年 7 月柬埔寨通过了《成立国家高棉语理事会》法令草案，标志着高棉语在柬埔寨发展的新高度。③

在柬埔寨的学校中，教学语言从殖民时期的法语转为独立后的高棉语。1956 年王国政府明确规定，中小学均以学习高棉语为主，金边师范学院除开设的各种专业课程外，也以学习高棉语为主。同一时期开始，柬埔寨的媒体语言也转为高棉语。电台节目、出版印刷等都采用高棉语。1993 年后更是出现了一定数量的高棉语电台、电视台和新闻报刊。文艺界出版了许多高棉语刊物和小说。高棉语也是柬埔寨佛学院研究的主要语言，法师们钻研法典和藏经，进行辞典的编撰，为现代高棉语的发展作出了相当大的贡献。

3. 1. 15. 2 少数族群语言教育政策

柬埔寨是多民族、多语言的国家，少数民族主要有占族、普农族、老族、泰族和斯丁族等，此外，还有华人、华侨约 70 万。在柬埔寨，许多少数民族也有自己的语言，例如老族讲老语，泰族讲泰语，占族讲占语等。据统计，柬埔寨现行的活语言有 23 种，包含

① 刘书琳. 柬埔寨语言政策、语言规划探微. 宿州教育学院学报，2015，18(1)：146.

② 王辉. “一带一路”国家语言状况与语言政策(第一卷). 北京：社会科学文献出版社，2015：68.

③ 王辉. “一带一路”国家语言状况与语言政策(第一卷). 北京：社会科学文献出版社，2015：74.

国语、发展中的语言5种，活跃语言2种，濒危语言10种和濒临灭绝的语言5种。

柬埔寨注重保护少数民族语言文化，巩固高棉语地位的同时，没有限制少数民族语言的发展。《柬埔寨王国宪法》第三十一条规定："柬埔寨公民，不分宗族、肤色、性别、语言……或其他情况的差别，一律在法律面前平等，有自由权和同样的义务……"在少数民族聚居的地区，国家允许使用少数民族语言进行日常沟通和交流，但是在学校只能使用官方语言从事教学活动。总体来说，因为对少数族群语言的相关政策比较笼统和模糊，柬埔寨的少数族群语言发展情况不甚乐观，濒危语言和濒临灭绝的语言数量较多。

3.1.15.3　外语教育政策

历史上柬埔寨1863年沦为法国保护国，1940年被日本占领，1945年日本投降后被法国重新占领。1953年11月9日，柬埔寨王国摆脱法国殖民统治宣告独立。曾经柬埔寨的外语就是法语，法语甚至要强行取代高棉语。1989年以来，柬埔寨接受了法国、英国和澳大利亚的国际经济援助。20世纪90年代以来，由于发展国际贸易和吸引国际投资的需求，在柬埔寨投资建厂的国外企业以欧美国家为主，且将英语作为工作语言，所以英语在柬埔寨得以逐步推广。虽然法语的影响力仍在，但是英语在柬埔寨的地位与日俱增，并逐渐取代了法语成为柬埔寨最重要的外语。1999年，柬埔寨加入东盟之后，逐步意识到英语的重要性。2015年，为了维护自己在东盟自由贸易区的利益，柬埔寨强化本国的英语教育，规定公立学校的英语课从小学四年级开始。柬埔寨外语选择从法语转变为英语，当时选择法语是受政治的影响，如今选择英语是出于实用性需要，柬埔寨的教育语种经历了由政治标准到价值使用标准的演变。2015年《柬埔寨教育——就业语赋权》一文中，强调英语能力作为21世纪柬埔寨人才培养的必要内容。用人单位在考核学生时，普遍将英语水平作为标准之一。柬埔寨教育、青年、体育运动部颁布的《2005—2009课程开发政策》中，规定了柬埔寨学生学习外语的时长，如7~9年级学生每年学习外语152小时，11~12年级学生每周学习外语4小时。

柬埔寨华文教育历史悠久，可上溯到清朝和民国时期，旅柬华侨为传承民族文化而开设潮语私塾和华语学校。1958年7月19日柬埔寨和中国正式建交。柬新政府成立以来，中柬高层互访频繁。柬埔寨华文教育在柬华理事总会的统一领导下，经过20多年的发展，目前在柬埔寨各省市县建有多所华校，在校学生达5万多名，教职员工1500多位。柬埔寨华校以华文教学为基本内容，以国际现行教学体制为基本模式，构成儿童教育、小学教育、初中教育、专修教育等较为完整配套的华文教学体系。① 柬埔寨战乱后的中文教育方兴未艾，随着与中国经济、文化等方面合作的加深，中文在柬埔寨获得新生，不仅在民间传播广泛，也出现在广播、电台、报纸等主要传播媒介中，成为一种主要的外来移民语言。21世纪以来，中国对柬埔寨的投资和援助持续增长，汉语影响也日益扩大。1996年7月两国签订了《投资保护协定》与《贸易协定》，2000年11月中国国家主席江泽民访问金边，承诺提供6亿美元的援助贷款，又宣布成立两国经济贸易合作委员会，两国关系由此进入全新阶段。② 柬埔寨政府的相关政策与华人社团组织的财力支援使中文教育在柬埔寨

① https：//zhidao.baidu.com/question/279424445.html.

② 陈继静，李舜.柬埔寨官方外语的变迁：基于语言政策视角.新闻春秋，2018(1)：66.

快速发展。2009 年 12 月，中国在柬埔寨的第一家孔子学院——柬埔寨王家孔子学院建立，也在柬埔寨许多省市开设了汉语中心，2014—2015 年注册学员超过 14000 名。孔子学院及汉语中心的建立不仅积极推动了中、柬语言文化交流，更成为柬埔寨人民认识中国、了解中国的窗口。① 华文教育业重获新生，大量华校重建，为中华文化在柬埔寨的传播发挥重要作用，汉语热逐日升温。柬埔寨人学习中文的原因之一是其实用价值：随着外资公司的成立、旅游业的发展，兼通中文、英文与柬埔寨文者，往往成为各方争相聘请、炙手可热的人物。中文也逐渐出现在广播、电视、报纸等媒体中，更成为柬埔寨学生到中国留学的助手。

◎ **参考文献：**

1. 陈继静，李舜. 柬埔寨官方外语的变迁：基于语言政策视角[J]. 新闻春秋，2018(1).
2. 刘书琳. 柬埔寨语言政策、语言规划探微[J]. 宿州教育学院学报，2015(1).
3. 王辉. “一带一路”国家语言状况与语言政策(第一卷)[M]. 北京：社会科学文献出版社，2015.
4. 周雪，王辉. 多元多彩的多语之国柬埔寨[J]. 光明日报，2016-05-29(7).

3.1.16 卡塔尔

卡塔尔国(The State of Qatar)通称卡塔尔，是亚洲西南部的一个阿拉伯国家，地处阿拉伯半岛的东部。该国由卡塔尔半岛及其周围的岛屿组成，绝大部分领土被波斯湾所围绕，仅其南部疆域与沙特阿拉伯接壤。卡塔尔国土狭小，仅 1 万多平方公里，其面积在阿拉伯国家中仅大于黎巴嫩和巴林，排名倒数第三。

从政治上看，卡塔尔系君主制国家。埃米尔为国家元首和武装部队最高司令，掌握国家最高权力，由阿勒萨尼家族世袭。卡塔尔禁止任何政党活动。② 从经济上看，石油、天然气是卡塔尔的经济支柱，政府大力投资开发天然气，将其作为经济发展的重中之重，使卡塔尔成为世界第一大液化天然气生产和出口国。从国家实力来看，卡塔尔全球竞争力居阿拉伯国家及中东国家首位，人均国内生产总值排名世界第一名，国民福利待遇极好，国民一出生就享受住房、医疗、教育全免的待遇。2012 年美国《福布斯》杂志公布的全球最富国家和地区排行榜中，卡塔尔位列第一。

3.1.16.1 主体语言教育政策

卡塔尔官方语言为阿拉伯语，属西亚地区阿拉伯语系列，与邻国阿拉伯语顺畅通用，但与北非地区阿拉伯语差别较大。

随着石油的发现和文化的碰撞，卡塔尔的社会生活文化越来越西方化，年轻一代遭受

① 周雪，王辉. 多元多彩的多语之国柬埔寨. 光明日报，2016-05-29(07).

② 中华人民共和国驻卡塔尔大使馆. 卡塔尔国家概况. http：//qa.chineseembassy.org/chn/zjkter/t1265747.htm，2019-07-01.

了身份丧失危机，他们对历史身份的认识变得微弱，这种开放过程的结果是以牺牲阿拉伯语为代价，卡塔尔国内越来越多地使用英语。因此，卡塔尔统治阶层已认识到复兴阿拉伯语的必要性，如果没有强大的民族语言和民族历史，就不可能形成民族认同。

2012年，为了帮助青年阿拉伯学生保持自己的身份和文化认同，卡塔尔最高教育委员会发布了一项决定，即法律、国际事务、媒体和工商管理课程的教学语言必须从2012年9月开始从英语转为阿拉伯语。决定公布后，卡塔尔的独立学校将教学语言改为阿拉伯语，卡塔尔大学将商学、法律、社会科学和人文学科的教学语言恢复为阿拉伯语，这是卡塔尔加强在公共教育中使用阿拉伯语的一部分。在卡塔尔一些国际学校，尽管阿拉伯语和文学并非必修课，卡塔尔政府要求必须要有阿拉伯文标识语。2012年，埃米尔还批准了一项法令，规定广告牌应以阿拉伯语为主，外语可作为补充文本。对于那些违反法律的人，将“通过武力”删除他们的广告，并且他们可能面临高达20000卡塔尔里亚尔(约37648人民币)的罚款。①

卡塔尔的报刊以阿拉伯文为主，包括《多哈月刊》《阿拉伯人日报》《旗帜报》《时代周刊》《海湾市场》《今日海湾》等。卡塔尔著名的半岛电视台24小时滚动播出阿拉伯语新闻节目，半岛电视台是目前中东地区收视率最高的新闻频道。为进一步强化阿拉伯语的使用，20世纪70年代盛行的许多民族歌曲如今都在卡塔尔广播电台和电视频道上反复播放。

综上，阿拉伯语虽为卡塔尔的官方语言，但由于经济发展需要，加上有大量外籍人员到卡塔尔务工，如中国、日本、加拿大、印度、南非、巴基斯坦、泰国、菲律宾等国人员，使用英语能帮助卡塔尔人与劳工无障碍沟通。因此，在阿拉伯语和非阿拉伯语的使用者中，英语都是通用语言，对于卡塔尔人来说，熟练掌握英语可以有效提升自己的竞争力。因此，大量卡塔尔人愿意学习英语，有些人的英语水平甚至超过了阿拉伯语水平，导致卡塔尔英语的发展甚至超过了阿拉伯语。这也是卡塔尔政府近年提倡振兴阿拉伯语的原因之一。近年来，卡塔尔政府从宏观层面强化对阿拉伯语的使用，旨在增强卡塔尔国民，尤其是年轻一代的民族身份认同感，但由于英语对个人发展的重要性极高，英语转向阿拉伯语的政策也遇到了一定阻力。

3.1.16.2 少数族群语言教育政策

据2017年统计数据，卡塔尔人口约260万人，其中31.3万人为卡塔尔公民(12%)。卡塔尔现代人的主体部分系18世纪由卡塔尔周边阿拉伯邻国的游牧部落迁徙而来，导致现今的卡塔尔本国人大多与科威特、沙特阿拉伯季德地区、巴林、阿拉伯联合酋长国及阿曼等国一些部落有着密切的血缘关系。② 因此，其少数族群的语言状况非常复杂。

卡塔尔阿拉伯语为当地方言，英语是卡塔尔的第二语言以及通用语，但在商业领域大量使用其他语言，包括波斯语、乌尔都语、马拉雅拉姆语、普什图语、僧伽罗语和俾路支语等。卡塔尔方言是Nabati，是由当地语境塑造的古典阿拉伯语的衍生物，过去十余年来

---

① Qatar Cabinet Gives Nod to New Arabic Language Law[EB/OL]. https://dohanews.co/qatar-cabinet-gives-nod-to-new-arabic-language-law/, 2019-07-01.

② 孙德培，史菊琴. 卡塔尔. 北京：社会科学文献出版社，2009.

这种方言呈现出复兴趋势，该趋势被认为是对越来越多地使用英语的反应，对卡塔尔人的身份认知产生了影响。波斯语主要由伊朗民族社区使用，这种语言是印度—伊朗家庭的一部分。波斯人在20世纪初首次出现在卡塔尔，当时有一定数量的伊朗人(大多数为造船者)迁移到该国，这些人口多年来一直在增加，现在卡塔尔有大约30000名波斯人。乌尔都语是卡塔尔广泛使用的方言，有117000人讲乌尔都语。该语言是印度斯坦语的一种形式。它起源于8世纪至13世纪，主要受阿拉伯语和波斯语的影响发展演化，大约99%的乌尔都语动词追溯到普拉克里特和梵语。马拉雅拉姆语不是马来语，它主要与泰米尔语有关，但它也受到梵语的影响。马拉雅拉姆语是印度的22种正式方言和14种地方方言之一，它还用于以色列、巴林、英国、斐济、马来西亚、阿拉伯联合酋长国、新加坡等国家。马拉雅拉姆语的使用者作为工作人员来到卡塔尔，并将他们的语言传播到卡塔尔全国各地。普什图语是一种印欧语言，起源于伊朗方言家族，是阿富汗的官方语言。这种语言主要与居住在阿富汗兴都库什山脉的人有关，世界上有5000万到6000万人说普什图语。像卡塔尔其他少数民族一样，讲普什图语的人作为外来劳工传播他们的方言和文化。他加禄语由卡塔尔的菲律宾人使用。卡塔尔的菲律宾人口总数约为20万，他们主要从事家庭佣工、旅游部门或建筑业。僧伽罗语是斯里兰卡的许多其他民族团体的第二种方言，卡塔尔讲僧伽罗语的人口约为37000人。俾路支语是巴基斯坦南部的俾路支人所说的语言，这些人大多数都迁移到阿拉伯半岛，也带来了他们的语言和文化。俾路支语分为三类：南方、西方和东方俾路支语。卡塔尔的俾路支人说南方俾路支语，约有37000人。由于外族人占卡塔尔的大多数，因此形成了语言百花齐放的景象，近年来卡塔尔政府的政策是强化阿拉伯语的使用，增强民族身份感与认同感。

3.1.16.3 外语教育政策

卡塔尔独立之前曾长期受英国管治和影响，加之现居民中外籍人较多，故而英语使用较普遍。另一方面，为推动建立“知识经济”，必须提高本国人口的英语能力。卡塔尔前任埃米尔下令将英语设置为数学和科学课程的教学语言。英语已成为中学的必修课程，并在不少小学和学前班中开设英语课。政府重视发展教育事业，实行免费教育，为成绩优异的学生提供留学深造机会，并为他们颁发奖学金。

为弥补自身发展缺陷，卡塔尔高度重视本国的教育发展。1977年建成的卡塔尔大学是一所配有现代化设备的综合性大学，也是卡塔尔仅有的一所本土大学，下设7个学院，在校学生近8000名。卡塔尔大学将具备一定的专业英语水平作为毕业的必要条件，虽然部分学科已改为阿拉伯语授课，科学、工程、药学和医学课程继续以英语授课，一些选修课程也以英语授课。此外，卡塔尔还选派学生到美国、欧洲及其他阿拉伯国家学习。

近年来，美英等发达国家在卡塔尔开设的分校数量不在少数，包括卡内基梅隆大学、乔治城大学、得州农工大学、弗吉尼亚联邦大学、康乃尔大学等。① 这些设立在卡塔尔的跨境分校极大地提升了卡塔尔高等教育国际化水平，在一定程度上促进了卡塔尔高等教育人才培养质量的提升，也正因为这些高质量跨境分校的存在，为卡塔尔吸引到了众多来自北美和西欧，以及周边阿拉伯国家的留学生。

① https://zh.wikipedia.org/wiki/%E5%8D%A1%E5%A1%94%E5%B0%94.

自1988年中国和卡塔尔建立外交关系以来，双方积极发展互惠友好的合作伙伴关系。2010年，中国教育部合作办学政策与管理工作调研团访问卡塔尔，卡塔尔时任教育大臣马哈茂德表示愿意积极探讨中国在卡塔尔开展中文教学、建立孔子学院、开办国际学校等合作。① 2013年为中国与卡塔尔建交25周年，5月14日，“中阿丝绸之路文化之旅”在北京正式启动。此外，2013年还推出了中阿典籍互译工程、中国电影周、中国宗教文化展览及中阿作家互访交流等互动，以促进中阿之间的人文交流。2014年11月，中国国家主席习近平与卡塔尔埃米尔塔米姆在北京会谈时达成共识，双方决定共同举办2016中卡文化年，全力推动中卡两国的文化交流。② 2017年4月，中国和卡塔尔推进城市合作，探索成立“一带一路”国际学校，双方预计在重庆市和多哈同时建立两所国际学校。③ 遗憾的是，卡塔尔至今尚未设立孔子学院。

为了吸引留学生，卡塔尔政府采取了不考虑学生支付能力的政策以给予赴卡留学生大力支持。④ 中国作为发展中大国，每年赴海外留学的人数庞大，留学目的国主要以美国、英国、日本、澳大利亚等发达国家为主，但这些国家的留学费用一般较为高昂。卡塔尔的政策为中国留学生提供了另一种选择，不仅在经济上能降低留学成本，同时还能接受较高质量的高等教育。中国学生赴卡留学将有助于增进阿拉伯半岛民众对中国政治、文化等方面的了解，拓展双方开展合作的领域。

◎ 参考文献：

1. 刘进，陈成. “一带一路”沿线国家的高等教育现状与发展趋势研究(二十三)——以卡塔尔为例[J]. 世界教育信息，2019(5)：34-38.

2. 孙德培，史菊琴. 卡塔尔[M]. 北京：社会科学文献出版社，2009.

3.1.17 科威特

科威特的正式名称为科威特国(The State of Kuwait)，为君主制国家，位于西亚地区阿拉伯半岛东北部、波斯湾西北部，南部与沙特阿拉伯，北部与伊拉克分别接壤，同伊朗隔海相望。科威特地理位置优越，有“阿拉伯半岛的东北窗口”和“海湾明珠”的美称。

科威特国土面积虽小，但油气资源丰富，素有“石油王国”之称，石油、天然气工业

---

① 中华人民共和国驻卡塔尔国大使馆. 中国教育部合作办学政策与管理工作调研团访问卡塔尔. http：//qa. china-embassy. org/chn/zxxx/t694950. html，2019-07-01.

② 2016中国—卡塔尔文化交流年“热闹入春”. http：//www. xinhuanet. com//world/2016-03/29/c_1118480171. htm，2019-07-01.

③ 中国—卡塔尔推进城市合作 探索成立国际学校. http：//sl. china. com. cn/2017/0417/16296. shtml，2019-07-01.

④ 刘进，陈成. “一带一路”沿线国家的高等教育现状与发展趋势研究(二十三)—— 以卡塔尔为例. 世界教育信息，2019(5)：37.

为国民经济主要支柱，其产值占科威特国内生产总值的50%左右，占出口收入的94%。①

同很多西方和东方的政治制度不同，科威特的政治制度很独特，它是君主世袭制酋长国，埃米尔是国家元首兼武装部队最高统帅。科威特没有政党，但是有国民议会，为一院制立法机关。② 科威特历史上曾是英国的殖民地，于1961年6月19日独立。科威特属热带沙漠型气候，③ 不利于农业，几乎全部农产品都需进口，近年来该国开始发展多种经济，减轻对石油的依赖程度。

3.1.17.1 主体语言教育政策

从宪法层面而言，科威特是一个单语国家，其官方语言只有阿拉伯语，④ 即"现代标准阿拉伯语"。科威特非常重视教育，教育经费为政府财政预算的10%以上。科威特对本国公民(不包括外籍人)实行全面的免费教育，从幼儿园到大学一律免费，全国小学、初中、高中均为四年制，大多使用阿拉伯语教学。截至2014年，全国共有各类学校1332所，其中公立学校843所，私立学校489所，其余为成人教育学校和特殊教育学校等。在校学生共60多万人，教师为7.6万人。⑤ 高等教育方面，科威特全国只有一所大学，即科威特大学，下设众多学院，只招收科威特本国学生以及少量从世界各地来科威特留学的外国学生。对于非阿拉伯语学生，先使用英语进行学习，之后再进行阿拉伯语的学习。⑥ 除了公立和私立学校外，科威特还有各种类似培训中心的成人教育机构，以培养社会急需的各类人才，如秘书、计算机操作人员等，其主要采用英语和阿拉伯语双语教学。

媒体出版方面，科威特主要有8家报纸，其中阿拉伯文报5家：《舆论报》《政治报》《火炬报》《祖国报》和《消息报》；英文报3家：《科威特时报》《阿拉伯时报》和《每日星报》。全国有3家官方新闻机构：科威特通讯社，用阿拉伯文、英文向国外发稿；科威特广播电台，用阿拉伯语、英语广播；科威特电视台，用四个频道播放阿拉伯语和英语节目。⑦

从教育政策和媒体方面来看，阿拉伯语在科威特占据着主导地位。随着科威特经济、政治的不断发展，以及阿拉伯国家之间的认同感，阿拉伯语在科威特的地位会愈加巩固。

3.1.17.2 少数族群语言教育政策

科威特人口423.90万(2015年)，科威特籍公民全部属于阿拉伯民族。其中科威特籍人口130.76万，占总人数的31%。科威特外籍人口数量达到293.14万，约占总人数的

---

① 王伏平. 科威特经贸文化. 北京：社会科学文献出版社，2017.

② Central Intelligence Agency. Middle East：Kuwait. https：//www.cia.gov/library/publications/the-world-factbook/geos/ku.html. 2018-07-25.

③ 中华人民共和国驻科威特大使馆. 中国公民赴科须知. http：//kw.chineseembassy.org/chn/fhly/t580298.htm. 2018-07-25.

④ Rizwan Ahmad. Expatriate Languages in Kuwait：Tension Between Public and Private Domains. *Journal of Arabian Studies*, 2016, 6(1)：29.

⑤ 王伏平. 科威特经贸文化. 北京：社会科学文献出版社，2017.

⑥ 张宗奇. 科威特多语教育简述. 中央民族大学学报(人文社会科学版)，2001(1)：97.

⑦ 科威特国家概况. http：//www.fmprc.gov.cn/web/gjhdq_676201/gj_676203/yz_676205/1206_676620/1206x0_676622/, 2018-07-27.

69%，其中印度人最多，排在印度之后的是埃及、菲律宾、孟加拉国、叙利亚和伊拉克，还有不少来自巴基斯坦和斯里兰卡等国家的人。① 因此，科威特是一个文化极其多元的社会，重要表现之一为宗教信仰的多种多样。为传承宗教文明，不同的社会和宗教团体以不同的语言组织各式各样的临时学校，实施道德、文化和信仰的教育，所使用的语言多为该社会或宗教团体的母语，这既促进了特定传统文化的保存和传承发展，也成为科威特少数族群语言教育政策的独特力量。

值得一提的是，科威特的民族情况与世界上很多国家都不同，只分科威特户籍和外籍，因此，其少数民族语言教育政策方面，更多地还是聚焦于外籍人口的教育，或者说是外语教育。

3.1.17.3 外语教育政策

1899年，英国强迫科威特签署了《英科秘密协定》，英国成为科威特的宗主国，科威特直到1961年才宣告独立。因而，科威特深受英国语言和文化的影响，直至现在，相当一部分受过教育的老人仍能讲流利的英语。就像印度人在国际交流中占有英语优势一样，科威特在外交关系的传统上也一直紧随英美，其英语教育也是一门“指令性”的重要科目。尽管英语既不是科威特的民族语言，也非官方语言，但是英语一直是除阿拉伯语外在科威特社会使用最广的外语之一。因此，英语和阿拉伯语的双语教育可视为科威特教育中的一个传统。这个传统一直保留了下来，并在今天其现代化的道路上又有所发扬和光大。

科威特独立后，依靠石油迎来了快速的发展，石油、天然气工业成为国民经济的支柱，同时，科威特还致力于打造海湾地区的金融贸易中心。② 经济的多元化发展和金融业的发展让科威特的外语需求不断上升。因外籍人口之多，科威特也被称为“外国人的国家”。③ 由于有这么多的不同国家、不同民族的人共同生活在这片有限的土地上，再加上其有限的物质资源，不论从物质文明还是精神文明的双重条件考察，跨文化的交流在科威特确实是非常需要的。因此，在这个宪法意义上的单语国家里，作为多元文化载体的多语教育，在科威特也就变成了一种社会需要，而社会也为其提供了可能和现实的条件。

科威特实行的是典型的自由资本主义制度，其教育体系也是为这一制度服务的，贯彻了实用主义原则，形式上多种多样。在科威特的教育体制中，英语是作为外语进行教学的。比如，在科威特大学，大学的教学语言为阿拉伯语，但一些自然科学科目，如在理学院、医学院和工程石油学院，则是直接用英语进行授课，旨在促使学生使用英语作为工具，从英美等国直接学习先进的科学技术知识。这一设置也是从实用原则出发的。

在科威特的公立学校中，教师一部分由科威特人自己担任，还有相当一部分从其他阿拉伯国家如埃及等聘来，另有一些则来自英国、美国等。与公立学校不同的是，私立学校是科威特外语教学方面的主力军。私立的外语学校中有英语学校、乌尔都语学校、波斯语学校等，这些学校是为适应社会各阶层以及各个民族不同的需要而开办的。在科威特，英

---

① 王伏平．科威特经贸文化．北京：社会科学文献出版社，2017.

② 唐宝才．科威特的现代化进程及影响它的几个因素．西亚非洲，1989(4)：7.

③ 张宗奇．科威特的多语教育简述．中央民族大学学报(人文社会科学版)，2001(1)：97.

语学校普遍被看好，这也是西方文化在今天的世界占主导地位的一个缩影。①

1971 年中科两国正式建交。改革开放后，一部分信仰巴哈依教的外国侨民到中国学习中国文化，将汉语带到了科威特社会。2008 年，科威特大学语言教学中心曾尝试开设汉语教学课程，中国国家汉语办公室曾通过驻科威特文化处向其赠送一批中文学习材料。② 2009 年，中国驻科威特大使馆向科威特海湾科技大学赠送了涵盖中国历史、经济、文化、旅游、习俗等方面的 260 余册图书，并在该校举办了中国文化展；2011 年，适逢中国与科威特建交 40 周年，中科两国分别在科威特和北京举办了“中国文化周”和“科威特文化周”活动。2013 年 5 月 5 日，科威特海湾科技大学的中文班学生们举办了“中国日”活动，展示主题涉及“学习中文书法”“中文日常对话”“起个中国名字”等。③ 尽管科威特尚未设立孔子学院，这些活动极大地促进了中科文化交流以及中国文化在科威特的传播。

◎ 参考文献：

1. Rizwan Ahmad. Expatriate Languages in Kuwait: Tension Between Public and Private Domains[J]. *Journal of Arabian Studies*, 2016, 6(1).
2. 唐宝才. 科威特的现代化进程及影响它的几个因素[J]. 西亚非洲，1989(4)：7-14.
3. 王伏平. 科威特经贸文化[M]. 北京：社会科学文献出版社，2017.
4. 张宗奇. 科威特多语教育简述[J]. 中央民族大学学报(人文社会科学版)，2001(1)：97-101.

3.1.18 老挝

老挝人民民主共和国(The Lao People's Democratic Republic)简称老挝，位于中南半岛北部，系内陆国家，东接越南，南接柬埔寨，西南毗连泰国，西北与缅甸接壤，北邻中国，面积 23.68 万平方公里。④ 境内 80%为山地和高原，多被森林覆盖，有“印度支那屋脊”之称。⑤ 属热带、亚热带季风气候，年平均气温 20℃至 30℃。湄公河是其最大河流，流经老挝西部，长 1900 公里。⑥ 人口 692 万(2018 年)，⑦ 有约 60 个民族，其中老泰语族约占全国人口的 60%。通用老挝语，居民多信奉佛教。首都万象。

政治上，老挝实行社会主义制度，人民革命党是老挝唯一政党。经济上，农业是老挝

---

① 张宗奇. 科威特多语教育简述. 中央民族大学学报(人文社会科学版)，2001(1)：98.

② 石岳文. 中国驻中东大使话中东——科威特. 北京：世界知识出版社，2013.

③ 王伏平. 科威特经贸文化. 北京：社会科学文献出版社，2017.

④ 老挝国家概况. https://www.fmprc.gov.cn/web/gjhdq_676201/gj_676203/yz_676205/1206_676644/1206x0_676646/，2018-06-12.

⑤ 老挝简介. http://b2b.asean168.com/country/lw.html，2018-06-12.

⑥ 老挝国家概况. https://www.fmprc.gov.cn/web/gjhdq_676201/gj_676203/yz_676205/1206_676644/1206x0_676646/，2018-06-12.

⑦ http://www.chamiji.com/country rank，2018-06-12.

的经济支柱，农业人口约占全国人口的90%。主要农作物有水稻、玉米、薯类、咖啡、烟叶、花生和棉花等。工业基础薄弱，主要工业企业有发电、锯木、采矿、炼铁、服装和食品等。没有铁路，运输主要靠公路、水运和航空。在宗教上，1961年老挝宪法规定佛教为国教。教育上老挝的学制分为小学五年，初中、高中各三年。老挝有四所大学：位于首都万象的老挝国立大学，位于南部占巴塞省的占巴塞大学，北部琅勃拉邦省的苏发努冯大学和2009年由中国和老挝共同批准和支持成立的老挝苏州大学。另有直属卫生部的卫生学院。

3.1.18.1　主体语言教育政策

老挝曾称为寮国，老挝语曾称为寮语，是老挝主体民族——老龙族的语言，为老挝的官方语言。老挝语属汉藏语系壮侗族壮泰语支，使用人口约2000万，其中在老挝约400万。老挝语分为上寮、中寮、下寮3个方言区，以中寮的万象话为老挝语的标准话。老挝语南北方言差别较大，与泰语相近。标准老挝语正在日益成为老挝各民族的共同语，这是老挝民族语言发展的基本态势。1893年以来，老挝语言政策的制定和实行一波三折。

1904年，来自法国的传教士夸兹在《法暹词典》基础上编写并出版了《老法词典》，殖民政府当即宣布法语作为老挝官方语言。在"二战"结束以后，法国同意老挝语和法语两种语言都是老挝官方语言。自20世纪30年代开始，法殖民当局为了割裂老挝和暹罗的关系，开始重视老挝语的规范。佛教学术委员会于1935年出版了《老挝语语法》。1939年，在经过激烈讨论后，殖民当局最终确定不保留巴利语和梵语借词，以发音作为基础的拼字法，规定了老挝语为老挝国家语言，法语为官方语言。1940—1945年，老挝遭到日本的侵略，在这期间又吸收了相当数量的日语词汇。1954—1975年，美国入侵老挝，并大力推广英语。由于老挝人认同法语，英语虽然无法取代法语，但也造成了一定的影响。同一时期，美国、泰国所支持的老挝王国政府万象政权同苏联、越南支持的老挝爱国战线(巴特寮)展开内战，万象政权在1948年老挝文字委员会的文字规则基础上延续着其既有的语言政策，而爱国战线(巴特寮)则发起了文字改革，简化文字的使用及拼写，使之同语言实际读音更趋向于一致。1967年，老挝爱国战线的富米·冯维希的《老挝语语法》问世，这为老挝语言文字的统一作出了巨大贡献。1975年，老挝人民民主共和国成立，同年12月，老挝第一届全国人民代表大会作出决议，将老龙族老语规定为老挝人民民主共和国的通用语(官方标准老语)，并对学校提出用标准老挝语教学的要求。① 在这一过程中，标准老挝语几乎取代了其他民族语言，因此受到了部分民族尤其是苗族对其的强烈抵制。

3.1.18.2　少数族群语言教育政策

老挝使用的语言大致有86种，除了官方的老挝语，另外九种语言的使用人数达到10万人以上，每种大约占总人口的2%。在老挝，所有层次的读写能力和教育都使用老挝语，目前民族语言并未用于教育。② 但少数民族语言在课堂口语中被用来解释一些学科主题，且在一些情形中，自创的拼写被用来书写方言或民族语言。

---

① 杜敦信. 越南　老挝　柬埔寨手册. 北京：时事出版社，1988.

② 刘泽海. 试论少数民族语言在读写能力和基础教育中的作用——以柬埔寨、老挝、泰国为例. 民族论坛，2016(1)：75-79.

3.1.18.3 外语教育政策

老挝人和泰国人都源于一个祖先，一直保持着共同的语言、文化、风俗习惯和宗教。到了近代，老挝和泰国各自分离，语言的分歧进一步扩大。20 世纪 90 年代以前，老挝政府规定，禁止泰文出版物在老挝国内出售，市面上很少见到泰文出版物。20 世纪 90 年代以后，泰文报纸、杂志等出版物地位发生了改变，可以在老挝的市面上公开出售，甚至连政府机关的工作人员都使用泰语版的技术手册，一些学校也使用泰文教材，泰国的电视节目在湄公河地区很受欢迎。最近的一个调查表明 90%以上的万象人懂得泰语，30%以上的人会说和写泰语。①

老挝曾是被法国、日本、美国殖民统治的国家，语言教育政策上留下了深刻的殖民统治的烙印。从 1893 年法国殖民者入侵老挝后，法国殖民者强迫当地居民学习法语，推行以法语作为老挝的官方语言，所有的公文一律用法文，中小学课本由法语编写，老挝语作为选修课。法国有一个规模庞大的文化使团驻在万象，协助老挝创办完全免费教育。万象公立巴维中学的经费由法国补助，新校舍的建筑费完全由法国支付，因此法语就成为老挝传授知识的媒介。法国派遣义务小学督学、顾问等协助老挝教育部，还把法国图书免费赠送给老挝学校和图书馆。

老挝人民共和国成立后，政府接受了美国和英国的大量帮助，老挝必须实行有利于推行英语的一系列政策。“二战”后，美国成为霸权主义国家，在全世界推行美国的思想意识，在语言上要求老挝政府推行英语。另外，老挝实行改革开放政策以后，英语成为它和世界联系的主要交际语言。老挝政府认为英语是促使社会、经济发展最重要的语言，所以老挝政府规定学校初中和高中教育中英语作为第二门外语，取代了法语的统治局面。成立了国家英语培训中心，培养了一大批的英语教师，在大学、技术学校，英语是必修课程。

老挝的汉语教育源于华人华侨的增长，华侨为了自己子女上学，同时传播中华民族文化，他们在老挝捐资办学设立华文学校。1998 年规模大的私立华文学校有 4 所，即首都万象的寮都公学、沙湾拿吉的崇高德学校、巴色的百细华侨公学和朗勃拉邦的华文学校。这些华文学校都为开设幼儿班、小学和初中班的全日制学校。这些都是私人捐资创办的进行基础教育的学校，只有老挝教育部直属的国家大学语言学院所开设的中文专业是老挝政府唯一创办的中文教育，也是唯一进行中文高等教育的学校。华文学校学生的学习课业比较繁重，因为学生不仅须学好老挝语的各门课，完成老挝教育部规定的中、小学必修课程，而且小学毕业班和初中毕业班都要参加政府教育管理部门主持的老挝语毕业考试；同时学生还要学习作为第二语言的中文，并按照中国中、小学必修课程进行学习。2010 年 3 月老挝国立大学孔子学院举行了揭牌仪式，这是老挝设立的首个孔子学院，这个学院以及后来设立的老挝国家电台广播孔子课堂，都促进了汉语在当地的教学，也给汉语爱好者提供了一个更好的学习平台。

① Grant Evans. Laos: *Culture and Society*. Silkworm Book, 1999.

◎ **参考文献：**

1. Grant Evans. *Laos: Culture and Society*[M]. Silkworm Book, 1999.
2. 杜敦信. 越南　老挝　柬埔寨手册[M]. 北京：时事出版社，1988.
3. 刘泽海. 试论少数民族语言在读写能力和基础教育中的作用——以柬埔寨、老挝、泰国为例[J]. 民族论坛，2016(1)：75-79.
4. 老挝简介[EB/OL]. http://b2b.asean168.com/country/lw.html. 2018-06-12.
5. http://www.chamiji.com/country rank，2018-06-12.
6. https://www.fmprc.gov.cn/web/gjhdq_676201/gj_676203/yz_676205/1206_676644/1206x0_676646/，2018-06-12.

3.1.19　黎巴嫩

黎巴嫩共和国(Republic of Lebanon)简称黎巴嫩，位于亚洲西南部地中海东岸，东部和北部与叙利亚接壤，南部与以色列(边界未划定)为邻，西濒地中海，习惯上称为中东国家。

黎巴嫩扼守亚非欧战略要道，不少民族都曾经占领过黎巴嫩，黎巴嫩相继受埃及、亚述、巴比伦、波斯、罗马统治，7至16世纪初成为阿拉伯帝国一部分，1517年被奥斯曼帝国占领。

黎巴嫩是中东地区最西化的国家之一，这与它和基督教关系密切的历史有关。黎巴嫩主要经济来源是银行业和旅游业，境内更有一批人类最早的城市与世界遗产，这些文明古迹中最古老的具有长达5000多年的历史，在旅游业中非常有名。①

3.1.19.1　主体语言教育政策

黎巴嫩的官方语言是阿拉伯语，通用语言为法语和英语。其阿拉伯语教育非常普及。黎巴嫩全国有中小学2535所，在校学生100万，教师6万余名。公立学校约1300所，其他还有私人免费和私人收费学校。高等教育方面，有综合性大学4所，大学和大学预科学院20多所。约48%的大学生就读于公立学校，52%就读于私立学校。② 除部分私立学校外，绝大多数学校采用阿拉伯语授课，使用阿拉伯语教材。③

在媒体方面，黎巴嫩国家通讯社是唯一官方通讯社，每日发阿拉伯语、英语、法语3种文字的新闻稿，中央通讯社为私人通讯社，每日用阿文报道黎巴嫩国内政治、经济、商业等方面消息。黎巴嫩全国现有140多家广播电台，其中大部分是私营娱乐性电台，“祖

① http://www.fmprc.gov.cn/web/gjhdq_676201/gj_676203/yz_676205/1206_676668/1206x0_676670/，2018-07-29.

② Charbel Nahas. Financing and Political Economy of Higher Education: The Case of Lebanon. *Prospects*, 2011, 41(1).

③ 中国驻黎巴嫩大使馆经贸商务参赞处. 对外投资合作国别(地区)指南——黎巴嫩. 北京：商务出版社，2014.

国之声”电台每天广播20个小时，除英语新闻节目外，主要用阿语广播。“人民之声”电台为黎巴嫩共产党于1987年创办，每天广播18小时，主要用阿语广播。电视台方面，黎巴嫩广播公司电视台以法语节目为主，黎巴嫩国家电视台每天有两套节目，每套播放10小时，用阿拉伯语、法语和英语播放新闻节目，教育、卫生、文化娱乐等节目则以阿语为主。不论是在教育和媒体宣传方面，阿拉伯语在黎巴嫩都占据了主导地位。

在黎巴嫩的教育体系中，法语教育同阿语教育一样，也很普及，在黎巴嫩的中学，阿语、音乐、历史、地理、体育、宗教和公民学7门课程教材由阿语写成，法语、数学、物理、化学、生物、计算机、经济7科教材是法语写成。就学科数量而言，阿语与法语势均力敌，都是7科，但就总课时数而言，法语是阿语的两倍，这种法语胜过母语的势头，不禁让很多黎巴嫩的爱国人士感到担忧。①

3.1.19.2 少数族群语言教育政策

黎巴嫩总人口约685万(2018年)，目前黎巴嫩全国人口中，基督徒约占40.6%，伊斯兰教教徒约占54%，德鲁兹教派约占4.6%。由于民族宗教的复杂特性和多年内战，黎巴嫩还是世界上鲜有的国外黎裔人口多于国内人口的国家，其中国外黎裔人口中基督徒占大多数，世界各地的黎裔人口约1500万，主要分布在美洲、欧洲、非洲及海湾国家。黎巴嫩主体民族为阿拉伯化的黎巴嫩人(大多为古代腓尼基人及古阿拉米人的后裔)，占95%，另外，信仰基督教的亚美尼亚人约占4%，其他民族约为1%。黎巴嫩受阿拉伯文化影响深远，阿拉伯语的覆盖面也尤为广泛，相应地，少数民族语言并未得到很好的重视。这也凸显出了阿拉伯语在这一地区的核心地位。

3.1.19.3 外语教育政策

黎巴嫩是一个依赖银行业和旅游业的国家，② 加之历史因素，黎巴嫩除了官方语言——阿拉伯语外，也通行法语和英语。黎巴嫩大学是黎巴嫩唯一的公立大学，该校采用阿拉伯语、法语、英语三种语言作为正式教学语言，有些课程使用阿拉伯语教学，另有相当部分的课程则直接采用法语或英语进行讲授。③ 除黎巴嫩大学外，部分高等学府采用全外文授课，如贝鲁特阿拉伯大学就采用英语授课，而贝鲁特圣·约瑟大学则采用法语授课。④

由于法国对黎巴嫩的长期殖民统治，法语在黎巴嫩政治生活中占有重要地位，多数黎巴嫩知识分子从幼儿园起就开始学法语，小学开始学英语，教材为原版，因此，到大学时，他们已能流利地说多国语言，对希望接受高等教育的学生来说，选择一所适合自己的大学都不会存在语言障碍。这也使美国、法国、阿拉伯等多种教育方式、教学法、教材体系得以在黎巴嫩长期并存。⑤

① 李斐，唐国平. 黎巴嫩中学生英语学习动机探究及启示. 沈阳师范大学学报(社会科学版)，2016(1)：43.

② http：//www.fmprc.gov.cn/web/gjhdq_676201/gj_676203/yz_676205/1206_676668/1206x0_676670/，2018-07-28.

③ 温诚. 兼收并蓄的黎巴嫩高等教育. 阿拉伯世界，2002(4)：73.

④ 黎巴嫩大学是黎巴嫩唯一一所公立高等教育机构。

⑤ 温诚. 兼收并蓄的黎巴嫩高等教育. 阿拉伯世界，2002(4)：72.

除英语、法语外，近年来，中文在黎巴嫩也有着较好的发展势头。随着中国国力不断增强，与黎巴嫩的贸易往来不断增加，黎巴嫩的一些高校开设了中文课程，有的还设立了孔子学院等中文教育机构。但在黎巴嫩，孔子学院这样的机构还不够完善，教师匮乏、教学理念不适应、教材不适用等问题依然存在。①

◎ **参考文献：**

1. Charbel Nahas. Financing and Political Economy of Higher Education: The Case of Lebanon [J]. *Prospects*, 2011, 41(1).
2. 李斐，唐国平. 黎巴嫩中学生英语学习动机探究及启示[J]. 沈阳师范大学学报(社会科学版)，2016(1)：42-46.
3. 温诚. 兼收并蓄的黎巴嫩高等教育[J]. 阿拉伯世界，2002(4)：73-76.
4. 邢蜜蜜，梁克俊. 论海外孔子学院教学现状——以黎巴嫩圣约瑟夫孔子学院为例[J]. 沈阳师范大学学报(社会科学版)，2011(2)：139-141.
5. 中国驻黎巴嫩大使馆经贸商务参赞处. 对外投资合作国别(地区)指南——黎巴嫩[M]. 北京：商务出版社，2014.

3.1.20 马尔代夫

马尔代夫共和国(The Republic of Maldives)简称马尔代夫，总面积9万平方公里(含领海面积)，陆地面积298平方公里。马尔代夫是印度洋上的群岛国家，位于印度洋交通咽喉要地，是太平洋出马六甲海峡后通往西南亚、非洲、欧洲的必经之地，历史上是海上丝绸之路的重要驿站之一，与中国的历史渊源颇深。马尔代夫距离印度南部约600公里，距离斯里兰卡西南部约750公里，南北长820公里，东西宽130公里，由26组自然环礁、1192个珊瑚岛组成，分布在9万平方公里的海域内，其中约200个岛屿有人居住，是世界上地理位置最为分散的国家之一。岛屿平均面积为1~2平方公里，地势低平，平均海拔1.2米。位于赤道附近，具有明显的热带气候特征，无四季之分。②

马尔代夫1116年建立苏丹国。近400年来，在先后遭受葡萄牙和荷兰殖民主义者的侵略和统治后，于1887年又沦为英国殖民地。1965年7月26日宣布独立，1968年11月11日建立共和国，为总统制国家。2008年新宪法规定马尔代夫为主权独立和领土完整的伊斯兰教总统内阁制国家。

马尔代夫人口约52万(2018年)，均为马尔代夫族。民族语言和官方语言为迪维希语(Dhivehi)，上层社会通用英语。伊斯兰教为国教，属逊尼派。首都为马累(Malé)，人口

① 邢蜜蜜，梁克俊. 论海外孔子学院教学现状——以黎巴嫩圣约瑟夫孔子学院为例. 沈阳师范大学学报(社会科学版)，2011(2)：139.

② 马尔代夫概况. http://www.fmprc.gov.cn/web/gjhdq_676201/gj_676203/yz_676205/1206_676692/1206x0_676694/.

约15.3万，面积1.5平方公里。

3.1.20.1 主体语言教育政策

2008年，马尔代夫宪法第一章第十一条规定迪维希语为官方语言。① 由于马尔代夫族是由历史上众多的民族融合发展而来的，因此迪维希语中吸收了很多阿拉伯语、乌尔都语和泰米尔语的词汇。政府文件和法律均用迪维希语写成，少数有英文版本。②

马尔代夫国民一般在6岁开始接受正式的学校教育，学制安排一般为7-3-2，即7年小学(1~7年级)、3年初级中学(8~10年级)、2年选择性的高级中学(11~12年级)。马尔代夫儿童在开始学前教育之初(3岁左右)一般会接触三门语言：迪维希语、英语和阿拉伯语。但阿拉伯语教学的目的仅仅是为了让儿童能够背诵《古兰经》，其教学重点在发音和《古兰经》背诵，并不强调其意义及其在日常交流中的使用。学前教育阶段，教师会同时使用迪维希语和英语，会根据会话的内容在两种语言间进行转码。进入小学阶段后，学生主要学习9门课程，其中迪维希语、《古兰经》和伊斯兰教会用迪维希语教授，其他课程都使用英语。进入初中和高中阶段后，迪维希语的使用会持续大幅减少。可见，马尔代夫的正式学校教育并不鼓励使用其第一语言。

尽管马尔代夫在正式学校教育的普及率方面已取得了很大进步，教育已不再是精英人士的特权，一直以来颇有争议的一个问题是：马尔代夫正式学校教育采用的授课语言并非其第一语言——迪维希语，而是第二语言——英语，而英语在学校场合之外的使用并不广泛，这也被认为是导致马尔代夫学生学业成绩较差的主要原因之一。有研究指出：马尔代夫应改革其语言教育政策，满足学生对基于第一语言的教育和多语学习的需求。③

3.1.20.2 少数族群语言教育政策

尽管在地理意义上而言马尔代夫极为分散，但从人口上而言马尔代夫高度集中于同一民族、宗教、文化和语言。其中大多数马尔代夫人都为马尔代夫族，民族语言也是迪维希语，上层社会通用英语。除标准的迪维希语外，在马尔代夫群岛北部、中部和南部还同时流行着迪维希语3种不同的方言。这些方言都源于标准的迪维希语，只是由于地域差异，在某些词语的发音上有所不同而已。

殖民化、对外贸易和旅游业的蓬勃发展都对迪维希语的使用和发展产生了重大影响。迪维希语使用者虽少，但生命力强大，一部分原因是因为这种语言的强大包容性。在迪维希语中，英语、印地语、阿拉伯语等语汇都能找到。相较于其他同样印欧语系的南亚国家，马尔代夫的全民读写率非常高，达到98%，这一成果来自马尔代夫对教育的重视。④

3.1.20.3 外语教育政策

尽管迪维希语是马尔代夫的通用语，但马尔代夫国民意识到：迪维希语在马尔代夫之

---

① *Constitution of the Republic of Maldives*, 2008-08-07.

② 马尔代夫. https：//baike.baidu.com/item/%E9%A9%AC%E5%B0%94%E4%BB%A3%E5%A4%AB/156155#9_1.

③ Naashia Mohamed. The Challenge of Medium of Instruction：A View from Maldivian Schools. *Current Issues in Language Planning*, 2013, 14：1.

④ 杨亦鸣，赵晓群. “一带一路”沿线国家语言国情手册. 北京：商务印书馆，2016.

外的使用范围极少，因此，他们高度重视外语学习。马尔代夫使用的其他语言包括英语，英语被认为是除迪维希语以外的第二主要语言，更是外语语言教育的主要对象。最初，迪维希语被用作学校教学的媒介，但由于需要促进高等教育，导致了英语教学大纲的转变。现在，马尔代夫的当地人普遍说英语。由于受到殖民时期的深远影响，英语在马尔代夫仍保留其重要地位，是马尔代夫的通用语言和对外交流语言，对其影响随国际化而日益增大。

过去几十年来，英语在马尔代夫的重要性愈发受到重视，流利掌握英语成为学生进入国内外高等学府的通行证以及国民顺利就业的敲门砖。尽管并无正式的政府文件对教学媒介语言作出规定，教育政策及课程大纲文件都采用英语书写，规定教材及考试都采用英语，除一所学校外，其他学校的工作语言都是英语。①

中马两国交流渊源流长。中国史称马尔代夫为“溜山国”或“溜洋国”。明朝郑和率领商船队两度访问。双方于1972年正式建交，2014年构建面向未来的全面友好合作伙伴关系。当前双边经贸合作发展势头良好，2017年正式签署中马自贸协定。中马教育、文化、体育、卫生、广电等领域交流合作不断扩大。我国自2001年开始向马尔代夫提供政府奖学金。2010年4月，两国教育部签署教育合作协议。同年，天津市政府与马尔代夫教育部签订了向马尔代夫派出汉语教师的协议，并于2012年首次由官方向马尔代夫派出较长任期的汉语教师。在国家汉办大力支持和驻马尔代夫使馆积极推动下，汉语教师志愿者项目于2015年在马尔代夫正式启动，汉语教师志愿者在首都马累比拉邦国际学校开展汉语教学活动。2017年，在华学习的马尔代夫留学生总数为208名，其中中国政府奖学金学生30名、自费留学生178名。截至2018年6月，中国共向马尔代夫派出汉语教师2名、汉语教师志愿者7名。②

◎ 参考文献：

1. *Constitution of the Republic of Maldives*, 2008-08-07.

2. Naashia Mohamed. The Challenge of Medium of Instruction: a View from Maldivian Schools [J]. *Current Issues in Language Planning*, 2013, 14: 1.

3. 拉希德·穆罕默德. 通过汉语丰富马尔代夫文化[J]. 国际出版周报，2018-06-04.

4. 杨亦鸣，赵晓群. “一带一路”沿线国家语言国情手册[M]. 北京：商务印书馆，2016.

3.1.21 马来西亚

马来西亚(Malaysia)位于亚洲大陆和东南亚群岛，是亚洲和澳洲、太平洋和印度洋的

① Naashia Mohamed. The Challenge of Medium of Instruction: a View from Maldivian Schools. *Current Issues in Language Planning*, 2013, 14: 1.

② 中国同马尔代夫的关系. https://www.fmprc.gov.cn/web/gjhdq_676201/gj_676203/yz_676205/1206_676692/sbgx_67696/, 2019-07-02.

交汇之地，面积为33万平方公里。整个地区被南海分割为东马和西马两部分，西马为占人口多数的经济发达地区。马来西亚北与泰国接壤，南与新加坡隔柔佛海峡相望，东临南中国海，西濒马六甲海峡。①

马来西亚是一个多民族、多文化的国家。宪法规定伊斯兰教为国教，同时保护宗教信仰自由。政府制度以威斯敏斯特的议会制度和基于普通法的法律制度为蓝本，国内最高代表是国家元首，政府首脑是总理。②

根据2016年马来西亚统计局的统计数据，马来西亚的总人口为3166.07万。在族裔群体方面，土著(马来人和原住民)总计1984.3万(62.67%)，华裔共664.8万(21%)、印裔共199.2万(6.29%)，其他人口占28.14万(0.89%)，非国民占325.56万(10.28%)。③

移民给马来西亚带来了丰富的文化。中华文明和印度文明在马来西亚广泛传播，时至今日，马来西亚仍有比较完备的中华华文和印度泰米尔文基础教育存在。随处可以看到的各种建筑、服饰，到处可以听到的华语、泰米尔语更是两种文明存在的见证。马来西亚经历过漫长的殖民统治，葡萄牙、荷兰、英国、日本的铁蹄曾先后踏入马来西亚，使马来西亚各族人民受尽磨难。

中马两国之间有着悠久的历史往来。早在公元前2世纪，中国商人就去马来半岛从事商业活动。1974年5月31日，中马两国建交，马来西亚成为东盟中第一个与中国建交的国家。中马建交以来，两国不断拓展和深化双边关系，给双方带来实实在在的利益，也为促进两国和本地区的繁荣与进步发挥了重要作用。

3.1.21.1 主体语言教育政策

马来西亚宪法第152章规定：马来语是马来西亚的国语和官方语言。马来语原本是马来西亚人口中最多的马来人的民族语言，也是泰国、新加坡、文莱等地的一种民族语言。自英国殖民统治马来西亚直至马来西亚独立的第一个十年以来，英语一直是马来西亚的官方语言。独立后，马来西亚政府为在多语制的背景下确立并突出马来语作为官方语言的地位，采取了一系列强制性法规和措施。其中最为突出的是规定各民族语文的牌匾用字尺寸上不得大于马来文，有关机构也规定华语广播电台和电视台在华文节目中涉及非华族人名、当地地名时要采用马来语的读法等。④

根据马来西亚国民教育制度，小学可根据不同的教学媒介分为三类：国民小学，国民型华文小学以及国民型泰米尔小学。中学分两种类型：国民中学，华文独立中学。政府规定，所有政府中学的媒介语必须是马来语；小学媒介语视源流而定：国民小学媒介语是马来语，国民型华文小学媒介语是华语，国民型泰米尔小学媒介语是泰米尔语。马来语是所

① 胡笑萌. 马来西亚. 选自：你一定要知道的世界地理大全. 长春：吉林出版集团有限责任公司，2011.

② 吴倩. 马来西亚族际政治整合研究. 河北师范大学硕士论文，2016.

③ https://baike.baidu.com/item/马来西亚/202243? fr=aladdin.

④ 郭熙. 马来西亚：多语言多文化背景下官方语言的推行与华语的拼争. 暨南学报(哲学社会科学版)，2005(3)：92.

有中小学的必修课。① 马来西亚宪法第152条规定：“国家语言必须为马来语，(1)除了在官方用途外，任何人不得受到禁止或阻止使用，教导或学习任何其他语文；(2)此条文不得影响联邦政府或任何州政府去维护及扶助联合邦内任何其他民族语文的应用和学习的权利。”这一重要的语言政策奠定了马来西亚开国以后基本自由的语言环境，造就了多语社会。② 1956年拉萨报告书中也强调：所有学校必须教授马来语；英文是小学必修课，在不以马来语和英语为教学媒介语的中小学，马来语和英语列为必修课。华文和泰米尔文小学被纳入国家教育体系中，保留不同教学媒介语的原有小学制度。③ 1967年《国语法令》提出将马来语作为政府学校的主要教学媒介语言的目标，使得马来文的教育地位得到了提升，英语地位受到挑战，沦落为第二语言，但此法令对华文和泰米尔文小学的教学语言无涉及。20世纪末，在英语国际化大背景下，英语地位重新成为人们关注的焦点。比如，第三马来西亚计划(1976—1980)重点强调要采取措施将英语变为强势二语。2003年以后，马来西亚教育部重新引入英语，在小学阶段数学及自然科学课程开始用英语教学。《1995年教育法令》第151条维持国民型华文小学和国民型泰米尔小学的原状，一些国民学校也教授华文和泰米尔文，它们被当成第二语言来教授，允许持续开办华文或泰米尔文学校。

马来西亚政府通过宪法和教育法令极大提升了马来语作为国语的地位，英语的地位则受到挑战、几经反复，但因历史原因及其国际化通用语的背景，英语一直拥有广泛的语言群体，并于20世纪末重新受到重视。

3.1.21.2　少数族群语言教育政策

中文是马来西亚的一种少数民族语言，受新一代母语能力减弱以及华人人口减少、生活方式改变和政府资金支持缺乏等因素的影响，中文作为母语教育的基础日益薄弱。④ 就泰米尔文而言，马来西亚独立时有888所泰米尔小学，2001年减少至535所；从目前情况看，国民型泰米尔小学根本无法谈及发展，它仅是泰米尔语教学的主要场所，在马来西亚社会生活中泰米尔语的语言迁移大量发生，这将不可避免地影响泰米尔人的发展前景。⑤ 源于英语在国际舞台上的广泛使用和马来语的强势地位，以及受马来西亚教育制度的影响，比如高中只允许选择英语和马来语作为教学语言(另有有限数量的中文教学)，泰米尔语的使用正在缩小。

为尝试继承国家的传统语言，自2007年以来，泰米尔人开始在砂拉越的一些小学将泰米尔语作为第三种选修语言教授，泰米尔语课程通常安排在放学后，每周三次。许多父母也希望他们的孩子通过泰米尔语开展阅读和写作来继承这一语言遗产。甚至一些马来儿童也参加泰米尔语课。

---

① 王胤丹. 马来西亚教育概况及其教育特色研究. 广西青年干部学院学报，2016(2)：23.

② 房建军. 马来西亚语言教育政策规划及对少数民族语言的影响. 内蒙古师范大学学报(教育科学版)，2012(4)：32.

③ 郭彩霞，张治国. 马来西亚中小学语言教育政策研究. 长春教育学院学报，2015(21)：64.

④ 叶婷婷. 马来西亚高校汉语作为二语教学发展研究. 中央民族大学博士论文，2011.

⑤ 郭熙. 马来西亚：多语言多文化背景下官方语言的推行与华语的拼争. 暨南学报(哲学社会科学版)，2005(3)：93.

3.1.21.3 外语教育政策

自20世纪90年代以来，马来西亚开始实施“新发展政策”，以取代“新经济政策”。在此期间，当时的马来西亚总理马哈蒂尔提出了“2020愿景”，以期建立马来西亚国族。在国家新发展的基础上，政府开始通过社会调查反思马来语教学实施后全国英语水平急剧下降的原因。与此同时，人们也表达了学习英语和恢复英语学校的重要性。鉴于种种原因，政府于1996年颁布《教育法》，规定英语是国立小学的必修课；1997年，除了积极发布措施、大力提高基础教育阶段学生的英语水平外，教育部宣布将“1119英语考试”列为马来西亚高等教育文凭考试的必修科目，要求该考试从2001年开始进入当地。有资格获得大学预科、文凭和STPM(马来西亚教育文凭)考试的学生必须参加“马来西亚大学英语考试”。①

进入21世纪以来，在全球化和国家现代化的基础上，马来西亚再次思考英语在国民教育中的重要性和必要性。2002年，时任马来西亚总理马哈蒂尼发表声明，马来西亚从小学一年级开始推行英语教授数学和科学的政策(PPSMI)，即“数理英化政策”。声明一出即遭各界反对，而政府还是在一片质疑和反对声中于2003年开始在各个教学阶段执行该政策，英语作为从小学到大学的数理科教学用语重回马来西亚课堂。随着时间的推进，“数理英化政策”逐渐演变成为一项“捍卫民族母语教育权利”的政治运动。迫于各方压力，马来西亚内阁于2009年7月8日议决废除该政策，取而代之以“巩固国语，加强英语”(MBMMBI)政策，并于2012年开始分阶段在中小学恢复母语教授数理，即在国民小学和国民中学使用国语教数理，而国民型华文小学和国民型泰米尔小学则分别使用华语及泰米尔语教授数理。同年底，马来西亚教育部课程发展部召集了若干相关教育团体参加课程改革会议，讨论马来语和英语课程的数量以及三所国内学校的教学时间在新政策实施过渡的时期，并于2011年11月发布《2012年推行巩固国语，加强英语政策指南》，学校可以根据四种情况确定数学教学语言；教育部、国家教育局和县教育局设立了“特别工作组”，确保“巩固国语，强化英语”政策的顺利实施。它还列出了国民小学、国民型华文小学、国民型泰米尔小学和中学在过渡时期使用的数学教学术语和政府考试术语。

◎ 参考文献：

1. 房建军. 马来西亚语言教育政策规划及对少数民族语言的影响[J]. 内蒙古师范大学学报(教育科学版)，2012(4)：32-34.
2. 郭彩霞，张治国. 马来西亚中小学语言教育政策研究[J]. 长春教育学院学报，2015(21)：63-66.
3. 郭熙. 马来西亚：多语言多文化背景下官方语言的推行与华语的拼争[J]. 暨南学报(哲学社会科学版)，2005(3)：87-94，141.
4. 胡笑萌. 你一定要知道的世界地理大全[M]. 长春：吉林出版集团有限责任公

① 李洁麟，刘甜. 新马英语政策的比较及其发展趋势. 汕头大学学报(人文社会科学版)，2013(1)：28.

司，2011.
5. 李洁麟，刘甜. 新马英语政策的比较及其发展趋势[J]. 汕头大学学报(人文社会科学版)，2013(1)：27-32，94.
6. 王胤丹. 马来西亚教育概况及其教育特色研究[J]. 广西青年干部学院学报，2016(2)：22-29.
7. 吴倩. 马来西亚族际政治整合研究[D]. 河北师范大学硕士论文，2016.

3.1.22 蒙古国

蒙古国(Mongolia)简称蒙古，是一个被中华人民共和国和俄罗斯两国包围的内陆国家。蒙古虽不与哈萨克斯坦边境接壤，但其最西点到哈萨克斯坦的最东端只有38公里。国土面积为156.65万平方公里，总人口约317万(2018年)。首都及全国最大城市为乌兰巴托，其人口占全国总人口的45%。蒙古历史上曾被匈奴、鲜卑、柔然、突厥、契丹等多个游牧民族统治。① 喀尔喀蒙古族约占全国人口的80%，此外还有哈萨克族等少数民族。蒙古国以蒙古语为唯一官方语言。现在，蒙古国有以蒙古语为母语的人口近300万人。蒙古国的标准音为以乌兰巴托方言为主的喀尔喀蒙古语。② 蒙古国经济以畜牧业和采矿业为主，经济对外援依赖较强，中国也是其主要援助国之一。1997年蒙古国加入世界贸易组织，自2004年启动观察员机制以来，蒙古国也成为上海合作组织观察员之一。

3.1.22.1 主体语言教育政策

喀尔喀蒙古语为蒙古国官方语言。1946年，出于政治、经济、文化方面发展的需要，为了更直接、更有效地借鉴苏联的经验，蒙古国跟随改革的潮流，开始正式使用苏联和东欧国家普遍使用的西里尔文字，从而，具有千年历史的传统文字——蒙古文未能摆脱废弃的命运。蒙古国现在使用的文字也就是斯拉夫(西里尔)文字。20世纪80年代中后期，苏联解体，东欧剧变，蒙古国人民开始呼吁恢复传统文字，掀起了改革的热潮。中学开始教授蒙古文字，从1990年起，用蒙古文教授小学一年级的学生，同时还成立了“恢复使用蒙古文字协会”等民间组织，开办培训班等，电视上也开播了蒙古传统文字方面的节目，恢复传统文字的活动在全国上下得到了开展，蒙古国政府对于恢复使用传统文字给予了很大支持，成立了“在国家公务中使用传统文字指导委员会”。③ 然而，由于各方面原因，恢复传统文字的计划未能实现。

3.1.22.2 少数族群语言教育政策

除了官方语言外，另有15%人口说其他蒙古方言，少数民族使用突厥语族语言。蒙古国真正意义上的少数民族是哈萨克、霍屯、查唐、乌兹别克、图瓦、乌梁海等突厥系民族。最大的少数民族是哈萨克族，多数是克烈与乃蛮部。除哈萨克族之外，图瓦人是蒙古

① https：//baike. baidu. com/item/蒙古国/209648？fr=aladdin.

② http：//www. fmprc. gov. cn/web/gjhdq _ 676201/gj _ 676203/yz _ 676205/1206 _ 676740/1206x0 _ 676742/，2018-06-11.

③ 图门其其格. 蒙古国的语言文字及文字改革. 语言与翻译，1995(2)：131.

国另外一个较大的突厥语民族，他们当中也包括一些说蒙古语的部族，其他各族人口均很少。现在，这些民族在语言及风俗习惯方面受蒙古族影响较大，只是在宗教信仰上有所不同。除了突厥语民族，蒙古国少数民族还包括俄罗斯、汉(黑塔德)、埃文基(鄂温克)、达斡尔等民族。这些少数民族人民都是蒙古国平等的一员，蒙古国允许少数民族使用自己的语言，但官方语言——喀尔喀蒙古语的地位不可动摇。

3.1.22.3 外语教育政策

由于历史上和苏联的关系，蒙古国的第一外语一直是俄语，但随着经济全球化，英语正逐渐发展成为蒙古国的第二外语，并有取代俄语成为第一外语的趋势。老一辈蒙古人会说俄语，学校主要教授俄语。现在，新一辈蒙古人会说英语，学校也改为教俄语和英语两门外语。许多蒙古人会讲俄语，随着近年不少蒙古人到韩国打工，新一辈人开始学英语、日文及韩语。

蒙古国曾经是清帝国领土，所以中国与蒙古国有着深厚的历史渊源，汉语在蒙古国也有一定的地位，蒙古国内的广播都有用汉语播报新闻。如今，在乌兰巴托有6所汉语学校，2000多名学生。华侨学校在校生有420多人，其中300人是蒙古国学生，只有120人是华侨学生。蒙古国人对学习中文很感兴趣。在内蒙古大学学习中文的留学生主要来自于蒙古国，这与中国经济的快速发展和实力的显著增强有着直接的关系。中国是蒙古国最大的投资国，随着两国经济领域的交流和合作逐渐加深，蒙古国对汉语人才的需求越来越大，汉语在蒙古也越来越火热。

中国重视与蒙古国的历史渊源，加强与蒙古国的友好合作。山东大学和蒙古国立大学合建了蒙古国第一家孔子学院——蒙古国立大学孔子学院，是该国目前规模和影响力最大的孔子学院。历经10年的艰苦创业，该院规模扩大了数倍，现下辖4家孔子课堂和6个教学点。① 孔子学院和孔子课堂从规范汉语教学、制订蒙古高校统一的汉语教学大纲、定期开展校际教研活动、鼓励蒙古学生参加HSK等各个方面，大力推进了汉语在蒙古国持续、健康和稳定的发展。② 汉语作为一门外语，在蒙古国的发展前景呈现乐观态势。

◎ 参考文献：

1. 李正义. 蒙古国"汉语热"的成因及对策[J]. 山西经济管理干部学院学报，2006，14(3)：81-83.
2. 图门其其格. 蒙古国的语言文字及文字改革[J]. 语言与翻译，1995(2)：131-135.

3.1.23 孟加拉国

孟加拉人民共和国(The People's Republic of Bangladesh)位于南亚次大陆东北部的恒河和布拉马普特拉河冲积而成的三角洲上。东、西、北三面与印度毗邻，东南与缅甸接壤，

① http：//www.confuciusinstitute-num.org/col.jsp？id=133，2018-08-26.
② 李正义. 蒙古国"汉语热"的成因及对策. 山西经济管理干部学院学报，2006，14(3)：83.

南临孟加拉湾。海岸线长550公里，全境85%的地区为平原，东南部和东北部为丘陵地带。大部分地区属亚热带季风气候，湿热多雨。全年分为冬季(11~2月)，夏季(3~6月)和雨季(7~10月)。年平均气温为26.5℃。冬季是一年中最宜人的季节，最低温度为4℃，夏季最高温度达45℃，雨季平均温度30℃。①

孟加拉族是南亚次大陆古老民族之一。孟加拉地区曾数次建立过独立国家，版图一度包括现印度西孟加拉、比哈尔等邦。16世纪时，孟加拉国已发展成次大陆上人口最稠密、经济最发达、文化昌盛的地区。18世纪中叶成为英国对印度进行殖民统治的中心。19世纪后半叶成为英属印度的一个省。1947年印巴分治，孟加拉国划归巴基斯坦(称东巴)。1971年3月东巴宣布独立，1972年1月正式成立孟加拉人民共和国。

1975年中国与孟加拉国正式建立外交关系，双方在政治、经济、军事、文化等各个领域进行了卓有成效的合作。孟加拉国是我主要受援国之一，也是我国在南亚对外承包工程的传统市场。截至2017年年底，我国对孟加拉国直接投资2.87亿美元，孟加拉国对华实际投资达4131万美元。中孟两国政府签署有文化合作协定，文化体育等方面的交流与合作不断加强。2015年5月，我国宣布增加对孟加拉国提供的中国政府奖学金和为其培训汉语教师数量。中孟自1976年开始互派留学生。目前我国通过政府渠道接受孟方428名奖学金留学生。2006年我国在孟加拉国南北大学设立孔子学院，2009年在山度玛丽亚大学建立孔子课堂。

3.1.23.1 主体语言教育政策

孟加拉语是孟加拉国的国语，属于印欧语系印度语族，使用人口约2.7亿人，是印度语族在印地语之后第二大语言，也是继汉语、英语、印地语、西班牙语、阿拉伯语和葡萄牙语之后的第七大语言。② 从历史上看，孟加拉国的建立背景是由于巴基斯坦政府对孟加拉民众采取了错误的语言政策，从而引发东孟加拉人为实现孟加拉语的国语地位而展开语言运动，并最终演变为争取民族独立的政治运动。可以说，语言运动促进了孟加拉人的民族认同，为孟加拉国的建立奠定了坚实的基础。③

也正因为如此，孟加拉国的宏观语言政策明确，即重视孟加拉语的发展和教育。1972年孟加拉国宪法规定，"孟加拉国的国语是孟加拉语"④。但在实际生活中，英语依旧占据主要位置。为了强化孟加拉语的地位，孟加拉政府在1987年颁布了《孟加拉语引进法案》(*Bengali Language Introduction Act*, 1987)。该法案规定："孟加拉国各地的政府机关、法院、半官方机构和自治机构的记录和通信、法律、法庭程序和其他法律行动均必须用孟加拉语写成。"甚至还规定"任何人如以孟加拉文以外的其他语言向政府机关或法院提出上诉或申诉，均会被视为非法"⑤。在学校教育层面，2010年颁布的孟加拉国《国家教育政策》

① http://www.fmprc.gov.cn/web/gjhdq_676201/gj_676203/yz_676205/1206_676764/1206x0_676766/, 2019-07-01.

② 孟加拉语. https://baike.baidu.com/item/%E5%AD%9F%E5%8A%A0%E6%8B%89%E8%AF%AD, 2019-06-28.

③ 叶伟伟. 1947—1956年东孟加拉语言运动探析. 东南亚南亚研究，2018(1)：101.

④ 孟加拉国宪法. http://bdlaws.minlaw.gov.bd/pdf_part.php? id=367, 2019-06-28.

⑤ 孟加拉语引进法案. http://www.commonlii.org/bd/legis/num_act/blia1987274/, 2019-06-28.

也指出要确保孟加拉语的教学，规定孟加拉语是中小学校的必修科目，并明确指出了发展孟加拉语的重要性和迫切性。①

由上可见，出于历史、政治原因孟加拉国不遗余力地制定强制性措施巩固孟加拉语主体语言地位，促进其发展，其出台的政策具有一定的效果。

3.1.23.2 少数族群语言教育政策

相对其他南亚国家而言，孟加拉国的民族成分比较单一，98%的人口为孟加拉族。少数民族占人口总数的2%，但少数民族语言却多达41种。其中，使用较广泛的少数民族语言有吉大港语(Chittagonian)、马尔马语(Marma)、塞海蒂语(Sylheti)。②

在国家政策层面，2010年颁布的孟加拉国《国家教育政策》包含了促进和发展土著和少数民族的语言和文化的相关条款，包括“在初级教育阶段，促进土著人民和少数民族的母语学习”，并规定“采取措施确保有来自少数民族群体的教师和教科书，以便少数民族儿童能够学习他们自己的土著语言”③。而在实际操作层面，达卡大学语言学教授西克达尔也就孟加拉国少数民族母语教育的问题和现状解说：“未来，少数民族母语教育计划从幼儿推广到三年级阶段。孟加拉国学生在五年级结束的时候，需要参加全国统一考试。这项考试只使用孟加拉语。所以，今后，三年级到五年级的过渡阶段，需要同时使用少数民族的母语和孟加拉语来进行，并加入适当的英语。另外，孟加拉国还计划把这项政策普及到所有40种少数民族语言。”④可以说，孟加拉国已采取措施保障少数民族语言的生存和发展。

3.1.23.3 外语语言教育政策

英语在孟加拉国教育界和商界广泛使用，⑤ 孟加拉国也一直重视英语教育。孟加拉国独立之初，尽管宪法中唯一提到的语言是孟加拉语，但是在议会和许多政府活动中都允许使用英语。许多重要的政府文件都是用孟加拉语和英语撰写的，国会议事程序被保留为这两种语言。即使在1987年《孟加拉语引进法案》颁布后，英语在国民经济活动中也依然占有主导地位。⑥ 2010年颁布的《国家教育政策》也规定英语是各级各类学校(包括小学、中学、大学、宗教学校、职业学校)的必修科目，⑦ 目前，孟加拉国学生要接受至少12年的

① 孟加拉国《国家教育政策》. https://moedu.portal.gov.bd/sites/default/files/files/moedu.portal.gov.bd/page/ad5cfca5_9b1e_4c0c_a4eb_fb1ded9e2fe5/National%20Education%20Policy-English%20corrected%20_2_.pdf, 2019-06-28.

② https://www.ethnologue.com/country/BD, 2019-06-28.

③ 孟加拉国《国家教育政策》. https://moedu.portal.gov.bd/sites/default/files/files/moedu.portal.gov.bd/page/ad5cfca5_9b1e_4c0c_a4eb_fb1ded9e2fe5/National%20Education%20Policy-English%20corrected%20_2_.pdf, 2019-06-28.

④ 谈谈孟加拉国少数民族母语教育现状及课题. http://www.somdom.com/hindi/t38091.

⑤ 商务部. 对外投资合作国别(地区)指南——孟加拉国(2018). https://www.yidaiyilu.gov.cn/wcm.files/upload/CMSydylgw/201902/201902010455036.pdf, 2019-06-28.

⑥ S. M. Mehdi Hasan. Condition of English in Bangladesh. https://ezinearticles.com/?Condition-of-English-in-Bangladesh:-Second-Language-or-Foreign-Language&id=165151, 2019-06-28.

⑦ 孟加拉国《国家教育政策》, https://moedu.portal.gov.bd/sites/default/files/files/moedu.portal.gov.bd/page, 2019-06-28.

英语教育，公务员入学考试也将英语列为考查内容。①

近年来，中国“一带一路”建设为中孟两国合作带来新的机遇，越来越多的孟加拉人开始学习汉语。② 2006 年，云南大学在国家汉办的支持下，建立了南亚第一所孔子学院——孟加拉南北大学孔子学院。2009 年，在国家汉办的指导下，中国国际广播电台和孟加拉国山多玛丽亚姆基金会联合创办了孟加拉国广播孔子课堂。截至 2016 年，课堂有注册学生 180 人，除初中高级汉语培训外，还开办了商务汉语、HSK 汉语听力等特设教程，设立了孟加拉国唯一的中国武术培训班，此外，为方便在孟加拉国生活的中国同胞，课堂还开设了孟加拉语班和英语班。近两年课堂一个班级已经由 25 人扩大到 60 人。③ 2015 年，云南大学又承办了孟加拉国第二所孔子学院——达卡大学孔子学院。达卡大学是孟加拉国最著名、规模最大的国立大学，也是当地最早设立汉语专业的高校，在历年的“汉语桥”大学生比赛中，达卡大学的学生都拔得头筹。

◎ 参考文献：

1. 叶伟伟. 1947—1956 年东孟加拉语言运动探析[M]. 东南亚南亚研究，2018(1)：101-107.
2. Hasan, S. M. Mehdi. Condition of English in Bangladesh[EB/OL]. https：//ezinearticles.com/？Condition-of-English-in-Bangladesh：-Second-Language-or-Foreign-Language&id=165151, 2019-06-28.
3. 孟加拉国国家教育政策[EB/OL]. https：//moedu.portal.gov.bd/sites/default/files/files/moedu.portal.gov.bd/page/ad5cfca5_9b1e_4c0c_a4eb_fb1ded9e2fe5/National%20Education%20Policy-English%20corrected%20_2_.pdf, 2019-06-28.
4. 孟加拉国宪法[EB/OL]. http：//bdlaws.minlaw.gov.bd/pdf_part.php？id=367, 2019-06-28.
5. 孟加拉语[EB/OL]. https：//baike.baidu.com/item/%E5%AD%9F%E5%8A%A0%E6%8B%89%E8%AF%AD, 2019-06-28.
6. 孟加拉语引进法案[EB/OL]. http：//www.commonlii.org/bd/legis/num_act/blia1987274/, 2019-06-28.
7. 商务部. 对外投资合作国别(地区)指南——孟加拉国(2018)[EB/OL]. https：//www.yidaiyilu.gov.cn/wcm.files/upload/CMSydylgw/201902/201902010455036.pdf, 2019-06-28.
8. 谈谈孟加拉国少数民族母语教育现状及课题[EB/OL]. http：//www.somdom.com/hindi/t38091, 2019-06-28.

---

① S. M. Mehdi Hasan. Condition of English in Bangladesh. https：//ezinearticles.com/？Condition-of-English-in-Bangladesh：-Second-Language-or-Foreign-Language&id=165151, 2019-06-28.

② http：//news.ifeng.com/a/20161012/50088858_0.shtml, 2019-06-28.

③ http：//news.ifeng.com/a/20161012/50088858_0.shtml.

9. https：//www. fmprc. gov. cn/web/gjhdq_676201/gj_676203/yz_676205/1206_676764/1206x0_676766/，2019-06-28.

10. http：//news. ifeng. com/a/20161012/50088858_0. shtml，2019-06-28.

11. https：//www. ethnologue. com/country/BD，2019-06-28.

3.1.24 缅甸

缅甸联邦共和国(The Republic of the Union of Myanmar)简称缅甸，位于亚洲东南部、中南半岛西部，是东南亚国家联盟成员国之一。西南临安达曼海，西北与印度和孟加拉国为邻，东北靠中国，东南接泰国与老挝。其北部和东北部同中国西藏和云南接界。

缅甸拥有67万多平方公里的土地。人口约为5390万(2015年)，共有135个民族，主要有缅族、克伦族、掸族、克钦族、钦族、克耶族、孟族和若开族等，缅族约占总人口的65%。民族的多样性决定了缅甸语言的多样性，各民族均有自己的语言，其中缅族人口最多，缅语使用人口最广，克钦、克伦、掸和孟等民族有文字。全国85%以上的人信奉佛教，约8%的人信奉伊斯兰教。但缅甸官方不承认华人、印度人、孟加拉人为法定少数民族。① 缅甸自然条件优越，资源丰富，农业是缅甸国民经济的基础，并实行市场经济。1997年加入东盟后，与东盟及周边国家关系有较大发展。

中缅两国是山水相连的友好邻邦。20世纪50年代，中缅共同倡导了“和平共处五项原则”。建交以来，双边关系平稳向前发展。近年来，中缅两国友好关系继续稳步发展，两国各领域务实合作不断深化。2011年，双方决定建立全面战略合作伙伴关系。2016年以来，缅甸领导人来华出席了澜沧江—湄公河合作首次领导人会议、博鳌亚洲论坛年会、“一带一路”国际合作高峰论坛。中缅经贸合作取得长足发展，合作领域从原来单纯的贸易和经援扩展到工程承包、投资和多边合作。双边贸易额逐年递增。2017年，双边贸易额135.4亿美元，其中中方出口额90.1亿美元，进口额45.3亿美元。②

3.1.24.1 主体语言教育政策

缅甸语是缅甸的官方语言，也是汉藏语系藏缅语族中的一个重要语言，距今已经有九百多年历史，使用人口约有2500万。

缅甸的主体语言政策在不同历史时期有很大的差异。历史上，缅甸曾沦为英国殖民地，在此期间英国人推行以英语为主的奴化教育制度，基本方针是削弱东方教育和缅语，提倡西方教育和学习英文，英文是主要的教学媒介。③ 1948年1月4日缅甸脱离英联邦宣布独立，成立缅甸联邦。独立后，缅甸以宪法形式确立缅语为官方语言，在全国推广缅语，提高其普及率和使用率并在全国出版缅语书籍。1958年缅甸教育部颁布《教学媒介语

① http：//www. fmprc. gov. cn/web/gjhdq_676201/gj_676203/yz_676205/1206_676788/1206x0_676790/，2018-07.

② https：//www. fmprc. gov. cn/web/gjhdq_676201/gj_676203/yz_676205/1206_676788/sbgx_676792/.

③ 李佳. 缅甸的语言政策和语言教育. 东南亚南亚研究，2009(2)：78.

政策》，规定缅甸语是所有公立学校，包括大学的官方语言和教学语言。① 1962—1988 年为了在政治上消除外国对缅甸的影响，缅甸执政当局将缅语作为传播执政思想的工具，实行强力政策推行缅甸语，如进行缅语正规化运动，编纂出版缅甸第一本单语字典。1964 年起政府开始在缅族居住的地区开展缅语扫盲活动，20 世纪 70 年代末活动扩展至少数民族居住地区。1988 年现政府执政后，继续开展对缅语的净化、标准化和审查工作。开展了名称标准化运动，将缅甸的国名和一些地名进行了更改。国名“缅甸”由“Burma”改为“Myanmar”，“缅甸人”由“Burmese”改为“Myanmar”。在更改名称时，一些原用英语拼写的地名也换为相近读音的缅语拼写形式。②

由上可知，独立后的缅甸虽然经历了不同政府的执政时期，历届政府的主体语言教育政策在细节上也有诸多差异，但都采用了有力政策维护并推动缅甸语的主体语言地位，缅甸语得到了极大的发展。

3.1.24.2 少数族群语言教育政策

缅甸是一个由 135 个民族汇聚而成的多民族国家，民族的多样性决定了缅甸语言的多样性。缅甸境内各民族使用着 100 多种不同的语言和方言。主要的少数族群语言包括克钦、克耶、克伦、钦、孟、若开、掸等民族的语言。这些语言主要属于汉藏语系的藏缅、壮侗语族和南亚语系的孟高棉语族。③

英国殖民期间，缅甸的少数民族语言不受重视，处于自生自灭的状态。独立后，缅甸联邦政府意识到尊重民族多样性的重要性，因此采用了相对积极的少数族群语言教育政策。在少数民族邦内，公立中小学可教授该邦主要少数民族的语言，如掸语、克伦语、钦语、克耶语和孟语，只有当某个地区的主要少数民族人数少于其他少数民族时，才使用缅语作为教学语言。政府对少数民族出版物和民族文化生活的开展采取默许的态度，如在缅甸中部就有 11 家用少数民族文字出版的报纸。④ 1966 年的《教育法》要求民族地区的公立小学在二年级之前都要开展民族语言教学，教育部还印制了孟语、掸语、钦语、克钦语等语言教学的课本。如为二年级以上的学生开设语言课，可以在课余时间使用公立学校的教室。⑤ 但在实际操作中，由于没有单独的经费支持语言教学和教师培养，部分少数族群的语言课堂无法在正规教育中开展。

近年来，缅甸政府采取了更加积极的少数族群语言政策。2014 年的《国家教育法》及《2016—2021 国家教育战略规划》都提及了要尊重、重视、保护和发展各民族语言；帮助开设民族语言课程；少数民族语言可以与缅甸语一起作为基础教育的教学语言；民族语言

① 缅甸语言教育政策. http://www.languageeducationpolicy.org/regionasia/myanmar.html.

② 李佳. 缅甸的语言政策和语言教育. 东南亚南亚研究，2009(2)：78.

③ 刘书琳，邹长虹. 缅甸语言政策及其对中国外语教育政策的启示. 长春教育学院学报，2014(4)：126.

④ 李佳. 缅甸的语言政策和语言教育. 东南亚南亚研究，2009(2)：77.

⑤ 李佳. 缅甸的语言政策和语言教育. 东南亚南亚研究，2009(2)：77.

教学可以由区或州政府实施，从小学开始，逐步扩大(到更高的年级)等相关内容。①②

3.1.24.3 外语教育政策

英国殖民期间，为了政治需要，殖民者推行以英语为主的奴化教育政策，削弱东方教育，降低缅甸语的地位。如今，由于英语的国际通用语地位以及缅甸努力加入世界经济秩序的初衷，缅甸政府对于英语教学的重视进一步加强，甚至要求在课堂上开展缅英双语教学。在政府开办的正规学校里，英语和缅语都为必修科目。

英国殖民期间，许多华人华侨移居缅甸，缅甸的华文教育开始兴起。19 世纪末，华人华侨开始在缅甸创办华文学校，教学内容以《三字经》和《千字文》为主。从 1903 年在仰光第一所华侨学校——中华义校的成立到太平洋战争爆发前夕是缅甸华文教育发展的全盛时期。③ 1967 年至 1988 年，华文教育一度完全停滞。21 世纪，随着中缅边贸往来的增多，在缅甸国内又重新掀起了学习汉语的热潮。仰光地区的华文发展本来就有历史基础，再加上政府支持，华文教育进一步发展。④ 因此，缅甸的华文学校数量不断增长，而且不少学校开始推广缅汉双语教学。2001 年，中缅两国教育部联合在缅甸开设中国汉语水平考试(HSK)，中国的汉语教师也纷纷被派遣至缅甸。2002 年创办的福星语言与电脑学苑是缅甸地区规模最大的汉语培训学校。目前，缅甸华人大约有 250 万人，约占全国总人口的 4.6%。华人的地位呈上升趋势，中缅友谊的加强使得华人在缅甸的处境也逐步改善，成立了许多华人社团，华人更多地参与到有关商贸、文化以及联谊等活动之中。为了传播中华文化，使中缅友谊巩固并发展，不同社团还共同协作。例如：仰光东方语言与商业中心就是由八个不同的侨团共同组织的华文教学之地。⑤ 同时，中国鼓励临近缅甸的中国高校与缅甸国内学校的联系，向华校捐助教材、教学设备和师资等，邀请全缅甸各地华文学校的校长或教师们到中国学习，提高教师的汉语水平、教学水平以及中华常识。中国国家留学基金委每年向缅甸学生提供奖学金名额，为符合要求的缅甸学生提供来华留学的机会，来华高校接受长期的汉语进修，攻读本科、硕士、博士学位。

◎ 参考文献：

1. 李佳. 缅甸的语言政策和语言教育[J]. 东南亚南亚研究，2009(2)：75-80.
2. 林锡星. 缅甸华文教育产生的背景与发展态势[J]. 东南亚研究，2003(3)：69-77.
3. 刘书琳，邹长虹. 缅甸语言政策及其对中国外语教育政策的启示[J]. 长春教育学院学报，2014(4)：126-127.
4. 刘泽海. 缅甸语言教育政策的发展特征及趋势[J]. 学术探索，2016(11)：40-44.

① 国家教育法(2014). http://www.ilo.org/dyn/natlex/docs/ELECTRONIC/100493/120566/F28507983/MMR100493%20Eng.pdf，2019-07-01.

② 国家教育战略规划 2016—2021，http://www.moe-st.gov.mm/wp-content/uploads/2018/01/NESP_20Summary_20-_20English_20-_20Final_20-_20Feb_2023.pdf，2019-07-01.

③ 林锡星. 缅甸华文教育产生的背景与发展态势. 东南亚研究，2003(3)：70.

④ 李佳. 缅甸的语言政策和语言教育. 东南亚南亚研究，2009(2)：79.

⑤ 陈仙卿. 缅甸华人与华文教学发展状况. 红河学院学报，2014(6)：108.

5. 缅甸国家教育法(2014)[EB/OL]. http://www.ilo.org/dyn/natlex/docs/ELECTRONIC/100493/120566/F28507983/MMR100493%20Eng.pdf, 2019-07-01.

6. 缅甸国家教育战略规划 2016—2021[EB/OL]. http://www.moe-st.gov.mm/wp-content/uploads/2018/01/NESP_20Summary_20-_20English_20-_20Final_20-_20Feb_2023.pdf, 2019-07-01.

7. 缅甸宪法 2008[EB/OL]. https://www.constituteproject.org/constitution/Myanmar_2008.pdf?lang=en, 2019-07-01.

8. 缅甸语言教育政策[EB/OL]. http://www.languageeducationpolicy.org/regionasia/myanmar.html, 2019-07-01.

9. http://www.fmprc.gov.cn/web/gjhdq_676201/gj_676203/yz_676205/1206_676788/1206x0_676790/, 2019-06-28.

3.1.25 尼泊尔

尼泊尔全名为尼泊尔联邦民主共和国(Federal Democratic Republic of Nepal),内陆山国,位于喜马拉雅山南麓,北邻中国,其余三面与印度接壤。全国总面积 14.7 万平方公里,总人口约为 2898 万(2016 年)。居民 86.2%信奉印度教,7.8%信奉佛教,3.8%信奉伊斯兰教,2.2%信奉其他宗教。①

尼泊尔属于农业国,经济落后,是世界上最不发达国家之一。20 世纪 90 年代初起,开始实行以市场为导向的自由经济政策,但由于政局多变和基础设施薄弱,收效不彰。严重依赖外援,预算支出四分之一来自外国捐赠和贷款。尼泊尔的主要贸易伙伴有印度、中国、美国、欧盟等。

尼泊尔奉行平等、互利、相互尊重和不结盟的外交政策,主张在和平共处五项原则基础上同世界各国发展友好关系,截至 2018 年 6 月,已同 160 个国家建交,高度重视发展同中、印两大邻国友好关系,重视加强同美、英等西方国家关系,争取经济援助和投资。积极推动南亚区域合作联盟发展,加德满都为南盟秘书处所在地。2004 年加入环孟加拉湾多领域经济技术合作倡议(BIMSTEC),2014 年任主席国至今。2016 年 3 月,成为上海合作组织对话伙伴国。②

中尼两国是友好邻邦,两国人民有上千年友好交往的历史。1955 年 8 月 1 日建交以来,中尼传统友谊和友好合作不断发展。两国高层往来密切,1996 年年底两国建立面向 21 世纪的世代友好的睦邻伙伴关系。尼泊尔是亚洲基础设施投资银行创始成员国,中尼两国政府于 2017 年 5 月签署关于在"一带一路"倡议下开展合作的谅解备忘录。中尼先后签订贸易、经济技术合作、避免双重征税、交通、我国西藏自治区同尼泊尔通商等协定。

① http://www.fmprc.gov.cn/web/gjhdq_676201/gj_676203/yz_676205/1206_676812/1206x0_676814/.

② http://www.fmprc.gov.cn/web/gjhdq_676201/gj_676203/yz_676205/1206_676812/1206x0_676814/.

1956 年以来，中国向尼泊尔提供经济技术援助，建设了一批项目。截至 2018 年 4 月，中国累计对尼泊尔非金融类直接投资存量 3.1 亿美元，尼泊尔企业对华累计直接投资 250 万美元。双方积极开展人文交流，2007 年孔子学院落户加德满都大学。

3.1.25.1 主体语言教育政策

尼泊尔是一个多民族、多宗教、多种姓、多语言国家。《宪法》明确规定了尼泊尔语的国语地位。尼泊尔语属印欧语系印度语族，不丹和印度的一些地区也有使用。大概 45%的尼泊尔人使用其作为母语，其他尼泊尔人将其作为第二语言。使用范围包括东尼泊尔，直到印度领土北安查尔邦(Uttaranchal)和喜马偕尔邦(Himachal Pradesh)，是一直使用于喜马拉雅山低海拔地区的语言。尼泊尔语在发展过程中与一些藏缅语族有着非常紧密的联系，最显著的是尼瓦尔语，显示了藏-缅语的影响。尼泊尔语与北印度语很近似，但稍显保守，来自波斯语和英语的借词少于北印度语，较多的词源自梵语。①

20 世纪以前，尼泊尔未制定明确的语言政策，尼泊尔语同该国其他语言一样仅是一门通用语言。1905 年，尼泊尔语被规定为法律和政府的官方通用语言，所有文件只有使用尼泊尔语书写才具有法律效力。1950 年后，政府为了促进民族融合和文化统一，修订宪法赋予尼泊尔语唯一的国家语言和官方语言的地位，致使少数民族的语言权利被忽视。

在君主制国家时期，政府曾规定尼泊尔语为中小学的教学用语，但这一语言政策并不符合尼泊尔的国情。2008 年尼泊尔成立制宪会议，宣布取消君主制，成立联邦民主共和国，新制定的宪法明确该国将实施多语教育的语言政策。为了保护少数民族的语言文化，同时增强各民族的国家认同感，尼泊尔政府规定基础教育阶段使用学生的母语进行教学，然后逐渐过渡到使用尼泊尔语教学。尼泊尔语从一门通用语言发展为唯一的国家语言和官方语言，进而演变为一门主要的国家民族语言和唯一的官方语言，体现了该国语言政策的变迁。

3.1.25.2 少数族群语言教育政策

尼泊尔是一个多民族、多文化、多语言的国家，境内有 100 多个民族，主要民族包括拉伊、林布、苏努瓦尔、达芒、马嘉尔、古隆、谢尔巴、尼瓦尔、塔鲁等。根据尼泊尔官方统计的数据，尼泊尔的语言总数在 120 种左右。从语系属性的角度来说，尼泊尔的语言可分四类：第一类是汉藏语系语言，占全国语言总量的 60%左右，但人口数量仅占 18.4%，而且它们大多属于藏缅语族(Tibeto-Burman)；第二类是印欧语系语言，语言数量第二多，但涉及人口最多，基本上都属于印度-雅利安语支；第三类和第四类分别为达罗毗荼语系(Dravidian) 和南亚语系(Austroasiatic)，它们各自仅有一两种语言，人口数量也不大。从语言的使用者数量看，尼泊尔大部分的语言都仅有少量的使用者，只有 12 门语言具有超过全国人口总数 1%的使用者。从语言(不包括英语等外语) 的生存状况来看，尼泊尔有一半多的语言都处于濒危状态。②

随着社会的发展，尼泊尔政府认识到了多文化和多语言的重要性，1990 年的宪法第

① 王辉. "一带一路"国家语言状况与语言政策(第二卷). 北京：社会科学文献出版社，2017：107.

② 张治国. 尼泊尔的语言生态及语言政策研究. 北华大学学报(社会科学版)，2018(3)：6.

六条指出“尼泊尔各地作为母语使用的语言都属于本国的语言”，统称为“国家语言”，相当于国际上通用的“少数民族语言”或“土著语言”。宪法第十八条指出：“所有的语言社区都有权保护和开发自己的语言和文化。”

2007年，在尼泊尔临时宪法的影响下，尼泊尔教育部开始推行“基于母语的多语教育政策”(Mother Tongue-Based Multilingual Education，简称MT-MLE)。学校使用土著、部落和少数族群(Indigenous/Minority)语言为教学语言，不仅能够培养学生对母语的认知，而且有助于学生理解教学内容，并提高其语言认知能力。MT-MLE政策明确规定：学校教学在以学生的母语完成初级教育阶段后，再引入第二语言——尼泊尔语，使学生逐渐适应官方语言，完成由母语向规范官方语言的过渡。政府基于母语的多语教育是巨大的进步，扭转了多年来语言方面中央集权的趋势，开始关注地方语言，适应地方语言使用者的教育需求。①

然而，由于尼泊尔民族众多，再加上印度教种姓的分别，涉及族裔的语言在今天仍然非常复杂，其中印地语问题是一个突出的实例。② 尼泊尔法律规定，当选官员宣誓就职语言必须为尼泊尔语或自己本民族语言。2008年7月，民族语言为梅塔利语的帕拉马南达·杰哈新当选为副总统，但宣誓就职时使用印地语，遭到了示威者强烈抗议，并被尼泊尔最高法院裁决违宪。2010年1月底，尼泊尔制宪会议通过临时宪法第七修正案，允许总统、副总统用母语宣誓就职。位于尼泊尔南部与印度北部交界的特莱平原的2号省是印度人后裔马德西人的主要聚居区。该地区的马德西人长期以来因身份认同问题与尼泊尔北部、中部其他民族存在矛盾。2015年尼泊尔新宪法起草过程中，马德西政党试图将印地语提升到与尼泊尔语一样的地位，成为尼泊尔官方语言，但以失败告终。2018年年初，在尼泊尔2号省议会议员就职宣誓仪式上，有11名马德西政党议员使用印地语宣誓。2018年2月该省议会会议中，联邦社会主义论坛和国家人民党领导人在发言中使用了印地语，引起该省省会贾纳克普尔青年走上街头抗议，他们表示“不能容忍不尊重母语反而将外语放在优先地位的行为”。

3.1.25.3 外语教育政策

从实际使用情况来看，除了尼泊尔语，英语是尼泊尔另一种最重要的语言，为尼泊尔的通用语言。③ 1814年，尼泊尔遭到英国入侵，长期受英属印度管辖，外交等重大事务受英国监督，直到“二战”结束。同时，统治者为了讨好英国，决定在尼泊尔教授英语。英国“二战”后撤离尼泊尔时建立了英国文化委员会，传播英国的语言和文化。加之全球化又促进了英语对外交流作用的发挥，英语被视为影响尼泊尔现代化和国际化的重要语言，是尼泊尔国内除尼泊尔语外传播最广的语言。目前，英语是尼泊尔的官方语言，用于外交、教育(尤其是高等教育)、学术、旅游业、大众传媒、国际贸易、国际援助等领域。在对待英语的态度方面，尼泊尔存在两派。英语支持派认为当今尼泊尔人不懂英语几乎很难找到工作，而英语反对派则认为：尼泊尔90%以上的人口为农民，他们不需要学习英

① 姜峰，赵娜. 尼泊尔语言教育政策的实施与困境. 外国教育研究，2013(10)：55.

② 姜峰，赵娜. 尼泊尔语言教育政策的实施与困境. 外国教育研究，2013(10)：57.

③ 张治国. 尼泊尔的语言生态及语言政策研究. 北华大学学报(社会科学版)，2018(3)：1.

语；高等教育用英语开展教学的行为限制了一些人接受高等教育的机会。

在教育方面，尼泊尔私立学校在100多年前就用英语教学。尼泊尔自20世纪50年代起，在天主教和新教等教会学校基本上以英语为教学语言。现在，以英语为教学媒介语的中小学越来越多。尼泊尔政府于1970年把教会学校转化为公立学校。英语不再是小学1～3年级的教学媒介语，而是全改用尼泊尔语教学，但英语是小学4年级至大学时期的必修课，以及某些中学高年段理科课程的教学媒介语，高校大多以英语为教学媒介语。此外，尼泊尔还有许多专门的英语语言学校，加德满都就有20多个，如美国语言中心、英国文化委员会学校。

从外语使用的角度来看，尼泊尔除英语之外最常用的外语是日语、德语、法语、意大利语和西班牙语等。尼泊尔国内贸易往往用尼泊尔语进行，英语次之，但在与中国和印度的边境贸易中，藏语、汉语和印地语也是常用的语言。

近年来，"汉语热"在尼泊尔悄然兴起。公立大学特里布文大学（Tribhuvan University）中文系是尼泊尔最早开展汉语教学的地方，其汉语课程主要面向社会招生，属于语言培训性质。2007年6月，河北经贸大学与尼泊尔著名的私立高等院校——加德满都大学（Kathmandu University）合作，成立了目前尼泊尔唯一的一所孔子学院。经过近年来的发展，该校成立了多个汉语教学点和孔子课堂。此外，中国还在尼泊尔建立了4所孔子课堂，其中两所是加德满都谷地的尼泊尔旅游和酒店管理学院（Nepal Academy of Tourism & Hotel Management）和小天使学校（Little Angle's School），另外两所是分别位于博克拉（Pokhara）和拜拉瓦（Bhairahawa）的中小学。此外，孔子学院还在加德满都谷地和奇特旺（Chitwan）开设了多个汉语教学点，积极推广汉语教学。LRI国际学校孔子课堂是尼泊尔—中国人民友好联络委员会广播孔子课堂的简称，成立于2009年8月。尼方合作机构是尼泊尔—中国人民友好联络委员会，中方合作机构是中国国际广播电台（China Radio International）。该课堂注重依托中国国际广播电台的媒体优势，使汉语教学与广播节目制作相结合，借助广播媒体宣传汉语教学并组织各类中国文化活动，受到尼泊尔当地广播听众和汉语学习者的欢迎。尼泊尔目前的汉语教育还有诸多明显不足。首先，尼泊尔学生学习汉语的动机大多是工具型的，学生在具备了基本的日常交际能力后，就开始从事相关行业的工作，不能保证汉语学习的系统性和持续性。其次，尼泊尔汉语教学师资非常薄弱，应大力培养本土汉语教师。①

◎ 参考文献：

1. 姜峰，赵娜. 尼泊尔语言教育政策的实施与困境[J]. 外国教育研究，2013(10)：52-59.
2. 王辉. "一带一路"国家语言状况与语言政策(第二卷)[M]. 北京：社会科学文献出版社，2017：107.
3. 张玲艳. 尼泊尔汉语教学现状探析[J]. 当代继续教育，2014(2)：65-67，71.

① 张玲艳. 尼泊尔汉语教学现状探析. 当代继续教育，2014(2)：67.

4. 张治国. 尼泊尔的语言生态及语言政策研究[J]. 北华大学学报(社会科学版), 2018(3): 1-8.

5. http://www.fmprc.gov.cn/web/gjhdq_676201/gj_676203/yz_676205/1206_676812/1206x0_676814/.

3.1.26 沙特阿拉伯

沙特阿拉伯王国(Kingdom of Saudi Arabia)通称沙特阿拉伯(Saudi Arabia), 简称沙特。沙特位于亚洲西南部的阿拉伯半岛, 东濒波斯湾, 西临红海, 同约旦、伊拉克、科威特、阿拉伯联合酋长国、阿曼、也门、巴林、卡塔尔等国接壤。①

从政治来看, 沙特阿拉伯是君主制王国, 禁止政党活动, 无宪法。从经济层面看, 沙特阿拉伯实行自由经济政策, 经济发展以工业为重点, 石油和石化工业是国民经济的命脉, 是主要的经济来源, 金融体系完善发达, 旅游业也比较发达。沙特阿拉伯政府鼓励私有经济的发展, 以减少国家经济对石油出口的依赖, 同时为快速增长的人口提供更多的就业机会。从历史来看, 沙特阿拉伯是伊斯兰教的发源地, 曾经形成了幅员辽阔的阿拉伯帝国。从宗教来看, 伊斯兰教是沙特阿拉伯的国教, 全民信仰伊斯兰教。麦加是伊斯兰教创建人穆罕默德的诞生地, 是伊斯兰教徒朝觐圣地。② 从人口来看, 沙特阿拉伯主体民族为阿拉伯人。逊尼派伊斯兰教教徒占人口大多数, 分布在全国各地。什叶派人数较少, 主要居住在东部地区。

3.1.26.1 主体语言教育政策

沙特阿拉伯的官方语言为阿拉伯语, 通用语言为英语, 广泛用于商业和一些标志和通知。沙特阿拉伯大多数路标都是阿拉伯语, 而主要城市的主要公路和街道都有阿拉伯语和英语双语路标。

沙特阿拉伯的语言政策总体来说比较宽松, 并未制定具体、全面的语言政策, 但在部分法律法规中规定了语言的用法。沙特阿拉伯政府将其官方语言规定为阿拉伯语, 沙特阿拉伯1992年颁布的《国家基本法》的第1条规定: "沙特阿拉伯是阿拉伯伊斯兰国家, 具有完全独立自主权, 它的宗教是伊斯兰教, 宪法以《古兰经》和圣训为依据执行, 阿拉伯语是本国语言, 首都设在利雅得。"③这是阿拉伯语官方语言地位的法律支撑。沙特阿拉伯高等教育委员会颁布的法规第11条要求"大学的教学语言以阿拉伯语为主, 在一些特殊专业可以适当使用其他语言来教学", 这也是阿拉伯联盟教育、文化与科学组织委员会的决议。在这条法规之前, 有关教育政策的决议也规定: "教育的基本原则是以阿拉伯语为主体教学语言, 贯穿于所有课程和各个教学阶段, 除非必要才能使用另一种语言来进行教

① 沙特王子称《福布斯》低估其财富 宣布正式断交. 中国日报网, 2013-03-07.

② 盘点令人咋舌"土豪"国. 网易新闻, 2014-11-05.

③ 王辉. "一带一路"国家语言状况与语言政策(第一卷). 北京: 社会科学文献出版社, 2015: 125.

学活动。”①在法律方面，《沙特阿拉伯仲裁条例施行规则》规定：“阿拉伯语应是仲裁的正式语言，不管是讨论还是通讯，仲裁庭及当事人不能讲阿拉伯语以外的语言。”②这些规定都体现了阿拉伯语在沙特阿拉伯的主体地位和不可替代性。

沙特阿拉伯的学校分为公立与私立两种，公立学校以阿拉伯语为教学语言，私立学校大多以英语或法语为教学语言，私立学校的教学水平总体上高于公立学校，因此家境较好的学生会选择去私立学校，其英语或法语水平可以达到读写流畅的程度，因此会在大学期间选择去国外深造，很大一部分学生在学成后会选择回国发展，为沙特阿拉伯作贡献。在沙特阿拉伯国内的大学中，理科、工科、医学类课程均为英文或法文授课，文学、宗教类学科则为阿拉伯语授课。一定程度上可以说阿拉伯语代表着统治层，英语代表着高级劳动力。

沙特阿拉伯国家生活各方面主要使用阿拉伯语，其公共领域的语言，如道路指示牌、公交站牌、注意事项等，都是阿拉伯语。在医院、商场、酒店、银行、超市也使用阿拉伯语为主，部分会在阿拉伯语后配以英文翻译。沙特阿拉伯的电视台也以阿拉伯语为主流，但与中国相似，也有英文频道，比如*Arab News*。全国发行数十种报纸、上百种杂志，阿拉伯文报纸主要有《利雅得报》、《中东报》(在伦敦出版)、《生活报》、《国家报》、《欧卡兹报》等，英文报刊主要有《阿拉伯新闻》《沙特报》《沙特经济概览》等。③ 沙特阿拉伯的官方通讯社为沙特通讯社，以阿拉伯语、英文和法文发稿。在沙特阿拉伯，宗教活动也以阿拉伯语进行。

3.1.26.2 少数族群语言教育政策

沙特阿拉伯的公民中九成为阿拉伯人，其余多为来自红海沿岸地区、受雇至沙特阿拉伯工作的非裔或亚裔移民。另有一定数量来自印度、巴基斯坦、孟加拉国、印度尼西亚及菲律宾的亚裔人口，以及不到10万的西方人士。沙特阿拉伯利润丰厚的石油业务吸引了大量外国人口，而这些外国人的母语也渐渐成为阿拉伯语言的一部分。菲律宾语是大多数菲律宾外籍人口(约有70万人)使用的语言，该语言是菲律宾的母语。罗兴亚语主要是缅甸人使用的书面语言。在沙特阿拉伯，大约有40万名来自缅甸的外籍人士使用这种语言。乌尔都语是巴基斯坦使用的官方语言，约有39万名在沙特阿拉伯工作的外籍人士使用。这些外籍人士参与沙特阿拉伯的社会生活，但政府少有关于他们的语言政策的文件。

3.1.26.3 外语教育政策

沙特阿拉伯的主体社会使用阿拉伯语进行交流，其在宗教、语言和身份方面非常敏感。对于他们来说，《古兰经》和阿拉伯语都与他们的身份有关，塑造他们的日常生活。每天祈祷五次、每年禁食一个月(斋月)是他们与《古兰经》紧密相连的生活，这代表了沙

① 王辉. “一带一路”国家语言状况与语言政策(第一卷). 北京：社会科学文献出版社，2015：125.

② 王辉. “一带一路”国家语言状况与语言政策(第一卷). 北京：社会科学文献出版社，2015：126.

③ http：//www.chinaembassy.org.sa/chn/stgk/t708997.htm.

特人作为阿拉伯伊斯兰教教徒的身份。

在沙特阿拉伯西部的一些学校归奥斯曼帝国所有时，学校内教授土耳其语。但这些学校后来被关闭，其后便不再教授土耳其语。1958年，英语被引入沙特教育系统。沙特阿拉伯王国部长理事会发布的教育政策决议规定："除了母语——阿拉伯语之外，至少要为学生提供一种生动活泼的语言来学习科学、知识、艺术和实用创新领域的知识，以使学生能将这些知识转化为社会服务，并致力于传播伊斯兰教和人道主义的服务工作。"①英语在沙特阿拉伯作为第二语言是内部和外部社会文化和经济因素的结果。在公立学校，从小学到高中都设置了英语课程，最开始每周两天、一天一节英语课，现在增加至每周四天、一天一节英语课。在私立学校，英语更是成为授课语言，私立学校的学生基本都能用英语流畅地进行口头和书面交流。沙特阿拉伯教育部也大力支持英语学习，在沙特阿拉伯学校开设英语课程并指派主管评估和调整教学方法和教师水平。在沙特阿拉伯本国的大学里，大部分学科都使用英语作为教学语言，教学书本和参考书也是英语书。此外，沙特阿拉伯的一些私立学校和大学课程也以法语、德语或土耳其语进行授课。

综上，沙特阿拉伯官方强调使用阿拉伯语，同时又重视与国际接轨，鼓励学习英语、法语等第二、第三外语。一方面，沙特阿拉伯国内广泛使用阿拉伯语，沙特阿拉伯人在日常宗教活动中使用阿拉伯语，所阅读的《古兰经》也为阿拉伯语，购物、出行交流都以阿拉伯语为主流；另一方面，沙特阿拉伯的学生外语水平高，接受过高等教育的人英语水平都不错，在科研方面与国际接轨、与时俱进，并且大量学生到海外深造，极大地提高了沙特阿拉伯的经济、商业、科技竞争力，提高了沙特阿拉伯的国际化水平。

近年来，中沙双边关系发展迅速，两国教育合作不断加强。2016年1月，中国国家主席习近平对沙特阿拉伯进行了历史性访问，两国元首宣布建立全面战略伙伴关系，并决定成立中沙高级别联合委员会，推动两国关系步入快速发展的新阶段，也使得沙特阿拉伯的"汉语热"进一步升温。2017年3月，沙特阿拉伯国王萨勒曼访华期间，两国签署了教育合作协议，进一步加强双方在高等教育、技术教育和职业培训领域的合作，加强中国阿拉伯语的教学和沙特阿拉伯汉语的教学活动。作为"一带一路"沿线的重要国家，沙特阿拉伯是"一带一路"倡议积极的响应者与参与者。中国正大力实施"十三五"规划，沙特阿拉伯则推出"2030愿景"和"2020国家转型规划"，双方是共建"一带一路"天然和理想的合作伙伴。中沙人文领域合作也是两国合作新亮点，2016年12月，由沙特阿拉伯旅游与民族遗产机构主办的"阿拉伯之路——沙特出土文物展"成功在国家博物馆举行，466件体现沙特阿拉伯不同历史时期的珍贵文物吸引了大量民众前来参观。由沙特阿拉伯广电局与中方联合制作的首部中沙合作动画片《孔小西与哈基姆》也于2017年12月在沙特阿拉伯举行了首映式，登上了沙特阿拉伯的电视荧屏。②

---

① 王辉. "一带一路"国家语言状况与语言政策(第一卷). 北京：社会科学文献出版社，2015：125.

② http：//www.chinaembassy.org.sa/chn/xwdt/t1452534.htm.

◎ **参考文献：**

1. 王辉. “一带一路”国家语言状况与语言政策[M]. 北京：社会科学文献出版社，2015.
2. 盘点令人咂舌“土豪”国[EB/OL]. 网易新闻，2014-11-05.
3. 沙特王子称《福布斯》低估其财富，宣布正式断交[EB/OL]. 中国日报网，2013-03-07.
4. http：//www. chinaembassy. org. sa/chn/stgk/t708997. htm.

3.1.27 斯里兰卡

斯里兰卡民主社会主义共和国(The Democratic Socialist Republic of Sri Lanka)面积65610平方公里，是位于南亚次大陆以南印度洋上的岛国，西北隔保克海峡与印度相望。接近赤道，终年如夏，年平均气温28℃，受印度洋季风影响，西南部沿海地区湿度大。年平均降水量1351毫米。风景秀丽，素有“印度洋上的明珠”之称。

斯里兰卡人口约2167万(2018年)。僧伽罗族占74.9%，泰米尔族占15.4%，摩尔族占9.2%，其他占0.5%。僧伽罗语、泰米尔语同为官方语言和全国语言，上层社会通用英语。居民中70.2%信奉佛教，12.6%信奉印度教，9.7%信奉伊斯兰教，7.4%信奉天主教和基督教。斯里兰卡首都为科伦坡(Colombo)，人口约70.7万(2017年)。

中斯友好交往历史悠久，斯里兰卡在中国典籍中史称师(狮)子国或僧伽罗国。公元410年，晋代高僧法显赴斯游学，明代航海家郑和下西洋时多次抵达斯里兰卡。15世纪，斯里兰卡一位王子访华，定居福建泉州。1957年2月7日两国建交，迄今一直保持着友好关系。2013年，双方决定将中斯关系提升为真诚互助、世代友好的战略合作伙伴关系。2017年5月，斯里兰卡总理维克拉马辛哈来华出席“一带一路”国际合作高峰论坛。①

3.1.27.1 主体语言教育政策

僧伽罗语、泰米尔语同为斯里兰卡官方语言和全国语言，上层社会通用英语。由于僧伽罗语和泰米尔语分属不同语系，因此两种语言具有较大差异。

僧伽罗语(Sinhala/Sinhalese)属印欧语系的印度语族，和印度北部诸语言相近，是斯里兰卡主体民族僧伽罗族的语言，也是斯里兰卡的主要官方语言。斯里兰卡除北方省以外的大部分地区都通用僧伽罗语。使用人口约1100万，占全国人口的50.8%。② 泰米尔语属达罗毗荼语系南部语族，是达罗毗荼语系中最重要的语言。它是泰米尔纳德邦的通用语，也是斯里兰卡的官方语言。1946年12月，以僧伽罗语和泰米尔语出版的《特别委员会报告》被认为是国家语言政策演变的重要里程碑。该委员会报告将国家语言视为最宝贵的资产之一，这篇报告讨论了本国语言及其未来发展的范围，并重点介绍了主要与僧伽罗语有关的一些语言资料库规划工作，还关注英语对本国语言的影响。委员会的报告建议：

① http：//www. fmprc. gov. cn/web/gjhdq_676201/gj_676203/yz_676205/1206_676884/sbgx_676888/，2019-07-06.

② 参见僧伽罗语. https：//baike. baidu. com/item/%E5%83%A7%E4%BC%BD%E7%BD%97%E8%AF%AD，2019-07-06.

僧伽罗语和泰米尔语应成为1957年1月1日起施行的语言；应成立国家语言委员会，并设立国家语言部，建立翻译局和研究所。①②

1978年前斯里兰卡的官方语言仅为僧伽罗语，但由于民族矛盾，1978年的新宪法在保留僧伽罗语作为斯里兰卡官方语言地位的同时，承认泰米尔语与僧伽罗语都是"民族语言"，两种语言享有平等地位。随着新语言政策的引入，政府于1979年重新修订了官方语言部的政策，正式实施双语政策。③ 1988年，作为宪法修正案的一部分，泰米尔语被提升到官方语言的地位。1988—1992年，政府鼓励用双语(僧伽罗语和泰米尔语)执行公务。1991年，总统强调了使用官方语言的政策：为了确保每个公民都有机会不受阻碍地行使其语言权利，所有政府机构、法律规定和信息(印刷表格、公众信件、公共机构标识等)应用三种语言(僧伽罗语、泰米尔语和英语)提供。④ 为了进一步加强僧伽罗语和泰米尔语的使用和融合，2007年，斯里兰卡议会通过了《国家语言教育与训练学院法案》，成立专门机构培养语言教师、翻译人员，以及强化政府工作人员的语言能力。⑤

3.1.27.2 少数族群语言教育政策

斯里兰卡作为多民族的南亚国家，族群构成与宗教选择本来并不复杂，主要包括僧伽罗族(佛教)、泰米尔族(印度教)、摩尔族(伊斯兰教)等民族，其中，僧伽罗族占74.9%，泰米尔族占15.4%，摩尔族占9.2%，其他民族占0.5%。⑥ 僧伽罗人母语是僧伽罗语，其起源为印度雅利安语。僧伽罗语在发展过程中，受梵语、巴利语的影响较大，近代沦为殖民地以来又从葡萄牙语、荷兰语，尤其是英语中吸取了大量的借词。⑦ 泰米尔人是斯里兰卡最大的少数民族，主要居住在斯里兰卡北部和东部地区，母语为泰米尔语，属达罗毗荼语系南部语族，泰米尔语是达罗毗荼语系中最重要的语言。

斯里兰卡从殖民时期到民族独立时期的语言政策和发展历经了一个复杂又漫长的过程。在早期殖民时期，葡萄牙语和荷兰语这两种外来语对本土语言——僧伽罗语影响深远，使得现在语言仍有大量的殖民语外来词，然而这一时期还未将殖民宗主国的语言规定为官方语言。到了英国殖民时期，由于英国对斯里兰卡实现了经济、军事和政治等多方面长期的统治殖民，英语在其社会生活中占主要部分，并对本土语言形成了强烈打击和改

① GOSL(Government of Sri Lanka(Ceylon)). *Sinhalese and Tamil as Official Languages* (Sessional Paper XXII of 1946). Colombo: Government Press, 1946.

② 余波. 从单语制到多语制：斯里兰卡语言规划与政策的历史演变. 东南亚南亚研究，2017(3)：79-85，110.

③ GOSL(Government of Sri Lanka). *The Constitution of Democratic Socialist Republic of Sri Lanka 1978*, Colombo: Government Press, 1978.

④ OSL(Government of Sri Lanka). *Official Languages Commission Act No.18 of 1991*. Colombo: Government Press, 1991.

⑤ 国家语言教育与训练学院法案. http://www.nilet.gov.lk/web/images/pdf/download/act_en.pdf, 2019-07-06.

⑥ 详见中国驻斯里兰卡大使馆官网. http://lk.mofcom.gov.cn/article/ddgk/，2019-07-06.

⑦ 余波. 从单语制到多语制：斯里兰卡语言规划与政策的历史演变. 东南亚南亚研究，2017(3)：79-85，110.

变。斯里兰卡独立后，殖民地语言——英语被保留，并被用作语言媒介，联系调和、维系与平衡两大族群利益，帮助解决同族群分裂与歧视问题。

3.1.27.3 外语教育政策

在非殖民化之前，民族主义者批评英语为 kaduwa（刀或剑），这把刀切开了当地人无论是僧伽罗语还是泰米尔语的自然对话。1830—1833 年，英语作为教学语言被引入斯里兰卡各级学校，从而确定了英语作为行政、教育和法律语言的地位。英语作为官方语言在殖民时期占据整个斯里兰卡的各个领域。① 后殖民时期，英语被边缘化，第一语言权利被奉为教育神圣。然而，随着时间的推移，特别是由于公共冲突和战争，以及全球经济影响，斯里兰卡恢复了英语的重要地位。今天，斯里兰卡的识字率，无论男女，都比其南亚邻国高得多，这是其对学习的传统尊重和本国语言政策的结果。20 世纪 90 年代末，建立了包括“友好”课程在内的英语教学体系，作为通过英语重新引入非隔离教育的实验。② 在小学，母语应该作为教学的媒介。从标准三开始，所有学校都应该教授英语。③ 斯里兰卡语言规划与政策演变的每个阶段都与特定的社会政治背景有关，语言领域的很多重要问题，比如多语言问题、语言民族主义、语言冲突、语言权利等，都有特定的社会政治背景。④ 从斯里兰卡多民族国家角度和多民族关系来看，多语制政策是根据本国国情和语言实际，适合本国并且适宜实施的一种语言政策。

2007 年 5 月，中国在斯凯拉尼亚大学成立第一所孔子学院。2016 年 12 月 30 日斯里兰卡科伦坡大学孔子学院正式揭牌，这是在斯里兰卡设立的第二所孔子学院。中国驻斯里兰卡大使馆临时代办庞春雪在揭牌仪式上说，孔子学院是中外文明交流互鉴的桥梁、世界认识中国的窗口，是中国同各国深化友谊的纽带，相信科大孔院将为促进中斯友好关系发挥积极作用。科伦坡大学副校长迪桑纳雅克说，科大孔院作为两国的学术交流平台，将进一步加强中斯友谊，在教育、文化、商业等领域为两国带来广泛互利。

◎ 参考文献：

1. 余波. 从单语制到多语制：斯里兰卡语言规划与政策的历史演变[J]. 东南亚南亚研究，2017(3)：79-85，110.

2. GOSL (Government of Sri Lanka (Ceylon)). *Sinhalese and Tamil as Official Languages* (*Sessional Paper XXII of 1946*) [M]. Colombo: Government Press, 1946.

---

① Mendis. G. C., ed. The *Colebrook—Cameron Papers*: *Documents on British Colonial Policy in Ceylon 1796-1833*. London: Oxford University Press, 1956: 72-75.

② Lo Bianco, Joseph. *A Friendly Knife? English in the Context of Sri Lankan Language Planning*. In: L. Farrell, U. Narayana Singh & R. Ashish Giri, eds. English Language Education: South Asia from Policy to Pedagogy. Cambridge University Press, 2011: 36-600.

③ Ministry of Education, Sri Lanka. *Historical Overview of Education in Sri Lanka*[Z]. Archived from the original on 16 July 2007, retrieved 7 October 2007.

④ 余波. 从单语制到多语制：斯里兰卡语言规划与政策的历史演变. 东南亚南亚研究，2017(3)：79-85，110.

3. GOSL (Government of Sri Lanka). *The Constitution of Democratic Socialist Republic of Sri Lanka 1978*[M]. Colombo: Government Press, 1978.
4. Ministry of Education, SriLanka. *Historical Overview of Education in Sri Lanka*[Z]. Archived from the original on 16 July 2007, retrieved 7, October 2007.
5. Lo Bianco, Joseph. A Friendly Knife? English in the Context of Sri Lankan Language Planning [A]. In: L. Farrell, U. Narayana Singh & R. Ashish Giri, eds. *English Language Education: South Asia from Policy to Pedagogy*[M]. Cambridge University Press, 2011: 36-600.
6. Mendis, G. C., ed. *The Colebrook—Cameron Papers: Documents on British Colonial Policy in Ceylon 1796-1833*[M]. London: Oxford University Press, 1956: 72-75.
7. OSL (Government of Sri Lanka). *Official Languages Commission Act No. 18 of 1991*[M]. Colombo: Government Press, 1991.
8. http://www.fmprc.gov.cn/web/gjhdq_676201/gj_676203/yz_676205/1206_676884/1206x0_676886/, 2019-07-06.

3.1.28 塔吉克斯坦

塔吉克斯坦共和国(The Republic of Tajikistan)简称塔吉克斯坦，位于中亚东南部，北邻吉尔吉斯斯坦，西邻乌兹别克斯坦，南与阿富汗接壤，东接中国。东西长700公里，南北宽350公里。塔吉克斯坦实行总统制，国内约900万人口，境内多山，约占国土面积的93%，有“高山之国”之称。① 塔吉克斯坦位于古丝绸之路交汇点上，三条主要的丝绸古道贯穿全境，积极加入了中国提出的“一带一路”倡议。

3.1.28.1 主体语言教育政策

中亚五国中，塔吉克斯坦是最为贫穷、最不稳定、发展进程最为滞后、社会秩序最不好的国家，② 在其独立后还发生过内战。战争、民族、政党、宗教以及语言多样化等因素相互交织，造成了塔吉克斯坦今天比较落后的局面。

20世纪90年代，随着苏联解体，塔吉克斯坦成为一个独立的主权国家，其国内主体语言政策在过去几十年内也持续发生着变化，其变化大致可分为三个阶段。1989年7月22日独立前夕，该国颁布《塔吉克苏维埃社会主义共和国语言法》并规定，“塔吉克苏维埃社会主义共和国的国语是塔吉克语”“可在塔吉克苏维埃社会主义共和国的领域内自由使用作为苏联各民族族际交际的语言——俄语”。1994年11月6日独立后，国家宪法规定：“塔吉克斯坦的官方语言是塔吉克语，俄语是族际交际语言。”2009年10月5日稳定后，塔吉克斯坦颁布新的《国家语言法》并规定“塔吉克斯坦共和国国语为塔吉克语”“其他语言，除本法所考虑到的情况以外，所有居住在共和国境内的民族和部族，有权自由使用

① http://www.fmprc.gov.cn/web/gjhdq_676201/gj_676203/yz_676205/1206_676908/1206x0_676910/, 2018-06-22.

② 赵常庆. 十年巨变：中亚和高加索卷. 北京：中共党史出版社，2004：84.

其母语。塔吉克斯坦共和国为自由使用、保护和发展巴达赫尚语(帕米尔)及雅格诺布语创造条件”。在教育方面，独立后的塔吉克斯坦也在《国家语言法》中规定：“国语(塔吉克语)是各类学校的必修课，是科研(包括论文)、文化活动和大众传媒用语；各种广告、印章、机构名称、信息技术交流都要使用国语。”①

虽然塔吉克斯坦通过宪法和《国家语言法》确立塔吉克语作为该国唯一官方语言的地位，但俄语仍是国民生活很重要的一环，在国家经济中起着不可或缺的作用。《经济学人》2013 年 9 月 7 日一篇文章介绍，塔吉克斯坦 47%的国民生产总值来自劳动移民汇款，而他们主要的工作地点就是俄罗斯。② 这就迫使这些务工者使用俄语，而非塔吉克语，造成了国内语言政策与经济发展之间的矛盾。在国家层面，中亚五国(包括塔吉克斯坦在内)语言在我国外交领域的应用仍处于空白状态，我国和这些国家领导人的国事互访和重要会谈多采用普通话—俄语翻译模式。同时，我国驻中亚五国大使馆官方网站也均使用中文和俄文两种文版，唯独没有所在国官方文种。这在一定程度上说明俄语在这些国家的影响力依然很强大，也说明我们要加强针对这些国家的语言能力建设。

3.1.28.2 少数族群语言教育政策

塔吉克斯坦共和国是个多民族国家，目前共有 86 个民族。主体民族塔吉克族占 68.4%、乌兹别克族占 24.8%、俄罗斯族占 3.2%。此外，还有鞑靼、吉尔吉斯、乌克兰、日耳曼、朝鲜、哈萨克、格鲁吉亚、亚美尼亚等其他民族，约占 3.6%。③ 2009 年颁布的《国家语言法》规定：“除本法所考虑到的情况以外，所有居住在共和国境内的民族和部族有权自由使用其母语。”各族人民都有日常使用除塔吉克语和俄语外的语言，包括瓦罕和萨里库尔方言在内的所有伊朗语、乌兹别克语以及吉尔吉斯语。据统计，2007 年在塔吉克斯坦已注册的共有 351 家媒体机构，包含 272 家报纸、72 家杂志、7 家新闻通讯社。这些媒体机构出版的塔吉克语出版物为 185 册、俄语出版物为 45 册、乌兹别克语出版物为 12 册，共同使用塔吉克语和乌兹别克语的出版物为 25 册，共同使用塔吉克语和吉尔吉斯语的出版物为 2 册，英语出版物为 7 册。④

在塔吉克斯坦国内，民众在语言上的争议更多集中在塔吉克语和俄语上，并非各少数民族语言。与先前的语言法相比，新颁布的《国家语言法》最醒目的地方是没有关于俄语作为族际交际语的规定。这一明显变化引起了一片哗然，关于《国家语言法》与俄语地位的各种言论铺天盖地，以共产党员和社会民主人士为代表的反对派与以拉赫蒙为首的支持派展开了一场声势浩大的辩论。⑤ 不过，少数民族民众在学习唯一官方语言——塔吉克语的过程中，本族日常语言作为族内沟通交流的媒介并未受到任何影响。

---

① 李雅. 塔吉克斯坦独立后的语言政策变迁. 新疆师范大学学报(哲学社会科学版)，2014(1)：74-75.

② https：//www.economist.com/asia/2013/09/07/remittance-man，2018-06-22.

③ http：//tj.mofcom.gov.cn/article/ddgk/201412/20141200817200.shtml，2018-06-22.

④ 李雅. 塔吉克斯坦独立后的语言政策变迁. 新疆师范大学学报(哲学社会科学版)，2014(1)：77.

⑤ 张宏莉，张玉艳. 语言法：塔吉克斯坦“去俄罗斯化”的新发展. 俄罗斯中亚东欧研究，2010(4)：27.

3.1.28.3 外语教育政策

为发展国内经济、促进与世界的交流并丰富人们精神生活，塔吉克斯坦积极发展包括英语和中文在内的外语教育。

塔吉克斯坦通过《2004—2014年关于完善俄语和英语教学的国家纲领》，表明了当局对俄语，特别是英语的重视。俄语和英语都是国际通用语，前者在塔吉克斯坦国内有着广泛的使用基础、为人民所熟知，而后者则是盲区，还处于探索阶段。

汉语第一次进入塔吉克斯坦教育体系是在1997年，俄罗斯—塔吉克斯拉夫大学首次开设汉语本科专业。① 塔吉克斯坦第一所孔子学院开设于2008年10月，是新疆师范大学与塔吉克斯坦国立大学共建。据报道，塔吉克斯坦国立民族大学孔子学院2009年招收了40名学生，5年后已增加到3000人的规模。② 因政治(例如习近平主席访塔)和经济因素(例如上合组织峰会)，塔吉克斯坦国内掀起了“汉语热”。

随着中国的综合国力和国际地位不断地增长，塔吉克斯坦对我国的期望不断增多。③ 在其以塔吉克语为主、各语言通用的语言政策的大环境下，汉语在塔吉克斯坦的传播形式十分乐观，但仍存在孔子学院数量过少、汉语教师供不应求等问题。因此，中方应该在塔吉克斯坦建立更多的孔子学院，除了输送汉语教师、志愿者外，还应该培养更多的本土汉语教师，以扩大汉语教育的规模，实现汉语教学、教师本土化，形成良性的可持续性发展。

◎ **参考文献：**

1. 李雅. 塔吉克斯坦独立后的语言政策变迁[J]. 新疆师范大学学报(哲学社会科学版)，2014(1)：74-80.
2. 刘莎莎. 中国对塔吉克斯坦援助政策剖析[D]. 清华大学硕士论文，2012.
3. 王新青，池中华. 丝绸之路经济带中亚五国语言状况考察与思考[J]. 云南师范大学学报(哲学社会科学版)，2015(5)：14-20.
4. 张宏莉，张玉艳. 语言法：塔吉克斯坦“去俄罗斯化”的新发展[J]. 俄罗斯中亚东欧研究，2010(4)：25-30.
5. 赵常庆. 十年巨变：中亚和高加索卷[M]. 北京：中共党史出版社，2004.

3.1.29 泰国

泰王国(Kingdom of Thailand)简称泰国(Thailand)，是一个位于东南亚的君主立宪制

---

① 李雅. 海外汉语师资的可持续发展对策研究——以塔吉克斯坦汉语师资为例. 新疆教育学报，2015(2)：88.

② 王新青，池中华. 丝绸之路经济带中亚五国语言状况考察与思考. 云南师范大学学报(哲学社会科学版)，2015(5)：19.

③ 刘莎莎. 中国对塔吉克斯坦援助政策剖析. 清华大学硕士论文，2012.

国家。地理位置上，泰国位于中南半岛中部，其西部与北部和缅甸、安达曼海接壤，东北边是老挝，东南是柬埔寨，南边狭长的半岛与马来西亚相连。① 泰国全国分中部、南部、东部、北部和东北部五个地区，现有77个府。府下设县、区、村。曼谷是唯一的府级直辖市。泰王国宪法规定：泰王国是以国王为国家元首的民主体制国家。

从人口组成方面看，泰国全国共有30多个民族。泰族为主要民族，占人口总数的40%，其余为佬族、华族、马来族、高棉族，以及苗族、瑶族、桂族、汶族、克伦族、掸族、塞芒族、沙盖族等山地民族。90%以上的民众信仰佛教，马来族信奉伊斯兰教，还有少数民众信仰基督教、天主教、印度教和锡克教。② 在经济方面，泰国实行自由经济政策，在20世纪90年代经济发展较快，跻身成为"亚洲四小虎"之一，是世界的新兴工业国家和世界新兴市场经济体之一。泰国是亚洲唯一的粮食净出口国、世界五大农产品出口国之一，汽车业是支柱产业，是东南亚汽车制造中心和东盟最大的汽车市场。③ 泰国奉行独立自主的外交政策，重视周边外交，积极发展睦邻友好关系，重视区域合作，2012年至2015年担任中国—东盟关系协调国，积极推进东盟一体化和中国—东盟自贸区建设，支持东盟与中、日、韩合作。重视经济外交，推动贸易自由化。发起并推动亚洲合作对话(ACD)机制，2016年主办ACD第二次领导人会议。积极参加亚太经济合作组织(APEC)、亚欧会议(ASEM)、世界贸易组织(WTO)、东盟地区论坛(ARF)、博鳌亚洲论坛(BFA)、澜沧江—湄公河合作、大湄公河次区域经济合作等多边合作。2018年6月主办"伊洛瓦底江—湄南河—湄公河三河流域经济合作战略"(ACMECS)第八届峰会。

3.1.29.1 主体语言教育政策

泰国是一个多民族、多语言的国家，各个民族都拥有自己的语言，因而语言也比较复杂多样。主体民族泰族所使用的语言——泰语是国家的官方语言，但因地域不同，存在数十种方言。这些方言在语音和一些词汇方面存在一定差异，但能够相互沟通，并可大体分为北部泰语、中部泰语、东北部泰语和南部泰语。泰国政府规定，以曼谷社会特权阶层的口音为代表的中部泰语为标准泰语，既是泰国官方使用的语言也是学校唯一的教学语言。19世纪中叶以来，泰国实行单一的民族语言及其教育政策。实行这种政策的原因是想通过强制性地推行泰语这一种语言文化，限制、排斥和消除其他语言文化，促进各少数民族与主体民族的融合和各民族对国家的认可，从而保证国家的统一、稳定和发展。为了确保和促进标准泰语的社会主导地位，早在1918年泰国政府就出台了《暹罗民立学校法》(即民校条例)，对当时尚未纳入政府管理的各类教授华语、马来语等语种的民办学校实行统一管理。该条例规定，各类民办学校必须开设泰语课和泰国公民、地理、历史方面的课程，使学生忠诚于泰国；外国教师必须持泰语考试合格证书才可任教等。④ 此后，泰国政府于1921年颁布的《义务教育法》、1936年颁布的《私立学校条例》和"二战"后出台的一

① https://baike.baidu.com/item/泰国.

② https://baike.baidu.com/item/泰国.

③ 泰国国家概况. http://politics.people.com.cn/n/2013/1007/c1001-23114603.html.

④ 黄德永. 泰国外语政策变迁以及对泰国汉语传播的影响研究. 汉语国际传播研究，北京：商务印书馆，2012.

系列政策，都强制性地要求各类民办学校开设泰语和相关的文化课程。1978年泰国国家教育委员会宣布了关于教育(和官方)语言政策的五项原则，其中指出要由国家保证来强制性地推行泰语教学，"一切层次都应把泰语的教授与学习看作通向全民族一体化的途径"①。《2010年国家教育条例》就明确要求，教育要使学生"具有数学和语言知识与技能，注重泰语的正确使用"②。为了规范标准泰语的使用，泰国还设立了专门负责制定国家语言政策和语言标准的皇家学院(The Royal Institute of Thailand)，通过各种渠道规范泰语的使用。为此，设立专门信箱接受泰语使用方面的质疑和咨询，开通专门的网站(www. royin. go. th)为国民解决语言方面的问题；择机出版书籍规范泰语的使用，包括容易读错写错的词语和句子的规范、皇语的正确使用、缩略语的规范和读法、英语和其他外来语的发音、姓氏和意思等。③

3.1.29.2 少数族群语言教育政策

在泰国，虽然教师一直口头使用方言教授低年级少数民族学生，但直到20世纪90年代初，在泰国学校，非泰语的使用一直被禁止。1997年，泰国宪法才为少数民族使用自身语言提供新机会，并且在教育中方言的使用得以增加。例如，泰国学校新的课程允许在少数民族地区教授少数民族语言或当地的文化素材。拉祜西语、壮语和蒙语在泰国政府办的学校被当作课程来教学，并且其他少数民族正在计划他们的语言也能在学校被当作课程来教授。④

3.1.29.3 外语教育政策

14世纪以后，随着泰国与外界交往的增多，外国移民相继迁入泰国定居、传教或经商，同时他们也设立私塾，教育自己的后代。汉语、阿拉伯语、缅语、马来语等周边亚洲国家语言以及这些外语语种的教育也开始缓慢发展起来。16世纪以后，随着西方势力先后进入泰国通商、传教和办学，葡萄牙语、西班牙语、英语、法语、德语等西方国家语言及其语言教育也开始在泰国萌芽。19世纪中叶起，以英国为代表的西方国家语言教育在泰国迅速崛起。当时泰国为了抵御西方殖民势力、避免沦为西方的殖民地，实行对外开放政策，借鉴西方经验进行全面的社会改革，兴建了一批接受平民子弟入学的新式学校。当时执政的拉玛四世蒙固明确规定政府开办的学校必须开设外语课程，还支持私人开办外语学校。当时泰国的公立学校和民办学校中都开设了以英语为主的多门西方国家语言，如法语、德语和拉丁语等，此外还有汉语、马来语、阿拉伯语、巴利语和梵语等外语。从此，泰国多元化的外语教育政策开始形成。"二战"后，泰国在外交上迅速倒向以美国为首的西方国家，并在西方国家的经济技术援助下，经济得以恢复重建和快速发展。在此背景下，英语、法语、德语等西方国家语言教育在泰国受到格外重视。由于泰国每年都要向中东输出劳工，为了使这些劳工更容易适应在国外工作和生活，泰国还从中学阶段开始设置

---

① 理查德·斯诺. 1950—1980年东南亚语言问题通论. 民族译丛，1994(1).

② 潘素英. 泰国中小学汉语课堂大纲研究. 中央民族大学博士学位论文，2011.

③ 赵燕. 泰国语言政策初探. 东南亚纵横，2012(7)：43.

④ 刘泽海. 试论少数民族语言在读写能力和基础教育中的作用——以柬埔寨、老挝、泰国为例. 民族论坛，2016(1)：78.

了阿拉伯语课程。根据泰国1990年基础教育课程改革方案，20世纪90年代初以后泰国在基础教育的不同阶段已经开设了英语、法语、德语、西班牙语、意大利语、日语、阿拉伯语、巴利语和汉语共9门外语语种。近年来，作为东盟创始国之一的泰国，在积极推进东盟自由贸易区建设中十分重视与东盟各国的合作，各类学校还纷纷开设了越南语、缅甸语、柬埔寨语等东盟国家的语言课程。①

最近20多年里，汉语在泰国的影响日渐扩大。1998年，泰国教育部批准汉语成为大学入学考试的一门外语课程；2000年，汉语成为经泰国教育部批准的泰国高中正式课程；2003年，泰国教育部制定发展规划，将力争3年至5年内在全国中小学普及汉语课程。2006年，中国国家汉办与泰国教育部所属的5个教育委员会正式签署《中泰汉语教学合作框架协议》，从此泰国汉语教学由民间组织形式迅速扩展并转变成中泰两国政府间的合作。② 同年8月，中国在泰国的第一家孔子学院在泰国孔敬大学成立；同年11月，全球首家孔子课堂在曼谷唐人街的贷密中学成立。之后的3年里，孔子学院相继在泰国东方大学、皇太后大学、清迈大学等12所大学挂牌成立，中小学孔子课堂也达到了11所，居亚洲第一位。迄今，泰国是亚洲拥有最多孔子学院和孔子课堂的国家，数量在全球也是名列前茅。③

◎ 参考文献：

1. 陈晖. 泰国概论[M]. 北京：世界图书出版公司，2010.
2. 黄德永. 泰国外语政策变迁以及对泰国汉语传播的影响研究. 选自：汉语国际传播研究[M]. 北京：商务印书馆，2012.
3. 理查德·斯诺. 1950—1980年东南亚语言问题通论[J]. 民族译丛，1994(1).
4. 刘泽海. 试论少数民族语言在读写能力和基础教育中的作用——以柬埔寨、老挝、泰国为例[J]. 民族论坛，2016(1)：75-79.
5. 潘素英. 泰国中小学汉语课堂大纲研究[D]. 中央民族大学博士学位论文，2011.
6. 谭晓健. 19世纪中叶以来泰国语言教育政策嬗变[J]. 云南师范大学学报(对外汉语教学与研究版)，2015，13(1)：71-79.
7. 吴建平. 泰国汉语教育与汉语推广现状、问题及对策[J]. 集美大学学报，2012(2)：59-63.
8. 赵燕. 泰国语言政策初探[J]. 东南亚纵横，2012(7)：42-45.

3.1.30 土耳其

土耳其全称土耳其共和国(The Republic of Turkey)，横跨欧亚两大洲，北临黑海，南

① 谭晓健. 19世纪中叶以来泰国语言教育政策嬗变. 云南师范大学学报(对外汉语教学与研究版)，2015(1)：76.

② 吴建平. 泰国汉语教育与汉语推广现状、问题及对策. 集美大学学报，2012(2)：60.

③ 陈晖. 泰国概论. 北京：世界图书出版公司，2010.

临地中海，东南与叙利亚、伊拉克接壤，西临爱琴海，并与希腊以及保加利亚接壤，东部与格鲁吉亚、亚美尼亚、阿塞拜疆和伊朗接壤。海岸线长 7200 公里，陆地边境线长 2648 公里，地理位置和地缘政治战略意义极为重要，是连接欧亚的十字路口。面积 78.36 万平方公里，其中 97%位于亚洲小亚细亚半岛，3%位于欧洲巴尔干半岛，人口约八千万。①

土耳其大部分领土处于亚洲，但在政治、经济、文化等领域均实行欧洲模式，是北约成员国，也是经济合作与发展组织创始会员国和二十国集团成员。拥有雄厚的工业基础，为世界新兴经济体之一，亦是全球发展最快国家之一。

1971 年 8 月 4 日，中国和土耳其建交。20 世纪 80 年代以来，两国高层互访增多，双边关系发展较快。2016 年 9 月，土耳其总统埃尔多安来华出席二十国集团领导人杭州峰会，习近平主席同来宾举行会谈，双方签署 4 项合作协议。2017 年 5 月，埃尔多安总统来华出席“一带一路”国际合作高峰论坛，双方签署 3 项合作协议。两国经贸合作稳步开展，交通、电力、能源、金融是双方合作重点。

3.1.30.1 主体语言教育政策

13 至 14 世纪，奥斯曼帝国逐渐形成。15 至 17 世纪，作为奥斯曼土耳其人官方语言的土耳其语逐步深入巴尔干地区、欧洲中部和北部、阿拉伯内陆等地区，土耳其语成为这些地区的通用语。但土耳其语受伊斯兰教文化影响巨大，这一时期，土耳其语言政策的目的是培养宗教人士。因此，尽管官方用语是土耳其语，教学用语都是阿拉伯语和波斯语。在文学界、学术界，人们崇尚用阿拉伯语、波斯语进行写作，这两种语言被认为是“贵族语言”。② 随着奥斯曼土耳其人成为伊斯兰世界领导者，土耳其语从阿拉伯语和波斯语中借鉴了很多成分。18 世纪开始，土耳其致力于提升土耳其语地位，如在海军学校使用土耳其语教学，在文化、教育、传媒、科学等领域普及土耳其语。19 世纪，大多数学者对奥斯曼土耳其语的“不纯正”表示不满。为了净化土耳其语，1876 年，宪章中提出将土耳其语作为官方语言，但阿拉伯语和波斯语“贵族语言”地位仍未结束。1923 年，土耳其共和国成立，第一任总统凯末尔决定改变现状，语言文字改革随之展开。1924 年 3 月 5 日，土耳其通过了“教育统一”法令，将所有学校归于教育部管辖，提高土耳其语地位，彻底改变阿拉伯语和波斯语优先的教学现状。③ “教育统一”是为了“文化统一”和“语言统一”。1924—1929 年期间，土耳其政府开始在商贸中使用纯土耳其语，将街道名称土耳其语化，并用法律形式加以保证。④ 绝大多数媒体都使用土耳其语进行报道。

在总统凯末尔领导下，1928 年成立了土耳其语言研究协会。土耳其通过一系列方式来对土耳其语进行改革和规范。主要包括三个方面：一是废除阿拉伯字母表，通过法律实施土耳其语的拉丁化；二是清除先前土耳其语中的阿拉伯语和波斯语词汇，纯化并发展土耳其语；三是规范语法和正字法，解决口头语和书面语脱节的问题。最终形成了以伊斯坦

① https://www.fmprc.gov.cn/web/gjhdq_676201/gj_676203/yz_676205/1206_676956/1206x0_676958/, 2018-08-30.

② 王远新. 土耳其语言改革. 语言与翻译，1992(3)：57.

③ 杨亦鸣，赵晓群. “一带一路”沿线国家语言国情手册. 北京：商务印书馆，2017：325.

④ 王远新. 土耳其语言改革. 语言与翻译，1992(3)：57.

布尔方言为基础的现代土耳其语。

除了国内语言改革，土耳其政府也非常重视土耳其语推广。1992年，土耳其推出"学生奖学金项目"，接受奖学金的学生一般都要在大学内土耳其语教学中心进行为期一年的土耳其语预科学习。同时，土耳其和其他国家大学合作开展语言学习项目，如吉尔吉斯—土耳其玛纳斯大学以吉尔吉斯语为授课语言，也教授土耳其语；① 而国际阿合麦特·耶塞维哈萨克—土耳其大学要求所有学生毕业时能够熟练使用土耳其语。②

同时，借助伊斯兰复兴运动，土耳其语推广也进入初、中等教育领域。土耳其在中亚国家开设中小学，为当地中小学提供一流教学，教学语言主要是土耳其语、俄语、英语和所在国主要民族语言。土耳其政府对内语言改革和对外语言推广政策让土耳其语重新焕发了活力，这也在客观上加强了土耳其在周边乃至国际上的影响力。

3.1.30.2 少数族群语言教育政策

土耳其国家人口中，土耳其族占80%，库尔德族占15%，其他少数民族约占5%。少数民族语言包括库尔德语、扎扎其语、阿塞拜疆语、卡巴尔达语、阿拉伯语、亚美尼亚语、拉兹语、含姆辛语、波斯语、吉尔吉斯语、维吾尔语、雅库特语、阿尔泰语、哈卡斯语、哈萨克语、乌兹别克语、土库曼语、鞑靼语等语种。

库尔德人是土耳其人口最多的少数民族。库尔德文化曾有着辉煌历史。库尔德人大多数是伊斯兰教教徒，他们在语言、文化和家庭传统上与土耳其人大相径庭。土耳其一度禁止库尔德语作为教育和广播用语。但是为了加入欧盟，2002年8月起，土耳其政府开始允许媒体用库尔德语广播，同意学校教授库尔德语。③

为了维护伊斯兰国家在政治、宗教上的联系，土耳其政府对少数民族语言权利保护较少。同时，土耳其局势动荡不断，库尔德问题成为土耳其及周边国家一大棘手难题，土耳其政府一直在不断巩固土耳其语地位，弱化少数民族语言教育，以维护国家稳定。

2012年土耳其进行教育改革，加强对少数民族语言关注，包括库尔德语。2013年土耳其实行民主改革，允许私立学校在讲授课程时使用宗教语言和少数民族语言，同时，还新增阿塞拜疆语作为学校选修课程。

3.1.30.3 外语教育政策

土耳其国土横跨欧亚两大洲，是交通贸易枢纽，同时也是旅游胜地，外语需求量很大。为适应发展需求、促进土耳其与外界交流，土耳其对外语教育非常重视，而英语教育则是其重点。目前，英语已成为土耳其唯一列入国家教育体系的外语必修课程。④

根据土耳其基础教育政策，小学四年级开始应开设外语课程。土耳其对英语教育非常

---

① 玛纳斯大学是根据土耳其政府和吉尔吉斯斯坦政府于1995年8月30日在土耳其伊兹密尔市签署的"关于在吉尔吉斯斯坦首都比什凯克建立吉尔吉斯斯坦土耳其玛纳斯大学"的合作协议，1998年正式成立。

② 李琰. 土耳其在中亚地区的语言传播战略及其对我国汉语国际传播的启示. 民族教育研究，2015(2)：140.

③ 杨亦鸣，赵晓群. "一带一路"沿线国家语言国情手册. 北京：商务印书馆，2017：324.

④ 杨晓斐. 土耳其英语语言教育变革与启示：教育政策、教师教育与教学方法. 黄河科技大学学报，2015(1)：111.

重视，同时态度也非常开放。建国后，随着外语需求量不断增加，土耳其政府分别于1941年、1944年和1947年在加齐教育学院成立了法语系、英语系和德语系，学制两年，并于1962—1963学年将部分两年制外语教师教育项目升格为三年制，在一定程度上缓解了包括英语在内的外语教师急缺问题。

1980年，土耳其出台了《外语教育和教学法》法规，极大地推动了英语等外语在土耳其的发展。1997年，土耳其教育部联合高等教育委员会建立了“国家教育部发展工程”项目，促进教学机构的英语教学，推动土耳其国际化发展进程。

中国在土耳其设有4所孔子学院，分别是中东技术大学孔子学院、海峡大学孔子学院、奥坎大学孔子学院、晔迪特派大学孔子学院。另有2个孔子课堂，都在佳蕾学校。[①] 这对促进中国和土耳其关系有积极意义。

◎ 参考文献：

1. 李琰. 土耳其在中亚地区的语言传播战略及其对我国汉语国际传播的启示[J]. 民族教育研究，2015(2)：139-144.
2. 王远新. 土耳其语言改革[J]. 语言与翻译，1992(3)：56-61.
3. 杨晓斐. 土耳其英语语言教育变革与启示：教育政策、教师教育与教学方法[J]. 黄河科技大学学报，2015(1)：111-116.
4. 杨亦鸣，赵晓群. “一带一路”沿线国家语言国情手册[M]. 北京：商务印书馆，2017.

3.1.31　土库曼斯坦

土库曼斯坦(Turkmenistan)位于中亚西南部，为内陆国家。北部和东北部与哈萨克斯坦、乌兹别克斯坦接壤，西濒里海与阿塞拜疆、俄罗斯相望，南邻伊朗，东南与阿富汗交界。[②] 土库曼斯坦是世界上最干旱地区之一，但是石油和天然气资源丰富。

至2019年年初，土库曼斯坦共有人口约562万。土库曼斯坦是一个多民族国家，主要民族有土库曼族、乌兹别克族、俄罗斯族；此外，还有哈萨克族、亚美尼亚族、鞑靼族、阿塞拜疆族等120多个民族。该国居民绝大多数信仰伊斯兰教(逊尼派)，俄罗斯族和亚美尼亚族居民信仰东正教。1992年土库曼斯坦独立后通过的第一部宪法中规定土库曼语为土库曼斯坦的国语，[③] 俄语为通用语。

不论是在苏联时期还是土库曼斯坦独立之后，政府都非常重视教育，比如进行文字改革、开展扫盲运动等，特别是总统库尔班古力·米亚利克古利耶维奇·别尔德穆哈梅多夫就任后，制定了很多适合土库曼斯坦国情的教育政策，使土库曼斯坦的教育得到了全面稳

① http：//www.hanban.edu.cn/confuciousinstitutes/node_10961.htm，2018-08-30.

② https：//www.fmprc.gov.cn/web/gjhdq_676201/gj_676203/yz_676205/1206_676980/1206x0_676982/，2019-01.

③ 廖成梅. 中亚国家的语言政策论析. 国际关系学院学报，2011(6)：102.

定的发展。

3.1.31.1 主体语言教育政策

作为土库曼斯坦国语的土库曼语使用人口众多，超过350万。土库曼语属阿尔泰语系突厥语族乌古斯语支。[①] 土库曼语主要有两大方言群：东部、中部和西部等地区的方言构成的方言群；与伊朗交界的南部地区方言构成的方言群，内部细分为约穆德、铁克、萨雷尔、萨拉尔、艾尔萨里、乔乌尔都等方言。[②] 由于历史原因，现今的土库曼斯坦领地先后有波斯、马其顿、突厥、阿拉伯、蒙古等不同国家聚居，所以19世纪以前，土库曼语使用阿拉伯字母进行书写，直到21世纪初开始改用修改过的拉丁字母作为书写符号。

十月革命之前，土库曼斯坦地区的教育水平落后，这一时期的教育机构主要是清真寺的附属学校，其办学目的是培养宗教人员阿拉伯语并教授伊斯兰教义。[③] 虽然沙俄政府大力传播俄罗斯文化，但由于当地人民受教育率低、识字率低，所以大部分土库曼族仍然使用土库曼语。

1917年，苏联在土库曼斯坦建立苏维埃政权后，十分重视国民的教育事业。1921年，当时的政府将俄语定为族际共通语，努力实现各民族语言自我发展。到了20世纪30年代末，联盟中央作出了普及俄语的指令性决定。1938年，苏联规定全国所有学校的学生都必须学习俄语。[④] 1961年，苏联政府更规定俄语为苏联各族人民的“第二语言”，并实施语言发展的“两条线”政策，即民族语言仅适用于当地民族文化的发展，而俄语则用于更为广阔的范围。[⑤]

苏联解体后，土库曼斯坦把主体民族语言国语化视为政治独立的象征和国家认同的标志，土库曼斯坦语言政策包括两方面内容：主体民族语言国语化和语言文字去俄罗斯化。

土库曼斯坦于1992年5月18日通过独立后的第一部宪法《土库曼斯坦宪法》。宪法第一部分第13条规定主体民族语言即土库曼语为国语，并规定土库曼斯坦公民在学校、国家机关等公共场合都必须使用土库曼语；在总统竞选条例中，明确规定熟练掌握国语的共和国公民才可以参选。独立后，土库曼斯坦大力扩大国语使用的范围，土库曼斯坦语言政策的核心内容就是维护和提高国语地位。加之俄罗斯族人只占总人数的2%，俄语的使用也因此受到很大限制。

2008年土库曼斯坦政府颁布的宪法第14条规定土库曼语是唯一的官方语言，俄语既不是官方语言，也不是族际交际语。不能在教育、大众传媒、政治和公共生活中使用俄语，教育领域完全使用土库曼语，其他族群语言也都被边缘化，由此可见，土库曼斯坦推行的是较为激进的“去俄罗斯化”语言政策。

3.1.31.2 外语教育政策

随着土库曼斯坦对外开放的不断深入、经济发展以及综合国力的提高，国民外语素质

---

① 杨亦鸣，赵晓群.“一带一路”沿线国家语言国情手册.北京：商务印书馆，2017：317.

② 杨亦鸣，赵晓群.“一带一路”沿线国家语言国情手册.北京：商务印书馆，2017：317.

③ 李睿，李敬欢.土库曼斯坦教育状况与改革初探.民族教育研究，2017(3)：140.

④ 安蕾.中亚突厥语国家独立后的语言政策调整及背景因素分析.中国社科院研究生院学报，2011(6)：109.

⑤ 杨亦鸣，赵晓群.“一带一路”沿线国家语言国情手册.北京：商务印书馆，2017：318-319.

也必须随之提高。早在1993年5月3日，土库曼斯坦首任总统宣布《新教育政策》，规定土库曼斯坦自学前教育机构至高等院校均需教授英语课程。2013年10月23日，土库曼斯坦总统库尔班古力·别尔德穆哈梅多夫在土库曼斯坦长老理事会上指出：土库曼斯坦青年12年普通学校毕业之前应该掌握土库曼语、英语和俄语三种语言。①

英语是土库曼斯坦各高校学生的必修课，也是高校入学考试的必考科目。土库曼斯坦共有24所高校，其中4所开设了英语言文学专业，分别为土库曼斯坦马赫图姆库里国立大学、土库曼—土耳其国际大学、土库曼斯坦阿扎季世界语言学院和土库曼斯坦国立师范学院，约有英语专业学生1300名。为培养符合国际标准的英语专家，土库曼斯坦总统签署了总统令，于2014年在首都阿什哈巴德建立了土库曼斯坦国际人文科学与发展大学，2014年9月1日正式授课。该大学是土库曼斯坦唯一一所全自费高校，该校设国际经济系、国际新闻系、国际法律和管理系等5个系、14个专业，实行四年制本科教育，全英语授课，每年约招收学生300名，学生开始接受本科教育前需先进行一年的英语预科培训。

此外，国家各部门工作人员也开始通过各种途径学习英语，土库曼斯坦已掀起了全民学习英语的热潮。美国在土库曼斯坦的英语语言文化推广也给土库曼人提供了更多了解美国、学习英语及赴美留学、培训的机会。

中国是土库曼斯坦邻近的友好国家，"一带一路"将两国更加紧密地联系在一起，丝绸之路经济带的建设需要汉语作为助力，因此土库曼斯坦的汉语推广政策也尤为重要。相较英语，汉语在土库曼斯坦属于比较新的学科，目前仅土库曼斯坦马赫图姆库里国立大学和土库曼斯坦阿扎季世界语言学院开设有汉语言文学专业，每年仅招收一个班，现有教师10名，其中包括中国汉办公派教师3名，学生89名。除此之外，土库曼斯坦外交部国际关系学院和土库曼斯坦国立经济管理学院开设了汉语选修课。

◎ 参考文献：

1. 安蕾. 中亚突厥语国家独立后的语言政策调整及背景因素分析[J]. 中国社科院研究生院学报，2011(6)：108-111.
2. 李敬欢，李睿. 浅谈土库曼斯坦的英语推广对汉语推广的启示[J]. 民族教育研究，2016(3)：139-144.
3. 李睿，李敬欢. 土库曼斯坦教育状况与改革初探[J]. 民族教育研究，2017，3：140-144.
4. 廖成梅. 中亚国家的语言政策论析[J]. 国际关系学院学报，2011(6)：101-105.
5. 王新青. 中亚历史语言文化研究[M]. 北京：人民出版社，2013.
6. 杨亦鸣，赵晓群. "一带一路"沿线国家语言国情手册[M]. 北京：商务印书馆，2017.

① 李敬欢，李睿. 浅谈土库曼斯坦的英语推广对汉语推广的启示. 民族教育研究，2016(3)：141.

3.1.32 文莱

文莱达鲁萨兰国(Negara Brunei Darussalam)简称文莱(Brunei)，位于亚洲东南部，加里曼丹岛西北部，北濒中国南海，东南西三面与马来西亚的沙捞越州接壤，并被沙捞越州的林梦分隔为不相连的东西两部分。海岸线长约162公里，有33个岛屿，总面积为5765平方公里，属热带雨林气候。人口42.26万(2016年)，其中马来人占65.7%，华人占10.3%，其他种族占24%。马来语为国语，通用英语，华语使用较广泛。伊斯兰教为国教，其他还有佛教、基督教、道教等。①

文莱古称渤泥，14世纪中叶伊斯兰教传入，建立苏丹国。1888年沦为英国保护国，1941年被日本占领，1946年英国恢复对文莱控制，1984年1月1日完全独立。文莱的政体是君主专制政体。苏丹在文莱独立时宣告文莱是一个享有主权、民主和独立的马来伊斯兰君主制国家。宪法规定，苏丹为国家元首，拥有全部最高行政权力和颁布法律的权力，同时也是宗教领袖。设宗教、枢密、内阁、立法和世袭5个委员会，协助苏丹理政。

文莱奉行不结盟及同各国友好的外交政策。1984年加入联合国，同年成为东盟第六个成员国，2013年担任东盟轮值主席国。1993年加入关贸总协定，1994年成为世界贸易组织成员国。2006—2009年任中国—东盟关系协调国。文莱系亚太经合组织(APEC)和亚欧会议(ASEM)成员。重视同中国、美国、日本等大国关系，积极发展同伊斯兰教国家间的关系，是伊斯兰会议组织成员国。系英联邦和不结盟运动等国际组织成员国。截至2018年1月，与170个国家建交。

中国和文莱于1991年建立外交关系，各领域友好交流与合作逐步展开。1999年，两国签署联合公报，进一步发展在相互信任和相互支持基础上的睦邻友好合作关系。2013年，两国建立战略合作关系，2017年，双方签署《“一带一路”建设谅解备忘录》。

3.1.32.1 主体语言教育政策

1959年《文莱宪法》规定，标准马来语为官方语言。② 文莱教育部在1962年和1972年《文莱教育委员会报告》中提出，为了尽快与国家宪法一致，马来语作为公立小学和中学的教学语言。而在日常生活中，文莱马来语更加通用，它是马来西亚式，带文莱口音和少数方言词汇的语言，与标准马来语相似度为84%。

1888年至1984年，文莱一直是英国的保护国，像其他后殖民地一样，也受到宗主国的影响，将英语保留下来。文莱独立后与英国保持紧密关系，现代国防仍然由英国廓尔喀族组成的军队负责；司法体系以英国习惯法为基础，法庭上使用英语。20世纪50年代油田大发现时由英国壳牌公司管理、经营文莱的石油产业，因此英语在该国经济中逐渐占主导地位。标准英语主要在学校教学上使用，从小学高年级开始，中学和大学全部实行英文授课。但受到马来语的影响，当地人使用的英语产生了一定的变化，被称为文莱英语，它

① 文莱国家概况. https://www.fmprc.gov.cn/web/gjhdq_676201/gj_676203/yz_676205/1206_677004/1206x0_677006/.

② 张治国，郭彩霞. 文莱语言政策研究及其对我国的启示. 西安外国语大学学报，2016(3)：28-31.

和文莱马来语一样是年轻人交流的主要语言。1972年《文莱教育委员会报告》中就指出必须提升小学和中学的英语水平，从小学四年级起就接受英语教育的文莱人普遍可以流利使用英文。由于语音、语法受马来语影响产生了变化，文莱英语词汇中夹杂着大量马来语、华语词汇，如1985年颁布的《双语教育政策》的官方正式名称为 *Dwibahasha Educational System*，以及《2035国家前景规划》(*Wawasan Brunei* 2035)，两者都用文莱语和英语来共同命名。1984年文莱政府报告称"保证马来语的独立自主性，同时承认英语的重要性"。文莱独立一年后文莱政府于1985年1月在全国实行马来语—英语双语教育体制，取代之前完全分开的英语学校和马来语学校。在双语教育政策指导下，教师同时用马来语和英语为学生授课。初小主要使用马来语授课，英语课除外。四年级之后即高小开始用英语教授核心课程(数学、科学和地理)，用马来语教授"软学科"(包括文学、历史、宗教和艺术等)。高中阶段基本使用英语教授所有科目(马来语课程除外)。从2009年1月开始，文莱教育部颁布《走向21世纪国家教育体系》(*National Education System for the 21st Century*，简称 SPN21)，指出要提高学生英语、数学和科学三门成绩，要求从小学一年级起用英语教授数学和科学，强化了英语在教育中的地位。

3.1.32.2 少数族群语言教育政策

文莱至少还有7种土著语言，其中包括都东语(Tudong)、马来奕语(Belait)、杜松语(Dusun)、比赛亚语(Bisaya)和摩禄语(Murut)。在宪法中，这些语言和文莱马来语以及克达岩马来语(Kedayan)总称为马来语，为马来语在文莱的方言。另外两种土著语言包括伊班语和普南语。还有一些华语的方言。[①] 在文莱，没有任何官方政策文件规定如何努力来发展少数民族语言，但是政府也没有采取明显的手段来阻止少数民族语言的使用。由于马来语或英语为人们进入上流社会提供了更多的机会，少数民族语言已经变成了使用范围、使用潜力和活力都有限的语言。

3.1.32.3 外语教育政策

如前所述，文莱从1888年成为英国的保护国到1984年英国殖民统治结束，英语对文莱社会的影响长达一个世纪。在此期间，文莱人从排斥英语，到逐渐接受，到把英语当作步入精英阶层的钥匙。1984年文莱独立后，文莱政府实行马来语—英语的双语教育体制，英语已经成为文莱的高阶语言、超区域语言、通用语及两种主要教学语言之一，在文莱的政治、经济、社会生活中起着举足轻重的作用，在一定程度上其影响力还超出了其民族语言——马来语。文莱主要的报纸来自新加坡和马来西亚，使用英语和马来语作为媒介语。文莱本土最大的两家报刊——《婆罗洲公报》(*Borneo Bulletin*)和《文莱时报》(*Brunei Times*)都使用英文。作为文莱最有影响力的大众媒体，《婆罗洲公报》只有周六、周日才有马来语版发行。英语的地位给文莱的语言生态带来了重大的改变，导致了人们对英语学习趋之若骛。英语的发展在一定程度上影响了马来语的使用，也影响到了一些少数民族语言的生存。

在文莱的外来民族中，华人是最大群体，作为文莱第二大族群，华语使用较广泛，大

① 王晋军. 中国和东盟国家外语政策对比研究. 昆明：云南大学出版社，2015：153.

多数华人讲普通话，也有华人讲粤语、闽南语等方言，当地人称之为华语。① 文莱政府允许华人办华文学校，到目前为止，文莱的汉语教学已经有90多年历史，由于文莱政府对华文教育的认可，文莱华校一直处于稳步发展中。②

◎ **参考文献：**

1. 刘上扶. 东盟各国语言纵横谈[M]. 南宁：广西教育出版社，2009.
2. 马艳. 东南亚汉语教育概述[M]. 广州：世纪图书出版公司，2015.
3. 王晋军. 中国和东盟国家外语政策对比研究[M]. 昆明：云南大学出版社，2015.
4. 张治国，郭彩霞. 文莱语言政策研究及其对我国的启示[J]. 西安外国语大学学报，2016，24(3).
5. https：//www. fmprc. gov. cn/web/gjhdq _ 676201/gj _ 676203/yz _ 676205/1206 _ 677004/1206x0_677006/.

3.1.33 乌兹别克斯坦

乌兹别克斯坦共和国(The Republic of Uzbekistan)简称乌兹别克斯坦，是一个位于中亚中部的内陆国家，是世界上两个双重内陆国之一(另一个为列支敦士登)。乌兹别克斯坦西北濒临咸海，与哈萨克斯坦、吉尔吉斯斯坦、塔吉克斯坦、土库曼斯坦和阿富汗毗邻。乌兹别克斯坦是著名的“丝绸之路”上的古国，历史上与中国通过“丝绸之路”有着悠久的联系。乌兹别克斯坦全境地势东高西低，平原低地占全部面积的80%，大部分位于西北部的克孜勒库姆沙漠，东部和南部属天山山系和吉萨尔-阿赖山系的西缘，内有著名的费尔干纳盆地和泽拉夫尚盆地。境内有自然资源极其丰富的肥沃谷地，主要河流有阿姆河、锡尔河和泽拉夫尚河，均为内流河。③

乌兹别克斯坦历史悠久。公元11—12世纪以乌孜别克族为主的国家已基本形成，建立了喀喇汗国和伽色尼王朝等。13世纪被蒙古鞑靼人征服。14世纪中叶，突厥人阿米尔·帖木儿建立以撒马尔罕为首都的庞大帝国。16—18世纪，乌兹别克人(乌孜别克族)建立布哈拉汗国、希瓦汗国和浩罕汗国。19世纪60年代，部分领土并入俄罗斯帝国。1917年至1918年建立苏维埃政权。1924年成立乌兹别克苏维埃社会主义共和国并加入苏联，成为苏联加盟共和国之一。1991年8月31日宣布独立。④

3.1.33.1 主体语言教育政策

乌兹别克语属阿尔泰语系突厥语族葛逻禄语支，是乌兹别克斯坦的官方语言，约有3千万使用者。古乌兹别克语在粟特、大夏和花剌子模使用。乌兹别克语的词汇和语法与维

① 刘上扶. 东盟各国语言纵横谈. 南宁：广西教育出版社，2009：9.
② 马艳. 东南亚汉语教育概述. 广州：世纪图书出版公司，2015：229.
③ https：//baike. baidu. com/item/乌兹别克斯坦/216568？ fr=aladdin.
④ http：//uz. chineseembassy. org/chn/wzgk/t141205. htm.

吾尔语、哈萨克语、柯尔克孜语、塔塔尔语、卡拉卡尔帕克语等突厥语言比较接近，这些语言的使用者之间基本可以沟通，但亦受到波斯语、阿拉伯语和俄语的影响。

1989年10月，乌兹别克苏维埃社会主义共和国通过了《语言法》，规定乌兹别克语为国语。1991年独立后颁布的宪法再次重申了乌兹别克语的国语地位，没有赋予俄语官方语言地位，仅规定其为族际交际语言。1995年修订和2004年增补的《国家语言法》中，作为事实上的族际交际语言，俄语成为了一门外语。1993年，乌兹别克斯坦宣布实施文字拉丁化，通过了《关于实行以拉丁字母为基础的乌兹别克字母表的法令》，废除了自1940年起颁布实施的《以俄语字母为基础的乌兹别克文》。2001年，文字拉丁化方案开始实施，2005年完全取代基里尔字母，乌兹别克语的文字拉丁化改革已基本完成。2012年11月，乌司法部发布公告，2012年11月2日起，公民在登记出生、死亡、缔结和废除婚姻时可用两种语言，即乌兹别克语(拉丁)和俄语，俄语地位有了一定恢复。①

3.1.33.2 少数族群语言教育政策

乌兹别克斯坦是一个由130个民族组成的多民族国家。其中，乌兹别克族占80%，俄罗斯族占5.5%，塔吉克族占4%，哈萨克族占3%，卡拉卡尔帕克族占2.5%，鞑靼族占1.5%，吉尔吉斯族占1%，朝鲜族占0.7%。此外，还有土库曼族、乌克兰族、维吾尔族、亚美尼亚族、土耳其族、白俄罗斯族等。

1995年《语言法》修订本宣布，所有公民都享有选择交流语言的权利；与不懂乌兹别克语的国家机构工作人员的官方函件来往允许使用其他语言。这里要特别提到的是卡拉卡尔帕克自治共和国的语言立法。该自治共和国是乌兹别克斯坦的一部分，于1990年宣布卡拉卡尔帕克语为自己的国家语言，乌兹别克语为其官方语言。②

3.1.33.3 外语教育政策

2005年5月7日，由中国汉办与塔什干国立东方学院合作的第一个非学历高等教育机构——塔什干孔子学院在乌兹别克斯坦共和国首都塔什干成立。塔什干孔子学院的中方合作院校为兰州大学，该校每两年都会选拔优秀的汉语教师赴塔什干孔子学院担任主要的汉语课程教学工作。兰州大学不仅为塔什干孔子学院选派汉语教师，还赠送汉语教材和提供汉语教学设备，并协助其修建了汉语图书馆。孔子学院主要开设汉语课程，汉语课程属于综合课，除综合课程外，孔子学院还开设书法、民族舞蹈、中国文化等讲座课。这些课程的设立调动了学生学习汉语的热情，加上国家与学校对汉语言教学的重视，注重提升汉语教师对教学的专注程度及对学生的重视和关心程度，极大地促进了乌兹别克斯坦汉语言教学的发展。在"一带一路"倡议的背景下，乌兹别克斯坦国民掀起了学习汉语的热潮。在乌兹别克斯坦，孔子学院开展了各式各样的活动以辅助汉语言更快、更好地传播和传授。比如，开展汉语公开示范课、书法比赛、中国传统文化剪纸比赛、太极拳比赛、中国茶艺欣赏、汉语桥、中文歌曲卡拉OK比赛、HSK等活动。学校领导经常和中国驻乌兹别克斯坦大使馆相关工作人员交流沟通，以保证汉语教学能够跟上中国汉语言文化的发展。

---

① 王莉. 从政治理想到社会现实：中亚五国语言政策评析. 河南师范大学学报(哲学社会科学版)，2017(5)：108.

② 李琰. 乌兹别克斯坦语言地位规划研究. 新疆社会科学，2014(3)：94.

2014年11月，中国上海外国语大学和乌兹别克斯坦撒马尔罕国立外语学院合作创办了乌兹别克斯坦第二所孔子学院，旨在培养乌兹别克斯坦更多的汉语学习爱好者和人才，帮助学生学习汉语，为学生提供更多文化交流与学习的平台。

◎ **参考文献：**

1. 李琰. 乌兹别克斯坦语言地位规划研究[J]. 新疆社会科学，2014(3)：93-98.
2. 王莉. 从政治理想到社会现实：中亚五国语言政策评析[J]. 河南师范大学学报(哲学社会科学版)，2017(5)：107-113.

3.1.34 新加坡

新加坡共和国(The Republic of Singapore)简称新加坡，是东南亚的一个岛国，政治体制实行议会制共和制。新加坡北隔柔佛海峡与马来西亚为邻，南隔新加坡海峡与印度尼西亚相望，毗邻马六甲海峡南口，国土除新加坡岛(占全国面积的88.5%)之外，还包括周围63个小岛。① 新加坡是东南亚国家联盟(ASEAN)成员国之一，也是世界贸易组织(WTO)、英联邦以及亚洲太平洋经济合作组织(APEC)成员经济体之一。

新加坡是一个多元文化的移民国家，是全球最国际化的国家之一。新加坡曾先后被英国、日本统治长达近140年之久，后加入马来西亚联邦，自1965年独立后建国。新加坡人主要由移民及其后代组成，他们从欧洲和亚洲移民了将近一百年。移民社会的性质，加上殖民统治的历史和地理位置，使新加坡成为一个多元文化的社会。

1980年6月14日，中国和新加坡关于互设商务代表处协议在北京签字，次年9月两国商务代表处正式开馆。中国和新加坡自1990年10月3日建交以来，两国在各领域的互利合作成果显著。两国签署《经济合作和促进贸易与投资的谅解备忘录》，建立了两国经贸磋商机制。双方还签署了《促进和保护投资协定》《避免双重征税和防止漏税协定》《海运协定》《邮电和电信合作协议》《成立中新双方投资促进委员会协议》等多项经济合作协议。

3.1.34.1 主体语言教育政策

新加坡是一个多语种国家，有英语、马来语、中文和泰米尔语四种官方语言。面对多语言和多元文化的现实，新加坡政府非常重视语言政策的制定。② 基于和马来西亚的历史渊源，《新加坡宪法》明确规定马来语为新加坡的国语，主要是尊重新加坡原住民所使用的语言。由于内部和外部因素，新加坡使用英语作为主要语言和教学语言。③

独立之前，新加坡是一个英国殖民地；摆脱殖民统治后，新加坡长期以来一直是马来西亚联邦的成员，因此一直强调马来语的重要性。1959年，新加坡成为一个自治州，宣称马来语为“国语”，并采取了许多措施推广马来语。1965年8月9日，新加坡脱离马来

① https://baike.baidu.com/item/新加坡/145065?fr=aladdin.
② 邹长虹. 新加坡的语言政策及其对我国外语教育政策的启示. 社会科学家，2014(2)：115.
③ 农雪明. 从社会语言学视角阐释新加坡英语的特点. 东南亚纵横，2009(11)：90.

西亚成为一个独立的共和国。

同年10月，新加坡总理办公室发布了系列相关语言政策，普遍承认独立前的原则，即多语言主义和对马来人的尊重，保持英语、马来语、中文和泰米尔语这四种官方语言的平等，并以马来语作为共同语言和国家语言。1967年以后，新加坡政府决定放弃使用马来语作为共同语言的政策，恢复殖民时期的英语语言政策。20世纪70年代以后，基于英语的多语言政策最终确定。

在多语言和多元文化的背景下，新加坡政府采用双语教育制度，即以英语为教学语言，英语+母语的双语教育制度。① 新加坡这种双语教育的特点是：

(1)非平行的双语教育。母语学习持续12年，但只有8%的优秀学生可以参加高级母语课程。母语课程占学校教学比例较低。(2)两种语言的接触时间随学年减少。(3)英语的学习重在实用。作为一种行政语言，英语是不同民族之间交流的语言，现代商业语言实际上是各民族应用的"顶级语言"。各民族的母语仅用作传达文化传统的语言。②

3.1.34.2 外语教育政策

1965年独立后，新加坡开始推广双语教育，并于1966年和1969年开始在中小学开展双语教育。20世纪70年代以后，基于英语的多语言政策逐步最终确定。所有民族的学生都必须学习英语并将英语作为种族间的通用语言。英语教学的小时数显著增加，已成为其他科目的主要教学语言。③

新加坡在执行双语教育政策的同时，还在执行第三语言教育计划。新加坡的第三语言相当于其他国家的外语。新加坡教育部语言学习为中小学生中心提供有法语、日语、德语、马来语、阿拉伯语、印尼语和西班牙语共7种第三语言的学习。但是，在新加坡中小学并没有开展第三语言的教学活动，它们在大学作为选修课程，供学生选择学习。

◎ 参考文献：

1. 农雪明. 从社会语言学视角阐释新加坡英语的特点[J]. 东南亚纵横，2009(11)：89-92.
2. 单伟. 新加坡高校入学考试制度探析[D]. 山东师范大学硕士论文，2010.
3. 王天舒. 新加坡的多语政策与双语教育[J]. 国际关系学院学报，2008(1)：68-72，96.
4. 詹伯慧. 漫步语坛的第三个脚印——汉语方言与语言应用论集[A]. 选自：新加坡的语言政策与华文教育[M]. 广州：暨南大学出版社，2006(10).
5. 詹伯慧. 新加坡的语言政策与华文教育[J]. 暨南大学华文学院学报，2001(3)：1-3，12.
6. 邹长虹. 新加坡的语言政策及其对我国外语教育政策的启示[J]. 社会科学家，2014

① 詹伯慧. 新加坡的语言政策与华文教育. 暨南大学华文学院学报，2001(3)：1.

② 詹伯慧. 漫步语坛的第三个脚印——汉语方言与语言应用论集. 选自：新加坡的语言政策与华文教育. 广州：暨南大学出版社，2006.

③ 王天舒. 新加坡的多语政策与双语教育. 国际关系学院学报，2008(1)：69.

(2): 114-116.

3.1.35 叙利亚

阿拉伯叙利亚共和国(The Syrian Arab Republic)简称叙利亚，是世界古老文明的发源地之一，位于亚洲西部、地中海东岸，北与土耳其接壤，东同伊拉克交界，南与约旦毗连，西南与黎巴嫩和巴勒斯坦(以色列)为邻，西与塞浦路斯隔地中海相望。叙利亚处于亚非欧大陆交界处，这样的地理位置不仅赋予其多样性的文明，也为其社会发展带来诸多机遇与挑战。①

叙利亚国土面积较小，仅为18.5万平方公里(含戈兰高地)，中东部是沙漠和戈壁。叙利亚人口主要居住在大马士革、霍姆斯和阿勒颇等城市。叙利亚是多种文化、民族和宗教汇集与交融的地区，是人类文明的发源地。叙利亚约85%以上的人口为阿拉伯人，最大的少数族群是库尔德人，约占总人口的10%，其他少数族群有亚美尼亚人、切尔克斯人、土库曼人和犹太人等，约占5%。悠久的历史和多样的民族赋予了叙利亚多元化的语言资源。②

从2011年年初持续至今的叙利亚政府与叙利亚反对派之间的冲突，还有英、法、美等国对叙利亚进行的军事袭击，使得叙利亚部分城市面目全非。叙利亚当前局势动荡不安。内战摧毁的不仅是叙利亚的民生，甚至摧毁的是叙利亚的未来。和其他许多阿拉伯国家一样，叙利亚存在识字率较低、人口素质较差的严重问题。

3.1.35.1 主体语言教育政策

叙利亚的语言政策主要经历了法国殖民时期和民族独立两个时期。第一次世界大战后，叙利亚沦为法国的委任统治地。在法国殖民时期，法语曾是叙利亚学校唯一开设的外语。但是自1946年独立后，叙利亚为了强化其阿拉伯人的民族认同感及重振阿拉伯文化，政府将标准阿拉伯语规定为官方语言，同时在各个领域大力推行“阿拉伯化”运动，旨在清除外语和方言对标准阿拉伯语的影响和排挤，维护标准阿拉伯语的官方语言地位。为此，1950年叙利亚通过宪法规定标准阿拉伯语为其官方语言，应用于政府公文、新闻报刊、学术论文与文学作品等书面体和正式场合。

2007年7月17日，叙利亚总统巴沙尔·阿萨德发表讲话呼吁重视保护阿拉伯语。为了落实总统讲话内容，叙利亚各部委和相关机构合作，共同实施了107项规定，从各个方面加强阿拉伯语的普及和使用规范。③ 为了加强和发展标准阿拉伯语的语言功能，叙利亚还成立了三个语言机构：大马士革阿拉伯语学会(Arabic Academy of Damascus)、阿拉伯语发展委员会(The Committee of Arabic Language Enhancement)与阿拉伯语翻译、著作权、出版和“阿拉伯化”中心(Arab Center for Arabization, Translation, Authorship and Publication)。

叙利亚政府非常重视标准阿拉伯语的推广和普及。为加强标准阿拉伯语使用的规范

---

① https://baike.baidu.com/item/叙利亚/215811?fr=aladdin.

② 李宁，王辉. 叙利亚的语言政策. 光明日报，2016-11-13(07).

③ 李宁，王辉. 叙利亚的语言政策. 光明日报，2016-11-13(07).

性，叙利亚政府也颁布和实施了相关语言政策。例如，在公共领域公示语中维护标准阿拉伯语的优先地位，在国家各个部门的工作中提倡使用标准阿拉伯语；在颁发各种法令和规定时，禁止国有和私有商店、饭店和公司等使用外文名称；坚持使用标准阿拉伯语为教学媒介语言，重视标准阿拉伯语在语言教育中的课程比重。叙利亚是最早在教育领域推行“阿拉伯化”运动的阿拉伯国家，直至现在，叙利亚依然坚持将阿拉伯语作为所有教育阶段的媒介语言。

3.1.35.2 少数族群语言教育政策

叙利亚主要的少数族群语言有库尔德语、阿拉米语、切尔克斯语、亚美尼亚语和土库曼语等。库尔德人是叙利亚最大的少数民族，由于叙利亚视库尔德民族为国家统一的威胁，独立后的叙利亚政府长期实行不平等的民族政策，对库尔德语一直采取全面压制政策。自推行“阿拉伯化”运动以来，叙利亚政府在少数民族语言政策方面采取“差别式”待遇。库尔德人口约有220万，是叙利亚的第二大民族，人口数量仅次于阿拉伯人，约占叙利亚总人口的十分之一。叙利亚库尔德人主要分布在叙利亚的东北部，与伊拉克和土耳其相邻。1963年，阿拉伯复兴社会党在叙利亚上台，他们对库尔德人采取更激进的同化和歧视政策，直接否认库尔德民族的存在，库尔德人的节日、服饰、语言、学校等全部被禁止，甚至连新出生的库尔德儿童都必须起阿拉伯名字，库尔德人乡镇名称也被改为阿拉伯名字。① 2011年爆发的叙利亚内战为库尔德民族争取语言权利创造了良机，在国内局势迫使下，叙利亚政府取消了其对库尔德语半个多世纪的压制政策，库尔德语民族逐步恢复了其语言权利。

土库曼人是叙利亚继库尔德人之后的第三大族群，估计约有20万。大多数居住在叙北部靠近土耳其边境的地区。② 按照一些媒体的说法，在巴沙尔·阿萨德执政的叙利亚，信奉逊尼派的土库曼人作为少数族裔一直受到打压，甚至不能教孩子学习土库曼语。③ 据2005年数据显示，叙利亚亚美尼亚语使用者约有80000人，主要居住在大马士革和阿勒颇等。相对而言，叙利亚政府对阿拉米语言采取了比较宽容的态度，专门建立了阿拉米语语言学院，以传承和保护这一文化遗产。④

3.1.35.3 外语教育政策

经历了不同的社会变革与挑战之后，阿拉伯国家的外语教育政策也随着时代发展要求不断变更。1920年，根据国际联盟在圣雷莫会议上的决定，叙利亚被划分为法国的殖民地。在法国政府的支持下，法国文化在殖民地获得了压倒性的统治地位。法国文化在文学、语言等多方面开始了对叙利亚原生文化的清洗与替代。法国在叙利亚学校开设法语课程，将法国文化一步步渗透入叙利亚民众。因此法语教学在叙利亚根深蒂固，法语也是叙利亚学校唯一开设的外语。

---

① 李明伟. 他们是叙利亚第二大民族，却长期被忽视. https://www.sohu.com/a/127400006_359763.

② http://www.sohu.com/a/215795164_100076754.

③ http://news.ifeng.com/a/20151126/46404257_0.shtml.

④ Jordi T. *Syria's Kurds: History, Politics and Society*. London: Routledge, 2009.

直至1946年，在“阿拉伯化”运动的驱动下，叙利亚决定清除殖民影响，削弱法语在教育体系中的作用和地位，将标准阿拉伯语置于绝对的官方地位。用英语代替法语作为第一选修外语，以此来削弱法语在外语教育体系中的作用和地位是叙利亚的不错选择。其实，英语在叙利亚一直没有地位，不受重视。随后，英语在叙利亚外语教育中的比重逐渐提升，而法语作为第二外语，可以在七年级开始学习。①

随着经济全球化的发展和国际交流活动的增加，叙利亚对于外语人才的需求有所扩大。为此，叙利亚政府更加重视高等院校的外语教育学，并对外语教育政策进行了调整。叙利亚教育部规定：所有高校为本科一年级非外语专业学生开设两门外语课程，教授普通外语技能，学习时间为两个学期，每学期每周4课时。针对二年级非外语专业学生，各高校应根据其专业水平开设两门外语课程，授课时间为两个学期。每个院系需开设一门外语授课的核心课程，自行选择合适的教材供三年级及以上学生使用。由此可见叙利亚对外语教育的重视。当前，英语和法语是叙利亚最主要的两门外语，通过诸如此类的一系列外语教学政策，英语和法语成为叙利亚高等教育人才必备的外语技能。②

当前，叙利亚内战基本结束，中国“一带一路”建设与叙利亚战后重建工作对接的可能性非常大。③“一带一路”提供的巨大机会可以推动叙利亚国民学习汉语的热情，而叙利亚战后凋敝的经济也给中国企业提供了潜在的巨大市场。

◎ 参考文献：

1. Jordi T. *Syria's Kurds*：*History*，*Politics and Society*［M］. London：Routledge，2009.
2. 李明伟. 他们是叙利亚第二大民族，却长期被忽视［EB/OL］. https：//www.sohu.com/a/127400006_359763.
3. 李宁，王辉. 叙利亚的语言政策［N］. 光明日报，2016-11-13(07).
4. 李世峻，马晓霖. “一带一路”对接叙利亚战后重建：时势评估与前景展望［J］. 阿拉伯世界研究，2018(3)：76-91.
5. 王辉. “一带一路”国家语言状况与语言政策(第二卷)［M］. 北京：社会科学文献出版社，2017.

3.1.36 亚美尼亚

亚美尼亚共和国(The Republic of Armenia)简称亚美尼亚。亚美尼亚位于亚洲与欧洲交界处的外高加索地区，是一个共和制国家。

亚美尼亚的历史可以追溯到2500年前，历史上亚美尼亚的传统疆域远远超过当今的

① 李宁，王辉. 叙利亚的语言政策. 光明日报，2016-11-13(07).

② 王辉. “一带一路”国家语言状况与语言政策(第二卷). 北京：社会科学文献出版社，2017.

③ 李世峻，马晓霖. “一带一路”对接叙利亚战后重建：时势评估与前景展望. 阿拉伯世界研究，2018(3)：76.

疆域，一度包括今天的高加索地区和土耳其东部的广大区域。后来在外族不断入侵和压迫下，亚美尼亚的领土不断缩小。亚美尼亚在1991年9月23日脱离苏联独立，再度恢复了独立国家的身份，并于当年12月21日加入独联体。①

亚美尼亚是一个内陆国家，但因为宗教冲突，加上与邻国之间的国界争议问题，成为高加索地区一个动荡不安的火药库。②

3.1.36.1 主体语言教育政策

亚美尼亚语(Armenian language)是亚美尼亚唯一的官方语言，同时也是纳戈尔诺-卡拉巴赫共和国(目前仅获得3个非联合国成员国③的承认)的官方语言。亚美尼亚语的文学史十分漫长，其现存最古老的文学作品是公元5世纪的《圣经翻译》。现代亚美尼亚语有两种规范的形式：东亚美尼亚语和西亚美尼亚语，两者都可以用于理解当代亚美尼亚方言。

虽然亚美尼亚是一个新兴国家，但亚美尼亚语有着厚重的历史。除本国外，加拿大、塞浦路斯、法国、格鲁吉亚、伊朗、伊拉克、以色列、约旦、巴西、阿根廷、黎巴嫩、俄罗斯、叙利亚、美国等地也有使用亚美尼亚语的人群。④

亚美尼亚十分重视亚美尼亚语的教育和推广。在脱离苏联后，亚美尼亚经济滑坡，教育事业不受重视，教育构想及教育范式变更，整个世界的知识更新速度加快，在种种问题之下，独立后的亚美尼亚依然形成了自身的教育体系。2004年后，在原有的教育基础上，亚美尼亚根据本国国情出台了《国家普通教育构想》《中等教育国家标准》，并在《国家普通教育标准》的基础上制定了新一代课程标准和大纲。除使用亚美尼亚语进行授课，在教材的使用方面，很多西方的理论、概念、策略等都翻译成了亚美尼亚文字。⑤ 其国内最大的高校——埃里温国立大学也使用亚美尼亚语进行教学。

亚美尼亚有1008家新闻机构，其中报纸596家、杂志148家、电视公司186家、广播公司53家、通讯社25家。主要刊物中，《亚美尼亚共和国》和《亚美尼亚之声》有使用俄文，主要电视和广播为亚美尼亚公共广播电台和亚美尼亚公共电视台，最大通讯社为亚通社，大部分媒体都使用亚美尼亚语。

3.1.36.2 少数族群语言教育政策

亚美尼亚有295万人口(2018年)。在民族上，亚美尼亚族是主体民族，占93.3%，其他有俄罗斯人、雅兹迪人(库尔德人的一支)、亚述人、乌克兰人、希腊人等。其他民族有俄罗斯族、乌克兰族、亚述族、希腊族、格鲁吉亚族、白俄罗斯族、犹太族、库尔德族等。⑥

在其少数民族中，多数仍使用亚美尼亚语和俄语，库尔德族也有部分使用自己的语

---

① https://www.lszj.com/shijiefengyun/21323_2.html，2018-07-29.

② http://euroasia.cass.cn/news/106964.htm，2018-07-29.

③ 3个非联合国成员国分别是南奥塞梯共和国、阿布哈兹共和国和德涅斯特河沿岸。

④ https://www.ethnologue.com/language/hye，2018-07-27.

⑤ 任雪梅. 亚美尼亚教育发展特征及其与中国的教育合作. 世界教育信息，2018(6)：22.

⑥ http://www.fmprc.gov.cn/web/gjhdq_676201/gj_676203/yz_676205/1206_677028/1206x0_677030/，2018-07-29.

言。库尔德族是中东人口仅次于阿拉伯、土耳其和波斯民族的第四大民族，是中东地区最古老的民族之一，相传是古代米底亚人的后代，两千多年来一直都在库尔德斯坦的山区活动，过去都过着游牧式生活。库尔德人大多数都是伊斯兰教信徒，多属于逊尼派，主要讲库尔德语。库尔德语有两种书写方式：在伊拉克和伊朗主要用阿拉伯字母书写，在土耳其和叙利亚主要用拉丁字母书写。虽然两种书写方式其实相通，但可能因为长久的分隔，使两种语言在用词方面已开始有显著不同。

亚美尼亚是一个新兴国家，语言教育还不够完善，对于少数民族还没有制定相应的语言教育政策，虽然俄语对亚美尼亚影响深远，但语言教育方面还是以亚美尼亚语为主。长远来看，亚美尼亚语将在亚美尼亚占据主导地位。

3.1.36.3 外语教育政策

由于亚美尼亚此前属于苏联国家，俄语在亚美尼亚仍有广泛应用，实际上也可看作亚美尼亚的第二语言。① 2013 年的一项调查显示，95%的亚美尼亚人具备俄语知识(24%为高级，59%为中级)，40%具备英语知识(4%为高级、16%为中级、20%为初学)。然而，更多的成年人(50%)认为公立中学应该用英语授课，倾向于俄语授课的只有 44%。可以说，亚美尼亚语是亚美尼亚官方语言，而俄语是应用最广的外语。

在 20 世纪 90 年代后期，亚美尼亚的教育发展开始得到重视，教育被认为是国家和社会发展的基础所在，国家开始提倡教育全球化和国际化，要“将教育全球化定位为亚美尼亚民主化进程的重要任务”。2011—2015 年，亚美尼亚实施《亚美尼亚国家教育发展规划(2011—2015)》。规划指出，教育的重要目标之一是与世界教育接轨。苏联解体以后，亚美尼亚教育国际化的主要目的是摆脱教育危机，提升教育质量，使教育内容与劳动力市场需求保持一致，主要措施为加入博洛尼亚进程。建立孔子学院、开展汉语教育也成为其中一项重要举措。②

总体说来，受政局动荡、战乱的影响，亚美尼亚的语言教育还处于发展阶段，语言教育以亚美尼亚语为主，在国内最大的高校——埃里温国立大学的教学中，亚美尼亚语教学仍是主体，③ 部分专业开设了英文授课课程，亚美尼亚语、俄语、英语都是通用语言。同时，亚美尼亚还开展了针对偏远地区的技术教师培训，这一举措与现有的教育体制相结合，大大提高了外语教学的效率。④

◎ 参考文献：

1. Sona Budaghyan. Technology Teacher Training in a Remote Region of Armenia[J]. *Procedia-Social and Behavioral Sciences*, 2015: 197.

---

① https: //www. ethnologue. com/language/rus, 2018-07-29.

② 任雪梅. 亚美尼亚教育发展特征及其与中国的教育合作. 世界教育信息, 2018(6): 20.

③ http: //www. ysu. am/ysu/en/history-1431766116, 2018-07-29.

④ Sona Budaghyan. Technology Teacher Training in a Remote Region of Armenia. *Procedia-Social and Behavioral Sciences*, 2015, 197: 197.

2. 任雪梅. 亚美尼亚教育发展特征及其与中国的教育合作[J]. 世界教育信息, 2018(6).

3.1.37 也门

也门共和国(Yemen Republic)通称也门，为西南亚国家，位于阿拉伯半岛西南端，与沙特阿拉伯、阿曼相邻，濒红海、亚丁湾和阿拉伯海。1990 年 5 月由阿拉伯也门共和国(北也门)和也门民主人民共和国(南也门)合并组成。

从历史上看，也门拥有 3000 多年文字记载的历史，是阿拉伯世界古代文明摇篮之一。从政治上看，也门实行共和制，人民是权力的来源和主体，通过选举投票直接行使政治权利。也门的政治体制建立在政治多元化和多党制基础之上，通过大选实现政权的和平交替。[①] 从经济上看，也门经济落后，是世界上最不发达的国家之一。经济发展主要依赖石油出口收入，粮食不能自给，约 1/2 依靠进口。

3.1.37.1 主体语言教育政策

也门官方语言为现代标准阿拉伯语。1994 年，宪法明确规定：也门的官方语言是标准阿拉伯语，为阿拉伯语的官方地位提供了法律依据。[②] 在政府服务、媒体广播和公共教育以及日常生活中人们主要使用阿拉伯语。伊斯兰教是也门共和国的国教，99%的居民信仰伊斯兰教，宗教事务中也都使用阿拉伯语。国家规定，伊斯兰法规是一切国家法律的源泉。此外，也门的学校体系中，从小学到大学都有伊斯兰宗教学校，并由专门教师教授阿拉伯语。因此，宗教和教育因素在阿拉伯语地位的确立中起到了不可忽视的作用。[③]

也门全国中小学实行 9 年义务教育，但由于社会、经济、文化及宗教因素错综复杂，[④] 能完成整个义务教育的学生数总体占比较低，导致也门人均受教育程度较低，文盲率高达 62.1%。[⑤] 2005 年 3 月，作为也门“基础教育国家战略”的一部分，也门政府启动了“发展基础教育项目”，世界银行、荷兰、英国和也门政府分别出资。在也门政府和国际社会的共同努力下，也门教育事业取得了巨大进步，高等教育也取得了进步和发展。由于 90%以上的居民说阿拉伯语，也门的公立学校都以阿拉伯语为教学语言。也门的阿拉伯语方言众多，各种方言的口语之间差异很大，因此，也门政府规定书面阿拉伯语要使用现代标准阿拉伯语，公共事务和宗教事务中均需使用现代标准阿拉伯语。然而，由于也门的社会形态以部落形式为主，各大部落势力强大，政府的政令在部落内部并不能保证顺利实行。另外，也门国内的政治局势一直不稳，但是阿拉伯语的主体地位一直没有改变过。

3.1.37.2 少数族群语言教育政策

除了阿拉伯人，也门有大概 10%的少数民族人口主要分布在沿海平原地区。他们是

---

① http://www.mfa.gov.cn/chn//pds/gjhdq/gj/yz/1206_38/1206x0/t312289.htm.

② 杨亦鸣，赵晓群. “一带一路”沿线国家语言国情手册. 北京：商务印书馆，2017：369.

③ 杨亦鸣，赵晓群. “一带一路”沿线国家语言国情手册. 北京：商务印书馆，2017：369.

④ Lucienne Maas. *Policies, Perceptions and Practices Influencing the Right to Basic Education in Yemen*. Doctoral Thesis, 2012.

⑤ 对外投资合作国别(地区)指南. http://fec.mofcom.gov.cn/article/gbdqzn/upload/yemen.

20 世纪七八十年代以移民或者通婚的形式迁入的少数欧洲人、非洲人和亚洲人，使用的语言主要为英语和俄语。① 另外，这些少数民族也使用一些非洲和亚洲的语言，包括非洲的索马里、达纳基尔、安哈拉、苏丹等地区的语言以及亚洲的伊朗、印度、孟加拉国、巴基斯坦等地区的语言。② 由于也门特殊的社会政治经济状况，少数族群语言教育政策相对落后。少数族群的语言权利问题并未提上教育发展的日程。

3.1.37.3 外语教育政策

也门国内主要的外语有英语和俄语，近些年学习汉语的人数也在增加。近年来，英语作为也门教育机构中最常用的外语，在教学中得到更广泛的使用，特别是在私人教育中。在公立学校，教师教授英语主要以阿拉伯语为媒介，注重英语语法教学而不太注重英语的交际功能。由于政治、经济及历史的原因，也门的教育不太发达，很多国际组织为也门提供教育支援，以英语进行教学，如非营利性美国组织 AMIDEAST 在也门与企业和政府机构合作，用英语培训员工，并为也门青年及其他需要进入劳动力市场的人提供基本的商业技能。为促进英语在也门的发展，英国文化教育协会为也门的英语教师和专业人士提供各种教师培训课程，通过英语教学专业人员网络(ELTPN)为英语教学专业人士提供交流教学经验的机会，并为创新教学方法和技术提供意见。

虽然在也门全国都能听到英语，但其使用主要集中在也门南部地区，这是由于南部地区在历史上曾被英国殖民。也门主要英文报纸有《也门时报》《也门邮报》和《也门观察家》。也门通讯社(简称萨巴社)为官方通讯社，每日用阿拉伯文和英文发稿。萨那广播电台用阿拉伯语、英语广播，每天播音 19 小时。

综上，英语作为外语是也门的通用语言，由于经济、历史原因也门的教育业还有很大的进步空间，也门政府和国际社会正在携手发展也门的教育，并取得了一定进步。除英语外，也门第二大外语是俄语，俄语的使用主要是 20 世纪后期也门与俄罗斯通婚的结果。

也门是古丝绸之路的重要一站，如今，中国与也门是推进“一带一路”倡议的合作伙伴。中国不遗余力地帮助也门发展教育，一个典型的例子是中国对北也门塔兹技校的援助，我国教育部每年从国内大专院校抽调部分教师组成中国教育工作组，担任该校全部专业课的教学工作；为增强也门的中文教学发展，中国汉办借鉴美国和英国在也门的经验，派遣志愿人员，建立相关网络，上传一些汉语教学课程，同时为当地汉语教学老师提供沟通、交流的平台。③

◎ 参考文献：

1. Lucienne Maas. *Policies, Perceptions and Practices Influencing the Right to Basic Education in Yemen*[D]. 2012.
2. 对外投资合作国别(地区)指南[EB/OL]. http://fec.mofcom.gov.cn/article/gbdqzn/

① 杨亦鸣，赵晓群. “一带一路”沿线国家语言国情手册. 北京：商务印书馆，2017：367.
② 杨亦鸣，赵晓群. “一带一路”沿线国家语言国情手册. 北京：商务印书馆，2017：368.
③ 卫君耀. 中也合作的友谊之花——塔兹中等工业技术学校. 阿拉伯世界研究，1986(4)：13.

upload/yemen，2017.
3. 卫君耀. 中也合作的友谊之花——塔兹中等工业技术学校[J]. 阿拉伯世界研究，1986(4)：13-15.
4. 杨亦鸣，赵晓群. “一带一路”沿线国家语言国情手册[M]. 北京：商务印书馆，2017.

3.1.38 伊拉克

伊拉克共和国(Republic of Iraq)简称伊拉克，位于亚洲西南部、阿拉伯半岛东北部，北接土耳其，东临伊朗，西毗叙利亚、约旦，南接沙特阿拉伯、科威特，东南濒波斯湾。伊拉克所在地历史悠久，是两河文明的发源地，早在公元前4700年就出现了城邦国家。国内3700万人中阿拉伯民族约占78%(其中什叶派约占60%，逊尼派约占18%)，库尔德族约占15%，其余为土库曼族、亚美尼亚族等。官方语言为阿拉伯语和库尔德语。居民中95%以上信奉伊斯兰教，少数人信奉基督教等其他宗教。① 伊拉克作为中东阿拉伯国家之一、石油输出国组织成员之一，无论是在古丝绸之路还是在我国现代“丝绸之路”战略上都持续发挥着不可或缺的作用。

3.1.38.1 主体语言教育政策

伊拉克尖锐的民族矛盾间接地影响到其国内语言政策，并主要体现在阿拉伯人与库尔德人的矛盾方面。②

公元前2000年，阿摩利人建立了世界四大文明古国之一的巴比伦王国。公元前550年起，巴比伦王国先后遭波斯帝国、阿拉伯帝国和奥斯曼帝国入侵和统治。1920年沦为英国“美索不达米亚托管地”。1921年8月伊拉克王国独立，1958年7月14日成立共和国，阿拉伯语是执政方的通用语言。建国后，位于北部信奉逊尼派的库尔德人谋求自治，无法与南部主要信仰什叶派的阿拉伯人政府达成一致，由此开始民族内部的混乱。直到1970年，伊拉克政府才接受在库尔德地区实行自治，库尔德语因此成为自治区域的官方语言。2004年6月颁布的新伊拉克宪法中第4条规定“阿拉伯语和库尔德语是伊拉克的两种官方语言”；教育方面，“伊拉克人以母语(比如土库曼语、古叙利亚语和亚美尼亚语)教育子女的权利应按照教育指导准则在政府教育机构得到保证，或者有权利在私营教育机构中以任何其他语言接受教育”“按照教育政策开设教授两种语言的学校”；政府方面，“以两种语言中的任何一种语言在正式场合中的发言、谈话和表达，比如代表议会、内阁、法庭和正式会议”“以两种语言确认和发表官方文件和信函”；生活方面，“在平等原则要求的任何事宜中使用两种语言，比如银行票据、护照和印章”。③

3.1.38.2 少数族群语言教育政策

作为一个多民族国家，伊拉克国内的语言丰富多样，除两种官方语言外，还有包括波

① http：//www.fmprc.gov.cn/web/gjhdq_676201/gj_676203/yz_676205/1206_677148/1206x0_677150/，2018-07-10.

② 黄民兴. 伊拉克民族构建问题的根源及其影响. 西亚非洲，2003(6)：45.

③ http：//iq.mofcom.gov.cn/article/ddfg/201301/20130100003665.shtml，2018-07-10.

斯语、亚美尼亚语、土耳其语、古叙利亚语、土库曼语在内的多种语言。伊拉克国内饱受宗教、民族问题困扰，为维护国家团结统一做出了许多努力，在少数民族语言方面也不例外。宪法针对少数民族集中地语言的使用有相关规定：“土库曼语和古叙利亚语是相关人口集中的行政区划中的两种其他官方语言。”这一规定打破了世界各国官方语言的传统，成为区域性官方语言政策的典型，而宪法第 4 条末尾对这一规定做出了更清晰的阐述：“每一个地区或省都可以采用任何其他本地语言作为额外官方语言，前提是其人口的大多数在全民表决中作出如此选择。”

伊拉克阿拉伯当权政府与库尔德族有着长达几十年的纠葛，这使其在包括语言的民族问题上采取了相对宽松的政策。政府不干预当地语言在对应地区的使用，甚至接纳使用率高的语言，保证了该族语言的延续，避免了民众不满的情绪。在教育方面，政府推行阿拉伯语和库尔德语这两种官方语言，给予全国青少年同样的语言教育的同时，也允许家庭及私营机构教授少数民族语言。这一举措不仅让国家的新一代人能掌握同样的语言，还保证了民族之间的和谐与完整。

3.1.38.3 外语教育政策

伊拉克虽饱经战乱，但历史悠久，有着古代世界七大奇迹之一“空中花园”等世界著名古城遗址，旅游业发展前景相对明朗，对外主要出口原油、天然气、椰枣、化肥等。这就要求伊拉克稳定后的经济发展离不开国际社会，因此外语必不可少。

从历史上看，伊拉克的外语教育可以追溯到 17 世纪，当时的伊拉克现代学校使用土耳其语作为主要语言。除了土耳其语外，伊拉克宗教少数民族学校在教学中采用了其他外语：在英国占领伊拉克期间，英语因其文学和科学地位以及在世界范围内的使用而被纳入教学课程。

伊拉克高等学府——巴格达大学的语言学院在外语教育方面国内突出。学院的历史可以追溯到 1963 年，后来在 1969 年与其他学院合并，引入了一个与英语系分开的欧洲语言部门，建立了包括土耳其语、波斯语和希伯来语在内的东方研究系。该学院成立于 1987 年，教授包括英语、法语、德语、西班牙语、意大利语、俄语在内的常见国际语言和一些当地语言，如希伯来语、土耳其语、波斯语、库尔德语和叙利亚语。

能源丰富的伊拉克在“一带一路”倡议中不仅具有重要的战略位置，还与沿线国家有着密切的文化联系，因此我国与伊拉克之间的沟通与交流将日益密切。然而到目前为止，受伊拉克地区局势动荡、内乱不断的影响，我国在伊拉克尚未建立孔子学院，中文在该国的传播受到阻碍。从古至今，伊拉克因宗教派别林立、民族争斗不休，导致冲突在伊拉克历史上从未中断，使伊拉克人经历了太多的煎熬。① 而如今的伊拉克局势趋于稳定，在共建“一带一路”和中阿集体合作框架下，双方在推动经贸合作的同时也应推动文化的交流。在安定的情况下，中方应抓住机会，促进文化合作，将中文引入伊拉克高等教育中，开创双方合作的新途径。

① 汪维钧，张强. 伊拉克战争中的民族、宗教因素解读. 西亚非洲，2004(2)：7.

◎ 参考文献：

1. 黄民兴. 伊拉克民族构建问题的根源及其影响[J]. 西亚非洲，2003(6)：44-48.
2. 汪维钧，张强. 伊拉克战争中的民族、宗教因素解读[J]. 西亚非洲，2004(2)：5-10，79.

3.1.39 伊朗

伊朗伊斯兰共和国(Islamic Republic of Iran)简称伊朗，是一个民族众多、文化灿烂、语言丰富的国家。伊朗史称波斯，拥有四五千年的历史，是世界上最古老的文明国家之一。伊朗位于亚洲西南部，同土库曼斯坦、阿塞拜疆、亚美尼亚、土耳其、伊拉克、巴基斯坦和阿富汗相邻，南濒波斯湾和阿曼湾，北隔里海与俄罗斯和哈萨克斯坦相望，素有“欧亚陆桥”和“东西方空中走廊”之称。① 作为石油输出国组织成员之一的伊朗在古代丝绸之路上发挥着不可或缺的作用。据《汉书西域传》中记载，早在2000多年前的中国西汉时期，中伊两国就初次建立外交关系，并通过“丝绸之路”保持着密切的经济文化交流。

伊朗是一个多民族国家，人口8165万，其中波斯人占66%，阿塞拜疆人占25%，库尔德人占5%，还有阿拉伯人、卢尔人、俾路支人、巴赫蒂亚里人以及土库曼人等少数民族。多民族在创造灿烂文化的同时，也带来了不同的语言。伊朗的语言可分为三大语系：印欧语系、亚非语系和阿尔泰语系，其中包括波斯语、阿塞拜疆语、阿拉伯语、库尔德语、俾路支语等。②

3.1.39.1 主体语言教育政策

波斯语是伊朗的官方语言。早在公元前20世纪，雅利安人侵入今日的伊朗境内，他们用楔形文字书写自己的民族语言——古波斯语。③

公元7世纪的伊斯兰时代，阿拉伯人入侵并占领波斯，阿拉伯语和伊斯兰教传入这一地区。波斯语开始加入了很多阿拉伯语的用法、词汇等。后来，伊朗的历代统治者一直寻求提升波斯语的地位。20世纪初的立宪革命胜利后，伊朗国内倡导言论自由，直接导致出版业增加了对波斯语的使用。1979年伊斯兰革命建立了伊朗伊斯兰共和国后，宪法规定“伊朗官方的语言和文字、商业用语都必须是波斯语。官方的文件、信函和课本、教科书都必须用波斯语和波斯语文字编写”④。伊朗虽然是多民族的国家，使用其他语言的民族也很多，但伊朗官方一直通过执行波斯语化的政策，来达到民族融合和国家认同。迄

---

① http://www.fmprc.gov.cn/web/gjhdq_676201/gj_676203/yz_676205/1206_677172/1206x0_677174/，2018-07-05.

② 冀开运. 伊朗民族关系格局的形成. 世界民族，2008(1)：65-67.

③ 汉斯·约阿西姆·施杜里希. 世界语言简史. 吕叔君，官青，译. 济南：山东画报出版社，2009：44.

④ 付国凤. 现代伊朗语言政策形成及其根源探析. 西南大学硕士论文，2013.

今，波斯语化一直是伊朗语言政策的核心内容。① 伊朗的语言政策从来都跟伊朗政府的语言翻译政策有着密不可分的联系。伊朗官方执行不翻译政策。即不组织官方的波斯语和其他少数民族语言之间的翻译活动。这种政策在历史上一方面起到了熔炉效应，使少数民族不断融入占多数的波斯民族；另一方面，缺乏机构翻译的现实刺激了自发的翻译实践，比如，伊朗的政治选举活动是使用波斯语的，少数民族选民要参加政治生活就要翻译波斯语的文件。这种自发的翻译实践事实上促进了民族的融合。

3.1.39.2 少数族群语言教育政策

多民族和多语言下的国家为了维持和平与稳定，要求伊朗政府妥善处理少数民族语言，其中较为广泛使用的语言就是阿拉伯语。在伊朗境内，伊斯兰教信徒超过98.5%，基督教徒占人口的0.6%，犹太教徒占0.3%，琐罗亚斯德教徒占0.1%，信奉其他宗教者占0.1%。② 然而，最初传入波斯地区的《古兰经》等伊斯兰著作都是用阿拉伯语所写。面对如此庞大的信徒数量和其在该地区留存的悠久历史，伊朗政府在建国后的宪法第16条中规定：“因为《古兰经》、伊斯兰课本和教义都使用阿拉伯语，波斯文学已完全被这种语言渗入，因此政府规定必须在小学阶段之后教授阿拉伯语，也包括所有的中等教育。”这一规定彰显出阿拉伯语这一早期外来语在伊朗社会、文化、历史中的重要地位，以及国家对伊斯兰信仰的支持。阿拉伯语既是伊朗的宗教语言，也是“第二语言”。

除阿拉伯语外，其他诸如阿塞拜疆语、库尔德语、俾路支语等在内的少数民族语言也仍然能在伊朗延续下去。比如，伊朗宪法第15条规定：“除波斯语外，允许出版社和大众媒体使用地区和部落语言，以及在学校教授这些语言的文学。”由此可见，现今的伊朗对于各个部族的语言保持着多元、接受的态度，并未采取打压的措施来保证波斯语的绝对地位，该举措同时促进了民族的团结、增加了少数民族的集体认同感。

3.1.39.3 外语教育政策

1851年，伊朗建立了第一个现代化教育机构——职业技术之家，开始教授法语、德语和英语等。直到1979年，伊朗很多知识分子之间都会频繁地使用英语或法语沟通，但德语和俄语使用得较少。③ 巴列维王国时期的国王礼萨·汗在国内推行现代化发展，与美国在政治、经济、军事各个方面密切合作。两国成立的美国协会在伊朗的德黑兰等城市设立分部，为伊朗学生教授英语，并为他们提供向西方国家派遣的机会。伊朗革命建国之后，英语不仅成为高等教育的一部分，也变成了中学的必修课程。

1997年，伊朗国立沙希迪比赫什体大学人文学院正式开办了中文系，汉语首次正式出现在伊朗教育中。④ 2009年1月12日，伊朗德黑兰大学和中国云南大学联合共建的孔子学院在德黑兰大学外国语学院成立，这是伊朗第一家孔子学院，为该国对汉语有兴趣的

① Esmaeil Haddadian-Moghaddam & Reine Meylaerts. What About Translation Beyond “Persianization” as the Language Policy in Iran. *Iranian Studies*, 2014, 5: 12.

② 冀开运. 简论当代伊朗宗教管理的特点. 西南大学学报(社会科学版), 2011(2): 175.

③ https://www.britannica.com/place/Iran/Languages, 2018-07-06.

④ 姚继德. 伊朗的汉语教学与德黑兰大学孔子学院. 云南师范大学学报(对外汉语教学与研究版), 2009(6): 85.

学者及学生打开了一条通往中国五千年文化的新道路。

自 2016 年 1 月中国主席习近平访问伊朗以来，双方发表了建立全面战略伙伴关系的联合声明，并签署了十余项协议，其中包括《关于共同推进丝绸之路经济带和 21 世纪海上丝绸之路建设的谅解备忘录》。① 在此背景下，伊朗社会对汉语的需求不断扩大。可是，伊朗的汉语学习资源却远远不够，全国仅有一个中文系和两个孔子学院，② 这个数量无法满足两国之间日益密切的交往。然而，单方面增加汉语教学也不可行，受合作方德黑兰大学观念问题及其国家体制等因素的制约，中方满足伊朗各高校和机构汉语教学需求的努力遇到了障碍。因此，在汉语教育方面，中方相关办学机构需要借鉴学习其他开办较早的亚洲国家孔子学院的成功经验，更好地发挥伊朗孔子学院的特殊功能，为其培养更多的本土化汉语教师。

◎ **参考文献：**

1. Esmaeil Haddadian-Moghaddam & Reine Meylaerts. What About Translation Beyond "Persianization" as the Language Policy in Iran[J]. *Iranian Studies*, 2014(5).
2. 付国凤. 现代伊朗语言政策形成及其根源探析[D]. 西南大学硕士论文, 2013.
3. 汉斯·约阿西姆·施杜里希. 世界语言简史[M]. 吕叔君, 官青, 译. 济南：山东画报出版社, 2009.
4. 冀开运. 简论当代伊朗宗教管理的特点[J]. 西南大学学报(社会科学版), 2011(2): 175-180, 193.
5. 冀开运. 伊朗民族关系格局的形成[J]. 世界民族, 2008(1): 65-67.
6. 姚继德. 伊朗的汉语教学与德黑兰大学孔子学院[J]. 云南师范大学学报(对外汉语教学与研究版), 2009(6): 5-89.

3.1.40 以色列

以色列国简称以色列，位于西亚黎凡特地区，处地中海东南沿岸，北靠黎巴嫩，东临叙利亚和约旦，西南则为埃及。以色列是世界主要宗教——犹太教、伊斯兰教和基督教的发源地，也是世界上唯一以犹太人为主体民族的国家。2018 年，以色列总人口 884.2 万，其中犹太人口 637.7 万。③

以色列的宗教文化非常丰富。依据以色列人口统计处的调查，76.1%的以色列人信仰犹太教，16.2%信仰基督教，2.1%信仰伊斯兰教，1.6%信仰德鲁兹派，3.9%信仰其他宗教。

1992 年 1 月，以色列副总理兼外长利维访华，两国签署了建交公报。1992 年 1 月 24

① http://www.xinhuanet.com/world/2016-01/24/c_128661232.htm, 2018-07-06.

② http://www.hanban.org/confuciousinstitutes/node_6794.htm, 2018-07-06.

③ https://baike.baidu.com/item/%E4%BB%A5%E8%89%B2%E5%88%97/215548.

日，以色列与中国正式建立大使级外交关系。双方已签署《贸易协定》《文化交流协定》《民用航空协定》《劳务输出协议》《体育合作备忘录》《教育合作协议》《旅游合作协定》《邮电通讯合作协议》《工业技术研发框架协议》《关于加强经济贸易合作的备忘录》和《中国旅游团队赴以色列旅游实施方案的谅解备忘录》等。以色列在北京设立驻华大使馆，在香港、上海、广州设有领事馆。①

3.1.40.1 主体语言教育政策

以色列有希伯来语和阿拉伯语两种官方语言，英语是以色列的通用语。希伯来语属于闪-含语系闪米特语族，是世界上最古老的语言之一。在以色列境内，90%的犹太人和60%的阿拉伯人具有良好的希伯来语听说能力。② 阿拉伯语也属于闪-含语系闪米特语族，以色列人口的20%以上是阿拉伯人。

尽管以色列有明确的犹太属性，但没有将希伯来语设定为唯一官方语言。以色列在建国时遭到了当地阿拉伯人的强烈反对。在设定官方语言时，以色列的阿拉伯人认为，要求他们在以色列日常生活中尽量少使用阿拉伯语是对他们社会地位的冒犯。虽然建国后迅速爆发了和阿拉伯国家的战争，但以色列依旧将阿拉伯语定为官方语言。以色列在制定语言政策上采取了较为温和的态度，给予了阿拉伯语政治层面上完全的平等权。然而，以色列的通用阿拉伯语由于长期处在希伯来语主导的社会语境中，部分词汇和表达都存在问题，导致其语言表达力被削弱，使用程度和范围都受到限制。③ 事实上，阿拉伯语的官方语言地位未得到彻底贯彻，很多以色列当地居民仍坚持希伯来语才是实际上唯一的官方语言。尽管以色列政府制定的相关条例、法规一般情况下都是以双语版本发布，实际上这两个版本的发布时间并不相同，有时，希伯来语版本发布一年之后才以阿拉伯语公布。因此，即便到现在以色列依然算不上一个标准的双语运作政体。

以色列政府积极推广希伯来语，并支持犹太移民学习希伯来语，其目的是使其成为以色列占主导地位的民族语言。为了让阿拉伯少数民族能够认同以色列的公民意识，政府也对他们强化希伯来语第二语言的教育工作，并将希伯来语设定为阿拉伯学生的必修课，若是学生没有通过希伯来语考试则不能通过高考。通过这样的强制手段，阿拉伯学生对希伯来语的重视程度也随之提高。为帮助新来的移民学习希伯来语，以色列也出台了一系列针对犹太移民的希伯来语教学政策，包括两方面内容：成年移民者的希伯来语教学政策和未成年移民者的希伯来语教学政策。

3.1.40.2 少数族群语言教育政策

虽然阿拉伯人是以色列最大的少数民族，阿拉伯语也被设定为以色列的第二官方语言，但由于犹太人自身意识形态的抵制，阿拉伯语在官方、公共领域的使用很少，是处于边缘化的弱势语言。在阿拉伯社区的学校，阿拉伯语为母语教学语言，希伯来语是他们的第二语言，但其实阿拉伯语在以色列越来越处于弱势地位，甚至还面临着被边缘化的

① https://baike.baidu.com/item/%E4%BB%A5%E8%89%B2%E5%88%97/215548.

② 杨亦鸣，赵晓群．“一带一路”沿线国家语言国情手册．北京：商务印书馆，2017：387.

③ http://opinion.hexun.com/2016-02-02/182137052.html.

危险。①

1959年，以色列教育文化部在全国推行了《强化犹太意识规划》，教育国民不要忘了以色列是当今世界上唯一的犹太国家。② 因为该政策，阿拉伯语在以色列国内的处境更为艰难。以色列阿拉伯人学习希伯来语非常积极，因为该语言被视为他们日常生活中常使用的语言；对于犹太人而言，阿拉伯人是以色列国内的少数民族，所以不必学习他们的语言，因此也没有给予阿拉伯语足够的重视，政府对犹太人学习阿拉伯语并未做出强制要求，这也是犹太人学习阿拉伯语失败的原因。

3.1.40.3　外语教育政策

由于曾是英国的殖民地，以色列有大量英国移民，很多以色列人会说流利的英语。1948年独立建国后，以色列撤销了英语的官方语言地位。然而，对后期来自全球各地的犹太移民而言，希伯来语比较难学，很难在短时间内掌握。相较之下，英语更为简单易学，于是成了以色列社会中使用度较高的语言。随着全球化的发展，英语成为以色列人的第一外语，是最受欢迎的外国语言，地位仅次于希伯来语，其受重视程度也高于阿拉伯语，这直接挑战了阿拉伯语在以色列的官方地位。③

英语在以色列学校中的普及和推广表明以色列人慢慢接受了英语这个全球通用语的重要地位。以色列建国以后，大量的移民涌入以色列，这些移民具有独特的社会、语言、文化背景，中央政府全力吸收和融合新移民，打造新的民族认同，鼓励和推广希伯来语教学。

以色列的希伯来语、阿拉伯语和英语这三种语言政策的平衡兼顾了传统与现代、主体民族与少数民族。到了20世纪50年代，移民人口的多样性与复杂性带来一系列问题，越来越多的人要求改变英语教学模式，反对英语教学管理的僵化、古板。从20世纪70年代初期开始，以色列英语教育政策开始发生变化，从之前的重视文化与文学转向重视英语的交际功能。这种课程设计理念一直持续了20年时间，并被写入官方文件。

以色列的国家教育政策支持将英语作为以色列人交流的重要语言，同时将其作为初中和高中教育中一门重要的学科。以色列英语教育政策从一开始的保守向后来的开放转变。这种转变更多地是由于民间的压力而不是官方主动而为之。

在以色列，大多数人将英语作为第二语言，除了英语，以色列的外语还包括俄语、西班牙语、法语、意大利语、德语、波斯语等。这些语言来自美国和欧洲的流行电视节目。

近年来，以色列国内后犹太复国主义思潮兴起。国内出现了要求以色列实现社会、文化与语言的多元化的声音，人们慢慢认可双语言或者多语言的思想观念。④ 鉴于此，在确保希伯来语始终为官方语言的条件下，以色列政府开始鼓励国民学习阿拉伯语，支持移民按照自己的母语教学，在以色列学校中普及和推广英语。

---

① 王二建. 以色列语言政策及其根源探析. 西南大学硕士论文，2014.

② 臧德清. 以色列教育的启示. 郑州航空工业管理学院学报(社会科学版)，2010(6)：129.

③ 李先军. 减少文化摩擦及促进民族和解的新举措——以色列双语言、跨文化教育. 世界民族，2006(6)：68.

④ 王二建. 以色列语言政策及其根源探析. 西南大学硕士论文，2014.

以色列的希伯来语、阿拉伯语和英语这三种语言的发展与当今时代有关，与以色列的发展要求相关。从单一的希伯来语占有绝对位置到不动摇希伯来语主体语言地位的情况下允许三种语言同时发展，是顺应了时代发展要求。以色列的语言政策充分体现了语言实践、语言意识形态和语言规划的高度统一。

近年来，随着中以两国经贸文化往来的增多，以色列人对中国社会和文化产生浓厚兴趣，学习汉语的人逐渐增多。2007 年，特拉维夫大学孔子学院成立，这是首个在以色列建立的孔子学院。目前，以色列很多中小学都设立了孔子课堂教授汉语，孔子课堂受到当地师生的欢迎。随着中国经济、文化影响力的增强，对于学生们来说，加强对中国文化的了解是有益的；对于以色列来说，在国内推行汉语教育对两国的友好交流也有益处。然而，以色列的汉语教育起步较晚，无论是师资还是教材都还存在一系列问题，需要我们继续摸索。

◎ 参考文献：

1. 李先军. 减少文化摩擦及促进民族和解的新举措——以色列双语言、跨文化教育[J]. 世界民族，2006(6)：68-71.
2. 王二建. 以色列语言政策及其根源探析[D]. 西南大学硕士论文，2014.
3. 杨亦鸣，赵晓群. “一带一路”沿线国家语言国情手册[M]. 北京：商务印书馆，2017.
4. 臧德清. 以色列教育的启示[J]. 郑州航空工业管理学院学报(社会科学版)，2010(6)：128-131.

3.1.41 印度

印度共和国(Republic of India)通称印度，是南亚次大陆最大国家，东北部同中国、尼泊尔、不丹接壤，孟加拉国夹在东北部国土之间，东部与缅甸为邻，东南部与斯里兰卡隔海相望，西北部与巴基斯坦交界。东临孟加拉湾，西濒阿拉伯海，海岸线长 5560 公里。面积约 298 万平方公里(不包括中印边境印占区和克什米尔印度实际控制区等)，居世界第 7 位。人口 13.24 亿，居世界第 2 位。有 100 多个民族，其中印度斯坦族约占总人口的 46.3%，其他较大的民族包括马拉提族、孟加拉族、比哈尔族、泰卢固族、泰米尔族等。世界各大宗教在印度都有信徒，其中印度教教徒和伊斯兰教教徒分别占总人口的 80.5% 和 13.4%。①

古印度是四大文明古国之一，公元前 2500 年诞生了印度河文明(主要位于今巴基斯坦境内)。公元前 4 世纪，孔雀王朝统一印度，开始推行佛教并向外传播。约公元前 188 年，孔雀帝国灭亡后群雄割据、外族入侵，印度教和伊斯兰教兴起。1600 年英国侵入莫卧儿帝国建立东印度公司，1757 年以后印度逐步沦为英国殖民地。1947 年 6 月，英国颁布《蒙

① http：//www.fmprc.gov.cn/web/gjhdq_676201/gj_676203/yz_676205/1206_677220/1206x0_677222/.

巴顿方案》，实行印巴分治。同年8月15日成立印度自治领。1950年1月26日成立共和国，同时成为英联邦成员国。印度是当今金砖国家之一，也是世界上发展最快的国家之一，其经济产业多元化，涵盖农业、手工艺、纺织以及服务业，已成为全球软件、金融等服务业重要出口国。①

中国和印度历史上交流较为频繁。1950年4月1日中印建交。20世纪50年代，中印两国领导人共同倡导和平共处五项原则，双方交往密切。1962年10月，中印边境发生大规模武装冲突。1976年双方恢复互派大使后，两国关系逐步改善。2003年6月，双方签署《中印关系原则和全面合作的宣言》。2005年4月，双方签署《联合声明》，宣布建立面向和平与繁荣的战略合作伙伴关系。2006年11月，双方发表《联合宣言》，制定深化两国战略合作伙伴关系的“十项战略”。2008年1月，两国签署《中印关于二十一世纪的共同展望》。2010年12月，两国签署《中华人民共和国和印度共和国联合公报》。2014年9月，双方发表《关于构建更加紧密的发展伙伴关系的联合声明》。中印边界谈判继续向前推进，边境地区总体保持和平与安宁。

3.1.41.1 主体语言教育政策

印度是世界上语言情况最为复杂的国家之一。② 目前印度的宪法承认两种全国性官方语言：印地语和英语，此外，还承认21种地区性官方语言。③ 规划语言使用人口占96.29%。通常每一个邦确定一种语言作为官方语言来使用。印度民族独立运动启蒙时期，提出了“国语”的概念。1917年圣雄甘地提出了确立国语的五条原则，主张应赋予当时母语人口最多的印地语国语地位。由于地方“反印地语运动”，1950年印度的第一部宪法改用“官方语言”确定印地语的地位，同时英语也被确定为官方语言。1963年印度政府《官方语言法》规定：英语的官方语言地位将无限期延长，但同时强调印地语的官方语言地位。同时规定“三语方案”：在印地语地区教授印地语、英语和其他一种印度语言；在非印地语地区教授本地语言、英语和印地语。由此，印度的语言格局演变为：印度大部分地区通行“印地语+英语+一种民族语言”，少数地区通行“一种地方语言+英语”。在印地语地区，学校除了教授英语、印地语外，通常把梵语作为“三语方案”规定的第三种语言。在多数非印地语地区，学校教授英语、本地语言以及印地语。而在少数非印地语地区，如泰米尔纳德邦和西孟加拉邦，“三语”教育实际上被缩减为“双语”(本地区语言+英语)教育，或者“三语方案”中的印地语被梵语替代。在当今世界的全球化背景下，英语在印度的影响力从独立后至今不但没有减弱反而增大了。

为了保持国家语言多元化的性质，印度特别重视使用母语进行教学。1968年、1986年的国家教育政策以及1992年的议会教育行动计划均再三重申要贯彻执行“三语方案”，特别强调在小学阶段应将学生的母语作为教学语言。④ 在大多数的邦和直辖区，母语和地区语是小学阶段的教学语言。根据2001年的人口统计数据，印度以印地语为母语的人占

---

① http：//www.baike.com/wiki/%E5%8D%B0%E5%BA%A6.

② 周庆生. 印度语言政策与语言文化. 中国社会科学院研究生院学报，2010(6)：7.

③ Mallikarjun B. Fifty Years of Language Planning for Modern Hindi. *Language in India*, 2004 (11).

④ 郭化龙. 印度语言政策研究. 中国海洋大学硕士论文，2012.

总人口的41%，而以乌尔都语为母语的人口为5%，两者相加占印度人口的46%。以印地语为第二或第三语言的人群对印地语的熟练度远远超过他们对英语的熟练度。在印度，持双语或多语的人口呈不断上升的趋势。

印度在语言问题上目前面临的最大问题是：缺少一种真正能为绝大多数人通晓的共同语(国语)。“多语共存”“多语竞争”的语言困局对印度的发展带来很多负面作用，影响了印度的民族、国家意识整合，造成社会行政、教育资源的浪费，妨碍印度国民素质的提高及民族语言智力成果的全民共享。① 此种“多语共存”的语言现状在印度已经逐渐固化，短时间内难以改变。

3.1.41.2 少数族群语言教育政策

印度民族众多，语言复杂，是一个历史悠久的语言博物馆。② 据印度2001年人口普查统计结果，印度超过百万人口使用的语言有30种，超过1万人使用的语言有122种，此外还有数以千计的各种方言。除了作为母语使用人口最多的印地语，其他母语人口占总人口超过1%的语言有孟加拉语(8%)、泰卢固语(7%)、马拉提语(6.9%)、泰米尔语(5.9%)、卡纳达语(5.4%)、乌尔都语(5.1%)、古吉拉特语(4.5%)、马拉亚拉姆语(3.2%)、奥里亚语(3.1%)、旁遮普语(2.8%)、博多语(1.3%)、阿萨姆语(1.2%)、迈提利语(1.1%)。③

印度宪法第29条第1款规定，“居住在印度境内的任何阶层的公民，凡具有独特的语言、文字或文化者，皆有权保持其语言、文字或文化”④。总统可以指令各邦保障少数民族语言的使用，也可根据宪法委派少数语种专员，调查与保护少数民族语言权利有关的一切事务。但是，一些邦政府暗中阻止少数民族保护自己的语言，鼓励他们学习本邦的邦语言或邦级官方语言。许多少数民族没有自己的语言邦，持续进行斗争。⑤

3.1.41.3 外语教育政策

英语是印度的辅助官方语言和国际通用语，尽管其有毫无疑问的主体语言地位，但印度真正以英语为母语的人非常少，2001年的人口统计仅有20多万。因此，英语对于绝大部分印度人来说是第二或第三语言。而他们掌握英语的主要途径是学校教育，主要是高等教育。印度熟练掌握英语的人口比例约为5%，约2/3的人口英语水平仅为初级水平或根本不懂英语。英语作为外来语，其“滥用”伤及印度民族文化的内核，妨碍印度民族意识的整合与发展。⑥ 另外，印度社会在政治、经济、社会、科技等领域的智力成果大多以英语为媒介，难以摆脱“西方中心主义”的影响，不能很好地为印度人服务，难以保证印度社会平衡、健康地长期发展。

中国和印度之间仅隔着喜马拉雅山脉，但是汉语在印度的发展进行了一个较为曲折的

---

① 廖波. 印度的语言困局. 东南亚南亚研究，2015(3)：79.

② 司玉英. 印度的语言政策与语言教育. 扬州大学学报(人文社会科学版)，2007(6)：37.

③ 安双宏. 印度基础教育阶段少数民族的教学语言政策研究. 比较教育研究，2015(4)：47.

④ 李俊飞. 印度教育法制的发展简史及其评述.《教育史研究》20周年创刊论文集，2009：409.

⑤ 李纪毅. 印度语言政策与印度语言民族间的冲突与争论. 贵州大学学报(社会科学版)，2007(4)：105.

⑥ 廖波. 印度的语言困局. 东南亚南亚研究，2015(3)：80.

过程。20世纪早期，印度汉语教学兴盛，印度加尔各答大学1918年开设了汉语班。印度著名诗人泰戈尔1921年创办了国际大学开设汉文系。1928年，国际大学汉文系改为汉语研究中心，并于1937年成立了以研究和教授汉语文化为主要任务的中国学院，使汉语、汉文化的教学和研究提高到一个新的历史水平。之后十年，印度开设汉语课的大学不断增多。但是，20世纪中期，由于中印关系紧张，印度汉语教学发展停滞。20世纪80年代后期开始，中印两国关系逐渐回暖，两国的发展与交流进入新的历史阶段。2005年，由北京大学和尼赫鲁大学合作签署建立了孔子学院，但未及时启动教学。2007年，印度金奈市韦洛尔科技大学与我国河南省郑州大学合作共建孔子学院。2012年12月，印度孟买大学与我国天津理工大学合作共建孔子学院。上述孔子学院从创立到落地经历了漫长的时间和复杂的过程。究其原因，首先，20世纪60年代中印两国之间的边境冲突让彼此缺乏战略信任，加上地缘政治的整体因素，印度在面对中国时的悲情意识非常强。其次，印度的社会精英突出孔子学院的政治功能，视孔子学院为中国在印度实现更深远战略目标的工具，阻碍孔子学院的建设。① 此外，建立孔子学院进程缓慢，也与印度禁止外国政府经营独立教育机构等教育政策和教育理念有密切关系。进入21世纪，随着中国崛起、两国交流日益频繁和中印关系的进展，在印度高校中兴起了“中文热”。据中国驻印度大使馆的数据，目前印度约有20所大学设有中文课程，8所设有中文专业，在校生中学习汉语专业的学生约2000人，印度全国学习汉语人数约2万人。

◎ 参考文献：

1. Mallikarjun B. Fifty Years of Language Planning for Modern Hindi[J]. *Language in India*, 2004 (11).
2. 安双宏. 印度基础教育阶段少数民族的教学语言政策研究[J]. 比较教育研究，2015，4：46-50.
3. 郭化龙. 印度语言政策研究[D]. 中国海洋大学硕士论文，2012.
4. 李纪毅. 印度语言政策与印度语言民族间的冲突与争论[J]. 贵州大学学报(社会科学版)，2007(4)：102-106.
5. 李俊飞. 印度教育法制的发展简史及其评述[J].《教育史研究》创刊20周年论文集，2009：406-410.
6. 廖波. 印度的语言困局[J]. 东南亚南亚研究，2015(3)：77-80，110.
7. 司玉英. 印度的语言政策与语言教育[J]. 扬州大学学报(人文社会科学版)，2007(6)：37-41.
8. 赵瑞琦. 孔子学院在印度：悲情、机遇与政策的碰撞[J]. 公共外交季刊，2014(3)：37-42，127.
9. 周庆生. 印度语言政策与语言文化[J]. 中国社会科学院研究生院学报，2010(6)：102-111.

① 赵瑞琦. 孔子学院在印度：悲情、机遇与政策的碰撞. 公共外交季刊，2014(3)：40.

3.1.42 印度尼西亚

印度尼西亚共和国(The Republic of Indonesia)简称印度尼西亚。土地面积共计190万平方公里，是世界上最大的群岛国家，包含1万7千多个大小岛屿，素称“千岛之国”。①印度尼西亚是东南亚国家联盟创立国之一，也是东南亚最大经济体及20国集团成员国。

根据2017年的统计数据，印度尼西亚现有人口2.64亿，是仅次于中国、印度、美国的世界第四人口大国。印度尼西亚共有100多个民族，以爪哇族、巽他族、马都拉族为主，这三个民族各占人口总数的45%、14%和7.5%，此外，马来族占7.5%，其他民族占26%。印度尼西亚是世界上伊斯兰教教徒最多的国家，八成以上的印度尼西亚人信奉伊斯兰教，6.1%的人信奉新教，3.6%的人信奉天主教，其他人口主要信奉印度教、佛教和原始拜物教等。

印度尼西亚是一个多民族、多语言的国家，近几十年以来，印度尼西亚统治者所推崇的语言政策主要体现在官方语言的确立和普及、地方语言的共存和保护、对汉语的压制与解禁以及对外语的不断重视等方面。②

中国与印度尼西亚的外交关系一波三折，总体来说逐渐向好。1950年4月13日两国建交，1967年冻结外交关系，1990年8月8日恢复外交关系。2000年，两国建立长期稳定睦邻互信的全面伙伴关系。2002年，印尼总统梅加瓦蒂访华。2005年4月，中国国家主席胡锦涛访问印尼，与印尼总统苏希洛共同签署建立战略伙伴关系的《联合宣言》；同年7月，印尼总统苏希洛正式访华。两国元首实现互访，表明双边关系步入快速、稳定、健康发展新时期。

3.1.42.1 主体语言教育政策

印尼语属于南岛语系(或称“马来-波利尼西亚语系”)的印度尼西亚语族。从语言学角度严格划分，印尼语是一种混合型语言，是从马来语的一种皮钦语又称市场马来语逐步演化形成的克里奥耳语。③

在印度尼西亚选择官方语言的过程中，有三种语言具备成为官方语言的潜在条件，分别是印尼语、荷兰语和爪哇语。1600年至1942年，由于印度尼西亚是荷兰的殖民地，在此期间荷兰语曾被当时的统治者确立为官方语言。因而，荷兰语曾经有很高的声誉，但它作为殖民统治的一个影像，并不为印尼人民群众所接受。第一次世界大战导致印度尼西亚民族意识飙升，在1928年的印尼青年大会上，提出了“一个国家、一个民族、一种语言”的口号，提出全国的法定语言应由荷兰语转变为马来语。④

爪哇族是印度尼西亚最大的民族，拥有其独特的爪哇语。基于人口和流通程度，爪哇语本可以成为印度尼西亚的国语。然而，从爪哇语作为一种语言的实质情况来看，其在社

---

① https://baike.baidu.com/item/印度尼西亚/129972?fr=aladdin.

② 林珏. 发展经济学案例集(案例1-14 印度尼西亚的人口增长). 北京：中国社会科学出版社，2005.

③ 黄仁新，王靖. 印度尼西亚语言政策探析. 唐山学院学报，2005(12).

④ http://www.docin.com/p-354549973.html?docfrom=rrela.

会、文化和语言等方面的复杂程度致使其对学习者形成巨大阻碍。此外，爪哇语在表达现代思想和传播科学技术知识方面存在一定的局限性。更重要的是，非民主性影响所带来的社会差异影响到爪哇人和非爪哇人的日常互动。印尼的民族解放运动领导层基于促进印度尼西亚共和国民族团结、防止国家分裂的考虑，不得不放弃爪哇语，而采用当时为大多数人不熟悉的印尼语为官方语言。

1945 年 8 月 17 日，印度尼西亚宣布独立，随后政府便以法令的形式将印尼语确定为国家的官方语言，① 这一语言政策符合印度尼西亚的国情。印尼语的法定地位被确定后，推广和普及印尼语成为当时最重要的环节。从苏加诺总统的旧政权(1945—1965 年)到苏哈托的新政权(1965—1998 年)，语言政策都在强调将印尼语作为教育、政府和商业用语，从而推动其不断地普及和发展。②

毫无疑问，政策的基石是教育。从小学到大学的唯一教学语言是印尼语，而在学生不能熟练使用印尼语的地区，小学的前三年可以使用当地语言作为过渡性教学语言。使用印尼语作为教学语言既可以传达政治信息，也有助于加强民族团结，具有极强的实际效果。印尼语与国家统一的目标紧密相连，是国家统一最有力的象征。通过在课堂上使用印尼语来传达政治信息并进一步加强国家统一的实践非常奏效。

为了实现印尼语的普及，印度尼西亚政府采取了高压政策。以东帝汶为例，官方的语言政策在该岛一直未得到有效执行。1975 年，印度尼西亚军队占领该岛后，强制执行了印尼政府官方的教育计划。由于岛上缺乏印尼语教师，军队从爪哇岛和巴厘岛调派 400 余名教师送到东帝汶。③ 经过政府不遗余力地在各种公众场合中推广印尼语，印尼语官方语言的地位得以稳定和巩固。目前，对于印度尼西亚人而言，印尼语代表了进步和现代化。1980 年的人口普查中，大约 61%的印尼人会讲印尼语。到 1990 年，这一数字接近 83%。

3.1.42.2 少数族群语言教育政策

在印度尼西亚，印尼语并非一统天下。根据国家语言协会 1972 年的调研结果，印度尼西亚共有 418 种语言，其中使用者超过了百万的达到 15 种。印度尼西亚当地语言主要根据民族命名。虽然印尼语被确定为官方语言、用于各种族的交流，但在制定和发展官方语言的政策中，当地语言也得到了足够重视。④

1945 年宪法第 15 章中就作出了这样的规定：语言的差异通过保留有差别的省区语言来实现。相比印尼语，当地语言是平等有效的，统治者并没有废除这些当地语言或方言的意图或想法，这些语言仍被继续使用。这一政策使得印度尼西亚很多地区通行双语。

在政策层面，政府负责保护当地语言，但其政策的实际执行情况在各民族之间仍有不同。因此，当地语言的保护与扶持实际上成了民族语言团体的主要工作。只有少数大团体的语言才有可能得到来自政府方面的保护或支持。例如，政府只同意五种当地语言——巴

① 邹长虹，胡静芳. 简论印度尼西亚语言政策. 湖北函授大学学报，2012(10)：74.

② 付海梅. 世俗主义与印尼国家整合——以苏加诺、苏哈托时期为例. 思想战线，2016(1).

③ 东帝汶位于印度尼西亚东南部、努沙登加拉群岛最东端，原为葡萄牙殖民地。1975 年 12 月被印度尼西亚占领。2012 年 5 月 20 日宣布独立。

④ 黄仁新，王靖. 印度尼西亚语言政策探析. 唐山学院学报，2005(4)：81.

厘语、巴塔克语、布吉斯语、爪哇语和巽他语作为选修课程在学校教授。其中，只有巴厘语、爪哇语和巽他语有自己的语言教材。其他课程的教材都是用印尼语编写而成。即便小团体的语言面临着消失的危险，仍得不到来自政府的支持与保护。①

3.1.42.3 外语教育政策

印度尼西亚的常用外语有荷兰语、阿拉伯语、英语、德语、法语和日语等，其中有些语言已被使用数百年。许多印尼的精英家庭在荷兰殖民时期便开始使用荷兰语。在印尼独立后，荷兰语的使用连同它的声望都下降了，但仍有为数不多的人能够讲荷兰语。印度尼西亚宣布独立后不久，官方选择了更利于广泛交流的英语，英语从此成为公立学校课程中唯一的外国语必修课，并在高中一、二年级开设，而其他例如法语、德语和日语等外语只作为中学选修课或在大学里讲授。② 因对英语的重视，印度尼西亚学生从小学(四年级或五年级开始)到高中共需要学习 8 至 9 年英语。基于地方需要的考量，不同的学校可以决定提供英语教学的时间。有些学校因为教授英语课程较多而提高了入学率。小学阶段的学校可根据具体情况决定英语每周教学时间，一般为 60 至 90 分钟。中级学校的英语教学时间为每周 4 至 5 个学时，每学时 45 分钟，共延续 6 年时间；一些主攻语言的学生每周要学 10 至 11 学时的英语。大学阶段，学生会接受 1 至 2 个学期、每周 1 至 2 个小时的英语阅读方面的指导。

1967 年以后，印度尼西亚学校系统中英语指导的目的并没有多大改变。也就是说，在印尼提供充分、完备的阅读技巧是为了更便于读懂那些用英文写成的科技文章。尽管更多的技巧，如听、说、写并没有被忽视，但读的技巧通常是英语教育的主要目标。

◎ 参考文献：

1. Marhum, M. English Language in Indonesian Schools in the Era of Globalization. http://pskti.uksw.edu/wp-content/uploads/files/Makalah_Mochtar_STBA_LIA_2009.pdf, 2016-06-20.
2. 付海梅. 世俗主义与印尼国家整合——以苏加诺、苏哈托时期为例[J]. 思想战线, 2016(1): 127-131.
3. 黄仁新，王靖. 印度尼西亚语言政策探析[J]. 唐山学院学报, 2005(4): 80-83.
4. 李怀. 印度尼西亚语言教育政策探析[J]. 世界教育信息, 2016(21): 9-13, 21.
5. 林珏. 发展经济学案例集(案例 1-14 印度尼西亚的人口增长)[M]. 北京：中国社会科学出版社, 2005.
6. 邹长虹，胡静芳. 简论印度尼西亚语言政策[J]. 湖北函授大学学报, 2012(10): 74-75.

① 李怀. 印度尼西亚语言教育政策探析. 世界教育信息, 2016(21): 12.

② Marhum, M. *English Language in Indonesian Schools in the Era of Globalization*. http://pskti.uksw.edu/wp-content/uploads/files/Makalah_Mochtar_STBA_LIA_2009.pdf, 2016-06-20.

3.1.43 约旦

约旦哈希姆王国(The Hashemite Kingdom of Jordan)简称约旦，位于亚洲西部、阿拉伯半岛的西北，西与巴勒斯坦、以色列为邻，北与叙利亚接壤，东北与伊拉克交界，东南和南部与沙特阿拉伯相连。首都为安曼。

约旦原是巴勒斯坦的一部分。公元7世纪初属阿拉伯帝国版图；公元1517年归属奥斯曼帝国；第一次世界大战后沦为英国殖民地。1921年，英国以约旦河为界，把巴勒斯坦一分为二，西部仍称巴勒斯坦，东部建立外约旦酋长国。约旦基本上是个内陆国家，与周边的阿拉伯国家相比，约旦的政治、经济和文化生活等方面相对稳定。

2017年11月14日，约旦《言论报》报道，根据约旦统计总局的人口时钟，约旦人口达到1001.0462万，其中约旦人700万，其他国籍的人口达300万，占总人口的30%，其中叙利亚人达130万，埃及人达63.6万，不持国民号码的巴勒斯坦人达63.4万。① 主要宗教有伊斯兰教-逊尼派、东正教。国教为伊斯兰教，92%的居民属伊斯兰教逊尼派，另有少数属什叶派和德鲁兹派。信奉基督教的居民约占6%，主要属希腊东正教派。

约旦奉行中立、不结盟和对外开放政策，推行全方位外交。2006年，约旦继续推行亲美、睦邻、抓热点、重大国的外交政策，强化与美国的特殊盟友关系。中约两国于1977年4月7日建交以来，双方关系不断向纵深发展。2015年签署《战略伙伴关系联合声明》，2018年签署《“一带一路”合作备忘录》。约旦也十分重视发展同阿拉伯各国的关系。海湾危机发生后，由于约旦采取与埃及、叙利亚、沙特阿拉伯及科威特等国相悖的立场，同这些国家的关系一度趋冷。海湾战后，约旦主动改善同这些国家的关系。

3.1.43.1 主体语言教育政策

阿拉伯人是约旦的主体民族，约占总人口的98%。约旦阿拉伯人的祖先来自阿拉伯半岛的奎西族和南阿拉伯的也门族，生活在沙漠和半沙漠地区，以放牧为生的贝都因人也属于阿拉伯人。20世纪中期以来，由于阿以冲突，大量巴勒斯坦人逃亡到约旦，成为约旦人。约旦官方语言为阿拉伯语。

多年来，约旦教育系统一直非常重视阿拉伯语振兴与保护，防止阿拉伯语落后于英语，成为被边缘化的语言。约旦政府效仿卡塔尔、阿联酋等国做法，出台了专门的《阿拉伯语保护法》，规定了必须使用阿拉伯语的场合。该法突出了教育的作用。法规规定，普及教育阶段及高等教育机构的教师在教学中使用阿拉伯语。各级各类办公场所、私立高校和教育机构的教学也需使用阿拉伯语。对教师科研也有使用阿拉伯语的要求。另外，阿拉伯语协会有指导、监督阿拉伯语使用和保护的责任，并对外来语的阿拉伯语化进行了规定。另外，该法令也对使用阿拉伯语进行对外会议交流进行规范，要求使用阿拉伯语进行国际交流，这对塑造约旦的国际形象具有一定的作用。②

3.1.43.2 少数族群语言教育政策

除阿拉伯人外，约旦生活着诸多其他少数民族的民众，如切尔克斯人(约占1%)、亚

① http://politics.people.com.cn/GB/8198/158160/158163/9466125.html.

② 王辉. “一带一路”国家语言状况与语言政策(第二卷). 北京：社会科学出版社，2017：181.

美尼亚人(约占1%)、库尔德人和波斯人。他们都有其自己的语言。然而约旦的少数民族语言保护并不理想。一方面，阿拉伯语和英语在教育生活中占据绝对的优势，当局的主要精力放在振兴和保护阿拉伯语，尤其是普及标准阿拉伯语方面，对于少数族群的本族语的教育诉求考虑相对较少。根据约旦分布的少数族群，少数族群除了说阿拉伯语之外同时使用的语言主要有切尔克斯语、亚美尼亚语和卡巴尔达语等。

切尔克斯人使用切尔克斯语或阿迪格语，属高加索语系阿布哈兹-阿迪格语族。西北高加索语主要分为东部和西部方言语支。亚美尼亚人是欧洲南高加索地区的古老民族。亚美尼亚人使用的亚美尼亚语属于印欧语系的一支。语言学家将亚美尼亚语归为印欧语系的一个独立语族。安曼和杰拉什省附近居民使用的语言是卡巴尔达语。卡巴尔达语属于高加索语系北高加索语族西北高加索语支，这些居民多为外来人口或者伊斯兰教教徒。约旦政府对其少数民族语言的管理并不像叙利亚那样严格，但因很多学校都实行阿拉伯语与英语的双语教育，出于民族认同感考虑，阿拉伯语处于政府保护和极力普及的中心，对其他少数民族的语言教育与保护力度非常不够。

3.1.43.3 外语教育政策

与约旦的外交政策相同，约旦的外语教育政策也是在充分权衡了本国在地区局势微妙位置的基础上逐步制定的。在基础教育阶段，财力雄厚的私立学校多用英语教授各门课程；即使在条件一般的公立学校，英语也是一门必修课程。在高等教育阶段，各高校通常用英语或双语教授专业课程。在约旦，所有的公立学校都教授英语，同时，约旦有大批外国留学生。这不仅为约旦高等教育树立了良好的对外形象，还为约旦带来了丰厚的收益。留学生学费已经成为约旦大学的主要收入来源，这既减轻了大学沉重的经济负担，也提升了约旦本国学生的教育质量。① 2006年4月，约旦高等教育部长卡莱德·图康表示，他希望到2020年约旦的外国留学生人数可以达到10万人。

中约两国于1977年4月7日建交后一直保持着密切的友好交流。约旦的汉语教学事业起步较早，早在20世纪70年代初，就已有学校为学生开设汉语兴趣班，由专门的汉语教师授课，组织文化活动。随着我国经济的迅速发展以及国际话语权的提升，中国在整个阿拉伯地区的影响力不断提升，约旦一些学校开始聘请当地的华人华侨担任兴趣课堂的教师或是家庭教师。自2009年起，约旦大学决定把汉语普通选修课程上升为专业课程，开设汉语言文学专业。为了促进约旦汉语教育事业的发展，中国派遣了专业教师去往约旦教授汉语。② 该形式下，约旦政府和教育部门也逐渐认识到汉语教育的重要性，开始开设孔子学院。随着两国的经济贸易往来更加频繁，第一外语为英语的约旦人对中国持有非常友好的态度，约旦人学习汉语的动力越来越大。一些汉语教学机构也根据学生需要开设了商务汉语或短期强化汉语等课程以满足学员需求。

---

① Mohammad Madallh Alhabahbal, et al. English Language Education in Jordan: Some Recent Trends and Challenges. *Cogent Education*, 2016(3): 6.

② 杨亦鸣，赵晓群. “一带一路”沿线国家语言国情手册. 北京：商务印书馆，2017：413.

◎ **参考文献：**

1. Mohammad Madallh Alhabahbal, et al. English Language Education in Jordan: Some Recent Trends and Challenges[J]. *Cogent Education*, 2016(3): 6.
2. 王辉. "一带一路"国家语言状况与语言政策(第二卷)[M]. 北京：社会科学文献出版社，2017.
3. 杨亦鸣，赵晓群. "一带一路"沿线国家语言国情手册[M]. 北京：商务印书馆，2017.

3.1.44 越南

越南全称为越南社会主义共和国(Socialist Republic of Vietnam)，简称越南(Vietnam)，是亚洲的一个社会主义国家。地理位置上，越南位于东南亚的中南半岛东部，北与中国广西、云南接壤，西与老挝、柬埔寨交界，国土狭长，面积约33万平方公里，紧邻南海，海岸线长3260多公里，是以京族为主体的多民族国家。

历史上，越南中北部长期为中国领土，公元968年正式脱离中国独立建国，之后越南历经多个封建王朝并不断向南扩张，但历朝历代均为中国的藩属国。19世纪中叶后逐渐沦为法国殖民地。1945年"八月革命"以后，胡志明宣布成立越南民主共和国，1976年改名越南社会主义共和国。1986年开始施行革新开放，2001年越共九大确定建立社会主义市场经济体制。越南共产党是该国唯一合法的执政党。① 人口方面，2018年越南人口约为9649万，世界排名第15位。② 越南有54个民族，京族约占总人口的90%；少数民族有岱依族、泰族、芒族、高棉族、赫蒙族、侬族、华族等。③ 政治方面，越南的政体是一党制的人民代表大会制度，国体为马克思列宁主义社会主义共和制人民共和国。国会是最高权力机关。经济方面，越南属于发展中国家，实行革新开放的二十多年来，越南经济保持较快增长速度，基本形成了以国有经济为主导、多种经济成分共同发展的格局。2006年，越南正式加入WTO，并成功举办APEC领导人非正式会议。

3.1.44.1 主体语言教育政策

1946年的越南宪法规定，越南公民必须能读写越南国语字。1980年2月，越南政府决议规定了越语的地位：越语是越南各民族的共同语言，是全国各民族进行交流必不可少的工具，是帮助各民族共同发展经济、文化、科学技术和增进民族团结并实现民族平等的工具。越南所有公民都有学习使用越语的权利和义务。1991年和1998年颁布的《义务教育法》规定：越语是小学的教学语言；越语是学校的正式语言。1994年，越南政府颁布《关于在越南国土上进行广告活动的规定》，指出广告中的语言文字必须是越南语言文字，并规定在同时使用越南和外国语言文字时，朗读时必须先读越语后读外国语。1997年，

---

① https://baike.baidu.com/item/越南，2018-06-15.

② http://www.chamiji.com/countryrank，2018-06-15.

③ 越南向被打砸中企业支付首笔700万美元政府赔偿. http://news.sohu.com/20140626/n401388140.shtml，2014-06-26.

越南教育培训部公布了越南语标准化检测通知，同年发布《关于扫盲和小学普及工作的成果评估和检查标准的通知》。① 2005 年通过的《越南教育法》第 7 条规定：越语是学校和其他教育机构使用的正式语言。2013 年 11 月 28 日审议通过的越南新宪法明确规定：“越语是越南的国语。”②

3.1.44.2 少数族群语言教育政策

越南是一个多民族国家，共有 54 个民族，使用 90 种以上的语言，分属全球九大语系中的三大语系，即汉藏、南亚、南岛语系。③ 越南政府给予少数民族语言充分的尊重。1935 年越南共产党第一次全国代表大会的重要文件中，就已强调“各民族在政治、经济、文化生活中均有使用自己的母语的权利”。1946 年宪法指出：少数民族有权接受用他们的母语开展的小学和初中义务教育。1980 年，越南政府公布《关于对少数民族语言文字的若干主张》，指出必须重视并解决少数民族的语言要求。针对部分还没有文字的少数民族濒危语言，越南政府在经过调查后出版了一批双语词典，如《傣越词典》《苗越词典》和《埃(地)越词典》等。④ 1991 年颁布《义务教育法》规定：小学实行越语教育，但同时各少数民族有权使用本民族语言文字，与越语一起用来进行小学教育。1992 年 4 月 15 日越南社会主义共和国第八届国会第十一次会议通过的宪法规定：各民族有权使用自己的语言、文字，保持自己的民族特征和培养自己的优良习惯、传统和文化。1997 年，越南政府发布《关于少数民族语言文字教学的通知》，越南推广民族文字的工作一度繁荣。⑤ 2005 年《教育法》第七条第二项规定：“政府为少数民族人民学习自己的语言和文字系统创造条件，以保留与弘扬民族本色以及帮助少数民族子女到学校和其他教育机构上学。”⑥2010 年 7 月 15 日，越南颁布《少数民族语言文字在普通教育学校和日常教育中心教学的规定》，明确规定了教育培训部、财务部、民族事务委员会等部门对组织少数民族语言教学的职责。2011 年教育培训部颁布《2011—2020 年发展各师范院校和师范专业的章程》，规定有计划、按步骤、分阶段地实施师范生培养计划，其中一项是：建设一些师范院校的少数民族语言教师队伍，以培训、培养在地方基础教育学校教授少数民族语言的教师和在少数民族地区工作的教师，尤其是培养如占语、高棉语、嘉莱语、赫蒙语、傣语、埃地语、巴拿语、色登语的少数民族教师。

3.1.44.3 外语教育政策

由于越南历史上在不同时期遭受不同外来族群的控制和侵扰，所以外语教育也带有明

① 尹少君，邹长虹. 越南语言政策及其对中国外语教育政策的启示. 广西师范学院学报(哲学社会科学版)，2014(3)：106.

② 王辉. “一带一路”国家语言状况与语言政策(第一卷). 北京：社会科学文献出版社，2015.

③ 苏德. 全球化与本土化多元文化教育研究. 北京：中央民族大学出版社，2013.

④ 尹少君，邹长虹. 越南语言政策及其对中国外语教育政策的启示. 广西师范学院学报(哲学社会科学版)，2014(3)：105.

⑤ 陈智睿. 越南濒危民族语言的现状及应对濒危语言的政策. 罗文青，译. 广西民族研究，2006(1)：145.

⑥ 裴辉强，张先亮. 试论中越语言文字政策的相似点——兼论中国语言政策对越南语言政策的启示. 浙江师范大学学报(社会科学版)，2016(4)：102.

显的历史性。法国殖民者统治时期(1861—1945年)，法国殖民者为了便于对越南的统治，提倡拉丁化，法文成为越南官方的正式语言。学校课程上增加了法语、越南罗马字和法国历史等，并组织了法国人为主体的教育巡视团监控儒学学校。① 1954—1975年，越南分裂为南越和北越。这一时期，北越得到了中、苏两国的大力支持，主要发展俄语和汉语教育。② 南越主要发展法语和英语教育。1975年越南统一以后，由于政治原因俄语一度占据重要位置。1986年越南实行“革新开放”政策，英语成为主要外语，也是6门毕业考试科目中的一门，是本科生和研究生的必修科目。1982—2002年，英语在初中阶段是选修课，高中阶段是必修课。2002年颁布新大纲规定英语在初高中阶段都是必修课，在小学阶段是选修课。2008年越南总理批准实施“2020国家外语项目”，计划投资约50亿美元，全面改革越南外语教学。在国家的鼓励下，一些大中专院校已经开始用英语讲授数学、物理、化学等课程。一些大学、专业机构、政府部门、社会组织、私企也开办了语言中心教授英语，并用英语作为交际媒介。

由于中国在世界上的政治、经济地位不断提高，在亚洲乃至全世界的影响越来越大，汉语在越南成为仅次于英语的第二大外语。从历史上看，越南早期长期使用汉字，并且将汉语作为官方语言使用，包括科举考试、文学作品、政府公文等。传统上，越南的华人学习汉语主要采用汉语家庭教师给子女教授汉语的教育方式，直至1907年华侨在堤岸霞漳会馆创办了越南第一所华校——闽漳学校。1975年越南统一后，随着国际关系的演变，中国和越南在一些问题上的分歧不断扩大，因此中越两国关系常常处于非正常化阶段。1991年中越关系正常化以后，两国的经济贸易开始恢复和发展，同时汉语也逐渐成为越南全面发展的重要需求语言之一，汉语教育也逐渐复苏。③ 越南的汉语教育主要有华文中心、越华学校和华文培训班三种形式。2014年年底，经过中越双方8年多的共同努力，在两国高层领导的见证下，广西师范大学与越南河内大学合作成立了越南第一所孔子学院，这所学院成为推动中越两国教育文化交流的重要基地。

◎ 参考文献：

1. 陈智睿. 越南濒危民族语言的现状及应对濒危语言的政策[J]. 罗文青，译. 广西民族研究，2006(1)：141-146.
2. 裴辉强，张先亮. 试论中越语言文字政策的相似点——兼论中国语言政策对越南语言政策的启示[J]. 浙江师范大学学报(社会科学版)，2016(4)：98-103.
3. 苏德. 全球化与本土化多元文化教育研究[M]. 北京：中央民族大学出版社，2013.
4. 王辉. “一带一路”国家语言状况与语言政策(第一卷)[M]. 北京：社会科学文献出版社，2015.
5. 王晋军. 外语研究与探究[M]. 昆明：云南大学出版社，2016.

---

① 王晋军. 外语研究与探究. 昆明：云南大学出版社，2016：212.

② 王晋军. 中国和东盟国家外语政策对比研究. 昆明：云南大学出版社，2015：24.

③ 郑通涛. 海外教育六十年. 厦门：厦门大学出版社，2016：279.

6. 王晋军. 中国和东盟国家外语政策对比研究[M]. 昆明：云南大学出版社，2015.
7. 尹少君，邹长虹. 越南语言政策及其对中国外语教育政策的启示[J]. 广西师范学院学报(哲学社会科学版)，2014(3)：105-108.
8. 郑通涛. 海外教育六十年[M]. 厦门：厦门大学出版社，2016.
9. http：//www. chamiji. com/countryrank，2018-06-15.

3.2 欧洲国家语言国情与语言教育政策

3.2.1 阿尔巴尼亚

阿尔巴尼亚共和国(The Republic of Albania)简称阿尔巴尼亚，位于东南欧巴尔干半岛西部，北部和东北部分别与塞尔维亚、黑山和马其顿接壤，南部与希腊为邻，西临亚得里亚海，隔奥特朗托海峡与意大利相望。阿尔巴尼亚首都为地拉那(Tirana)，国土面积2. 87万平方公里，人口288万(2017年1月)，56. 7%的居民信奉伊斯兰教，是欧洲唯一一个伊斯兰教信徒占多数的国家。阿尔巴尼亚境内多山，矿产资源丰富，是世界主要铬矿石生产国之一。① 目前，阿尔巴尼亚国内政局稳定，但由于历史政局动荡导致经济落后，因此至今仍被认为是欧洲发展水平最低的国家。

中阿两国于1949年11月23日建交。20世纪50至70年代，中阿双边关系一度非常友好，中国也在这一时期向阿尔巴尼亚提供过大量的经济援助。直到20世纪70年代末，在一系列因素的作用下，两国关系破裂。20世纪80年代后，由于世界局势和国情的变化，中阿关系逐渐恢复正常。2017年5月，中阿签署《中华人民共和国政府与阿尔巴尼亚部长会议关于共建“丝绸之路经济带和21世纪海上丝绸之路”的谅解备忘录》，中阿关系翻开历史新篇章。

3.2.1.1 主体语言教育政策

阿尔巴尼亚的官方语言是阿尔巴尼亚语(Albanian)，属于印欧语系，单独构成一个特殊语族，使用人口占总人口的98. 8%。现行的阿尔巴尼亚语是以阿尔巴尼亚南方Tosk方言为基础，结合北方Gheg方言而构成的国家标准语。使用范围主要为阿尔巴尼亚、塞尔维亚科索沃地区、意大利和希腊，使用人口约为500多万。②

历史上，阿尔巴尼亚长期遭受外族侵略，因此阿尔巴尼亚语的主体语言地位并不稳固。1912年阿尔巴尼亚摆脱奥斯曼帝国的统治之后，曾积极实施阿尔巴尼亚语发展政策，在中小学普及阿尔巴尼亚语教育。但在随后的第一次世界大战期间，阿尔巴尼亚被意大利、法国和奥匈帝国割据，占领者均在阿尔巴尼亚实行强制性语言政策强推各自语言，阿尔巴尼亚语教育受到了严重挤压。“一战”结束后，阿尔巴尼亚宣布独立并于1925年成立

① http：//www. fmprc. gov. cn/web/gjhdq_676201/gj_676203/oz_678770/1206_678772/1206x0_678774/，2018-08-12.

② В. П. Нерознак，陈勇. 阿尔巴尼亚语. 外语学刊，2016(5)：13.

共和国，1928年改为君主制，开始构建国民教育体系，并再次开办了以阿尔巴尼亚语为教学语言的小学。1930年阿尔巴尼亚政府首次以法律形式确定了公民受教育的权利，推广母语教学学校。第二次世界大战期间，阿尔巴尼亚先后被意大利和德国法西斯占领。意大利完全控制了其教育系统，意大利语成为中学唯一教学语言，阿尔巴尼亚语教育再次处于瘫痪状态。① 直到"二战"结束，阿尔巴尼亚才再次开始普及教育，强化阿尔巴尼亚语。

当前，阿尔巴尼亚主体语言教育政策明确，即重视并巩固阿尔巴尼亚语的主体地位。1972年的阿尔巴尼亚语正字法大会确定了阿尔巴尼亚语的语音、语法、构词和词汇结构，确认了统一的国家书面标准语。这次大会标志着阿尔巴尼亚国家标准语的形成和阿尔巴尼亚语的规范化，大会同时要求将共同标准语应用在社会生活各方面。1998年阿尔巴尼亚宪法及2008年宪法修正案都明确规定"阿尔巴尼亚语为国家官方语言"②。

当前，作为官方语言的阿尔巴尼亚语的作用和社会功能已深入到阿尔巴尼亚社会生活的各个领域，在政治、经济、科技、文化等各方面都起到了主体作用。阿尔巴尼亚各级各类学校的主要教学语言也均为阿尔巴尼亚语。

3.2.1.2　少数族群语言教育政策

阿尔巴尼亚国内的少数民族主要有希腊族和马其顿族，使用语言分别为希腊语(Greek)和马其顿语(Macedonian)。希腊族主要分布于阿尔巴尼亚南部，人口约为2.4万。马其顿族主要分布于阿尔巴尼亚科尔察区的帕莱斯普湖地区，人口约为0.55万。③ 目前没有检索到阿尔巴尼亚的少数民族语言教育政策，这可能和政府重视程度有关，也从另一个方面体现了阿尔巴尼亚语的主体语言地位。

3.2.1.3　外语教育政策

阿尔巴尼亚的外语教育政策受不同历史阶段政治格局的影响较大。"二战"前语言政策多为外族统治者主导，法语、意大利语、土耳其语等外族语言在其语言生活中占据重要地位。"二战"后，阿尔巴尼亚得到苏联大量援助并且采用苏联社会主义模式建立了人民共和国。受此影响，俄语成为阿尔巴尼亚的主要外语，并被列入中小学必修课程。1990年受苏联解体影响，阿尔巴尼亚政治体制转轨，次年改国名为阿尔巴尼亚共和国，开始实行"回归欧洲"的外交战略，④ 英语成为阿尔巴尼亚的主要外语。

目前，阿尔巴尼亚的外交政策以加入欧盟为战略目标，注重发展同西方国家的关系。⑤ 受此影响，阿尔巴尼亚现行外语教育政策照搬了欧洲模式。2008年，阿尔巴尼亚教育与科学部⑥制定了新一轮外语教学策略，指出本国外语教学一定要与欧盟在外语教学政策中"多语主义"和"跨文化主义"这两个基本原则保持一致，并引入了欧盟两个重要文件——《欧洲语言共同参考框架》和《欧洲语言档案袋》来改造本国的语言教育系统，努力

---

① 董洪杰. 阿尔巴尼亚语言政策的发展变革. 渤海大学学报(哲学社会科学版)，2018(3)：29.

② 阿尔巴尼亚宪法. http：//www.wipo.int/wipolex/zh/text.jsp？file_id=224105，2018-08-12.

③ Paul Lewis. *Ethnologue*：*Languages of the World*，*2016*. https：//www.ethnologue.com/country/AL/languages，2018-08-12.

④ 董洪杰. 阿尔巴尼亚语言政策的发展变革. 渤海大学学报(哲学社会科学版)，2018(3)：29.

⑤ 商务部. 阿尔巴尼亚投资合作指南(2017版). http：//al.mofcom.gov.cn/，2018-08-12.

⑥ 2017年起更名为教育体育青年部(Ministry of Education，Sports and Youth)。

使其语言教育达到“欧洲标准”。①

当前阿尔巴尼亚的第一外语为英语。小学开始设置英语课程，综合性中学除英语外，还开设不同的外语选修课，包括意大利语、法语、德语和西班牙语等。在高校开设有英语、法语、意大利语、西班牙语、德语、土耳其语、俄语等语种专业。此外，阿尔巴尼亚有相当数量的私立外语教学机构，包括从幼儿园到大学不同的办学层次，基本上以英语教学为主，个别学校使用希腊语和土耳其语教学。② 受历史及周边国家语言的影响，阿尔巴尼亚人对外语接受度高且掌握外语人数较多。据统计，阿尔巴尼亚 25~64 岁成年人中约 39.9%可以使用至少一种外语。主要流行的外语有英语(约占 40%)、意大利语(约占 27.8%)和希腊语(约占 22.9%)。③

阿尔巴尼亚的公共领域语言通常是多语并存。受西方文化的影响，很多电视台直接播放外语的影视节目，语种包括意大利语、西班牙语和英语等。阿尔巴尼亚广播电台为国家广播电台，除对内、对海外阿侨广播外，还用英、法、德、意、希、土、塞 7 种语言对外广播。④ 阿尔巴尼亚的报纸有阿尔巴尼亚语，也有英语，如《阿尔巴尼亚日报》《地拉那时报》。

目前，随着中国与阿尔巴尼亚关系的进一步深入，阿尔巴尼亚人民也开始积极学习汉语。2013 年 11 月地拉那大学孔子学院的成立更好地满足了阿尔巴尼亚人民学习汉语、了解中国的需求。

◎ 参考文献：

1. В. П. Нерознак，陈勇. 阿尔巴尼亚语[J]. 外语学刊，2016(5)：13-14.
2. Paul Lewis. *Ethnologue*：*Languages of the World*，*2016* [EB/OL]. https：//www.ethnologue.com/country/AL/languages，2018-08-12.
3. 阿尔巴尼亚宪法[EB/OL]. http：//www.wipo.int/wipolex/zh/text.jsp？file_id=224105，2018-08-12.
4. 董洪杰. 阿尔巴尼亚语言政策的发展变革[J]. 渤海大学学报(哲学社会科学版)，2018(3)：27-32.
5. 董洪杰，李琼. 阿尔巴尼亚语言政策及教育现状与汉语推广策略[J]. 宝鸡文理学院学报(社会科学版)，2014(2)：89-91.
6. 商务部. 阿尔巴尼亚投资合作指南(2017 版)[EB/OL]. http：//al.mofcom.gov.cn/，2018-08-12.

① 董洪杰. 阿尔巴尼亚语言政策的发展变革. 渤海大学学报(哲学社会科学版)，2018(3)：30.

② 董洪杰，李琼. 阿尔巴尼亚语言政策及教育现状与汉语推广策略. 宝鸡文理学院学报(社会科学版)，2014(2)：90.

③ http：//www.instat.gov.al/media/4028/adult-education-survey-2017.pdf，2018-08-14.

④ http：//www.fmprc.gov.cn/web/gjhdq_676201/gj_676203/oz_678770/1206_678772/1206x0_678774，2018-08-12.

3.2.2 爱沙尼亚

爱沙尼亚共和国(The Republic of Estonia)简称爱沙尼亚。位于波罗的海东岸，东与俄罗斯接壤，南与拉脱维亚相邻，北邻芬兰湾，与芬兰隔海相望，西南濒里加湾，因其位于中东欧和南北欧的交通要冲，所以也被誉为“欧洲的十字路口”。爱沙尼亚国土面积45339平方公里，人口131.6万人(2017年1月)，自然资源匮乏，油页岩储量较丰富，森林覆盖率达48%。①

自1991年恢复独立以来，爱沙尼亚政局总体稳定。2004年3月爱沙尼亚加入北约，同年5月加入欧盟，2007年和2011年先后加入申根区和欧元区。②

1991年9月11日，中国与爱沙尼亚签署了《中华人民共和国和爱沙尼亚共和国建交联合公报》。建交以来，两国关系发展总体顺利，双方高层互访不断。两国签署合作文件17个，涉及政治、经济、科技、文化、教育等领域。两国间设立了经贸合作委员会，并召开了九次例会。2017年11月，双方签署《中华人民共和国政府和爱沙尼亚共和国政府关于共同推进丝绸之路经济带与21世纪海上丝绸之路建设的合作谅解备忘录》《中华人民共和国国家发展和改革委员会与爱沙尼亚共和国经济事务和通信部关于加强“网上丝绸之路”建设合作促进信息互联互通的谅解备忘录》《中华人民共和国商务部和爱沙尼亚共和国经济事务和通信部关于电子商务合作的谅解备忘录》,③ 双方关系进入历史发展新阶段。

3.2.2.1 主体语言教育政策

爱沙尼亚的官方语言为爱沙尼亚语(Eesti keel)，属乌拉尔语系芬兰-乌戈尔语族，使用人口约100万，是欧盟的官方语言之一。爱沙尼亚语除分布于爱沙尼亚外，在俄罗斯列宁格勒、普斯科夫、鄂木斯克等州以及拉脱维亚等地也有使用者。爱沙尼亚有3种主要方言：东北近海方言、北方方言和南方方言。北方方言即塔林方言，是爱沙尼亚标准语言的基础。

20世纪80年代以前，爱沙尼亚完全实施苏联教育制度。所有学生都学习双语即俄语和爱沙尼亚语，但教学基本使用俄语，在高等院校更是如此。④ 1988年11月16日，爱沙尼亚苏维埃社会主义共和国最高会议通过了《主权宣言》，宣布爱沙尼亚语为爱沙尼亚的官方语言，并写入了当年12月6日的宪法修正案。1989年1月18日通过《爱沙尼亚苏维埃社会主义共和国语言法》，该法成为东方世界第一部地方性语言大法。该法规定：爱沙尼亚语是爱沙尼亚苏维埃社会主义共和国的国语。⑤ 1990年爱沙尼亚重新独立后，建立了

① https://www.fmprc.gov.cn/web/gjhdq_676201/gj_676203/oz_678770/1206_678820/1206x0_678822/, 2018-09-04.

② https://www.fmprc.gov.cn/web/gjhdq_676201/gj_676203/oz_678770/1206_678820/1206x0_678822/, 2018-09-04.

③ 中国与爱沙尼亚的关系. https://www.fmprc.gov.cn/web/gjhdq_676201/gj_676203/oz_678770/1206_678820/sbgx_678824/, 2018-09-04.

④ 张民选. 爱沙尼亚：教育成功转型的东欧小国. 外国中小学教育，2018(3)：2.

⑤ 转引自：普忠良. 一些国家的语言立法及政策述略. 民族语文，2000(2)：74.

自己的教育体系，并且与欧盟接轨，学校普遍使用爱沙尼亚语教学。①

2004 年爱沙尼亚通过《2004—2010 年爱沙尼亚语发展战略》(*The Strategy for Developing the Estonian Language(2004—2010)*)，明确规定爱沙尼亚语为唯一国语，是人们在所有生活领域使用的公共语言，并且力争在 2010 年实现公共语言运用领域主要使用爱沙尼亚语。该战略也要求其 50 万非公民居民申请入籍必须掌握一定的爱沙尼亚语。② 在此战略影响下，教育研究部制定了一个关于“爱沙尼亚语高等教育教科书和专业词典(2006)”的国家计划，并着手开发爱沙尼亚语的教学软件、培训教职人员的教学技能及其网络学习的能力。③ 2011 年，爱沙尼亚议会通过了《语言法案》，以保护和发展爱沙尼亚语，并确保爱沙尼亚语在所有公共生活中的主导地位。为了提高年轻人的沟通能力，在欧洲社会基金(The European Social Fund，ESF)的协助下，爱沙尼亚政府还发起了一个语言学习资助计划，母语非爱沙尼亚语的年轻人会获得由政府资助赴爱沙尼亚语言研究中心学习 1 年的机会，如果这些年轻人能够在爱沙尼亚语言国家测试中达到 60~80 分的成绩，那么他们还可得到来自欧洲社会基金的资助。④ 除此之外，爱沙尼亚还实施了包括“爱沙尼亚语技术支持国家项目(2006—2010)”“爱沙尼亚语技术支持国家项目(2011—2017)”“爱沙尼亚语和民族记忆(2004—2010)”等多个促进爱沙尼亚语更广泛和便利化应用的项目。⑤ 以上政策和措施充分体现了国家对官方语言的重视。爱沙尼亚政府采取坚决的语言教育政策，强力保证爱沙尼亚语的主体语言地位。

3.2.2.2　少数族群语言教育政策

爱沙尼亚的少数族群有俄罗斯族(约占总人口的 25.1%)、乌克兰族(约占总人口的 1.8%)和白俄罗斯族(约占总人口的 0.9%)。⑥ 俄罗斯族为主要少数民族，境内的少数民族语言主要为俄语。

历史上，爱沙尼亚经历过两次独立。受苏联的影响，俄语是大多数人掌握的语言，不同民族的沟通中人们仍然更愿意使用俄语。⑦ 20 世纪 90 年代以前，受爱沙尼亚“语言归化政策”的影响，俄语发展受到一定影响。进入 21 世纪后，爱沙尼亚政府开始致力于推进民族融合，重视俄罗斯族人的语言文化权利，批准了与少数民族文化权利相关的国际公约，如联合国的《经济、社会、文化权力国际公约》，以及欧洲委员会的《保护少数民族公约框架》等，并为居民提供一些俄语的文化服务，在一些多数居民是俄罗斯人的城市，地方行政部门依法提供两种语言(爱沙尼亚语和俄语)的服务，甚至在其他聚居地也经常可

---

① 张民选. 爱沙尼亚：教育成功转型的东欧小国. 外国中小学教育，2018(3)：2.

② 戴曼纯，刘润清. 波罗的海国家的语言政策与民族整合. 俄罗斯中亚东欧研究，2010(4)：19.

③ 刘琪. 中东欧教育丝绸之路路径探析——基于〈2006—2015 爱沙尼亚高等教育战略〉的分析. 比较教育研究，2017(9)：42.

④ 刘琪. 中东欧教育丝绸之路路径探析——基于〈2006—2015 爱沙尼亚高等教育战略〉的分析. 比较教育研究，2017(9)：43.

⑤ 张超. 爱沙尼亚民族问题探析. 开封教育学院学报，2013(33)：248.

⑥ 商务部. 对外投资合作国别(地区)指南——爱沙尼亚(2017). https://www.yidaiyilu.gov.cn/wcm.files/upload/CMSydylgw/201712/201712280432024.pdf，2018-09-04.

⑦ 戴曼纯，刘润清. 波罗的海国家的语言政策与民族整合. 俄罗斯中亚东欧研究，2010(4)：22.

以得到俄语的公共服务和信息。① 正因如此，爱沙尼亚并未出现激烈的民族冲突，俄语使用者和原住民之间相对宽容，俄语依然广为使用，俄文学校、新闻出版和文化机构未受影响。② 2014年的《爱沙尼亚融合战略2020》中也提到，要继续给不使用爱沙尼亚语的永久居民提供语言支持。③ 不难看出，爱沙尼亚在国家认同的前提下，认可少数民族权利，保障了少数民族语言发展。

3.2.2.3 外语教育政策

因地理环境和经济发展等原因，爱沙尼亚政府注重外语教育。爱沙尼亚人外语水平较高，通常都能讲外语，年轻人甚至掌握2~3门外语，主要为英语、俄语、芬兰语、瑞典语等。④ 为了提升国民的竞争力，爱沙尼亚政府制定了《爱沙尼亚外语策略2009—2015》(*Estonian Foreign Languages Strategy 2009-2015*)，明确了外语学习、教学及评估原则。在爱沙尼亚，学生在学校至少学习两门外语。在小学和初中阶段，爱沙尼亚学生可依据兴趣选择英语、法语、德语或俄语作为第一外语学习，另可根据学校开设的语种选择第二外语，通常包括英语、俄语、德语、法语、芬兰语、瑞典语或其他语种。在高中毕业时，学生必须参加国家英语考试和/或国际认可的德语、俄语或法语语言考试，考试要求达到《欧洲语言共同参考框架》所描述的“独立使用阶段”水平。⑤ 目前，爱沙尼亚开办有1所孔子学院，即塔林大学孔子学院。

◎ 参考文献：

1. *Estonian Integration Strategy 2008-2013*[EB/OL]. https://wwwkul.rik.ee/sites/kulminn/files/23748_en_proofreading_le2020_eng.pdf, 2018-09-04.
2. 爱沙尼亚教育部教育政策介绍[EB/OL]. https://www.hm.ee/en/activities/estonian-and-foreign-languages/foreign-language-learning-Estonia, 2018-09-04.
3. 戴曼纯，刘润清. 波罗的海国家的语言政策与民族整合[J]. 俄罗斯中亚东欧研究，2010(4)：17-24，95.
4. 刘琪. 中东欧教育丝绸之路路径探析——基于《2006—2015爱沙尼亚高等教育战略》的分析[J]. 比较教育研究，2017(9)：41-48，71.
5. 普忠良. 一些国家的语言立法及政策述略[J]. 民族语文，2000(2)：71-76.
6. 商务部. 对外投资合作国别(地区)指南——爱沙尼亚(2017)[EB/OL]. https://www.yidaiyilu.gov.cn/wcm.files/upload/CMSydylgw/201712/201712280432024.pdf, 2018-09-04.

① 周亚. 爱沙尼亚文化政策的主要特点. 山东图书馆学刊，2013(1)：34.

② 戴曼纯，刘润清. 波罗的海国家的语言政策与民族整合. 俄罗斯中亚东欧研究，2010(4)：22.

③ *Estonian Integration Strategy 2008-2013*. https://wwwkul.rik.ee/sites/kulminn/files/23748_en_proofreading_le2020_eng.pdf, 2018-09-04.

④ 商务部. 对外投资合作国别(地区)指南——爱沙尼亚(2017). https://www.yidaiyilu.gov.cn/wcm.files/upload/CMSydylgw/201712/201712280432024.pdf, 2018-09-04.

⑤ 爱沙尼亚教育部教育政策介绍. https://www.hm.ee/en/activities/estonian-and-foreign-languages/foreign-language-learning-Estonia, 2018-09-04.

7. 张超. 爱沙尼亚民族问题探析[J]. 开封教育学院学报, 2013(33): 247-248.
8. 张民选. 爱沙尼亚: 教育成功转型的东欧小国[J]. 外国中小学教育, 2018(3): 1-7.
9. 周亚. 爱沙尼亚文化政策的主要特点[J]. 山东图书馆学刊, 2013(1): 33-36.

3.2.3 白俄罗斯

白俄罗斯共和国(The Republic of Belarus)简称白俄罗斯，位于东欧内陆，是欧亚两洲陆路交通的必经之路。东邻俄罗斯，西邻波兰，北部和西北与拉脱维亚和立陶宛交界，南邻乌克兰。国土面积约20.76万平方公里，人口约948.4万，境内有100多个民族，白俄罗斯族占多数。① 白俄罗斯因其地理位置原因，处于欧盟和独联体以及波罗的海到黑海的交通交汇点，是欧亚大陆的物流枢纽，也是丝绸之路经济带向欧洲延伸的重要节点，有重要的战略地位。

白俄罗斯人是东斯拉夫族的一支。1922年12月30日与俄罗斯联邦、外高加索联邦、乌克兰一道成立苏维埃社会主义共和国联盟(苏联)。1990年7月27日，白俄罗斯最高苏维埃通过国家主权宣言。1991年9月19日改名为白俄罗斯共和国，简称白俄罗斯，12月8日作为创始国加入独联体。1994年开始实行总统制。国内政局保持稳定。白俄罗斯工农业基础较好，机械制造业、冶金加工业、机床、电子及激光技术比较先进；农业和畜牧业较发达，马铃薯、甜菜和亚麻等产量在独联体国家中居于前列。②

中国和白俄罗斯1992年1月20日建交，两国关系发展顺利，高层交往频繁。2013年7月，白俄罗斯总统卢卡申科访华期间，两国元首签署联合声明，宣布中白建立全面战略伙伴关系。2016年9月，卢卡申科总统对华进行国事访问，双方宣布建立相互信任、互利共赢的全面战略伙伴关系。2017年5月，卢卡申科总统来华出席“一带一路”国际合作高峰论坛，习近平主席同其会见。2018年6月，卢卡申科总统来华出席上海合作组织青岛峰会，习近平主席同其会见。③

3.2.3.1 主体语言教育政策

白俄罗斯官方语言的确立与其政治气候及国家和国际政治形势变化密切相关。不同时期，国家权力机关制定的语言政策不同，官方语言也相应有调整。白俄罗斯独立后，确立白俄罗斯语为官方语言，俄语为通用语。其后修宪，白俄罗斯语和俄语并列为国语。现在，白俄罗斯的官方语言为白俄罗斯语和俄语。虽然白俄罗斯语在前，但实际境内使用俄语的人占多数，约占总人口的70.2%，使用白俄罗斯语的人口约为23.4%。④

2004年，白俄罗斯修宪，《白俄罗斯共和国宪法》第1章第17条明确规定“白俄罗斯

① http://www.fmprc.gov.cn/web/gjhdq_676201/gj_676203/oz_678770/1206_678892/1206x0_678894/, 2018-07-20.

② http://www.fmprc.gov.cn/web/gjhdq_676201/gj_676203/oz_678770/1206_678892/1206x0_678894/, 2018-07-20.

③ 中国同白俄罗斯的关系. http://www.fmprc.gov.cn/web/gjhdq_676201/gj_676203/oz_678770/1206_678892/sbgx_678896/, 2018-08-26.

④ 杨亦鸣，赵晓群. “一带一路”沿线国家语言国情手册. 北京: 商务印书馆, 2017: 69.

共和国的国语为白俄罗斯语和俄语""每位公民享有使用自己本民族语言的合法权利，享受选择交际语言的权利。国家根据法律保障每位公民选择教育、学习语言的自由"①。另外，为协调白俄罗斯语、俄语和其他语言的关系，维护个人和民族的尊严及语言和文化等目的，白俄罗斯专门制定了语言法。《白俄罗斯共和国语言法》申明了白俄罗斯语和俄语的官方语言地位，还特别强调："国家机关、地方自治机构、企业、组织、机构、社会联合组织的领导、工作人员必须同时掌握白俄罗斯语和俄语；国家机关、地方自治机构、企业、组织、机构、社会联合组织面向公民的公文必须为白俄罗斯语和俄语。"②另外，《白俄罗斯共和国语言法》规定如下："公民使用民族语言的权利；对国语及其他民族语言的保护；国家机关、地方机构、自治机构、企业、组织、机构、联合组织的语言使用规定；教育、科研、文化领域的语言使用规定；通信领域的语言使用规定；名称的语言规定；帮助国外白俄罗斯人的民族文化发展。"③

在教育方面，白俄罗斯要求教育系统的领导及工作人员必须掌握白俄罗斯语和俄语。白俄罗斯普通教育学校从入学第一年，即预备班就开始教授俄语，从入学第二年，即一年级开始教授白俄罗斯语。在普通学校，两种语言拥有同等地位，上课也主要使用这两种语言。高校的教学语言也是一样，对于国外学生，进入白俄罗斯高校后，大多要进行一学期的语言培训，再进入专业学习中。

公共领域的语言主要是白俄罗斯语和俄语。《白俄罗斯共和国语言法》第29条规定："所有官方的布告、通知、启示、海报以及广告等，其正文使用白俄罗斯语、俄语。"第30条规定："商品的商标、标签以及使用说明等使用白俄罗斯语或俄语；出口国外的商品商标使用白俄罗斯语、俄语或订购方的语言。"第32条规定："国内居民点、行政区域个体、街道、广场、河流等的名称以白俄罗斯语或俄语来命名。"④在媒体方面，白俄罗斯境内发行的报纸、杂志主要采用白俄罗斯语和俄语。根据白俄罗斯国家统计委员会提供的数据，在2011年出版的杂志和其他定期发行的刊物中，使用白俄罗斯语的刊物占了17%，而使用俄语的刊物占了约81%。⑤ 白俄罗斯国内广播和电视的大部分节目也以俄语播放。如白俄罗斯首都电视台采用俄语播放节目；白俄罗斯广播电台采用两种语言播放。

3.2.3.2 少数族群语言教育政策

白俄罗斯是多民族国家，国内有100多个少数民族，除白俄罗斯族外，俄罗斯族是人口最多的少数民族，此外还有乌克兰族、波兰族、乌兹别克斯坦族、哈萨克族和犹太族等。俄罗斯族约占总人口的11.4%，主要分布在东部和中部等地区，和白俄罗斯同属东斯拉夫族，信奉东正教，在文化和习俗上有许多相似之处。波兰族主要分布在白俄罗斯和波兰交界的地区，约占总人口的3%。乌克兰族主要在白俄罗斯南部地区，约占总人口的2.4%。乌克兰族和白俄罗斯族的渊源较深，在文化和习俗上也有相似的地方。犹太族散

---

① http：//www. pravo. by/main. aspx. guid=2101，2018-07-20.

② http：//www. pravo. by/main. aspx. guid=2101，2018-07-20.

③ 王辉. "一带一路"国家语言状况与语言政策(第二卷). 北京：社会科学文献出版社，2017：98.

④ http：//www. base. spinform. ru/show-doc. fwxrgn=1869，2018-07-22.

⑤ http：//www. inosmi. info/yazykovaya-situatsiya-v-sovremennoy-belorussii. html，2018-07-25.

居在白俄罗斯各地，由于犹太人向国外移民，犹太族约占总人口的0.3%。① 这些少数民族的语言有波兰语、乌克兰语、哈萨克语、立陶宛语、阿塞拜疆语、德语、拉脱维亚语等。

白俄罗斯对少数民族问题十分重视，实行民族平等和团结的政策，对少数民族的语言和文化实行保护的政策。1994年新宪法在序言中强调“保障公民团结”，第14条规定：“国家依据法律面前平等的原则，调整社会共同体、民族共同体以及其他共同体之间的关系，尊重它们各自的权益。”新宪法第16条规定：“一切民族、宗教和信仰在法律面前一律平等。”②白俄罗斯的《少数民族法》规定：“保障每位公民出版、传播信息时使用本族语言的权利。”③除了实行宽松自由的语言政策，白俄罗斯还创造条件支持少数民族用本族语言进行教育教学。即“如果学习者有意愿，在符合教育部规定的情况下，按照地方执行管理机构的决定，可以在普通中等教育机构或普通中等教育机构内开设的班级、年级里使用少数民族语言进行教学”。据资料记录，目前白俄罗斯已有四所学校用波兰语或立陶宛语进行教学。④

3.2.3.3 外语教育政策

白俄罗斯在全球化的影响下，境内的外语语言种类较多，形成“多语种、多语制、多元化”的基础。白俄罗斯明斯克国立语言大学校长曾说过：“语言政策的目标是促进有效的多语种、跨文化交际，同时提供多种语言的教育，以便使白俄罗斯融入现代文明进程。”⑤在白俄罗斯非高等教育阶段，主要有英语、德语、法语、西班牙语和汉语等外语可供选择。另外，白俄罗斯高校注重加强国际交流与合作，加强外语的教学和实践。白俄罗斯的国际电台用多种语言播报，除白俄罗斯语和俄语外，还有英语、德语、法语、波兰语、西班牙语等。2005年开设有网络电台，每天两个时段播放十多个小时。2013年开始试播中文广播，每周一次，每次20分钟，同一节目每周重播三次。⑥

中国在白俄罗斯建设的孔子学院有4所，分别和白俄罗斯国立大学、明斯克国立语言大学、白俄罗斯国立技术大学、白俄罗斯戈梅立国立大学合作。另外，还设有4个孔子学堂。白俄罗斯国立大学和明斯克国立语言大学均开设有中文翻译专业，另外还有大学举办中文和中国文化培训等。⑦

◎ 参考文献：

1. 王辉.“一带一路”国家语言状况与语言政策(第二卷)[M].北京：社会科学文献出版

① 杨亦鸣，赵晓群.“一带一路”沿线国家语言国情手册.北京：商务印书馆，2017：69-70.

② 杨亦鸣，赵晓群.“一带一路”沿线国家语言国情手册.北京：商务印书馆，2017：70.

③ http：//www.pravo.newsby.org/belarus/zakon2/z040.html，2018-07-25.

④ http：//www.embassybel.ru/belarus/history-nowdays/education.html，2018-07-27.

⑤ 王辉.“一带一路”国家语言状况与语言政策(第二卷).北京：社会科学文献出版社，2017：202.

⑥ http：//www.chinanews.com/hwjy/2013/03-29/4687392.shtml，2018-07-28.

⑦ http：//www.hanban.edu.cn/confuciousinstitutes/node_10961.htm，2018-08-26.

社，2017.
2. 杨亦鸣，赵晓群. “一带一路”沿线国家语言国情手册[M]. 北京：商务印书馆，2017.
3. http：//www. base. spinform. ru/show-doc. fwxrgn=1869，2018-07-22.
4. http：//www. embassybel. ru/belarus/history-nowdays/education. html，2018-07-27.
5. http：//www. inosmi. info/yazykovaya-situatsiya-v-sovremennoy-belorussii. html，2018-07-25.
6. http：//www. pravo. newsby. org/belarus/zakon2/z040. html，2018-07-25.

3.2.4 保加利亚

保加利亚共和国(The Republic of Bulgaria)简称保加利亚，位于欧洲巴尔干半岛东南部，北部与罗马尼亚隔多瑙河相望，西部与塞尔维亚、马其顿相邻，南部与希腊、土耳其接壤，东部临黑海。国土面积111001.9平方公里，人口710万(2016年)。保加利亚自然资源贫乏，旅游业较为发达。① 保加利亚于2004年3月加入北约，2007年1月加入欧盟，是欧盟28个成员国之一。

1949年10月4日，保加利亚与中国建立大使级外交关系。20世纪50年代，双边关系发展顺利。20世纪60年代起，双边交往一度减少。自20世纪80年代起两国各领域的交流与合作逐步增多，两国关系平稳发展。② 近年来，两国高层互访不断，政治互信日益增强。2015年11月24日，保加利亚总理鲍里索夫参加了在中国苏州举行的第四次中国—中东欧国家领导人会晤，并签署了《中国—中东欧国家合作苏州纲要》，中保关系得以进一步发展。

3.2.4.1 主体语言教育政策

保加利亚的官方和通用语言为保加利亚语(Bulgarian)。保加利亚语属印欧语系，斯拉夫语族。使用者主要集中在巴尔干半岛，分布于保加利亚及其周边地区，包括希腊、罗马尼亚、匈牙利、摩尔达维亚和乌克兰部分地区。保加利亚语的官方书写字母是西里尔字母(Cyrillic)。从9世纪开始，保加利亚语就有了自己的文字系统，这也是斯拉夫语族中第一个拥有自己文字系统的语言。2007年1月1日，保加利亚成为欧盟正式成员国，西里尔字母成为继拉丁字母和希腊字母之后欧盟第三大官方字母。

总体来看，保加利亚的语言教育政策清晰，重视加强保加利亚语的主体地位并积极推广保加利亚语。《保加利亚宪法》③明确规定“保加利亚语是官方语言”“学习和使用保加利亚语应是每一位保加利亚公民的权利和义务”“在某些特定场合下必须使用保加利亚语”“母语不是保加利亚语的孩子要必修保加利亚语”④。此外，还有政府的官方语言研究

① https：//www. fmprc. gov. cn/web/gjhdq_676201/gj_676203/oz_678770/1206_678916/1206x0_678918/，2018-08-31.

② 中国与保加利亚的关系. https：//www. fmprc. gov. cn/web/gjhdq_676201/gj_676203/oz_678770/1206_678916/sbgx_678920/，2018-08-31.

③ 《保加利亚宪法》1991年7月13日生效并沿用至今。

④ 《保加利亚宪法》，http：//www. parliament. bg/en/const/，2018-08-15.

所——保加利亚语言研究所(Institute for Bulgarian Language)担任着研究、维护和推介保加利亚语的责任。多年来，保加利亚教育和科学部(Ministry of Education and Science)一直举办各类语言竞赛，并派遣教师到外国大学担任保加利亚语言、文学和文化讲师，以推广保加利亚语言及文化。保加利亚文化部(Ministry of Culture)全国文化基金会也建立并定期举行保加利亚文学翻译比赛。①

从学校教育来看，保加利亚从学前到大学程度的教学语言均为保加利亚语。包括少数民族在内的各民族、保加利亚的中小学生必须系统地学习保加利亚语，且需具有一定的阅读写作能力和语法及文学欣赏能力。

3.2.4.2 少数族群语言教育政策

保加利亚的主要少数民族为土耳其族(Turks)，约占人口总数的9%。土耳其族的民族语言为土耳其语(Turkish)，② 属于欧洲阿尔泰语系突厥语族。保加利亚土耳其族是14世纪末和15世纪初土耳其人征服巴尔干半岛后进入该地区的土耳其定居者后裔，以及在土耳其人统治的几个世纪中皈依伊斯兰教的保加利亚人。目前他们主要生活在保加利亚南部和东北部。

历史上，保加利亚种族冲突严重，少数民族语言教育受到极大压制。1984年保加利亚推行的极端民族同化政策甚至禁止使用土耳其语，禁止伊斯兰教，强迫土耳其族将突厥语族的土耳其名字改为斯拉夫语族的保加利亚名字。③

20世纪90年代以后，保加利亚民族关系逐渐缓和，允许土耳其族恢复原来的民族名字，保障其信仰自由，允许土耳其族使用自己的语言。但保加利亚政府仍通过淡化少数民族概念的方式限制少数民族活动。保加利亚宪法明确规定“保加利亚人是单一民族”。一些主要政治家和外交部官员甚至宣称“保加利亚没有少数民族”。保加利亚外交部长在1997年9月声称，“在保加利亚共和国人口构成中，族群、文化、语言和宗教的不同没有造成少数民族”“欧盟的少数民族框架协议在保加利亚没有可保护的对象”④。由此可知，保加利亚政府对少数民族语言教育并不关注。

3.2.4.3 外语教育政策

《保加利亚中小学教学大纲国家标准》致力于学生能力培养和课程的国际化，⑤ 因此相当重视外语教育。学生必须从小学五年级起开始学习外语，每周课时不得少于4小时。学校为学生开设的外语课包括英语、德语、法语、意大利语、西班牙语、俄语、土耳其语和古保加利亚语等。对有条件的学校，如中心城市专门的外语中学和公立完全中学等，还鼓励学生选修汉语、日语、印度语、朝鲜语等。国家除了规定外语教学的起始时段，还规定

① Diana Blagoeva, Svetla Koeva & Vladko Murdarov. *The Bulgarian Language in the Digital Age*. http://www.meta-net.eu/whitepapers/e-book/bulgarian.pdf, 2018-08-15.

② 外交部保加利亚介绍. https://www.fmprc.gov.cn/web/gjhdq_676201/gj_676203/oz_678770/1206_678916/1206x0_678918/, 2018-08-31.

③ 赵彩燕. 保加利亚的政治转型与民族和解. 当代世界社会主义问题, 2016(1): 92.

④ 赵彩燕. 保加利亚的政治转型与民族和解. 当代世界社会主义问题, 2016(1): 96.

⑤ 夏人青. 欧洲一体化背景下的保加利亚普通教育改革. 外国中小学教育, 2006(7): 23.

学生必须同时各主修和选修一门外语。① 对高中毕业生的外语水平要求是：掌握6000个以上常用词汇，具有相当的口头和书面表达能力，能阅读难度适宜的文学原著，能适应在目标语国家学习和工作基本没有语言障碍，即达到一门外语基本过关。② 各语种中影响较大的仍然是英语。《保加利亚新词词典》(2010)收录了近20年来的新词、短语和词汇的52种表达，大约有4300种新的词汇单位，其中约四分之一(约1020个词)借用于英语。③ 因此，英语依旧是学生学习外语的首选语种。

保加利亚的汉语教学历史悠久且体系完备。保加利亚是中华人民共和国成立后向国外派遣汉语教师的首批4个汉语教学点之一。20世纪50年代我国著名语言学家朱德熙先生和旅保中国学者张荪芬女士在保加利亚首都索非亚开办了第一个汉语教学点，从那以后保加利亚的汉语教学从未中断。1991年，保加利亚著名高校索非亚大学建立了汉语言文学专业，随后完善了汉语本科—硕士—博士的人才培养体系，保加利亚汉语教学得到了质的飞跃，形成了完善的、集汉语教学与汉学研究于一体的教学体系。④ 保加利亚另一所著名综合性大学——大特尔诺沃大学也于20世纪90年代设立并完善了汉语言文学专业的本科—硕士培养体系，并于2004年开始招收博士生。目前，保加利亚开办有2所孔子学院，即索菲亚大学孔子学院和大特尔诺沃大学孔子学院。

◎ 参考文献：

1. Blagoeva, Diana & Svetla Koeva & Vladko Murdarov. *The Bulgarian Language in the Digital Age*[EB/OL]. http://www.meta-net.eu/whitepapers/e-book/bulgarian.pdf, 2018-08-15.
2. 保加利亚宪法[EB/OL]. http://www.parliament.bg/en/const/, 2018-08-15.
3. 董淑慧. 保加利亚汉语教学现状[J]. 云南师范大学学报(对外汉语教学与研究版), 2006(11): 78-80.
4. 孙书光. 保加利亚外语教育印象及启示[J]. 淮南师范学院学报, 2001(2): 75-76.
5. 外交部保加利亚介绍[EB/OL]. https://www.fmprc.gov.cn/web/gjhdq_676201/gj_676203/oz_678770/1206_678916/1206x0_678918/, 2018-08-31.
6. 夏人青. 欧洲一体化背景下的保加利亚普通教育改革[J]. 外国中小学教育, 2006(7): 22-25.
7. 赵彩燕. 保加利亚的政治转型与民族和解[J]. 当代世界社会主义问题, 2016(1): 91-97.

① 夏人青. 欧洲一体化背景下的保加利亚普通教育改革. 外国中小学教育, 2006(7): 23.

② 孙书光. 保加利亚外语教育印象及启示. 淮南师范学院学报, 2001(2): 75.

③ Diana Blagoeva, Svetla Koeva & Vladko Murdarov. *The Bulgarian Language in the Digital Age*. http://www.meta-net.eu/whitepapers/e-book/bulgarian.pdf, 2018-08-15.

④ 董淑慧. 保加利亚汉语教学现状. 云南师范大学学报(对外汉语教学与研究版), 2006(11): 79.

3.2.5 波斯尼亚和黑塞哥维那

波斯尼亚和黑塞哥维那共和国(Bosnia and Herzegovina)简称波黑，位于巴尔干半岛中西部，东与塞尔维亚毗邻，南与黑山接壤，西、北两个方向与克罗地亚相连。国土面积5.12万平方公里，人口353.16万(2014年)，其中波黑联邦占62.84%，塞尔维亚族共和国占34.79%。① 首都为萨拉热窝。

1995年11月，《代顿协议》后波黑制定新宪法。新宪法规定：波黑的正式名称为波斯尼亚和黑塞哥维那。波黑的主要民族为波什尼亚克族、塞尔维亚族和克罗地亚族。根据2014年人口调查结果，波什尼亚克族(即原南斯拉夫时期的穆斯林族)约占总人口的50.11%，塞尔维亚族约占总人口的30.78%，克罗地亚族约占总人口的15.43%。三族分别信奉伊斯兰教、东正教和天主教。官方语言为波斯尼亚语、塞尔维亚语和克罗地亚语。②

波黑共和国在行政及管理上分成三个实体，其一为波黑联邦(又称穆克联邦)，其二为塞族共和国，其三为布尔奇科特区。波黑共和国在南斯拉夫社会主义联邦时期属于联邦内较贫穷的地区，独立后又发生了内战，经济受到严重损害。目前波黑经济正在渐渐复苏，同时正处于从计划经济到市场经济的转型过程中。

1995年4月3日，中国和波黑建立大使级外交关系。2010年5月，波黑部长会议主席什皮里奇对中国进行工作访问。2013年11月，我国国务院总理李克强会见波黑总理贝万达。我国与波黑在政治、经济和文化领域的交往逐年增加。

3.2.5.1 主体语言教育政策

1963年，处于南斯拉夫社会主义联邦的波斯尼亚和黑塞哥维那共和国宪法将塞尔维亚-克罗地亚语定为官方语言。直至波黑从南斯拉夫社会主义联邦中分离出来，塞尔维亚-克罗地亚语的官方地位从来没有改变。塞尔维亚-克罗地亚语反映了社会主义联邦时期南斯拉夫联邦政府维护民族和国家认同的努力。

波黑独立后，新宪法没有明确规定官方语言。目前，波黑人使用的主要语言为波斯尼亚语(也称波什尼亚克语)、塞尔维亚语以及克罗地亚语。由于波什尼亚克族、塞尔维亚族和克罗地亚族聚居地相对独立，加之波黑在行政和管理上的三分一体现象，波斯尼亚语、塞尔维亚语和克罗地亚语成了实际上的地方性官方语言，并且带有强烈的民族色彩。根据2014年的调查，约50%的波黑人将波斯尼亚语作为母语使用，约31%的波黑人将塞尔维亚语作为母语使用，约15%的波黑人将克罗地亚语作为母语使用。

波斯尼亚语是内战过程中波什尼亚克族人在原有地域性方言基础上改造而来的，其出现体现了波什尼亚克族人强烈的民族及宗教身份意识。作为波黑的多数民族，为了维护民族认同，波什尼亚克人在原来波斯尼亚克方言基础上，借用土耳其语、波斯语和阿拉伯语

① http://www.fmprc.gov.cn/web/gjhdq_676201/gj_676203/oz_678770/1206_678988/1206x0_678990/，国家概况，2018-08-30.

② http://www.fmprc.gov.cn/web/gjhdq_676201/gj_676203/oz_678770/1206_678988/1206x0_678990/，2018-08-30.

中的词汇，形成了现在的波斯尼亚语。波什尼亚克人强调波斯尼亚语区别于塞尔维亚语和克罗地亚语的差异，让波斯尼亚语成为一种彻底独立的、具有民族象征性的语言。在波什尼亚克人的不断争取下，2002 年颁布的第二十九宪法修正案将原来法律条文中的“波什尼亚克语”改为“波斯尼亚语”。① 法律文书的修改过程说明，波斯尼亚语本身是民族斗争的产物和工具，同时也是民族认同的结果。

3.2.5.2　少数族群语言教育政策

波黑境内的其他民族还有斯拉夫族、黑山族、罗马尼亚族、阿尔巴尼亚族以及吉卜赛族等。波黑教育主管部门致力于消除教育领域的任何歧视现象，包括基于种族、性别、语言、宗教、政见以及社群等歧视，确保受教育者享受公平的教育机会和同等的教育质量。《教育改革战略》、相关法规以及各种政策类文件都致力于推动公平教育的原则，包括教育机会的平等获取、可获得性、可接受性以及官方许可、消除歧视、消除种族隔离等措施的有效性等。② 波黑的教育主管部门重视教育的质量，以欧盟的教育标准为准绳，确定国内各级教育机构的核心课程和教育成果的评价体系，另外，致力于实现教育的性别平等，尤其针对一些性别差异较严重的少数民族。波黑联邦和塞族共和国以及布尔奇科特区三个行政实体内的教育机构也有一定的自主权，学校、教师以及学生对学习的内容和方法有一定的自主选择权。③ 少数民族有权使用自己的民族语言，有权为子女选择教育机构等。

3.2.5.3　外语教育政策

波黑的外语使用在不同时期有不同的特色。历史上波黑曾流行过土耳其语、阿拉伯语和意大利语。第一次世界大战以后，在奥匈帝国占领地盛行德语。第二次世界大战以后，俄语曾在短时期内流行过。目前，英语成为首要的外语，其普及程度相当高。除了学校里开设的英语课程，社会上的培训机构也提供多样的英语学习课程。

目前，中国还没有高校开设波斯尼亚语专业，开设塞尔维亚语和克罗地亚语的高校有 1 所，为北京外国语大学。中国在波黑设立的孔子学院有 2 所，分别为萨拉热窝大学孔子学院和巴尼亚卢卡大学孔子学院，合作单位分别为西北师范大学和天津职业技术师范大学。④ 波黑国内设有中文专业的高校有 1 所，于 2011 年在东萨拉热窝大学开设。⑤

◎ 参考文献：

1. *Bosnia and Herzegovina Education for All* 2015 *Country Report*.
2. *Development of Education in Bosnia and Hezergovina*, *State Report*.
3. 杨亦鸣，赵晓群. “一带一路”沿线国家语言国情手册[M]. 北京：商务印书馆，2017.

① 杨亦鸣，赵晓群. “一带一路”沿线国家语言国情手册. 北京：商务印书馆，2017：91.
② *Bosnia and Herzegovina Education for All* 2015 *Country Report*, pp. 14-16.
③ *Development of Education in Bosnia and Hezergovina*, *State Report*, p. 17.
④ http://www.hanban.edu.cn/confuciousinstitutes/node_10961.htm，2018-08-30.
⑤ 杨亦鸣，赵晓群. “一带一路”沿线国家语言国情手册. 北京：商务印书馆，2017：92.

3.2.6 俄罗斯

俄罗斯联邦(The Russian Federation)简称俄罗斯，位于亚欧大陆北部，横跨亚洲北部和东欧大部，东西最长9000公里，南北最宽4000公里。西北面邻国有挪威、芬兰，西面有爱沙尼亚、拉脱维亚、立陶宛、波兰、白俄罗斯，西南面是乌克兰，南面有格鲁吉亚、阿塞拜疆、哈萨克斯坦，东南面有中国、蒙古和朝鲜。东面与日本和美国隔海相望。俄罗斯面积为1709.82万平方公里，人口为1.46亿人,① 是世界上面积最大的国家，地广人稀。

苏联解体后俄罗斯联邦成为完全独立的国家，并成为苏联的唯一继承国。1993年第一部宪法规定俄罗斯是共和制的民主联邦制国家，确立了总统制的国家领导体制。俄罗斯是一个多民族的国家，有194个民族，130多种民族语言，涵盖四大语系、八大语族，可称作民族语言的博物馆。②

俄罗斯是中国“一带一路”欧洲非常重要的一站。中俄1996年建立战略协作伙伴关系，2001年签署《中俄睦邻友好合作条约》，2011年建立平等信任、相互支持、共同繁荣、世代友好的全面战略协作伙伴关系，2014年中俄全面战略协作伙伴关系进入新阶段。③ 俄罗斯总统普京接受中央广播电视总台台长慎海雄的独家专访时说：“这个倡议与我们建设欧亚经济联盟的努力相吻合……事实上，我们正在为消除双方经济协作发展的限制因素迈出非常重要的一步。”④中国与俄罗斯在很多方面都有合作，互通有无。

3.2.6.1 主体语言教育政策

俄罗斯联邦的官方语言是俄语，俄语同时也是国语和通用语言，还是联合国六种工作语言之一。俄语属于印欧语系波罗的-斯拉夫语族东斯拉夫语支。在俄罗斯，使用俄语的人口约1.21亿，占俄联邦人口总数的83%左右。⑤ 在半数以上的俄联邦共和国中，使用俄语的人数超过使用本民族语言的人数，主要在欧洲西北部和中部地区。由此可见，俄语使用范围广、人数多、影响大。标准俄语类似“普通话”，是以圣彼得堡方言为基础演变而来，有很强的重音变化和适度的音调变化。俄语发音系统包含6个元音、36个辅音；书写系统包含字母33个，其中元音字母10个、辅音字母21个、无音字母2个。俄语中名词、动词、形容词形式较多，尤其动词变化多，最为复杂，俄语是保留古代词形中变化较多的语言。

在苏联时期，俄语是唯一的官方语言，占有绝对地位。学校教学、教材编写、文稿发

---

① http：//www.fmprc.gov.cn/web/gjhdq_676201/gj_676203/oz_678770/1206_679110/1206x0_679112/，2018-07-14.

② 四大语系是：印欧语系，阿尔泰语系、乌拉尔语系、伊比利-高加索语系；八大语族是：斯拉夫语族、伊朗语族、突厥语族、蒙古语族、芬兰-乌戈尔语族、阿布哈兹-阿弟盖语族、纳赫语族、达吉斯坦语族。

③ 中国同俄罗斯的关系．http：//www.fmprc.gov.cn/web/gjhdq_676201/gj_676203/oz_678770/1206_679110/sbgx_679114/t6786.shtml，2018-07-14.

④ https：//www.yidaiyilu.gov.cn/ghsl/hwksl/57317.htm，2018-07-14.

⑤ 杨亦鸣，赵晓群．“一带一路”沿线国家语言国情手册．北京：商务印书馆，2017：109.

表、课程讲授等必须使用俄语。苏联解体后，由于政治上的剧变和影响，各个国家民族意识加强，体现在语言上是“语言国有化”的浪潮。各国纷纷推崇自己的语言，加强语言立法。到1995年，俄罗斯联邦中有9个国家正式颁布语言法。① 虽然俄语的地位、使用范围和水平有所削弱，但根据历史沉淀和文化传统，俄语仍是俄联邦各民族交际的主要沟通工具，在较大范围内享有“国语普通话”的优先权利，仍具有战略地位。俄罗斯联邦颁布了《俄罗斯社会主义联邦共和国民族语言法》，该法规定：“俄语是俄联邦各民族的国语，在俄罗斯联邦全境范围内享有国语的权利和地位，是各民族族际交际的主要沟通工具。”② 该《语言法》是俄罗斯第一部规定俄罗斯国语的法律，也是首次使用法律手段解决语言问题的探索和尝试。同时，该《语言法》确立了俄罗斯联邦境内俄语的地位、使用俄语的准则，特别强调保护和发展俄语的重要性，从具体措施着手，指明保护和发展俄语的方式、方法。1996年6月15日，俄罗斯总统叶利钦发布第909号总统令，确立俄罗斯联邦国家的民族政策，“其关于语言问题的思想可谓是对《俄罗斯社会主义联邦共和国民族语言法》的继承”③。2003年2月5日，俄罗斯国家杜马通过《俄罗斯联邦国语法》草案，希望对净化俄语为国语有所帮助。这引发了俄罗斯语言学家的争论，他们认为通过强制手段来净化俄语是不可行的，违背了语言自身发展的规律，有学者指出：“语言文字的改革是有必要的，只要这种变化是在尊重本国文化、宗教、地理特征的基础上，并遵循这种语言的内部规律，就是可行的。”④

因此，从宏观上看，无论是苏联时期，还是如今的俄罗斯联邦共和国，都注重语言的立法，从国家层面确立和保护语言的重要地位，并强调落在实处、切实有效。语言立法在俄罗斯语言教育政策中起到了重要的作用。目前，俄罗斯联邦的语言格局已形成，俄语是全联邦统一的国语或族际交流的共同语言。如俄罗斯语言学家所说：“在具有共和国地位的民族实体中，文化和语言问题往往比较尖锐，人们普遍认为，除了国旗和国徽外，国语也是一个国家必不可少的标志。一个国家的公民倾向于使用同一种语言，随着民族精神向深度拓展，统一的语言对多民族国家的国民意识、认同以及精神统一也越来越重要。”⑤

在中观层面，俄罗斯语言方面的工作由俄罗斯联邦相关职能部门负责。首先，俄罗斯教育部制定语言规划和教育大纲，规定语言教育的规划及其发展的方向，并确定教材的选择及使用等具体事务。其次，在教育部的指导和经费支持下，各教育机构制定并实施各自的语言教学目的、语言规划等。联邦语言委员会是直属于中央政府的语言工作协调机构，成员包括各部部长、大学校长、语言学家和专家。该委员会主要负责协调管理语言立法和各联邦实体的语言工作。该委员会和各分委员会中均设有“俄语作为世界语言办公室”，就是进行俄语作为世界通用语言的推广、运用和研究的机构。⑥ 另外，俄罗斯文化部、俄

① 常庆. 当前俄联邦的民族问题. 世界民族，1996(1)：2-3.

② 杨艳丽. 俄罗斯苏维埃联邦社会主义共和国民族语言法. 世界民族，1995(1)：77.

③ 赵蓉晖. 俄罗斯联邦的语言改革. 社会科学，2008(1)：104.

④ 刘念. 俄罗斯将立法保护本国语言. 央视国际消息，2003-06-28.

⑤ 杨亦鸣，赵晓群. “一带一路”沿线国家语言国情手册. 北京：商务印书馆，2017：200.

⑥ http：//www. beijing-language. gov. cn/ywsh/ywsh1//，2018-07-15.

罗斯联邦委员会科教文分会、俄罗斯语言文学教师协会、国立普希金俄语学院等各级各类组织在俄罗斯语言管理和研究上也都起到了重要的作用，有利于促进俄语发展、传播俄语文化、加强俄语研究、保证俄语的传承等。这些机构层次清楚、分工明确、涵盖方面齐全，对内和对外均推动着俄罗斯语言的发展和传承。

在微观方面，社会的公共领域中，俄语占有一定的份额，在公共领域出现的频率较高。媒体的工作语言中也是俄语使用较多和较频繁，包括报纸、杂志的各种印刷品和各类出版物。在文学创作上，俄语在20世纪享有较普及的地位，在白俄罗斯，俄语的使用普及程度甚至超过了当地的语言。

3.2.6.2 少数族群语言教育政策

俄罗斯境内少数民族众多，有170多个大大小小的少数民族，分布区域广且人数不等。除第一大民族——俄罗斯族外，其中人口较多的少数民族有鞑靼族、乌克兰族、楚瓦什族、巴什基尔族、白俄罗斯族、哈萨克族、车臣族等。鞑靼族是第一大少数民族，主要分布在鞑靼斯坦共和国及其周边地区。乌克兰族主要集中在俄联邦边境地区和各大城市。楚瓦什族主要分布在楚瓦什共和国、巴什可尔托斯坦共和国、鞑靼斯坦共和国、古比雪夫等地。巴什基尔族主要分布在乌拉尔山脉南坡及附近平原。白俄罗斯族主要分布在俄联邦边境地区以及各主要大城市。车臣族主要分布在车臣共和国。少数民族众多使得少数民族语言众多，俄罗斯境内的少数民族语言多达100多种，使用较多的是鞑靼语、乌克兰语、楚瓦什语、巴什基尔族语、白俄罗斯语、莫尔多瓦语、车臣语。另外，还有苏联解体后从前加盟共和国迁移来俄罗斯的外来人口，他们使用的语言主要有亚美尼亚语、阿塞拜疆语、哈萨克语、乌兹别克语、塔里克语、乔治亚语、吉尔吉斯语等。

由于境内少数民族语言众多和情况的复杂，伴随着20世纪60年代末全球少数民族运动的复兴，俄罗斯少数民族对身份认同提出了更高的要求，触发了少数民族语言的复兴。在苏联解体后，俄罗斯少数民族语言复兴高涨，努力争取实现语言的本土化和民族化。在俄罗斯联邦政府颁布的《俄罗斯社会主义联邦共和国民族语言法》中明确规定：“俄罗斯联邦各民族的语言是俄罗斯国家的民族财产，是历史文化遗产并受国家保护。”①该《语言法》还指出，联邦立法、执法和审判机构应从社会、经济、法律各个角度保护俄罗斯联邦各民族的语言。② 这奠定了民族语言保护与使用的基调：在多民族国家，无论使用人数多少，保护民族语言不仅有重要的社会意义，还有一定的文化意义。《语言法》中还规定了保存和发展少数民族语言的财政保障，实现优惠的税收政策等条款。其后，俄罗斯联邦最高法院——民族委员会在1992年6月3日还通过了《保存和发展俄罗斯联邦各民族语言的国家纲领思想》。《纲领思想》再次重申和强调了保护民族语言的重要性、时代性和紧迫性。

俄罗斯政府灵活的少数民族语言政策在推广俄语的同时重视保护少数民族语言，促使俄语和少数民族语言的共存和相互发展，保护着民族语言的生存发展空间，对俄罗斯的转型和恢复也起到了帮助和促进作用，并让语言以其独有的魅力促进了俄罗斯民族的认同和

① M. B. 季亚齐科夫，钟华. 当代俄罗斯的语言政策. 民族译丛，1994(2)：35.

② M. V. D'Iachkov. Language Policy in Today's Russia. In：*Russian Education & Society*，1994(36)：9.

融合。2015年俄罗斯统计数据显示，俄罗斯约160万学生(占全国学生总数的12%)选择学习他们的本族语言，即非俄语，大部分为鞑靼语、车臣语、楚瓦什语。① 同时，这些学生选择学习俄语，方便经济合作、社会交流等。俄罗斯经济的复苏使得各国联系更紧密，人们从强制学习俄语到主动学习俄语的同时，也将少数民族语言传播出去。

3.2.6.3 外语教育政策

在外语教育政策方面，俄罗斯政府倡导多元化的教育理念，遵循语言多元化的原则，注重推进外语教育教学。

对以俄语为母语的学生来说，可学习其他少数民族的语言，还可学习英语、法语、德语、西班牙语等。具体的选择方面，俄罗斯教育部建议英语为第一外语，第二外语为一种欧洲国家语言或相邻国家语言，如汉语或者日语。对其他少数民族学生来说，除了学习俄语，也可自由选择这些外语进行学习。英语在俄罗斯联邦的发展也较迅速，“二战”后英语在莫斯科、圣彼得堡等大城市随处可见，在一些小城市和山区也有英语的使用。尤其在一些公共领域、商业领域和跨文化领域等，英语使用比较频繁。

由于中俄两国地理位置相邻，汉语在俄罗斯也较受欢迎。俄罗斯已建成17所孔子学院和5个孔子学堂，汉语推广工作在俄罗斯进行较顺利，为两国语言和文化的交流提供了良好的平台和机会。②

◎ 参考文献：

1. M. B. 季亚齐科夫，钟华. 当代俄罗斯的语言政策[J]. 民族译丛，1994(2)：34-37.
2. M. V. D'Iachkov. Language Policy in Today's Russia[J]. *Russian Education & Society*, 1994(36).
3. 常庆. 当前俄联邦的民族问题[J]. 世界民族，1996(1)：1-7.
4. 刘念. 俄罗斯将立法保护本国语言[Z]. 央视国际消息，2003-06-28.
5. 杨艳丽. 俄罗斯苏维埃联邦社会主义共和国民族语言法[J]. 世界民族，1995(1)：76-80.
6. 杨亦鸣，赵晓群. “一带一路”沿线国家语言国情手册[M]. 北京：商务印书馆，2017.
7. 赵蓉晖. 俄罗斯联邦的语言改革[J]. 国外社会科学，2008(1)：101-105.

3.2.7 黑山

黑山共和国(Montenegro)简称黑山。黑山位于欧洲南部巴尔干半岛中北部，东北与塞尔维亚相连，东与科索沃接壤，东南与阿尔巴尼亚为邻，西北连接波黑以及克罗地亚，西南部地区濒临亚得里亚海。国土面积1.38万平方公里，人口约62.3万(2018年6月)。其中，黑山族占43.16%、塞尔维亚族占31.99%，波什尼亚克族占7.77%，阿尔巴尼亚

① 杨亦鸣，赵晓群. “一带一路”沿线国家语言国情手册. 北京：商务印书馆，2017：111.

② http://www.hanban.edu.cn/confuciousinstitutes/node_10961.htm, 2018-08-26.

族占5.03%。首都为波德戈里察。官方语言为黑山语。主要宗教为东正教。①

9世纪，斯拉夫人在黑山地区建立杜克利亚国家，12世纪末并入塞尔维亚。15世纪，奥斯曼土耳其占领现波德戈里察及其以北地区。1878年柏林会议承认黑山为独立国家。1910年黑山王国建立。1918年第一次世界大战后，黑山再次并入塞尔维亚并一同加入塞尔维亚-克罗地亚-斯洛文尼亚王国(1929年改称南斯拉夫王国)。1945年，黑山成为南斯拉夫联邦共和国的加盟共和国。1992年南斯拉夫解体，塞尔维亚与黑山联合组成南斯拉夫联盟共和国(2003年2月4日更名为塞尔维亚和黑山)。2006年5月，黑山举行独立公投并获通过，6月3日，黑山国会正式宣布独立；6月22日，塞尔维亚和黑山正式建立外交关系；6月28日，第60届联合国大会通过决议，接纳黑山为联合国第192个成员国。

中国和黑山有着传统友谊。2006年6月14日，外交部长李肇星复信黑山共和国外长米奥德拉格·弗拉霍维奇，表示中国政府决定自即日起承认黑山共和国。同年7月6日，李肇星和黑山外交部长米奥德拉格·弗拉霍维奇在北京签署了《中华人民共和国和黑山共和国建立外交关系联合公报》。建交后，两国关系发展良好，政治互信不断增强，双方在经贸、文化、旅游等各领域交流与合作成效显著。

3.2.7.1　主体语言教育政策

黑山的官方语言为黑山语，亦称蒙特内格罗语。同黑山语相比，塞尔维亚语在黑山境内使用者更多。这两种语言的使用者加起来约占黑山全国人口总数的81%。其中，约23万人的母语为黑山语，约27万人的母语为塞尔维亚语。②

1945年第二次世界大战结束后，南斯拉夫联邦共和国成立，将塞尔维亚-克罗地亚语作为联邦的官方语言。1963年，联邦更名为南斯拉夫社会主义联邦共和国，加盟南斯拉夫社会主义联邦共和国的黑山共和国通过宪法，也将塞尔维亚-克罗地亚语定为共和国的官方语言。1991年，人口普查结果显示，82.97%的黑山境内居民认为自己的母语是塞尔维亚-克罗地亚语。③

1992年南斯拉夫解体以后，受民族主义运动影响，黑山语、塞尔维亚语、克罗地亚语和波斯尼亚语纷纷要求脱离塞尔维亚-克罗地亚语，发展成为独立语言。2004年，黑山社会主义民主党首次提出黑山语应作为一个独立语言而存在。2007年10月，黑山共和国议会通过独立后的第一部宪法，新宪法规定黑山语是黑山共和国的官方语言，而非塞尔维亚语。为了强化语言对民族和国家认同的作用，黑山政府不断采取措施提高黑山语的地位和影响。2008年1月，黑山政府成立语言法规编委会，力图根据国际标准实现黑山语的标准化。该委员会制定各种文件来指导学校的教育教学活动。根据黑山教育主管部门审定的新的9年义务教育课程计划(2004/2005)，学生1到3年级每周需学习母语6学时，4到6年级每周学习5学时，7到9年级每周学习4学时；如果母语不是黑山语，学生从1到9年级，每周还需额外学习2学时的黑山语。根据2005/2006审定的中等教育每周课业

---

① http://www.fmprc.gov.cn/web/gjhdq_676201/gj_676203/oz_678770/1206_679258/1206x0_679260/, 2018-08-30.

② 杨亦鸣，赵晓群.“一带一路”沿线国家语言国情手册.北京：商务印书馆，2017：137.

③ 杨亦鸣，赵晓群.“一带一路”沿线国家语言国情手册.北京：商务印书馆，2017：138.

计划，学生每周需学习母语 4 学时；母语不是黑山语的学生，每周还需学习 3 学时的黑山语。①

2009 年 7 月 10 日，第一部黑山语正字法正式颁布。2010 年 6 月 21 日，正字法编委会推出了第一部黑山语语法读本。根据 2014 年的一份针对 1001 名黑山居民的民意调查，有 41.4%的黑山人认为自己的母语是黑山语，这比黑山刚独立时的 37%的情况略有提高。

3.2.7.2 少数族群语言教育政策

2007 年 10 月，黑山共和国议会通过的独立后的第一部宪法还规定，波斯尼亚语、塞尔维亚语、克罗地亚语和阿尔巴尼亚语均为官方使用语言，因为这些民族的人口均达到全国总人口的 1%。根据宪法规定，所有媒体有义务使用少数民族语言播报新闻和文化类、教育类及体育类等节目，少数民族享有使用本民族语言接受普通教育和职业教育的权利。

除了黑山语和塞尔维亚语以外，黑山境内还存在其他 20 多种语言。根据 2011 年人口普查资料，全国人口中有 5.33%的人讲波斯尼亚语，5.27%的人讲阿尔巴尼亚语，2.03%的人讲塞尔维亚-克罗地亚语，0.83%的人讲罗马语，0.59%的人讲波什尼亚克语，0.45%的人讲克罗地亚语等。②

3.2.7.3 外语教育政策

黑山在历史上曾遭受过一些强国的统治，黑山地区曾使用过意大利语、土耳其语和德语等，第二次世界大战以后，也使用过俄语。因此，外来语大量地存在于黑山人的语言生活中，涉及政治、外交、军事、贸易、文化、科技等领域，在黑山语中，既用本族词汇，又同时使用外来词。外来词源往往来自不同的外语。黑山教育系统规定，学生从四年级开始学习外语，每周平均三学时，一直到九年级；进入中学以后除了每周学习三学时的第一外语以外，每周还需学习两学时的第二外语。③ 目前，英语已成为黑山主要的外语，普及程度很高。

我国目前没有高校开设黑山语专业，不过黑山语同塞尔维亚语和克罗地亚语非常接近，在国内北京外国语大学同时开设有塞尔维亚语和克罗地亚语专业。我国在黑山设有一所孔子学院，为黑山大学孔子学院，合作单位为长沙理工大学。④ 黑山国内尚没有高校开设中文专业。⑤

◎ 参考文献：

1. *World Data on Education*, 7th Edition. Montenegro, 2010/2011.
2. 杨亦鸣，赵晓群. "一带一路"沿线国家语言国情手册[M]. 北京：商务印书馆，2017.

① *World Data on Education*, 7th Edition. Montenegro, 2010/11：10-13.
② 杨亦鸣，赵晓群. "一带一路"沿线国家语言国情手册. 北京：商务印书馆，2017：137.
③ *World Data on Education*, 7th Edition. Montenegro, 2010/11：10-13.
④ http：//www.hanban.org/confuciousinstitutes/node_44625.htm，2018-08-30.
⑤ 杨亦鸣，赵晓群. "一带一路"沿线国家语言国情手册. 北京：商务印书馆，2017：139.

3.2.8 捷克

捷克共和国(The Czech Republic)简称捷克，是欧洲中部的内陆国家，东邻斯洛伐克，西邻德国，南接奥地利，北邻波兰，因境内西、北、南三面都是群山环绕，地势较高，丘陵起伏，森林重重，又被称作“波西米亚高原”，主要有波西米亚、摩拉维亚、西里西亚三个地区。捷克面积为78866平方公里，和重庆直辖市面积差不多，人口约为1060万。①捷克为中等发达国家，工业基础雄厚。褐煤、硬煤和铀矿蕴藏丰富，其中褐煤和硬煤储量约为134亿吨，分别居世界第三位和欧洲第五位。捷克系北约、欧盟成员国，已与195个国家建立了外交关系并加入了联合国、欧安组织、国际货币基金组织及世界银行等国际组织。

中国同原捷克斯洛伐克于1949年10月6日建交。1993年1月1日，捷克共和国成为独立主权国家，中方即予以承认并与之建立大使级外交关系。捷克是中国在中东欧地区的第二大贸易伙伴。2016年3月，中捷两国元首签署《中华人民共和国和捷克共和国关于建立战略伙伴关系的联合声明》。2017年5月，捷克总统泽曼应邀来华出席“一带一路”国际合作高峰论坛，习近平主席同其会见。同年，捷克驻华大使馆、捷中友好合作协会以及捷克驻成都总领馆举办了“一带一路捷克年”活动。

3.2.8.1 主体语言教育政策

捷克的官方语言是捷克语，在捷克境内使用人数超过1000万，约占人口比例的94%，主要分布在波西米亚地区和摩拉维亚地区。② 捷克语分为规范捷克语和通俗捷克语两种，前者是书面语，在正式场合使用多；后者是在日常生活中使用的非正式的口语，虽能被捷克人听懂和理解，但由于表达欠缺规范，在正式场合使用较少。捷克语的口语和书面语分离现象是捷克语一个明显的特征。捷克语属于印欧语系斯拉夫语族西部语支，由古斯拉夫语逐渐发展而来。在发音上，捷克语有13个元音和25个辅音，包括5个短元音、5个长元音和3个双元音。在书写上，捷克语使用42个字母，包括14个元音字母、27个辅音字母和1个双字母。捷克语的发音较独特，辅音大部分和英语相同，但p、t、k与英语不同，是不送气音。捷克语的屈折形态变化丰富，几乎每个词都有许多不同的形式，其形态变化超过200种，一个句子的词语可根据形态变化自由组合，语序可有多种变化。规范捷克语是在中捷克方言的基础上演变而来，虽有方言，但差异不大，容易理解。第二次世界大战后，规范捷克语成为全民族的通用语言，并得到积极推广。1993年捷克成为独立主权国家后，捷克族成为国家主体民族，规范捷克语成为唯一的官方语言，在国家语言中处于主体地位。

在捷克的官方文件和法律法规中没有关于官方语言的具体说明，但捷克语的官方主体地位在一些法律条款中有隐形的说明，这和捷克的国情密切相关。虽然捷克语是相对较小

① http://www.fmprc.gov.cn/web/gjhdq_676201/gj_676203/oz_678770/1206_679282/1206x0_679284/, 2018-07-16.

② http://www.mercator-research.eu/minority-languages/language-factsheets/minority-languages-in-education-in-czech-republic/, 2018-07-14.

的语种，但捷克人并不认为捷克语有消失的威胁，不是需要重点解决的问题，捷克语的重要性并没提升到国家层面，给予特殊、特别的语言关注没有太大的意义。这些看法致使捷克语言的规划以本体规划为主，即政府层面的规划入手，但习得规划相对缺失。因此，和其他国家不同，捷克没有专门颁布语言政策和法规，对语言的态度相对模糊。但不管怎样，捷克境内使用捷克语的人数占有绝对优势，因此捷克语的主体地位不言自明。

3.2.8.2 少数族群语言教育政策

捷克境内有20多个不同的民族，捷克族是主体，占人口总数的94.2%。① 除此之外，捷克国内有斯洛伐克人、德意志人、波兰人、罗姆人、匈牙利人、摩拉维亚人等，人口数量均不多。少数民族有摩拉维亚族、斯洛伐克族、德意志族、波兰族和罗姆族(吉卜赛人)。相应少数民族语言有斯洛伐克语、德语、波兰语、吉卜赛语、匈牙利语、乌克兰语，使用人口占总人口比例分别是2.3%、0.6%、0.6%、0.3%、0.2%、0.1%。② 这些少数民族语言和捷克语有着千丝万缕的联系，相互影响。以斯洛伐克语为例，两种语言同属西斯洛伐克语族，词汇上很接近，但形态和发音上有较大区别，所以很多人较容易地就学会了两种语言，成为双语者的人数也不少。同样，德语和捷克语的长期共存也使得两种语言相互影响，德语虽和捷克语非同一语族，但由于捷克语从德语中借鉴了相当多的词汇，两种语言有互通的地方，只是德语中借来的词没有全部照搬，而是以符合捷克语发音和语法规律的形成进行了调整再使用，即语言"本土化"了。捷克的波兰语社区存在三种不同的语言变体：地域母语方言；受本土影响的标准捷克语；受本土影响的标准波兰语。③ 生活在这些社区中的人们和陌生人交流时会用标准捷克语；在工作场合，领导用哪种语言，波兰人就相应地选择哪种语言；私下情况，则是地域母语方言居多。

由此可见，从国家政策层面上来看，捷克奉行尊重少数民族语言、尊重人权的政策，少数民族语言与捷克语共存共生、互相影响，很多人会双语，甚至几种语言。1997年捷克共和国签署通过《保护少数民族框架公约》，2000年签署了欧盟的《欧洲区域与少数民族语言宪章》，2001年颁布《少数民族权利法案》。其中《少数民族权利法案》中七条内容规定："少数民族公民的姓名可以有使用本民族语言的权利；使用多种语言命名的权利；官方文件、发言以及法庭上使用少数民族语言的权利；选举时使用少数民族语言的权利；使用少数民族语言接受教育的权利；弘扬少数民族文化的权利；使用少数民族语言传播与接收信息的权利。"④捷克教育部专门组织成立了"教育部少数民族教育咨询小组"，其成员均是少数民族代表。

对于一些少数民族语言，捷克还实行保护的政策。如捷克的波兰族聚集地相对集中，在捷克和波兰之间的边境地区，实行波兰的教育体系并用波兰语授课。捷克教育部为此专

---

① 杨亦鸣，赵晓群. "一带一路"沿线国家语言国情手册. 北京：商务印书馆，2017：157.

② http：//www.mercator-research.eu/minority-languages/language-factsheets/minority-languages-in-education-in-czech-republic/，2018-07-14.

③ Nekvapil J. Language Biographies and the Analysis of Language Situations：On the life of the German Community in the Czech Republic. *International Journal of the Society of Language*，2003.

④ Nekvapil J. On the Language Situation in the Czech Republic：What Has（Not）Happened After the Accession of the Country to the EU. *Sociolinguistica*，2007.

门成立波兰语教育中心，负责波兰语教科书的出版和提供相应的教育教学辅助设施及帮助。再如捷克境内的匈牙利语，政府虽然没有明确政策，但在大学教育中，布拉格大学的匈牙利语语言文学专业存在一个世纪之久。在社会团体——匈牙利族联合会的工作中，也有专门为匈牙利家庭的孩子教授匈牙利语的课程。但对于发展较落后的少数民族，如吉卜赛族，由于长时期受到歧视，教育落后问题带来的连锁反映导致各方面发展都较慢。

3.2.8.3　外语教育政策

捷克境内的语言众多，对于一个民族来说，其他的语言就是外语，因此选择很多。除了境内的各语言，其他欧洲语言也有开设和学习。选择英语的人相对较多，从 1997 年 9 月开始，英语在捷克的小学中作为一门正式的课程而设置，学生从小学四年级开始学习英语。在一些私立学校和特殊学校，有少数学生从三年级，甚至有些从一年级就开始学习英语。除了英语外，德语也是学生的一个选择。外语课程的教学目的、教学内容、教学方法等，政府都有明确的、纲领性的规定和说明。对于教材的购买支出，学校有一定的财政支持。①

中国在捷克境内设立了 1 所孔子学院，在奥洛穆帕拉茨基大学内，合作单位是北京外国语大学。另有孔子学堂 1 个，为布拉格中华国际学校孔子课堂。②

◎ 参考文献：

1. Nekvapil. J. Language Biographies and the Analysis of Language Situations: On the Life of the German Community in the Czech Republic[J]. *International Journal of the Society of Language*, 2003.
2. Nekvapil J. On the Language Situation in the Czech Republic: What Has (Not) Happened After the Accession of the Country to the EU[J]. *Sociolinguistica*, 2007.
3. 杨亦鸣，赵晓群. “一带一路”沿线国家语言国情手册[M]. 北京：商务印书馆，2017.
4. http://www.mercator-research.eu/minority-languages/language-factsheets/minority-languages-in-education-in-czech-republic/, 2018-07-14.

3.2.9　克罗地亚

克罗地亚共和国(The Republic of Croatia)简称克罗地亚，位于欧洲中南部，处于地中海及巴尔干半岛潘诺尼亚平原的交界处，东北部与匈牙利相邻，西北部与斯洛文尼亚接壤，东部及东南与塞尔维亚、波黑和黑山交界，西部和南部濒临亚得里亚海，与意大利隔海相望。首都为萨格勒布。国土面积 56594 平方公里，人口 417.4 万(2016 年)。主要民族有克罗地亚族(90.42%)，其他为塞尔维亚族、波什尼亚克族、意大利族、匈牙利族、

① http://www.docin.com/p-1977330753.html, 2018-07-15.

② http://www.hanban.edu.cn/confuciousinstitutes/node_10961.htm, 2018-08-26.

阿尔巴尼亚族、斯洛文尼亚族等，共22个少数民族。① 官方语言为克罗地亚语。主要宗教是天主教。

8世纪末到9世纪初，克罗地亚人建立了早期封建国家，10世纪建立了强盛的克罗地亚王国。1918年12月，克罗地亚成为塞尔维亚-克罗地亚-斯洛文尼亚王国(1929年改称南斯拉夫王国)一部分。1945年，克罗地亚成为南斯拉夫联邦人民共和国的一个加盟共和国。1963年，南斯拉夫联邦人民共和国改名为南斯拉夫社会主义联邦。1991年6月，克罗地亚宣布脱离南斯拉夫社会主义联邦独立。1992年5月22日，克罗地亚加入联合国。2009年克罗地亚加入北约，2013年7月1日加入欧盟。

克罗地亚是一个发达的资本主义国家。经济以第三产业为主，第二产业为辅，旅游业是国家经济的重要组成部分，克罗地亚经济基础良好，旅游、建筑、造船和制药等产业发展水平较高。

克罗地亚和中国渊源颇深。著名旅行家马可·波罗的出生地就在克罗地亚。700多年前，他由陆上"丝绸之路"来到中国，之后由水上"丝绸之路"回到自己的家乡，他的旅行经历特别契合"一带一路"的发展理念。1992年4月27日，中国承认新成立的克罗地亚共和国，同年5月13日，中克两国建交。之后，两国关系发展迅速。2005年5月，克罗地亚总理萨纳德来华正式访问，两国签署建立全面合作伙伴关系的联合声明。克罗地亚是16个中东欧国家中最早和中国签署"一带一路"合作备忘录的国家之一。2019年为中克文化和旅游年，2019年4月9日至4月12日，中国总理李克强对克罗地亚进行正式访问。

3.2.9.1　主体语言教育政策

克罗地亚的官方语言是克罗地亚语。克罗地亚语属于印欧语系斯拉夫语族南部语支，与塞尔维亚语、波斯尼亚语和黑山语相近，可以互通。克罗地亚语、塞尔维亚语和波斯尼亚语都有自己的标准语，其中克罗地亚语采用拉丁字母书写，塞尔维亚语和波斯尼亚语的文字系统同时使用拉丁字母和西里尔字母，黑山语在21世纪才与塞尔维亚语分开，正在逐步形成标准语。

1945年，南斯拉夫联邦共和国成立，联邦政府推行塞尔维亚-克罗地亚语作为各加盟共和国的官方语言。1967年，《塞尔维亚-克罗地亚语言词典》前两卷出版，这部被认为确定当时全国性标准读音的权威词典遭到克罗地亚知识界的一致反对，理由是词典中将一些标准的克罗地亚用语塞尔维亚化了。1971年，克罗地亚学者编纂的克罗地亚语音标及词典正式出版。南斯拉夫解体以后，克罗地亚和塞尔维亚都恢复使用自己的语言名称。1991年，克罗地亚独立后，克罗地亚语被确定为国家的官方语言，中小学义务教育阶段学生必须学习克罗地亚语。克罗地亚知识界普遍不承认塞尔维亚-克罗地亚语。

2000年，克罗地亚教育、科学和体育事务部提交了供讨论的《克罗地亚共和国教育制度基础》草案。草案反映了克罗地亚政府改革教育的计划，包括民主原则、去中心化原则和教育多元化原则。草案勾勒了基于克罗地亚、欧洲以及世界经验的教育制度改革，让教

① http：//www.fmprc.gov.cn/web/gjhdq _ 676201/gj _ 676203/oz _ 678770/1206 _ 679306/1206x0 _ 679308/，2018-08-31.

育成为最广泛的专业、学术和大众的焦点。① 2005年，克罗地亚教育、科学和体育事务部发起并成立了克罗地亚语规范委员会。发起并成立该委员会的目的就是系统科学地管理和推动克罗地亚标准语的使用，推动并讨论克罗地亚标准语的后续标准化及相关问题。克罗地亚语规范委员会与传统的克罗地亚语及语言学研究院以及克罗地亚科学及艺术学院有着密切的联系。② 三个机构在克罗地亚语的规范和推广方面发挥了重要作用。

3.2.9.2 少数族群语言教育政策

克罗地亚有近10%的国民为少数民族。克罗地亚独立后，为了维护民族稳定，把保护少数民族的语言和文化作为政府的基本任务之一。《克罗地亚宪法》《人权及少数民族权益法》以及《克罗地亚共和国使用民族语言与文字教育法》都规定应保障少数族裔的受教育权。③ 宪法第15条规定，在克罗地亚共和国，所有民族成员平等，对所有大小民族的成员均保障其表达民族属性的自由，保障其自由使用自己的语言和文字，并保障文化自治。在克罗地亚，除了官方的克罗地亚语，还有近20万人说塞尔维亚语，约13万人说罗姆语，约2.3万人说斯洛文尼亚语，约2万人说波斯尼亚语，约1.9万人说意大利语，约1.7万人说匈牙利语，约1万人说捷克语。④ 少数族裔可以选择下列一种方式来接受教育：(1)以民族语言接受教育，教育内容由克罗地亚语的教学计划翻译而来。(2)双语教学，用民族语言学习人文社会科学，用克罗地亚语学习自然科学。(3)每周通过额外课程学习民族语言和民族文化。有的少数民族人数较少，而且居住分散，对应的学校和教育机构可以与常规学校不同。这类情况的教育标准也可以与通常的以克罗地亚语授课的学校不同。少数民族的语言文化教育活动通常由克罗地亚境内的少数民族公民自己组织管理，接受克罗地亚共和国相应机构的专业指导和财务支持。⑤

少数民族成员可以以本民族母语接受全程教育，从学前班一直到大学，比如意大利族、捷克族、斯洛伐克族、匈牙利族以及塞尔维亚族都可以以本民族语言受教育，一直到大学，甚至就业。⑥

3.2.9.3 外语教育政策

克罗地亚常用的外语包括德语、英语和法语。大部分克罗地亚人会说至少一门外语，其中以英语居多。中学生一般选修英语或德语作为外语。克罗地亚的中小学一般会为学生提供克罗地亚语的必修课程及其德语和英语的外语选修课程。⑦

---

① *National Report on Educational Development in the Republic of Croatia*. 41st Session of the International Conference on Education, 2001: 16-17.

② Keith Langston, Anita Peti-Stantićn. A Language Academy by Any Other Name(s): The Case of Croatia. *Language Policy*, 2011(10): 346-348.

③ 杨亦鸣，赵晓群. “一带一路”沿线国家语言国情手册. 北京：商务印书馆，2017：175.

④ 杨亦鸣，赵晓群. “一带一路”沿线国家语言国情手册. 北京：商务印书馆，2017：175.

⑤ *National Report on Educational Development in the Republic of Croatia*. 41st Session of the International Conference on Education, 2001: 20-21.

⑥ *National Report on Educational Development in the Republic of Croatia*. 41st Session of the International Conference on Education, 2001: 21-22.

⑦ 杨亦鸣，赵晓群. “一带一路”沿线国家语言国情手册. 北京：商务印书馆，2017：175.

中国国内开设克罗地亚语专业的高校有 1 所，为北京外国语大学，招收本科生及硕士研究生。中国在克罗地亚设有 1 所孔子学院，为萨格勒布大学孔子学院，合作单位为上海对外经贸大学。① 克罗地亚国内开设中文专业的高校有 1 所，为萨格勒布大学，该校设置了三年学制的汉语专业作为第二或者第三选修专业。另外，萨格勒布经济学院开设了汉语选修课程，学制一年。②

◎ **参考文献：**

1. Keith Langston, Anita Peti-Stantićm. A Language Academy by Any Other Name(s): The Case of Croatia[J]. *Language Policy*, 2011(10): 346-348.
2. *National Report on Educational Development in the Republic of Croatia*[Z]. 41st Session of the International Conference on Education, 2001.
3. 杨亦鸣，赵晓群. “一带一路”沿线国家语言国情手册[M]. 北京：商务印书馆，2017.

3.2.10 拉脱维亚

拉脱维亚共和国(The Republic of Latvia)简称拉脱维亚，位于欧洲东北部。东与俄罗斯和白俄罗斯交界，西临波罗的海，南与立陶宛相邻，北邻爱沙尼亚。国土面积约 64589 平方公里，人口约 193 万。③

拉脱维亚政局基本稳定，1998 年被正式接纳为世界贸易组织成员，与世界 120 多个国家和地区有贸易关系，主要贸易伙伴为周边欧盟成员国和独联体国家。境内拉脱维亚族占多数，还有俄罗斯族、白俄罗斯族、乌克兰族、波兰族等。④

1991 年 9 月 12 日，中拉两国建立外交关系，其间经历波折，关系正常化以来，双边关系保持了正常和稳定发展的势头。2017 年 3 月，两国举行经贸联委会第十次会议。5 月，中国—拉脱维亚经贸合作论坛在拉脱维亚举行。同月，拉脱维亚交通部长奥古利斯来华出席“一带一路”国际合作高峰论坛高级别会议。9 月，上海之帆“一带一路”拉脱维亚经贸人文巡展在拉脱维亚举行。⑤

3.2.10.1 主体语言教育政策

拉脱维亚的官方语言是拉脱维亚语，分为多种方言，属于印欧语系波罗的海语族。现代标准拉脱维亚语以中部方言为基础演变而来，在 19 世纪末 20 世纪初形成。从发音上

① http://www.hanban.edu.cn/confuciousinstitutes/node_10961.htm, 2018-08-31.

② 杨亦鸣，赵晓群.“一带一路”沿线国家语言国情手册. 北京：商务印书馆，2017：177.

③ http://www.fmprc.gov.cn/web/gjhdq_676201/gj_676203/oz_678770/1206_679330/1206x0_679332/, 2018-07-20.

④ http://www.fmprc.gov.cn/web/gjhdq_676201/gj_676203/oz_678770/1206_679330/1206x0_679332/, 2018-07-20.

⑤ 中国同拉脱维亚的关系. http://www.fmprc.gov.cn/web/gjhdq_676201/gj_676203/oz_678770/1206_679330/sbgx_679334/, 2018-08-25.

看，拉脱维亚语的重音一般在第一个音节，经过多年的演变后，音高和音重已经消失，任何由两个短音节构成的音节核心都表示一个区别性声调。在单词的尾音上，拉脱维亚语有短元音和单元音，这与立陶宛语的长元音和双元音是不一样的。另外，相比立陶宛语，拉脱维亚语的词汇更多，创新的词更丰富些，构词时可用加前缀、后缀和复合构词的方法。拉脱维亚语的文字以拉丁文为基础，共有 33 个字母，其中的 22 个字母是原拉丁字母，另 11 个字母在拉丁字母的基础上加了变音符号。拉脱维亚境内说该语的人数占了全世界母语为拉脱维亚人数的绝大多数。

1988 年，拉脱维亚苏维埃社会主义共和国首次确立拉脱维亚语的官方地位。1993 年拉脱维亚通过决议，恢复独立后通过的宪法并经过三次修改后确定。《拉脱维亚宪法》第 4 条和第 114 条都分别确立了拉脱维亚语的官方地位。政府因此提出了“语言归化政策”，即要求拉脱维亚公民必须掌握拉脱维亚语，并规定拉脱维亚语优秀者可获得公民资格。该政策体现了国家对官方语言的重视，意在增强民族认同感，把语言视作民族身份的标志。

其后的《国家语言文字法》规定，“考虑到公众合法利益，公共事件的组织者必须提供拉脱维亚语信息。任何公共事件的组织者必须将会议内容翻译为拉脱维亚语……海报、广告牌和招牌也应提供拉脱维亚语的信息……拉脱维亚语是表达地名的唯一语言”①。《电子媒体法》进一步规定：“公共广播和电视第一频道仅能使用拉脱维亚语，第二频道主要使用拉脱维亚语。”“任何频道播出的电影，其配音应为拉脱维亚语，或是原声电影配拉脱维亚语字幕。除了新闻、时事实况转播、语言学习广播、再译节目，其他的非拉脱维亚语电视广播，必须配拉脱维亚语字幕。”“电影院播放的非拉脱维亚语电影必须配拉脱维亚语字幕。”②2012 年，拉脱维亚进行名为“是否设俄语为拉脱维亚的第二官方语言”的公投，结果是 74.8%的公民反对将俄语设为第二官方语言。拉脱维亚语继续是唯一的官方语言。同时，拉脱维亚的相关法律严格执行身份认定工作，对迁入境内的外国人及其子女公民身份的认定增加了语言测试环节，只有通过测试才能获得公民身份，否则没有投票权，也没有资格在公共部门任职。

在媒体方面，拉脱维亚的报纸和杂志主要发行文字是拉脱维亚语和俄语。使用前者的报纸有《拉脱维亚公报》《日报》《独立晨报》《经济日报》《拉脱维亚报》等主流报业。拉脱维亚的两家主要通讯社，即拉脱维亚通讯社和波罗的海新闻社，发稿文字为拉脱维亚语、俄语和英语。境内的广播电台分别以拉脱维亚语和俄语广播。③ 拉脱维亚的教育系统中，主要以拉脱维亚语进行教学工作。根据 1998 年通过的《教育和通识教育法》的规定，拉脱维亚语是公立中学唯一的教学语言。由上可见，拉脱维亚不遗余力地确立官方语言，保护母语，制定强制性措施来巩固其地位，出台的政策具有一定的强力效果。

3.2.10.2 少数族群语言教育政策

拉脱维亚是个多民族国家，国名本身就来源于波罗的海的部落之名。现在境内除了人口最多的拉脱维亚族，还有俄罗斯族，约占总人口的 10%；白俄罗斯族约占总人口的

① 拉脱维亚国家概况. http：//www.fmrc.gov.cn/ce/celv/chn/xnyfgk/t248936.htm，2018-07-20.

② 拉脱维亚国家概况. http：//www.fmrc.gov.cn/ce/celv/chn/xnyfgk/t248936.htm，2018-07-20.

③ 拉脱维亚国家概况. http：//www.fmrc.gov.cn/ce/celv/chn/xnyfgk/t248936.htm，2018-07-20.

3.5%；乌克兰族约占总人口的2.3%；波兰族约占总人口的2.2%；立陶宛族约占总人口的1.3%；犹太人、吉卜赛人、德国人和爱沙尼亚人约占总人口的3.4%，另外，还有其他一些人口更少的民族。① 因此，境内的少数民族语言有俄语、白俄罗斯语、乌克兰语、波兰语、立陶宛语、爱沙尼亚语等。

《拉脱维亚宪法》规定："在保证拉脱维亚语官方地位的同时，少数民族有保留和发展本族语言的权利。"拉脱维亚在维护官方语言的同时，注重对少数民族语言的保护，体现了一定的包容性。《国家语言文字法》规定，"关于会议、游行、罢工的法律，会议、游行、罢工也应有自由选择语言的权利""立沃尼亚海岸可同时使用拉脱维亚语和立沃尼亚语""国家机构回复申请时，应该使用拉脱维亚语或申请人使用的语言——俄语、英语或德语"。根据《教育和通识教育法》，1999年，拉脱维亚批准讲俄语的中学实行双语教学模式。这样做可以为俄罗斯和其他少数民族学生提供接受通识教育的机会，既可学习国家官方语言，还可保留其他少数民族的语言和文化。② 在拉脱维亚的高校中，同样尊重双语教学，俄语学习是双语教学中的重要一部分，如波罗的海国际学院就是用俄语授课。

3.2.10.3　外语教育政策

因地理环境、国家历史、经济发展等原因，拉脱维亚人注重外语学习。2013年特恩斯市场研究公司舆论研究结果表明，拉脱维亚95%的人口掌握一门外语，有54%的居民通晓两门外语，水平足以应付交流需要，有13%的居民掌握三门外语。③ 其中，俄罗斯语、白俄罗斯语、乌克兰语、立陶宛语、波兰语、罗姆语等都是拉脱维亚人选择学习的外语，学习英语、德语和法语的人数也不少，且呈上升趋势。拉脱维亚境内有500多种报纸和杂志，英文报纸有《波罗的海时报》等。拉脱维亚通讯社的发稿文字有英语和俄语。

1991年拉脱维亚大学外语学院东方语言系开设了汉语专业，2005年改为亚洲学系汉语专业。另外，瓦尔米耶拉市的维泽梅大学开设有汉语课程。中国在拉脱维亚大学设有1所孔子学院，在里加文化中学设立孔子课堂。④

◎ 参考文献：

1. Schmid C. Ethnicity and Language Tensions in Latvia[J]. *Language Policy*, 2008.
2. 拉脱维亚国家概况[EB/OL]. http：//www.fmrc.gov.cn/ce/celv/chn/xnyfgk/t248936.htm，2018-07-20.
3. 杨亦鸣，赵晓群."一带一路"沿线国家语言国情手册[M]. 北京：商务印书馆，2017.
4. http：//www.fmprc.gov.cn/web/gjhdq_676201/gj_676203/oz_678770/1206_679330/1206x0_679332/，2018-07-20.
5. http：//www.hanban.edu.cn/confuciousinstitutes/node_10961.htm，2018-08-26.

① 杨亦鸣，赵晓群."一带一路"沿线国家语言国情手册. 北京：商务印书馆，2017：182.
② Schmid C. Ethnicity and Language Tensions in Latvia. *Language Policy*, 2008：18.
③ 杨亦鸣，赵晓群."一带一路"沿线国家语言国情手册. 北京：商务印书馆，2017：183.
④ http：//www.hanban.edu.cn/confuciousinstitutes/node_10961.htm，2018-08-26.

3.2.11 立陶宛

立陶宛共和国(The Republic of Lithuania)简称立陶宛，位于欧洲北部、波罗的海东岸，是波罗的海中面积最大的国家。立陶宛在西南接壤俄罗斯和波兰，东南则与白俄罗斯相邻，北与拉脱维亚相邻。国土面积6.53万平方公里，约285万人口。境内有立陶宛族、波兰族、俄罗斯族等。①

1990年3月11日，立陶宛通过《恢复独立宣言》，宣布脱离苏联独立。其后政局总体稳定，经济得以发展。立陶宛森林和水资源丰富，主要出口目的地是俄罗斯、拉脱维亚、波兰、德国等国。立陶宛积极参与国际事务，2004年3月29日加入北约，5月1日加入欧盟，已先后加入60多个国际和地区组织。②

1991年9月14日，中国和立陶宛建立外交关系。两国关系总体发展顺利，两国领导人保持交往。2017年5月，立陶宛交通与通讯部长马休利斯来华出席“一带一路”国际合作高峰论坛高级别会议。6月，立陶宛国家铁路公司与中国铁路总公司签署合作备忘录，首趟中欧班列经停立陶宛。8月，双方签署2018—2020年农业领域合作行动计划。11月，中华人民共和国国家发展和改革委员会主任何立峰与立陶宛交通与通讯部副部长德古提斯签署《中华人民共和国政府与立陶宛共和国政府关于共同推进丝绸之路经济带与21世纪海上丝绸之路建设的谅解备忘录》。③

3.2.11.1 主体语言教育政策

立陶宛语是立陶宛的官方语言和国语。在立陶宛境内，约96%的人都讲立陶宛语，其中约85%的人母语是立陶宛语。在世界其他地方还有约50万人使用立陶宛语。④ 立陶宛语属于印欧语系波罗的语族。波罗的语族现仅存拉脱维亚语和立陶宛语，且立陶宛语历史相对更悠久，较多保留了其他语言已消失的某些古老的特点，所以使得立陶宛语在印欧语系的学习中有很重要的意义。在发音上，立陶宛语具有音高重音。元音包括6个长元音和5个短元音，长元音发音偏向于舌边缘位置，而短元音发音集中在舌中。辅音有45个，其中有44个是两两一组。立陶宛语的屈折变化多样，名词有性、数、格的变化，形容词变化要和名词的变化一致，动词有时、体、态的屈折形式，还有附加法和复合法等构词。在书写上，立陶宛语用拉丁字母书写，包含32个字母。立陶宛语可称作现存最古老的语言之一，且是语言保护很成功的案例之一。因为历史原因，立陶宛与波兰联盟时期，立陶宛语被波兰化，在沙俄和苏联统治时期，立陶宛语曾被禁止使用，幸好开展了民族运动，几代立陶宛文学家用立陶宛语创作了大量关于立陶宛国家和民族的作品，促进了立陶宛人

---

① http://www.fmprc.gov.cn/web/gjhdq_676201/gj_676203/oz_678770/1206_679354/1206x0_679356/，2018-07-18.

② http://www.fmprc.gov.cn/web/gjhdq_676201/gj_676203/oz_678770/1206_679354/1206x0_679356/，2018-07-18.

③ 中国同立陶宛的关系. http://www.fmprc.gov.cn/web/gjhdq_676201/gj_676203/oz_678770/1206_679354/sbgx_679358/t7016.shtml，2018-08-25.

④ Hogan Brun, G. Ramoniene, M. & Grumadiene L. The Language Situation in Lithuania. *Journal of Baltic Studies*, 2005.

民的觉醒意识。

1992 年立陶宛宪法第 14 条规定：立陶宛语是国语，确立其国语的地位。① 1995 年 1 月 31 日，即立陶宛独立后的 5 年，政府首次颁布了语言法案——《立陶宛国家语言法》(*Law on the State Language of the Republic of Lithuania*)。该法案具有里程碑的意义，还体现了政府对语言问题的高度重视。2002 年 6 月 13 日，政府对该法案进行了最后一次修订，其后一直沿用至今。在《立陶宛国家语言法》中，总规定明确提出立陶宛语是立陶宛共和国的国语，所有与公共生活相关的方面都应该使用立陶宛语。该法案还对法庭、公务办公、企业、社会组织、名称命名、教育文化、标语通知、国语正确使用等诸多方面进行了规定。由此可见，在宏观层面，立陶宛政府非常重视对国语的保护和传承。而且，这种保护和传承不只是表面的，而是深入社会方方面面，注重点点滴滴。

具体来说，《立陶宛国家语言法》对社会很多方面进行了规定：由立陶宛政府、市政机构、企事业单位举办的各种会议和事务均需使用立陶宛语；公职单位和企事业单位颁布法案和处理公务中，以及为公民提供服务时，都需使用立陶宛语，以此来营造良好的语言环境；所有的法律诉讼需使用立陶宛语；在教育方面，从初中到大学，除教授外语外，其余的教学语言应是立陶宛语；在立陶宛的公共领域，所有的地名、人名、机构名词、标语指示、公告公布等均需使用立陶宛语；公共出版物也需使用正式的立陶宛语。

除了宪法上对立陶宛语地位的确立，立陶宛政府还出台了《立陶宛共和国关于立陶宛国家语言委员会地位修正案》(*On the Amendment of the Republic of Lithuania Law on the Status of the State Commission of the Lithuania Language*)，② 以此确立立陶宛国家语言委员会的地位和责任。立陶宛政府还要求国家公共部门的员工必须通过该语言委员会批准的语言测试才能正式工作。该语言委员会采用对立陶宛语主体地位保护和传承的原则，对国语的发展作出了应有的贡献。

3.2.11.2 少数族群语言教育政策

因为历史原因，立陶宛境内除立陶宛族(约为总人口的六分之五)外，还有波兰族、俄罗斯族、白俄罗斯族、乌克兰族等，分别占总人口的 6.7%、5.8%、1.2%、0.5%。③ 还有一些人口更少的民族，如犹太人、德国人、鞑靼人、罗马人、拉脱维亚人和摩尔多瓦人等。这些少数民族大多有自己的语言，因此立陶宛境内的少数民族语言主要有俄语、波兰语和德语。以俄语为母语的人口主要生活在立陶宛城市中，包括俄罗斯人、白俄罗斯人、乌克兰人和一些犹太人。他们是立陶宛在沙皇俄国统治时期和苏联成员国时期来定居的。立陶宛独立后奉行“社会主义语言平等”政策，保留了俄语在立陶宛的自然使用。一些立陶宛人为了方便交流和社会活动需要，也自然地学习和使用俄语，而说俄语的人也会学习立陶宛语，以便更好地融入社会。以波兰语为母语的人口主要居住在立陶宛东南部，包括首都维尔纽斯等地。在人口集中的地方，波兰语甚至是主要语言。波兰语在立陶宛是

① Hogan Brun, G., Ramoniene, M. & Grumadiene L. The Language Situation in Lithuania. *Journal of Baltic Studies*, 2005.

② 李兴汉. 爱沙尼亚、拉脱维亚和立陶宛三国国情. 中欧东亚市场研究，2000(6).

③ 杨亦鸣，赵晓群. “一带一路”沿线国家语言国情手册. 北京：商务印书馆，2017：199.

因为立陶宛曾和波兰交好，建立了波兰—立陶宛王国。而在“社会主义语言平等”的政策下，立陶宛的波兰人得以保留自己的语言。

对于这些少数民族的语言，立陶宛政府是以平等的眼光来看待的。1995年立陶宛政府颁布的《立陶宛国家语言法》中规定：“少数民族享有使用自己语言组织活动和刊发信息的权利。”2003年修订的《教育法》规定：“教育机构必须在课程设置上包含少数民族文化的内容，少数民族可以获得国家投资的中等和高等学校的受教育机会，包括用他们自己的语言讲授的课程。”①同时，立陶宛国家语言委员会也遵循这一原则，在语言立法和宏观政策上积极呼应，对境内的少数民族语言实施保护。委员会还回应波罗的海大会的要求，加强世界对波罗的海国家历史文化的了解，密切波罗的海国家的联系与合作，对各少数民族语言进行扶持工作。2006年12月17日，委员会发表了《关于以爱沙尼亚语、拉脱维亚语、立陶宛语及英语四种语言发行涉及历史、文化和语言刊物的提案》(*Proposal on Preparation of a Publication on History, Culture and Language in the Estonian, Latvian, Lithuanian and English Languages*)。② 该提案建议爱沙尼亚、拉脱维亚和立陶宛三国合作，共同出资并组织专业人士，以这三国的语言和英语出版关于波罗的海历史文化方面的书籍等。立陶宛加入欧盟后，作为欧委会的成员，签署了《欧洲区域少数民族语言宪章》，以保护和促进欧洲区域内少数民族语言，立陶宛语也是受保护的语言之一。在大众媒体方面，立陶宛的电视、广播均有其他少数民族语言的节目，报纸、杂志和图书也有用少数民族语言出版的。

3.2.11.3 外语教育政策

在立陶宛，英语的使用日益得到强化。作为一门外语，英语在立陶宛的使用人口达到了总人口的30%，对于年轻的立陶宛人，英语普及率高达80%。③ 英语和境内其他语言不同，不是历史原因或政治原因进入立陶宛的，而主要是经济原因的结果。立陶宛独立后，十分注重国民经济的发展，尤其是加入欧盟和北约后，和欧盟其他国家来往日益密切。贸易的频繁，旅游业、服务业、交通运输业的大力完备，使得立陶宛经济持续稳步发展，和欧盟他国连成一体。这也带来了对外交流的日益增多，而英语作为世界通用语言，更是公认的贸易语言，得到世界各国的认同，英语逐渐成为立陶宛人学习外语的首选。在贸易机构里，英语成为工作语言之一；在立陶宛的学校中，英语被设置为语言必修课。随着时间的推移，英语在立陶宛用得越来越多，越来越多的立陶宛人也积极主动地学习和使用英语。在全球化的影响下，立陶宛人对英语的需求逐渐增大，境内的双语学校数量呈上升趋势。

立陶宛还没有高校开设中文专业，中国在立陶宛设有孔子学院1所，在维尔纽斯大学校内，中方的合作单位是辽宁大学。④

---

① 杨亦鸣，赵晓群. “一带一路”沿线国家语言国情手册. 北京：商务印书馆，2017：201.

② 李兴汉. 爱沙尼亚、拉脱维亚和立陶宛三国国情. 中欧东亚市场研究，2000(6)：22.

③ 杨亦鸣，赵晓群. “一带一路”沿线国家语言国情手册. 北京：商务印书馆，2017：199.

④ http：//www.hanban.edu.cn/confuciousinstitutes/node_10961.htm，2018-08-26.

◎ **参考文献：**

1. Hogan Brun, G., Ramoniene, M. & Grumadiene L. The Language Situation in Lithuania[J]. *Journal of Baltic Studies*, 2005.
2. 李兴汉. 爱沙尼亚、拉脱维亚和立陶宛三国国情[J]. 中欧东亚市场研究，2000(6)：21-27.
3. 杨亦鸣，赵晓群. “一带一路”沿线国家语言国情手册[M]. 北京：商务印书馆，2017.
4. http：//www. fmprc. gov. cn/web/gjhdq_676201/gj_676203/oz_678770/1206_679354/1206x0_679356/，2018-07-18.
5. http：//www. hanban. edu. cn/confuciousinstitutes/node_10961. htm，2018-08-26.

3.2.12 罗马尼亚

罗马尼亚(Romania)位于欧洲东南部、巴尔干半岛东北部，其北部和东北部与乌克兰、摩尔多瓦相邻，南与保加利亚相邻，西南和西北与塞尔维亚和匈牙利相邻，东边是黑海。国土面积约238391平方公里，人口约1964万。境内罗马尼亚族占88.6%，匈牙利族占6.5%，罗姆族(即吉卜赛人)占3.2%，日耳曼族和乌克兰族各占0.2%，其余民族为俄罗斯族、土耳其族、鞑靼族等。①

《罗马尼亚宪法》规定，罗马尼亚是一个主权独立、统一和不可分割的民族国家；政体为共和制。1989年剧变后罗马尼亚开始由计划经济向市场经济过渡。2000年至2008年经济连年增长。受国际金融危机影响，2009年、2010年经济一度出现负增长。2011年经济企稳回升并连年增长。罗马尼亚是中东欧16国成员之一，同全球约180个国家和地区有经贸往来。②

1949年10月5日，中国与罗马尼亚建交。1950年3月，中罗互派大使。长期以来，中罗两国保持着密切的友好合作关系。2013年11月，双方签署《中罗互设文化中心协定》。2015年7月，罗马尼亚文化中心在华成立。2016年1月至8月，“罗马尼亚瑰宝展”先后在国家博物馆和四川博物馆巡展。6月，《舌尖上的中国》在罗马尼亚国家电视台播出。11月，“罗马尼亚电影节”在北京、上海、西安举办。两国已建立33对友好城市关系。2017年6月，商务部国际贸易谈判代表兼副部长傅自应访罗，在布加勒斯特举行中罗经济联委会第26次例会。③

3.2.12.1 主体语言教育政策

罗马尼亚语是罗马尼亚的官方语言，在政治、经济、社会和文化方面具有其他语言不

---

① http：//www. fmprc. gov. cn/web/gjhdq_676201/gj_676203/oz_678770/1206_679426/1206x0_679428/，2018-07-20.

② http：//www. fmprc. gov. cn/web/gjhdq_676201/gj_676203/oz_678770/1206_679426/1206x0_679428/，2018-07-20.

③ 中国同罗马尼亚的关系. http：//www. fmprc. gov. cn/web/gjhdq_676201/gj_676203/oz_678770/1206_679426/sbgx_679430/，2018-08-25.

可替代的重要作用。罗马尼亚语属于印欧语系罗曼语族东罗曼语支，继承了许多拉丁语的语法结构和基本词汇，和其他罗曼语族语言，如法语、意大利语、西班牙语等，有许多相似之处。如语法系统中，名词性和数的变化是通过改变结尾字母来变化的，代词变格和动词变位等都属于印欧语系特征。不同之处也明显，如主格和宾格对应的属格和与格、定冠词后置等。在发音上，罗马尼亚语和意大利语相似，单词重音一般在倒数第二个音节上，以辅音字母结尾的重音在最后一个音节上。在书写上，罗马尼亚语与其他罗曼语族语言相似程度高。罗马尼亚语词汇和意大利语、法语和西班牙语很相近，约43%来自法语，20%来自拉丁语，11.5%来自斯拉夫语。

从宏观方面来看，罗马尼亚语的主体地位不可动摇，从国家层面就开始确立其主体地位。1991年颁布的《罗马尼亚宪法》中第13条明确规定：“罗马尼亚语是罗马尼亚的官方语言。”2003年宪法修订后，第148条第1款中强调：“官方语言不得作为修订的对象。”①第32条第2款规定：“所有等级的教学都用罗马尼亚语开展。”2002年，罗马尼亚议会通过了《关于在公共场所和人际交往中使用罗马尼亚语的法案》，规定在罗马尼亚境内的文艺演出、学术报告、产品商标以外的任何外文资料，无论书面还是口头形式，均须配有罗马尼亚译文或译音，进口外文报刊和书籍以外的任何外国商品必须配有罗马尼亚文说明书。② 2004年出台的第500号法律《关于在公共场所和机构中使用罗马尼亚语的法律》对罗马尼亚语在公共领域的使用进行了严格的规定，说明在哪些情况下方可使用其他的语言。

从中观方面来看，罗马尼亚的各级各类学校的教学语言均是罗马尼亚语占主体。2011年《国民教育法》中，第10条第1款规定了相关的教学语言：“在罗马尼亚，教育属于公共服务，按照现行法律规定，可用罗马尼亚语……开展。”第10条第3款规定：“所有罗马尼亚公民都必须在学校里学习国家的官方语言——罗马尼亚语。教学大纲中必须包含足够数量的罗马尼亚语课时。教育主管部门应为学生掌握罗马尼亚语提供物质和人员保障。”第10条第4款规定：“在国家教育体系中，由教育、研究、青年和体育部批准发布的中小学或大学正式文件只能用罗马尼亚语起草。”第10条第5款规定：“教育培训机构可依照法律规定，按需制作和颁发本机构文书的官方译本，并收取费用。”位于首都的布加勒斯特大学设有罗马尼亚语推广中心，促进语言的学习和研究。另外，针对在海外的罗马尼亚人，第11条第1款规定：“在遵守对象国法律的前提下，政府支持在罗马尼亚人生活的国家用罗马尼亚语开展教育。”第11条第2款规定：“教育、研究、青年和体育部与外交部合作，可通过罗马尼亚语学院，与罗马尼亚驻外外交和文化机构一起组建罗马尼亚语教学单位，支持国外大学中的罗马尼亚语专业，支持开设罗马尼亚语言、文化、文明课程。”③罗马尼亚学院每年向境外派遣一定数量的罗马尼亚语教师，有欧洲各国、北美以及

① 笔者注：2003年后的修订序号发生了变化，第148条变成第152条。

② 杨亦鸣，赵晓群.“一带一路”沿线国家语言国情手册.北京：商务印书馆，2017：207.

③ 王辉.“一带一路”国家语言状况与语言政策(第二卷).北京：社会科学文献出版社，2017：213-214.

中国①、印度、以色列等国。罗马尼亚学院还组织有“罗马尼亚语水平测试”，按照《欧洲共同语言参考标准》(*The Common European Framework of Reference for Languages*，CEFR)分为不同级别。② 总之，《国民教育法》保障了在所有层次的教育中使用罗马尼亚语的基本准则，同时保障了公民学习和使用罗马尼亚语的权利。

从微观方面来看，罗马尼亚的媒体和教会等组织对罗马尼亚语的主体地位起到了推波助澜的作用。各种报纸、杂志、书籍和其他出版物使用的语言主要是罗马尼亚语，各个电视、广播等亦是如此。基本上罗马尼亚境内的大众传媒使用的主要语言都是罗马尼亚语，让公民耳濡目染。而且这些媒体使用的语言须用词恰当，符合现行的和规定的语法、正音法、正字法及标点符号的使用规范。一些境外组织也遵循该原则，例如罗马尼亚驻华使馆和 2014 年设立的北京—罗马尼亚文化中心，在罗马尼亚语日举行的各种活动，有助于人们对罗马尼亚语的了解和传播。再如普鲁特河③附近的人们一起过罗马尼亚语日时、游行活动时都使用罗马尼亚语，共同的语言切实成为了联系的纽带。宗教组织的发展也有助于罗马尼亚语。早在 14 世纪，罗马尼亚建立的三个公国之一的特兰西瓦尼亚公国的罗马尼亚民众率先在礼拜活动中使用罗马尼亚语。16 世纪后，随着罗马尼亚语的完善，它越来越多地使用在宗教生活中。17 世纪，在大主教多索夫泰(Dosoftei)等人的努力下，罗马尼亚语正式成为瓦拉几亚公国的宗教语言。④ 其后其他的公国也接受罗马尼亚语成为宗教语言。

3.2.12.2 少数族群语言教育政策

罗马尼亚人数最多的是罗马尼亚族，其他少数民族有匈牙利族、罗姆族、乌克兰族、日耳曼族、利波维安族、土耳其族、鞑靼族等。这些少数民族使用的语言有匈牙利语、罗姆语、乌克兰语、德语、俄语、土耳其语、鞑靼语等。这些少数民族分布在不同的地区，如匈牙利族和罗姆族居民主要在特兰斯瓦尼亚地区，乌克兰族主要在西北部，土耳其族主要在东南部，利波维安族主要在东北部。罗马尼亚官方认可的少数民族在议会都有席位，切实地保障少数民族的权益。

总的来说，罗马尼亚重视保护少数民族的权利，保护他们的语言和文化。从立法上看，《罗马尼亚宪法》规定，如某一少数民族的人口超过了当地总人口的 20%，地方政府应保障该民族的语言权利，包括使用母语的标识，在行政和司法体系内使用其母语，并有母语教育等权利。相关的细则在《地方政府法》《民事诉讼法》《刑事诉讼法》等法律中均有体现。《罗马尼亚宪法》第 32 条第 3 款规定：“确保少数民族拥有学习母语，并用母语接受教育的权利；依法确定行使这些权利的方式。”《国民教育法》中规定：“各地按需组建和运行罗马尼亚语或少数民族语言教学单位，或确保每个少数民族学生都可以就近接受母语

① 笔者注：在中国主要是到北京外国语大学的罗马尼亚语专业。

② 笔者注：CEFR 分为 6 个级别，从低到高依次为：A1，A2，B1，B2，C1，C2。罗马尼亚语水平测试与此相同。

③ 笔者注：普鲁特河是罗马尼亚和摩尔多瓦共和国的界河。

④ http：//www.ziarullumina.ro/dosoftei-mitropolitul-care-a-adus-limba-romana-in-sfantul-altar-87398.html，2018-07-16.

教育。”“少数民族学生所用的教材由教育部提供保障。这些教材包括：为少数民族专门编写的教材；从罗马尼亚语翻译成少数民族语言的教材；教育部批准的进口教材。”加入欧盟后，罗马尼亚和欧盟的政策接轨，贯彻欧盟的“多语政策”。2007年通过的第282号法律《关于罗马尼亚批准实施〈欧洲区域或少数民族语言宪章〉的法律》明确了少数民族的语言权利。罗马尼亚境内的20多种少数民族语言都在保护之列。以匈牙利语教育为例，在匈牙利族聚集区，母语的教育涵盖了从幼儿早期教育到博士研究生的各个层次。匈牙利族人群还有自己的电视台、舞蹈学院、剧院、博物馆和各种类型的出版物。匈牙利族人在罗马尼亚还有自己的政党，即1989年成立的罗马尼亚匈牙利族民主联盟，现为罗马尼亚执政党之一。

3.2.12.3 外语教育政策

罗马尼亚曾受法国影响较大，法语是传统上比较通用的外语。在社会主义时期，外语教学以俄语和德语为主。随着时代的发展，英语逐渐成为最受欢迎的语言。目前罗马尼亚的外语教学主要是英语、德语、法语、意大利语和西班牙语。随着中国文化的推广，汉语也成为外语学习的一个热点。

《国民教育法》中，中小学生应掌握的八项关键技能之一就是外语交际能力。罗马尼亚学校的外语教学已实现普及，基本实现了全覆盖。据统计，罗马尼亚中小学学生中，有96%的学生在校学习英语，其中的83%的学生还在学习第二外语。高中毕业会考的科目中包含两门国际通用语言的口语测试，且成绩需达到欧盟的相关标准，才能获得相关证书。罗马尼亚的外语教师的资格获取有相应的规定并较严格。除了学校的正式教育外，还有各种培训机构也可学习外语。因为对外交流的需要和工作机会的寻找，一些罗马尼亚人自学或通过机构学习外语，包括参加欧洲劳务输入国家为外籍人士开设的语言课程等。

中国在罗马尼亚建设了4所孔子学院，分别是布加勒斯特大学孔子学院、锡比乌卢奇安布拉卡大学孔子学院、克鲁日巴比什-波雅依大学孔子学院、特来西瓦尼亚大学孔子学院。另还有1个孔子学堂，即奥维第乌斯大学孔子课堂。①

◎ 参考文献：

1. 王辉. “一带一路”国家语言状况与语言政策(第二卷)[M]. 北京：社会科学文献出版社，2017.
2. 杨亦鸣，赵晓群. “一带一路”沿线国家语言国情手册[M]. 北京：商务印书馆，2017.
3. http://www.fmprc.gov.cn/web/gjhdq_676201/gj_676203/oz_678770/1206_679426/1206x0_679428/，2018-07-20.

3.2.13 马其顿

马其顿共和国(The Republic of Macedonia)简称马其顿，为欧洲南部的内陆国家，地

① http://www.hanban.edu.cn/confuciousinstitutes/node_10961.htm，2018-08-26.

处巴尔干半岛中部，东邻保加利亚，西接阿尔巴尼亚，南邻希腊，北部和塞尔维亚接壤。国土面积约25713平方公里，人口约209.6万。①

1991年11月17日，马其顿通过新宪法，规定马其顿是一个主权独立、具有民主和福利的国家，总统以无记名投票方式通过普选产生。11月20日，马其顿宣布独立，定宪法国名为马其顿共和国。近年来，马其顿国内政局逐渐趋稳，随着国内外环境的改善和各项改革措施的推进，马其顿经济有所恢复和发展。境内主要民族为马其顿族、阿尔巴尼亚族、土耳其族和罗姆族等。②

1993年10月12日，中国政府代表、常驻联合国特命全权大使李肇星与马其顿共和国政府代表、常驻联合国特命全权大使登科·马莱斯基在纽约签署《中华人民共和国和马其顿共和国建交联合公报》。近年来，两国双边关系发展顺利。2017年5月，马其顿副总理兼外交部长波波斯基来华出席“一带一路”国际合作高峰论坛高级别会议。11月，李克强总理在出席第六次中国—中东欧国家领导人布达佩斯会晤期间同马其顿总理扎埃夫举行双边会见。③

3.2.13.1 主体语言教育政策

马其顿国内的语言问题历来是个敏感话题，和民族冲突、政治矛盾等紧紧联系在一起，经过长时间的冲突和妥协，形成了复杂的官方语言局面。首先，马其顿的官方语言是马其顿语，也是马其顿国内使用人口最多的语言，约占总人口的三分之二。马其顿语历史较长，有1000多年的使用记录。标准的马其顿语在1944年左右才正式形成并被认可，④在全世界使用的人口加起来约有200万，除马其顿外，还有使用人口分布在塞尔维亚、保加利亚、阿尔巴尼亚、希腊、美国和加拿大等地。马其顿语还是境内其他少数民族的第二语言。马其顿语作为国家层面的官方语言，是处理国内外事务的官方语言。其次，地方层面的官方语言主要是阿尔巴尼亚语。这是因为依据马其顿的宪法，任何使用人口超过人口总数的20%的语言也是官方语言，属于地区性或区域性的官方语言。阿尔巴尼亚人在马其顿人口相对较多，超过总人口的四分之一，因此阿尔巴尼亚人和中央或地方政府沟通时，可同时使用阿尔巴尼亚语和马其顿语。

马其顿这种较复杂的语言局面和其历史紧密相关。自从马其顿从南联邦独立出来后，为缓解民族之间的矛盾，制定了相对宽松和自由的语言政策。1991年国家首部宪法规定，马其顿境内的所有公民，包括其他民族的公民都享受和马其顿族相同的权利；在地方政府管辖的区域内，人口最多的少数民族可将该民族的语言和马其顿语都作为官方语言。⑤

---

① http://www.fmprc.gov.cn/web/gjhdq_676201/gj_676203/oz_678770/1206_679474/1206x0_679476/，2018-07-20.

② http://www.fmprc.gov.cn/web/gjhdq_676201/gj_676203/oz_678770/1206_679474/1206x0_679476/，2018-07-20.

③ 中国同马其顿的关系. http://www.fmprc.gov.cn/web/gjhdq_676201/gj_676203/oz_678770/1206_679474/sbgx_679478/，2018-08-25.

④ 《世界博览》编辑部. 马其顿：璀璨明珠奥湖城. 北京：世界知识出版社，2013：69-71.

⑤ 世界知识产权组织：前南斯拉夫的马其顿共和国宪法. http://www.wipo.int/wipolex/zh/details.jsp=10558，2018-07-17.

1995年地方自治政府在政府法律的许可下，在地方区域内使用少数民族语言作为官方语言。① 2001年国家开始修订宪法，新的修订案明确指出：“马其顿的官方语言是使用西里尔字母书写的马其顿语；任何一种使用人口超过20%的民族语言可作为国家的官方语言使用。”②

1991年马其顿独立后，政府出台了一系列措施来提升马其顿语的普及化。马其顿中央电视台第一频道开播节目“讲马其顿语”，帮助民众进一步了解自己的母语，以此来净化语言和规范语言。政府将2008年定为“马其顿语年”，支持使用西里尔字母，还在国内外发行了一系列有关马其顿文学的书籍、电影等。

马其顿语在法律、行政事务等方面普遍运用，还在教育教学和媒体方面得到普遍使用。马其顿的教育系统中，学校的教学语言大多是马其顿语，讲述国家的历史和文化，给学生们潜移默化的影响，增强他们的民族自信和自豪感。阿尔巴尼亚教育系统中的学生必须学习马其顿语和用马其顿语开设的各种课程，以促进学生融入主流社会，并能获得更多的就业机会，如应聘到政府或司法部门的职位。在报纸、广播和电视等传媒上，国内的通讯社主要使用马其顿语进行采访和报道，报纸有26种，如《晨报》《日报》《新马其顿报》等，刊物有196种，如《论坛》、TEA等，也主要是用马其顿语。③

3.2.13.2 少数族群语言教育政策

马其顿是多民族国家，少数民族中最多的是阿尔巴尼亚族，约占总人口的25.17%；其次为土耳其族，约占总人口的3.85%；罗姆族，约占总人口的2.66%；塞尔维亚族，约占总人口的1.78%；波斯尼亚族，约占总人口的0.84%；瓦拉西族，约占总人口的0.48%。马其顿官方承认的少数民族语言有6种：阿尔巴尼亚语、土耳其语、罗姆语、塞尔维亚语、波斯尼亚语、阿罗马尼亚语。④⑤ 除此之外，还有其他一些少数民族语言，使用人口更少。

根据前文中阐述的马其顿对待少数民族语言的政策，阿尔巴尼亚语成为区域性的官方语言，在人口聚集的地方可和马其顿语平等看待。在一些自治单位内，如其他少数民族的聚集地，其语言和文字也可作为当地官方语言使用。如土耳其族、罗姆族和塞尔维亚族的聚居地，如果少数民族人口超过当地人口的20%，则这些民族的语言都可成为当地的官方语言。⑥ 尤其是经过阿尔巴尼亚人的争取，学校体系内还有以阿尔巴尼亚语为全套教学的教育体系，为阿尔巴尼亚学生提供本族语言的高等教育的机会，这些对减少民族摩擦冲

① Sharevski M. The Model of Language Policy in Macedonia by the *Ohrid Framework Agreement* and Its Impact. *Annual of Language and Politics of Identity*, 2013: 49.

② Sharevski M. The Model of Language Policy in Macedonia by the *Ohrid Framework Agreement* and Its Impact. *Annual of Language and Politics of Identity*, 2013: 50.

③ http://www.fmprc.gov.cn/web/gihdq-676201/gj-676203/oz-678770/1206-679474/1206x0-6794761, 2018-07-19.

④ 笔者注：阿罗马尼亚语和罗马尼亚语相似，但不完全相同。

⑤ http://www.data.worldbank.org/country/macedonia, 2018-07-21.

⑥ Treneska Deskoska R. & Spasov A. L. Language Policy in in Macedonia: Achievements and Major Changes. In: *Sudosteuropa Mitteilungen*, 2012: 30.

突、促进国家稳定等都有帮助。2000 年马其顿的高等教育法规定，可以成立使用任意一种民族语言为教学语言的私立大学。2000 年 11 月东南欧大学(South-East European University, SEEU)成立，是以阿尔巴尼亚语为教学语言的私立大学，是在欧美委员会(the Council of Europe and the United States)和欧洲安全与合作组织(Organization for Security and Co-operation in Europe, OSCE)的资助下成立的。其后进入这所大学学习的阿尔巴尼亚学生日益增多。2004 年泰托沃公立大学(State University in Tetovo, SUT)成立，也采用阿尔巴尼亚语为教学语言。① 这意味着马其顿境内人口最多的少数民族在公立和私立大学内都可用母语接受高等教育。这两所大学的成立提高了阿尔巴尼亚语的社会地位，还扩大了阿尔巴尼亚族的影响力。其后，由马其顿语和阿尔巴尼亚语出版的报纸都是日报，而其他少数民族语言，如土耳其语出版的报纸则是每周三一版。

同时，政府层面少数民族语言的使用也越来越普遍。2002 年马其顿议会通过议案：在立法机构的选举和日常事务中分别使用马其顿语和阿尔巴尼亚语解说相关的流程。政府的双语甚至多语种文件逐渐增多，在公开的演讲中也有阿尔巴尼亚语的使用。② 2006 年克鲁舍沃市的官方语言有瓦拉西语，2009 年戈斯蒂瓦尔市的官方语言有土耳其语；2010 年库玛诺沃市的官方语言有塞尔维亚语和罗姆语。③ 少数民族语言的使用从中央扩大到地方，从政府公务到教育文化和日常生活的许多方面。

3.2.13.3 外语教育政策

马其顿国际化程度较高，除了掌握母语和少数民族语言，大多数人会一门外语，有的还会多门语言。法语、德语、俄语、塞尔维亚-克罗地亚语都是比较热门的外语。随着时代的发展，尤其在年轻一代马其顿人中，英语逐渐占了多数。无论在马其顿语授课还是阿尔巴尼亚语授课的学校中，英语课都会开设。国家公立小学的英语课开始于小学五年级，且是必修课，每周的学习时间是三个课时。20 世纪 90 年代教育改革后，学校的外语课从小学一年级就开始了，英语成为第一门外语必修课。教材的选用也较讲究，是牛津大学出版的教材，由马其顿本土的英语教师任教。到六年级时，再开设一门外语课程，学生可从法语或德语中选择，这三门语言是学生学习外语时选择比较多的。也就是说，学生除了学习母语、少数民族语言，还有两门外语要学习。到中学毕业时，学生要完成所有语言类课程的学习。④

马其顿国家中央电视台有 7 种语言的电视节目，国家广播电台除了这 7 种语言，还有邻国的语言——保加利亚语和希腊语的节目。英语节目主要在有线电视和网络电视中播放，一些有名的英语节目如"Discovery""National Geography"等经常在电视上出现，还配有

---

① Treneska Deskoska R. & Spasov A. L. Language Policy in in Macedonia: Achievements and Major Changes. In: *Sudosteuropa Mitteilungen*, 2012: 31.

② Sharevski M. The Model of Language Policy in Macedonia by the *Ohrid Framework Agreement* and Its Impact. *Annual of Language* and *Politics of Identity*, 2013: 50.

③ 王辉. "一带一路"国家语言状况与语言政策(第二卷). 北京：社会科学文献出版社，2017: 251.

④ Xhaferri G. Language Policy and Language Learning in Macedonia—Which Lessons May Be Adopted from the Swiss Model?, In: *Linguistic Online*, 2014: 50.

本地语言的字幕以帮助理解。专门的英语频道经常播放一些英语电影、戏剧、纪录片等。①

中国在马其顿设有孔子学院1所，在圣基里尔-麦托迪大学内，中方合作高校是西南财经大学。马其顿第一国立大学开设的汉语课程可供学生选修。②

◎ 参考文献：

1. Micova. B. S. Rights vs. Reality: Minority Language Broadcasting in South East Europe[J]. *Journal on Ethnopolitics and Minority Issues in Europe*, 2013.
2. Sharevski M. The Model of Language Policy in Macedonia by the *Ohrid Framework Agreement* and Its Impact[J]. *Annual of Language and Politics and Politics of Identity*, 2013: 49, 50.
3. Treneska Deskoska R. & Spasov A. L. Language Policy in in Macedonia: Achievements and Major Changes[J]. In: *Sudosteuropa Mitteilungen*, 2012.
4. Xhaferri G. Language Policy and Language Learning in Macedonia—Which Lessons May Be Adopted from the Swiss Model? [J] In: *Linguistic Online*, 2014.
5.《世界博览》编辑部. 马其顿：璀璨明珠奥湖城[M]. 北京：世界知识出版社，2013(4)：69-71.
6. 世界知识产权组织：前南斯拉夫的马其顿共和国宪法[EB/OL]. http://www.wipo.int/wipolex/zh/details.jsp=10558，2018-07-17.
7. 王辉. “一带一路”国家语言状况与语言政策(第二卷)[M]. 北京：社会科学文献出版社，2017.
8. http://www.data.worldbank.org/country/macedonia，2018-07-21.
9. http://www.fmprc.gov.cn/web/gjhdq_676201/gj_676203/oz_678770/1206_679474/1206x0_679476/，2018-07-20.

3.2.14 摩尔多瓦

摩尔多瓦共和国(Republic of Moldova)简称摩尔多瓦。这个名称来源于摩尔多瓦河。摩尔多瓦河谷在摩尔达维亚公国成立时曾是该国的政治中心。摩尔多瓦共和国地处欧洲东部，北、东、南三面与乌克兰接壤，西邻罗马尼亚，其绝大部分领土位于德涅斯特河与普鲁特河之间，史称比萨拉比亚。该地区历史上曾在罗马尼亚和俄国(苏联)之间反复易手，直至1991年苏联解体，摩尔多瓦宣布独立，成立摩尔多瓦共和国。③

---

① Micova. B. S. Rights vs. Reality: Minority Language Broadcasting in South East Europe. In: *Journal on Ethnopolitics and Minority Issues in Europe*, 2013: 55.

② http://www.hanban.edu.cn/confuciousinstitutes/node_10961.htm，2018-08-26.

③ 董希骁. 语言政策研究对中东欧语种教育的启示——以摩尔多瓦共和国为例. 语言政策与规划研究，2017(1)：19.

摩尔多瓦位居亚欧通道，人口不到400万，国土面积只有3.38万平方公里。摩尔多瓦是一个农业国，工业基础薄弱，国民经济依赖农业、酿酒业等第一产业，至今仍然是欧洲最贫困的国家，人均年GDP仅有两千余美元。摩尔多瓦目前是北约和平伙伴关系计划成员，与欧盟是东部伙伴关系。摩尔多瓦正寻求加入欧盟的机会。①

中国与摩尔多瓦在1992年1月30日建交，2014年12月双方签署《关于在中摩政府间经贸合作委员会框架内加强共建丝绸之路经济带合作的谅解备忘录》，2017年12月28日双方正式宣布启动中国与摩尔多瓦自由贸易协定谈判。摩尔多瓦作为"一带一路"框架下连接独联体与欧洲通道重要节点上的国家，其政治制度及稳定对深化中摩双边合作的影响重大，② 而语言政策就是反映其政治取向和稳定性的风向标。

3.2.14.1 主体语言教育政策

摩尔多瓦国语名称历经反复修改，争议不断。从人类学角度看，摩尔多瓦人与罗马尼亚人属同一民族；从语言学角度看，所谓"摩尔多瓦语"缺乏作为一门独立语言的基本特征。③ 摩尔多瓦、罗马尼亚两国学界普遍认为，摩尔多瓦语只是在特定历史时期形成的名称，实质上就是罗马尼亚语，苏联时期所说的摩尔多瓦语应被定义为"用俄文书写的罗马尼亚语"。但摩尔多瓦宣布独立后的20余年间，国语名称在"罗马尼亚语"和"摩尔多瓦语"之间举棋不定，相关语言政策也具有多变性和复杂性。究其原因，是在不同历史时期由多种因素共同造成的，例如地缘格局调整变化、政党政治取向、普通民众语言信仰等。

苏联时期，摩尔多瓦的主要通用语为俄语。1959年摩共中央通过《关于改善共和国中学俄语教学状况和措施的决议》，要求提升俄语教学质量。20世纪60年代，一大批作家公开要求确立摩尔多瓦语国语地位、摩尔多瓦语书写转用拉丁字母。因此，摩尔多瓦政府同意各单位、组织及商店悬挂双语牌匾，用摩尔多瓦语书写街道、机构名称，恢复摩尔多瓦语报纸、杂志发行。20世纪80年代，"摩尔多瓦人民阵线"把确立摩尔多瓦语国语地位当作主要任务，与此同时，大批人士支持确立摩语及俄语"双国语"地位。1989年8月，摩尔多瓦最高苏维埃通过《摩尔达维亚共和国国语地位法》，规定摩尔多瓦语为国语，俄语为族际交际语。④

独立后，摩尔达维亚苏维埃社会主义共和国宣布成为主权国家。1991年，摩尔多瓦议会通过《摩尔多瓦共和国独立宣言》，将"用拉丁字母书写的罗马尼亚语"确立为国语，并且明确提出，尽快将教育、公文事务、出版等领域使用语言转为摩尔多瓦语。"去俄罗斯化"政策引发俄罗斯族居民不满，1992年，在俄罗斯实际控制的德涅斯特河左岸地区爆发激烈的武装冲突。⑤ 1994年通过《摩尔多瓦共和国宪法》，再次确立摩尔多瓦语国语地

① https://zh.wikipedia.org/wiki/摩尔多瓦，2018-08-21.

② https://www.fmprc.gov.cn/web/gjhdq_676201/gj_676203/oz_678770/1206_679498/1206x0_679500/，2018-09-06.

③ 董希骁. 语言政策研究对中东欧语种教育的启示——以摩尔多瓦共和国为例. 语言政策与规划研究，2017(1)：19-20.

④ 张宏莉，赵静. 摩尔多瓦语言政策及相关问题分析. 俄罗斯研究，2015(4)：90.

⑤ 周俊华，宋芹. 摩尔多瓦德涅斯特河沿岸地区民族问题研究. 西北民族大学学报(哲学社会科学版)，2015(4)：87.

位，确立其为“基于拉丁字母书写的摩尔多瓦语”。与此同时，由于“比萨拉比亚”问题，民族主义者不仅追求民族独立，更希望与罗马尼亚合并。①

20 世纪 90 年代中后期，摩尔多瓦政府通过《非主体民族公民国语学习纲要》，进一步加强国语地位和使用范围，并对《摩尔达维亚苏维埃社会主义共和国境内语言功能法》第 7 章和《国语水平测试方法》中公职人员语言职责进行修订，要求国家机关、工会、政治及社会组织、企业、科教、文化、医疗、交通等领域领导“在工作中有义务使用国语”。

摩尔多瓦国语名称被赋予过多政治含义，成为“亲俄”与“亲欧”两大阵营的标签。2013 年 12 月，摩尔多瓦宪法法院终审裁定：“基于拉丁字母书写的摩尔多瓦语在语义上等同于罗马尼亚语……1991 年颁布的《独立宣言》的效力高于 1994 年颁布的《宪法》。”这一裁决确认了罗马尼亚语的国语地位。摩尔多瓦官方机构主页上，也统一将语言代码从 MD(摩尔多瓦语)改为 RO(罗马尼亚语)。摩尔多瓦的语言现状实为“国语(罗马尼亚语)地位确立和巩固，俄语使用范围逐渐萎缩”②。

3.2.14.2 少数族群语言教育政策

摩尔多瓦生活着不同民族、不同宗教信仰的居民。主体民族是摩尔多瓦族(罗马尼亚族)，其他民族有乌克兰族、俄罗斯族、加告兹族、保加利亚族、格鲁吉亚族、亚美尼亚族、波兰族和犹太族等。加告兹自治区是摩尔多瓦唯一享有自治权利的区域。根据 2014 年人口普查，摩尔多瓦共和国人口 80%是摩尔多瓦族，乌克兰族占 8%，俄罗斯族占 5%，加告兹族占 4%，等等。民族语言有乌克兰语、俄语、加告兹语、保加利亚语、格鲁吉亚语、亚美尼亚语、波兰语和犹太语等。法律规定少数民族有通过幼儿园、学校和国家媒体来保存和延续他们民族性的权利。如在加告兹地区，摩尔多瓦语、俄语和加告兹语均为官方语言，俄语是合法公文用语。

2001 年年末，执政的共产党向宪法法院提交关于赋予俄语第二国语地位的法律草案，要求在摩尔多瓦境内自由地使用俄语，公民应该同时掌握摩尔多瓦语和俄语。然而，该草案引发民众抗议。2002 年，摩尔多瓦宪法法院禁止在书写居民点及街道名称、户籍登记及起草文件的同时使用俄语与摩尔多瓦语。同时，宪法法院否决了议会有关俄语与摩尔多瓦语同为国语的草案。争取俄语第二国语地位的努力失败，但其使用者绝对数量，及其在族际交往中的作用依然很大。以俄语为母语和第二语言的人数很多，双语和多语现象在摩尔多瓦十分普遍。摩尔多瓦现行教育体制对俄语定位十分含糊。在中小学阶段(俄语学校除外)，这门语言既不被当作“国语”来学习，也未被纳入“外语”范畴，只作为选修课开设。

从微观上看，尽管将罗马尼亚语作为母语的人数远超俄语，但从各族公民对第二语言学习意愿和掌握程度上看，俄语族际交际语地位仍未改变，一些明文规定的语言政策也未能取得预期效果。例如，2006 年颁布的《摩尔多瓦共和国广播电视法》明确规定广电节目

① 贾韶罡. “比萨拉比亚问题”研究. 辽宁科技大学学报，2009(4)：443.

② 董希骁. 语言政策研究对中东欧语种教育的启示——以摩尔多瓦共和国为例. 语言政策与规划研究，2017(1)：21.

中各种语言占比，俄语节目被大幅压缩。① 但是在餐馆、酒吧等可能有多民族聚集的场所，业主为满足大多数人的收视需要，更倾向于播放俄语频道节目。家庭中双语或多语现象极为普遍。某一家庭成员用罗马尼亚语发问，其家人可能用俄语回答，反之亦然。在一些跨族联姻、夫妻双方具有不同母语(非俄语)背景的家庭中，其子女拥有多语能力，但在日常生活中更偏好使用俄语这种具有族际沟通能力的语言。家庭语言规划的关键是，能否通过某种语言获得更多受教育和工作机会。俄罗斯教育资源丰富且人力需求旺盛，罗马尼亚虽然国力较弱，但自 2007 年加入欧盟后，取得罗马尼亚国籍就意味着获得欧盟公民身份。迄今已有 40 余万摩尔多瓦公民"重获"罗马尼亚国籍的申请得到批准。② 人们在对待语言使用的选择时，面临着把它在感情上看作"文化象征"和在理性上看作"交流工具"这样一种双重性，前者注重族群以往演变历史和文化价值，后者注重族群成员在目前生活中的实际应用价值和未来发展机会。③ 因此，尽管人们政治取向各异，但大多数人都将拥有罗、俄双语能力看作一种优势。罗、俄两种语言混用、并置、自由切换现象在摩尔多瓦语言生活中极为普遍。

3.2.14.3 外语教育政策

摩尔多瓦的年轻人偏好英语以及其他国际通行语言。学生学得最多的是法语。摩尔多瓦共和国公民大部分通晓多种语言，几乎每个人都会说两种以上语言。④ 由于"一带一路"倡议带来的新机遇，摩尔多瓦自由国际大学也开设了孔子学院，摩尔多瓦国家儿童中心开设了一个孔子课堂。⑤

◎ 参考文献：

1. 董希骁. 摩尔多瓦共和国公民重获罗马尼亚国籍现象解析——兼评索罗斯基金会调研报告[J]. 国际论坛，2013(6)：71-76，79.
2. 董希骁. 语言政策研究对中东欧语种教育的启示——以摩尔多瓦共和国为例[J]. 语言政策与规划研究，2017(1).
3. 贾韶罡.《比萨拉比亚问题》研究[J]. 辽宁科技大学学报，2009(4)：443-448.
4. 马戎. 语言使用与族群关系[J]. 西北民族研究，2004(1)：20-44，147.
5. 许鑫. 品尝美酒的不同层次，感受文化的丰富多元——专访摩尔多瓦驻华大使阿纳托列·乌列基安[J]. 中国民族，2011(8)：65-70.
6. 张宏莉，赵静. 摩尔多瓦语言政策及相关问题分析[J]. 俄罗斯研究，2015(4)：

① 董希骁. 语言政策研究对中东欧语种教育的启示——以摩尔多瓦共和国为例. 语言政策与规划研究，2017(1)：24.

② 董希骁. 摩尔多瓦共和国公民重获罗马尼亚国籍现象解析——兼评索罗斯基金会调研报告. 国际论坛，2013(6)：72.

③ 马戎. 语言使用与族群关系. 西北民族研究，2004(1)：40.

④ 许鑫. 品尝美酒的不同层次，感受文化的丰富多元——专访摩尔多瓦驻华大使阿纳托列·乌列基安. 中国民族，2011(8)：70.

⑤ http：//www.hanban.edu.cn/confuciousinstitutes/node_10961.htm，2018-08-25.

89-103.

7. 周俊华，宋芹. 摩尔多瓦德涅斯特河沿岸地区民族问题研究[J]. 西北民族大学学报(哲学社会科学版)，2015(4)：85-92.

3.2.15 塞浦路斯

塞浦路斯共和国(The Republic of Cyprus)简称塞浦路斯，位于地中海东北部，为地中海第三大岛，被称作地中海的“金钥匙”“爱神之岛”“圣徒之岛”。① 面积 9251 平方公里，其中塞北部土耳其族区面积 3355 平方公里。人口约 94.9 万，其中希腊族占大多数，还有土耳其族等。②

塞浦路斯现行宪法于 1960 年 8 月 16 日公布，规定塞浦路斯为共和国，总统由希腊族人担任，土耳其族人任副总统，行政权属总统、副总统，他们对行政方面的重大决定均有最后否决权。由于两族争端，宪法并未得到贯彻实施。塞浦路斯实行总统内阁制，总统是国家元首和政府首脑。船运、旅游、金融业等服务业是拉动经济增长的主力。2004 年 5 月 1 日，塞浦路斯正式加入欧盟。2008 年 1 月 1 日顺利加入欧元区，此后经济进一步融入欧洲。塞浦路斯与世界上 173 个国家建立了外交关系。③

中国和塞浦路斯在 1971 年 12 月 14 日建立大使级外交关系。建交以来，中塞关系发展良好。塞浦路斯总统阿纳斯塔西亚迪斯于 2015 年出席“亚洲政党丝绸之路”专题会议。2016 年，我国驻塞使馆与帕福斯市政府共办“中国文化之夜”系列活动。此外，两国还在旅游、新闻和广播、电视等方面签署了合作协定或议定书。④

3.2.15.1 主体语言教育政策

根据 1960 年 8 月 16 日公布的《塞浦路斯共和国宪法》，塞浦路斯当前的官方语言和主要语言是希腊语和土耳其语，是塞浦路斯境内希腊族和土耳其族两大民族使用的语言。塞浦路斯虽受到过多次殖民统治，但殖民者对本土语言的干预并不算多，主要持宽容放任的态度，很少强行推行殖民语言和文化。

从宏观上看，塞浦路斯的语言立法主要体现在国家宪法中。《塞浦路斯共和国宪法》总则第三条及其下属条款明确规定了语言的选择和使用，确立希腊语和土耳其语的官方语言地位，并保证了两种语言的平等性及通用领域。《塞浦路斯共和国宪法》第 2 章第 11 条第 4、5、6 款明确规定了塞浦路斯公民在司法诉讼时的语言权利，可以选择任何一种当事人通晓的语言开展司法审判；第十二章第 171 条第 4 款规定了两种官方语言在公共场所的

---

① 何志龙. 列国志——塞浦路斯. 北京：社会科学文献出版社，2011：2.

② http：//www.fmprc.gov.cn/web/gjhdq_676201/gj_676203/oz_678770/1206_679666/1206x0_679668/，2018-08-26.

③ http：//www.fmprc.gov.cn/web/gjhdq_676201/gj_676203/oz_678770/1206_679666/1206x0_679668/，2018-08-28.

④ 中国同塞浦路斯的关系. http：//www.fmprc.gov.cn/web/gjhdq_676201/gj_676203/oz_678770/1206_679666/sbgx_679670/，2018-08-26.

语言地位和使用权限。①

在中观层面，塞浦路斯学校使用的教学语言确保了官方语言的地位。根据统计，塞浦路斯全国多数人口在学校的教学语言是标准希腊语，包括一些少数民族人口，如亚美尼亚人、马龙教派人、拉丁人等，其次是标准土耳其语。② 根据相关规定，塞浦路斯学生必须从6岁至15岁在学校接受教育，全国的学校都要用标准现代希腊语作为教学语言。另外，由于塞浦路斯北部土耳其族聚居，该地区的学校全部使用标准土耳其语作为教学语言。根据穆斯塔法·凯末·阿塔图而克(Mustafa Kemal Ataturk)推行的语言改革计划，期望减少阿拉伯语和波斯语对土耳其语的影响，保证以拉丁字母为基础的土耳其语的纯洁。③ 塞浦路斯在2003年对学校的课程设置进行改革，做了许多调整，旨在培养学生的语言能力，特别是书面语和口语的掌握。现行的许多课程设置以标准希腊语为主体语言，强调语言的标准化。根据《塞浦路斯共和国国家语言课程设置》，小学的语言教学每周至少10小时，初中和高中每周至少6~8小时。希腊语的教学安排和课本选用均以希腊教育部的指导为基础进行。④ 这项规定保证塞浦路斯和他国的语言教学保持一致，还确保非标准希腊语在正式的学校教育中不可作为教学语言。

在微观方面，公共领域的语言使用也有相应的规定。塞浦路斯的主要媒体，即电视、广播和报纸等，使用的主要语言均是希腊语和土耳其语。境内面向全国发行的报纸主要使用的是希腊语和英语，基本上主流的媒体语言是标准希腊语。塞浦路斯主要的8家日报，除1家使用英语，其余均用标准希腊语。15家周刊中，3家是用英语，其余全用标准希腊语。从2002年5月起，塞浦路斯新闻社的新闻中开始包含土耳其语的新闻。⑤ 塞浦路斯广播公司主要使用标准希腊语进行广播转播节目，主要的播放内容包含当地的节目和从希腊引进的节目，还定期播放一些土耳其语的节目。从其他国家引进的节目也会配有希腊语字幕。在塞浦路斯北部地区，12家土耳其语日报使用的语言是标准土耳其语，只会在特定的日子和特殊话题时用到塞浦路斯土耳其方言。⑥ 广播电台每日播报的新闻使用土耳其语、希腊语等。

3.2.15.2 少数族群语言教育政策

塞浦路斯是个多民族、多语言的国家，但境内得到法律认可的少数民族语言只有三种：塞浦路斯马龙派阿拉伯语(Cypriot Maronite Arabic)、亚美尼亚西部语(Western

① 王辉.“一带一路”国家语言状况与语言政策(第二卷).北京：社会科学文献出版社，2017：243.

② Hadjioannou, X., Tsiplakou, S., Kappler M. Language Policy and Language Planning in Cyprus. In: *Current Issues in Language Planning*, 2011(4): 505.

③ Georgiou V. Intended and Unintended Effects of Language Planning: Insights from an Orthography Debate in Cyprus. In: *Language Policy*, 2011: 160.

④ 王辉.“一带一路”国家语言状况与语言政策(第二卷).北京：社会科学文献出版社，2017：245.

⑤ 何志龙.列国志——塞浦路斯.北京：社会科学文献出版社，2011：22.

⑥ Hadjioannou, X., Tsiplakou, S., Kappler M. Language Policy and Language Planning in Cyprus. In: *Current Issues in Language Planning*, 2011(4): 508.

Armenian)、塞浦路斯吉卜赛语(Romani/Romany)。① 塞浦路斯马龙派阿拉伯语主要由马龙教派人使用，是一种融合了阿拉伯语、阿拉姆语和希腊语的独特语言。亚美尼亚西部语主要由亚美尼亚族人使用，是该少数民族的第一语言。塞浦路斯吉卜赛语是吉卜赛语的一个变体，是一种外族人难通晓的语言。

2004年，在对塞浦路斯学校课程设置进行改革的同时，对少数民族语言的态度也有相应的变化。塞浦路斯学术委员会提出尊重少数民族语言，尊重少数民族的权利。直到这时，少数民族语言教育才慢慢开始受到重视。在2008年欧洲地区跨文化对话年中，塞浦路斯作为欧盟成员国，调整国家语言教育政策，保护文化多元化的发展和交流，保障个人和族群的语言权利，出台了相应的国家政策。这些政策特别保障了少数民族在宗教、司法和公共领域使用本族语言的权利。

3.2.15.3 外语教育政策

塞浦路斯曾受到过英国的殖民统治，前期政策比较宽松。但在殖民统治的中后期，在英国的主体干预下，英语曾得到大规模的推行。时至今日，塞浦路斯外语学习中，英语占据了相当的地位。此外，法语、德语、俄语、意大利语等都是外语学习的语种。

根据《塞浦路斯共和国国家语言课程设置》，在学校教学体系中，塞浦路斯小学四年级开始，学生每周有2小时的英语课，从初中一年级开始，法语作为必修课，每周有2小时的学习时间，高中生可以额外选择4~6周的英语学习。2011年开始实施的新教学大纲中提到，英语教学可提前至幼儿园教育。② 此举旨在帮助学生更好地掌握英语，加强对英语文化的了解。学生在高中二年级可以选择的外语较多：英语、法语、德语、意大利语、俄语和土耳其语等。塞浦路斯中等教育的目标要求学生应当学习至少两种欧洲国家的语言。③

塞浦路斯私立中小学中虽然使用标准希腊语教学，但英语教学占了相当的比例。一些专门的外国语学校开设的主要语言课程有英语、法语、德语、意大利语和阿拉伯语。塞浦路斯的高等教育中教学语言主要为希腊语和英语，但英语使用更广泛。除护理学院、导游学院和警察学院外，其他学院都倾向用英语作为主要教学媒介语。④ 在塞浦路斯北部土耳其人聚居地，小学六年级后，学生可选择法语或德语课程，高等院校则同样以英语为主要教学语言。⑤

在公共领域语言中，英语和其他语言都有一席之地，但英语更占据优势。塞浦路斯主

---

① 王辉.“一带一路”国家语言状况与语言政策(第二卷).北京：社会科学文献出版社，2017：239.

② http://www.moec.gov.cy/analytika-programmata/mea-analytika-programmata/xenes_glosses_gymnasio.pdf，2018-08-26.

③ http://www.moec.gov.cy/analytika-programmata/mea-analytika-programmata/xenes_glosses_gymnasio.pdf，2018-08-26.

④ 王辉.“一带一路”国家语言状况与语言政策(第二卷).北京：社会科学文献出版社，2017：241.

⑤ Hadjioannou, X., Tsiplakou, S., Kappler M. Language Policy and Language Planning in Cyprus. In: *Current Issues in Language Planning*, 2011(4)：508.

流报纸中多数用官方语言，有1家日报使用英语，有3家周刊使用英语。作为欧洲新闻社联盟和地中海新闻社成员，塞浦路斯的新闻社对外提供英语稿件。塞浦路斯广播公司节目有从美国引进的英语节目，旗下的4个广播电台，除官方语言外，每日播报的新闻还以英语、法语、德语、阿拉伯语等多语言24小时播报节目。塞浦路斯参加各国际比赛时，英语是不可缺少的通用语言。另外，在贸易、科技、旅游等行业，英语使用也较广泛。

中国在塞浦路斯设有孔子学院1所，在塞浦路斯大学内，合作高校是北京教育学院，于2014年10月揭牌。① 这所孔子学院的成立意味着所有欧盟成员国都设立了孔子学院。

◎ **参考文献：**

1. Georgiou V. Intended and Unintended Effects of Language Planning: Insights from an Orthography Debate in Cyprus[J]. *Language Policy*, 2011.
2. Hadjioannou, X., Tsiplakou, S., Kappler M. Language Policy and Language Planning in Cyprus[J]. *Current Issues in Language Planning*, 2011(4).
3. 何志龙. 列国志——塞浦路斯[M]. 北京：社会科学文献出版社，2011.
4. 王辉. “一带一路”国家语言状况与语言政策(第二卷)[M]. 北京：社会科学文献出版社，2017.
5. http://www.fmprc.gov.cn/web/gjhdq_676201/gj_676203/oz_678770/1206_679666/1206x0_679668/, 2018-08-26.

3.2.16 斯洛伐克

斯洛伐克共和国(The Slovak Republic)一般称为斯洛伐克，为中欧内陆国家，东邻乌克兰，西邻奥地利和捷克，南接匈牙利，北接波兰。国土面积49037平方公里，人口约542.6万人。境内斯洛伐克族占多数，另有匈牙利族、罗姆(吉卜赛)族、捷克族、乌克兰族、日耳曼族等。②

1993年1月1日起，斯洛伐克共和国成为独立主权国家。斯洛伐克外交活跃，以欧盟和北约为依托，发展睦邻友好关系，重视同大国关系，积极推动地区合作，广泛参与国际事务。2004年3月和5月分别加入北约和欧盟；2006年至2007年担任联合国安理会非常任理事国；2007年12月成为《申根协定》缔约国；2009年1月1日起加入欧元区；2016年下半年担任欧盟轮值主席国；2017年9月，外交部长莱恰克担任第72届联大主席。③

中国同原捷克斯洛伐克于1949年10月6日建交。1993年1月1日，斯洛伐克共和国

---

① http://www.hanban.edu.cn/confuciousinstitutes/node_10961.htm, 2018-08-26.

② http://www.fmprc.gov.cn/web/gjhdq_676201/gj_676203/oz_678770/1206_679714/1206x0_679716/, 2018-07-28.

③ http://www.fmprc.gov.cn/web/gjhdq_676201/gj_676203/oz_678770/1206_679714/1206x0_679716/, 2018-07-28.

成为独立主权国家，中国即予以承认并与之建立大使级外交关系。2015 年，斯洛伐克国民议会议长佩列格里尼访华，副总理兼财政部长卡日米尔出席在重庆举办的亚欧互联互通产业对话会，斯洛伐克副总理兼外交部长莱恰克访华，副总理瓦日尼来华出席第四次中国—中东欧国家领导人会晤。其间，习近平主席在北京集体会见，李克强总理双边会见，外交部长王毅同其签署《中华人民共和国政府和斯洛伐克共和国政府关于推进丝绸之路经济带和 21 世纪海上丝绸之路建设的谅解备忘录》。2016 年 7 月，斯洛伐克外交部长莱恰克以联合国秘书长候选人身份来华。2017 年 5 月，斯洛伐克经济部长日加来华出席“一带一路”国际高峰论坛高级别会议。①

3.2.16.1　主体语言教育政策

斯洛伐克的官方语言是斯洛伐克语，境内总人口 86%以上的公民都使用该语言②。斯洛伐克语和捷克语相似，属于印欧语系斯拉夫语族西斯拉夫语支。斯洛伐克语使用拉丁字母，字母表中有 46 个字母。斯洛伐克语的拼读规则较简单，一般是一个字母对应一个发音，多音节的词汇，重音通常在第一个音节，基本可以“见字读音”。

1990 年 10 月 25 日斯洛伐克颁布《斯洛伐克共和国官方语言法》，确立“斯洛伐克语是斯洛伐克的官方语言”。1992 年 9 月 3 日颁布的《斯洛伐克共和国宪法》第 6 条明确规定“斯洛伐克语是斯洛伐克共和国的国语”“使用其他语言与政府沟通受法律的调控”。1995 年 11 月 5 日斯洛伐克国民议会通过《斯洛伐克共和国国家语言法》，该法案按照“一国一语”的模式制定，赋予斯洛伐克语应有的地位。③ 该法案声明：“斯洛伐克语是斯洛伐克共和国最为重要的特征，是斯洛伐克最具价值的文化遗产，是国家主权的象征，同时也是斯洛伐克公民日常交流的普遍用语，它可确保斯洛伐克公民在本国领土上享有尊严和权利的自由及平等。”法案还强调，“国语高于其他一切语言”④。根据该法案，斯洛伐克中小学阶段中，国语教育是必修课，中小学阶段的教材必须使用斯洛伐克语。除外籍教师外，国内所有学校和教育机构的工作人员必须很好地掌握和使用斯洛伐克语。据联合国教科文组织发布的《世界教育数据》(*World Data on Education*)的统计，⑤ 在斯洛伐克基础教育阶段，斯洛伐克语是主导语言，斯洛伐克语言和文学占据了相对最多的课时，很明显地突出了国语的重要意义。

除教育领域外，公共领域的语言也是以斯洛伐克语为主导的。在行政、经济、司法、军队、警务、医疗、服务等各个领域，均是以斯洛伐克语进行的。斯洛伐克政府对国内的大众传媒的语言使用也有详细的规定，要求斯洛伐克境内所有广播和电视必须使用斯洛伐克语，外语类的节目必须配有斯洛伐克语字幕，对 12 岁以下儿童的视听节目必须使用国

① 中国同斯洛伐克的关系. http://www.fmprc.gov.cn/web/gjhdq_676201/gj_676203/oz_678770/1206_679714/sbgx_679718/，2018-08-26.

② http://www.slovakia.org/sk-facts.htm，2018-08-05.

③ Daftary F., Gal K. The New Slovak Language Law: Internal or External Politics?. *European Center for Minority Issues*，2003：8.

④ http://www.culture.gov.sk/vdoc/462/an-act-of-parliament-on-the-state-language-of-the-slovak-republic-1ab.html，2018-08-12.

⑤ UNESCO. *World Data on Education*. (7th ed.). 2010：78.

语配音。各广播公司和电视台、播音员、主持人、编辑等在广播节目时有义务使用国语。各期刊和出版物应使用国语发行，若用其他语言刊发则应遵循特定法规的规定。面向公众的发行物，如艺术画廊、博物馆和图书馆的目录，影院、剧院、音乐会等文化活动的节目单等，都应使用国语，若有需要，可使用外语翻译。①

3.2.16.2 少数族群语言教育政策

斯洛伐克境内的少数民族主要是匈牙利族，占总人口的8.5%，是人数最多的少数民族，另有罗姆族、捷克族、乌克兰族、日耳曼族、罗塞尼亚族等。这些少数民族使用的语言有匈牙利语、罗姆语、捷克语、乌克兰语、罗塞尼亚语、保加利亚语、德语、波兰语等。

对于这些少数民族语言，斯洛伐克历史上曾采取过压制和同化的政策。其后随着社会的发展，少数民族语言的纷争和抗争不断，斯洛伐克的少数民族语言政策逐渐走向宽容和多元的一面，开始保护和发展少数民族语言。根据《斯洛伐克共和国宪法》第34条第1款：“确保少数民族公民有权以自己的母语接收和传播信息。”第34条第2款：“斯洛伐克少数民族有学习和以母语接受教育的权利，以及在正式交流中有权使用少数民族语言。”同时规定，少数民族公民在行使《宪法》所赋予的权利时不得危害斯洛伐克共和国的国家主权和领土完整，不得歧视其他公民。2008年《学校法》同样赋予“少数民族儿童以母语接受教育和培训的权利”。《少数民族语言使用法案》和《少数民族语言命名法》的颁布进一步为少数民族语言的使用提供了保障。根据这些法案，在少数民族人口达到该地区总人口20%的地方，少数民族可以与地方政府用本族语言进行正式的沟通，在行政事务上，重要的信息也可以用少数民族语言公布。

除了斯洛伐克本国制定的各法规、法案，在申请加入欧盟的过程中还陆续缔结了诸多欧盟的法案，和他国接轨保障人权以及少数民族的权利。这些缔结的法案有《欧洲人权公约》《保护少数民族条约框架》《欧洲社会宪章》《欧洲区域或少数民族语言宪章》等。根据《欧洲区域或少数民族语言宪章》，斯洛伐克政府也制定了相应的广播和电视转播法，允许在国家广播电台转播少数民族语言节目。② 根据《欧洲区域或少数民族语言宪章》第四次报告，2011年、2012年、2013年斯洛伐克国家广播电台转播匈牙利语节目分别是112小时、134小时、108小时。③ 另外，在国际组织和专家的监督下，斯洛伐克政府就本国实施状况向欧盟提交多次自评报告。

3.2.16.3 外语教育政策

斯洛伐克因地理位置关系，受周边国家影响较多，外语教育比较受重视且历史悠久，只是在不同时期，外语语种有所不同。在奥匈帝国时期，民众的外语主要是匈牙利语和德

① 王辉.“一带一路”国家语言状况与语言政策(第二卷).北京：社会科学文献出版社，2017：264.

② 王辉.“一带一路”国家语言状况与语言政策(第二卷).北京：社会科学文献出版社，2017：264-269.

③ The Fourth Report on the Implementation of the European Charter for Regional or Minority Languages in the Slovak Republic, Fourth Periodical Report Presented to the Secretary General of the Council of Europe in Accordance with Article 15 of the Charter. Strasbourg, 30 March, 2015.

语，学者的外语是拉丁语和法语。在捷克-斯洛伐克时期，德语是第一外语。“二战”后，受欧洲政治格局的影响，俄语成为学校必修的外语课程。2006 年前后，斯洛伐克政府逐步推行“千禧年及国家教育计划”。该计划中，斯洛伐克政府对外语教育进行改革，将外语学习的时间提前两年，从小学三年级开始，外语成为学校必修课。这个计划的目的是使斯洛伐克的高中毕业生能够掌握两门外语，使其在劳动力市场更有竞争力。① 这样英语逐渐成为中小学教育中的主要外语，各大媒体和信息技术也成为英语传播的主要渠道。斯洛伐克公众还呼吁建立更多的私立外语学校，以满足人们日益增长的职业提升、对外交流与合作以及出游的需求。

斯洛伐克开设中文专业的高校有一所，即斯洛伐克考门斯基大学，另有高校开设有汉语课程。中国在斯洛伐克建设的孔子学院有 2 所，分别在布拉提斯拉发大学和考门斯基大学内，另设孔子课堂 1 个，即斯洛伐克医科大学中医孔子课堂。②

◎ **参考文献：**

1. Daftary F., Gal K. The New Slovak Language Law: Internal or External Politics? [J]. *European Center for Minority Issues*, 2003: 8.
2. The Fourth Report on the Implementation of the European Charter for Regional or Minority Languages in the Slovak Republic, Fourth Periodical Report Presented to the Secretary General of the Council of Europe in Accordance with Article 15 of the Charter. Strasbourg, 30 March, 2015.
3. UNESCO. *World Data on Education*(7th ed.). 2010.
4. Vrabcova D. Vacek. Educational Policies That Address Social Inequality Country Report[J]. In: *Department of Pedagogy and Psychology*, 2008.
5. 王辉. “一带一路”国家语言状况与语言政策(第二卷)[M]. 北京：社会科学文献出版社，2017.
6. http://www.culture.gov.sk/vdoc/462/an-act-of-parliament-on-the-state-language-of-the-slovak-republic-1ab.html, 2018-08-12.
7. http://www.fmprc.gov.cn/web/gjhdq_676201/gj_676203/oz_678770/1206_679714/1206x0_679716/, 2018-07-28.

3.2.17 斯洛文尼亚

斯洛文尼亚共和国(The Republic of Slovenia)简称斯洛文尼亚，位于欧洲中南部，巴尔干半岛西北端，西接意大利，北邻奥地利和匈牙利，东部和南部与克罗地亚接壤，西南

① Vrabcova D. Vacek. Educational Policies That Address Social Inequality Country Report. In: *Department of Pedagogy and Psychology*, 2008, 18.

② http://www.hanban.edu.cn/confuciousinstitutes/node_10961.htm, 2018-08-26.

濒亚得里亚海，毗邻阿尔卑斯山。斯洛文尼亚国土面积为20273平方公里，全国人口约205万，卢布尔雅那为首都及最大城市。9至20世纪初，斯洛文尼亚一直在罗马帝国和奥匈帝国统治之下。1918年12月，斯洛文尼亚与其他南斯拉夫人联合成立了塞尔维亚-克罗地亚-斯洛文尼亚王国(1929年改称南斯拉夫王国)。1945年成为南斯拉夫加盟共和国。1991年6月25日宣布独立。

斯洛文尼亚属于发达资本主义国家，2004年3月加入北约，同年5月加入欧盟，同年6月加入汇率兑换机制。2007年1月正式加入欧元区，同年12月正式加入欧洲申根区。2015年10月，第70届联合国大会改选联合国人权理事会成员，斯洛文尼亚成功获选，任期自2016年至2018年。①

1992年4月，中国正式承认斯洛文尼亚共和国，5月12日两国签署建交公报，正式建立外交关系。1996年10月，两国签署《中斯联合公报》。2017年11月第六次中国—中东欧国家领导人会晤期间，中斯签署《中华人民共和国政府与斯洛文尼亚共和国政府关于共同推进丝绸之路经济带与21世纪海上丝绸之路建设的备忘录》《斯洛文尼亚马里博尔机场项目框架合同》。两国文化部签署《中华人民共和国政府和斯洛文尼亚共和国政府2017—2021年文化教育合作计划》。②

3.2.17.1 主体语言教育政策

中世纪的斯洛文尼亚，德语为官方语言，在与意大利和匈牙利接壤的一些特定地区，官方语言为意大利语和匈牙利语。近几个世纪，斯洛文尼亚领土从属于各种政治实体，如哈布斯堡王朝和南斯拉夫，一直缺乏统一标准语言。斯洛文尼亚语作为种族之间日常沟通的一种手段，只在私人领域中使用。农村以斯洛文尼亚语为母语的人口与小城镇讲德语的统治精英接触有限，这抑制了斯洛文尼亚语的发展。

“一战”后，由于拉帕洛和特里亚农国际条约，斯洛文尼亚民族领土被不同国家瓜分，以斯洛文尼亚语为母语的人口分布在意大利、奥地利和匈牙利。1918年成立塞尔维亚-克罗地亚-斯洛文尼亚王国(1929年改称南斯拉夫王国)，斯洛文尼亚族人能够在公共生活中使用斯洛文尼亚语。1921年宪法规定王国官方语言为塞尔维亚-克罗地亚-斯洛文尼亚语，即一种语言有三种变体，官方同时认可这三种变体。③“二战”结束后，斯洛文尼亚加快建国步伐。斯洛文尼亚语成为斯洛文尼亚国家创建和发展中的一个关键因素。斯洛文尼亚知识分子和政治家以语言为工具，推动社会和政治运动。1974年南斯拉夫社会主义联邦共和国宪法明确规定，斯洛文尼亚语与其他联邦语言平等(武装部队、海关服务和一些国家机构关键领域除外)。此外，1974年斯洛文尼亚社会主义共和国宪法第212条规定，在斯

---

① https://www.fmprc.gov.cn/web/gjhdq_676201/gj_676203/oz_678770/1206_679738/1206x0_679740/, 2018-09-04.

② https://www.fmprc.gov.cn/web/gjhdq_676201/gj_676203/oz_678770/1206_679738/1206x0_679740/, 2018-09-04.

③ Novak-Lukanovič S, Limon D. Language Policy in Slovenia. *Language*, *Culture and Curriculum*, 2012: 30.

洛文尼亚社会主义共和国境内强制使用斯洛文尼亚语。① 这为大众使用斯洛文尼亚语的语言权利提供了法律依据。1974 年宪法为那些推崇斯洛文尼亚独立的人提供了有力的法律支撑。语言独立成为 1991 年南斯拉夫联邦解体的一个重要因素。

2004 年斯洛文尼亚语言法案规定，国家和地方当局在通信和立法领域保障斯洛文尼亚语作为国语的法律地位。消费者保护法和高等教育法进一步规范国语使用。电视、无线电广播、报纸、广告、用户手册、其他印刷或广播材料必须使用斯洛文尼亚语。发布或传播材料、出售商品时，不用斯洛文尼亚语将受到法律制裁。在斯洛文尼亚注册公司和商标名称，同样必须用斯洛文尼亚语。

3.2.17.2 少数族群语言教育政策

斯洛文尼亚国家领土从来都不是单一种族。少数族裔数量、规模、经济和政治实力在不同历史时期都有变化。斯洛文尼亚全国人口约 205 万，其中 83%是斯洛文尼亚族。宪法承认的少数民族有：匈牙利人(0.32%)、意大利人(0.11%)、罗马人(0.17%)、塞尔维亚人(1.98%)、克罗地亚人(1.81%)、波斯尼亚人(1.10%)、阿尔巴尼亚人(0.13%)、马其顿人(0.20%)和黑山人(0.14%)。②

1974 年，南斯拉夫社会主义联邦共和国宪法授予意大利少数民族和匈牙利少数民族“自由使用自己语言，表达和发展本土文化”的权利。1991 年独立后，斯洛文尼亚共和国宪法第 11 条规定，斯洛文尼亚语是斯洛文尼亚官方语言，但在人口密集的意大利族裔和匈牙利族裔居住地区，意大利语和匈牙利语也是官方语言，这些地区实行双语制。

教育法规定，双语学校教师和其他工作人员必须使用双语。所有校舍、公告和学校文件标志是双语，学校和家长所有通信是双语，大多数教科书都是双语。双语教育主要有两种模式。第一种模式是母语教学，第二语言是必修课。这种模式在斯洛文尼亚伊斯特拉(Slovene-Italian)和斯洛文尼亚海岸实行。在这个区域中，学校用意大利语和斯洛文尼亚语作为教学语言和第二语言。③ 第二种模式是用两种语言教学，该模式在普雷克穆列族(Slovene-Hungarian)区域实行。所有学生教育过程是双语的——匈牙利语和斯洛文尼亚语，每一节课期间用语言切换。两种模式都旨在提供学生机会发展两种语言交际能力。④

斯洛文尼亚立法赋予少数民族成员参加设计学校课程的权利，注重在职教师培训。在实地考察、准备教材等方面，寻求邻国合作。斯洛文尼亚已与意大利共和国和匈牙利共和国特别协定，为边境两侧少数民族教育提供援助。

---

① Novak-Lukanovič S, Limon D. Language Policy in Slovenia. *Language*, *Culture and Curriculum*, 2012: 31.

② Statistični urad Slovenije. *Population by Ethnic Affiliation*, *Slovenia*, *Census 1953*, *1961*, *1971*, *1981*, *1991 and 2002*. Retrieved from http://www.stat.si/popis2002/en/rezultati_html/slo-t-07eng.htm, 2018-09-05.

③ Vesna Mikolič. The Relationship Between Communicative Competence and Language Use in a Multicultural Environment: The Case of Slovene Istria[J]. *Journal of Multilingual & Multicultural Development*, 2010: 37.

④ Mackey, W. F. The Description of Bilingualism. In: J. Fishman (Ed.). *Readings in the Sociology of Language*. The Hague: Mouton & Co., 1970.

2001年斯洛文尼亚实施《欧洲社会宪章区域和少数民族语言》，规定不论人数多少，少数族裔教育、文化、经济和宣传活动由国家财政支持。但意大利人和匈牙利人享有的语言权利不延伸至其他少数族裔，如来自前南斯拉夫共和国的移民。①

3.2.17.3 外语教育政策

斯洛文尼亚一直是多语区域，语言混杂。近几十年来，由于欧洲移民和巴尔干冲突增加，加剧了斯洛文尼亚多语现象，人们的语言技能包括本地语言、邻国语言和外来语言(如英语)。多语传统受到年轻一代欢迎，这也可能成为年轻人的优势，组织机构教学对多语教育更加关注。

在斯洛文尼亚教育系统中，儿童九岁开始学习第一外语，94.6%的儿童选择英语，5.4%的儿童选择德语。法语、意大利语、西班牙语和俄语可选择作为第二外语。小学阶段(6~14岁)外语是强制性的，但上述任何语言均可选择。中学阶段(15~19岁)，德语是最常见的第二外语，少数中学可能需要学习第三外语，如古希腊语或拉丁文。

2011年5月斯洛文尼亚国民议会通过了《关于2011—2020年国家高等教育规划决议》，决议提到高等教育国际化目标。② 因此，斯洛文尼亚积极寻求国际项目、国际机构合作。在“一带一路”倡议下，斯洛文尼亚加强中斯全面合作，中斯教育合作发展顺利。卢布尔雅那大学设有孔子学院1所，中方的合作单位是上海对外经贸大学。在卢布尔雅那和马里博尔第二中学设有4个孔子课堂。③

◎ 参考文献：

1. Klinge, S. Council of Europe Language Experts Report on Slovenia. Retrieved fromwww.eurolang.com, 2018-09-05.
2. Mackey, W. F. The Description of Bilingualism[A]. In: J. Fishman (ed.) *Readings in the Sociology of Language*[M]. The Hague: Mouton & Co., 1970.
3. Novak-Lukanovič S., Limon D. Language Policy in Slovenia[J]. *Language, Culture and Curriculum*, 2012.
4. Statistični urad Slovenije. *Population by Ethnic Affiliation, Slovenia, Census 1953, 1961, 1971, 1981, 1991 and 2002*. Retrieved from http://www.stat.si/popis2002/en/rezultati_html/slo-t-07eng.htm, 2018-09-05.
5. Vesna Mikolič. The Relationship Between Communicative Competence and Language Use in a Multicultural Environment: The Case of Slovene Istria[J]. *Journal of Multilingual & Multicultural Development*, 2010: 37.

① Klinge, S. *Council of Europe Language Experts Report on Slovenia*. Retrieved from www.eurolang.com, 2018-09-05.

② 刘进，杨莉.“一带一路”沿线国家的高等教育现状与发展趋势研究(四)——以斯洛文尼亚为例.世界教育信息，2018(8)：30.

③ http://www.hanban.edu.cn/confuciousinstitutes/node_10961.htm, 2018-09-04.

6. 刘进，杨莉.“一带一路”沿线国家的高等教育现状与发展趋势研究(四)——以斯洛文尼亚为例[J]. 世界教育信息，2018(8)：28-31，50.
7. https：//www. fmprc. gov. cn/web/gjhdq _676201/gj _676203/oz _678770/1206 _679738/1206x0_679740/，2018-09-04.

3.2.18 乌克兰

“乌克兰”(Ukraine)一词最早见于《罗斯史记》(1187年)，是古老的基辅罗斯公国发源地，有着悠久的历史与文明。9世纪下半叶，形成了古罗斯国家——基辅罗斯。13世纪，该地区大部分被蒙古鞑靼人占领，只有加利西亚和沃伦公国保住了独立，这两个公国位于古罗斯的西南部地区，故被称为“乌克兰”(意为边界之地)。这是乌克兰民族和国家名称的起源。①

乌克兰属于东欧国家，南接黑海，东连俄罗斯，北与白俄罗斯毗邻，西与波兰、斯洛伐克、匈牙利、罗马尼亚和摩尔多瓦诸国相连。乌克兰地理位置重要，是欧洲联盟与独联体，特别是与俄罗斯地缘政治的交叉点。②

乌克兰是欧洲面积第二大的国家，仅次于俄罗斯，有24个州、一个自治共和国和两个直辖市，人口约4285.41万。人口构成上77%以上为乌克兰人，其余主要为俄罗斯人和罗马尼亚人等。从国家实力上看，乌克兰目前是世界上重要的市场之一，是世界上第三大粮食出口国。乌克兰继承了苏联的军事基础，并维持着仅次于俄罗斯的欧洲第二大军事力量。从历史来看，乌克兰民族领土多次被外族占领。自14世纪中叶起，乌克兰被钦察汗国、波兰王国和立陶宛大公国先后统治。19世纪时，乌克兰大部分归属于俄罗斯帝国，其余部分为奥匈帝国领土。在第一次世界大战和俄国革命时期，乌克兰曾在1917年至1921年短暂独立。1922年成为了苏联创始加盟共和国之一。1991年苏联解体后乌克兰重获独立。③

3.2.18.1 主体语言教育政策

由于历史沿革原因，乌克兰历史上受过严重的俄罗斯化影响，语言生活呈现双语现象。在苏联时代，俄语是事实上的官方语言，也是使用最为广泛的语言，特别是在乌克兰东部和南部。乌克兰西部和中部主要说乌克兰语。在乌克兰西部，乌克兰语是城市和农村的主要语言(比如利沃夫)。在乌克兰中部，城市居民乌克兰语和俄语通用(比如基辅)，农村地区主要使用乌克兰语。在东部和南部乌克兰，俄语主要用于城市，农村地区则主要使用乌克兰语。

独立后，乌克兰试图通过语言立法和乌克兰语言推广消除俄罗斯化影响。《乌克兰语言法》颁布于苏联解体前夕，这是乌克兰争取民族独立迈出的第一步。《乌克兰语言法》规

① 李发元. 论国家层面语言政策制定对国内民族团结和睦的影响——以乌克兰为例. 西南民族大学学报(人文社会科学版)，2017(9)：56-62.

② https：//baike. baidu. com/item/乌克兰/257879？fr=aladdin.

③ https：//www. britannica. com/place/Ukraine，2018-08-18.

定乌克兰语是乌克兰官方语言，同时规定乌克兰语和俄语均可作为“族际交际语”，政府创造条件保证俄语和其他语言在社会各个领域正常使用。① 这个法律比较切合乌克兰社会实际，考虑了各民族情感和社会各阶层实际需求。之后，乌克兰政府逐步开始奉行乌克兰化政策，增加乌克兰语的使用，同时俄语被禁止或限制在媒体和电影中使用。

1996年《乌克兰宪法》第十条规定：“乌克兰语是乌克兰国语。国家保障乌克兰语在社会生活各个领域全面发展和广泛使用。国家保障俄语以及其他民族语言得到自由发展、使用和保护。”宪法规定乌克兰语(下称乌语)为唯一国语，俄语为“少数民族语言”，推广乌语意在去俄罗斯化，以促进乌克兰公民的身份构建。② 宪法规定使乌语地位大幅提高，乌语被广泛应用于教育、政府和公共领域。但是，数百年来与俄罗斯的纠葛产生了特殊的语言群体分布，改变了人们的语言态度和语言生活习惯，俄语在生活中被广泛使用，人们仍然感受到生活中俄语的统治地位。宪法强调乌语的国语地位，挤压俄语的生存空间，引起了亲俄派和亲欧美派关于俄语地位的大争论。语言政策没有达到社会整合的目的，反而导致乌克兰社会出现分裂现象。乌克兰语和俄语呈现微妙并存关系。语言观和语言选择也被看作对立政治势力的象征——亲俄罗斯或者亲欧洲和西方。乌克兰陷入旷日持久的语言政治斗争。

此外，乌克兰《信息法》《广播电视法》《广告法》《企业法》等法令也用来调节社会语言关系，如：法律诉讼中只能使用乌语；外语影片在翻录、配音和配字幕时必须使用乌语；电视直播必须使用乌语等，这些法律、法规恰恰反映出乌语的生存依然受到俄语的威胁。③

乌克兰历届政府对《乌克兰语言法》多次修订，目的是提升乌克兰语的地位，并实施“去俄罗斯化”语言政策，最终规定乌克兰语是乌克兰的唯一国语。据统计，“在1991年至2008年间，乌克兰的政府共颁布了七十多条诸如此类限制俄语使用的法令，涉及教育、大众传媒、政府公文事务等诸多领域。这些法令大多由总统亲自签署或经过总统批准，因此具有相当高的权威性和强制性，对打压和排挤俄语起到了很大的促进作用”④。

2012年7月3日，乌克兰议会最终通过了《国家语言政策基本法》，8月8日，总统亚努科维奇签署了这一法律文件，标志着一部新的语言法诞生。这是乌克兰人权斗争和整体上国家建设的重要里程碑。这部语言法被认为是以人权、相互尊重和宽容为基础制定的。从此，乌克兰在国家语言政策领域有了统一的法律依据。该基本法第一章界定了相关核心概念，指出“国语是由法律确定的语言，其在国家管理机构和公文处理，在机关、组织和企业，在教育、科学和文化机构，在通信和信息等领域的使用是义务性的”。该法第二章指出“乌克兰国家语言政策的任务是全面发展和使用国语——乌克兰语、区域语言或少数人语言的领域，保护公民在这一领域的宪法权利，培育对人的民族尊严及其语言和文化的

① 戴曼纯. 乌克兰语言规划及制约因素. 国外社会科学，2012(3)：72-81.

② 戴曼纯. 乌克兰语言规划及制约因素. 国外社会科学，2012(3)：72-81.

③ 教育部语言文字信息管理司. 世界语言生活状况2016. 北京：商务印书馆，2016.

④ 李发元. 论国家层面语言政策制定对国内民族团结和睦的影响——以乌克兰为例. 西南民族大学学报(人文社会科学版)，2017(9)：56-62.

尊重态度，加强乌克兰社会的团结”。总体说来，本法的颁布使乌克兰语言政策领域有了统一的法规依据和准则，消除了原有语言法和其他相关法律之间的不协调和冲突。

《国家语言政策基本法》第6章第1点再次明确规定，乌克兰的国语是乌克兰语。并在第2、3、4点指出，乌克兰语作为国语必须使用于乌克兰全境，立法、执法和司法各权力机构在行使职能时、在国际条约中、在境内学校教学过程中和在被这一法律确定的秩序中都必须使用国语。国家促进国语在大众信息工具、科学、文化、社会生活其他领域内的使用。总之，乌克兰语作为国语，被赋予了巩固国家地位、保障国家主权的重要意义。①

从中观方面来看，乌语作为语言教育和文化传播工具也在发生变化。苏联时期，乌语属于官方认可语言，乌语既是学校教学语言，也是学生学习的课程。这一政策促进了乌语的发展，但政府强制推行俄语和就业方面的俄语优势使乌语的发展受到压制。独立后，乌克兰政府为了推广乌语，开设了不少语言教学课程。同时，在各级各类学校实行乌语教学。如在最大的俄语城市基辅，所有俄文学校改为乌语学校。2005年乌克兰议会提议，禁止乌境内俄语学校毕业生用俄语参加大学升学考试。此建议获得乌克兰教育部认可。由于成人二语习得受到各种因素制约，乌克兰政府重视儿童母语——乌语学习。政府在教育领域不断推广乌语、限制俄语已初见成效。各地区居民认为乌语是母语的人数越来越多。2002年的乌克兰幼儿园儿童有79%接受乌语教育，西部地区达到100%。尽管乌语的国语地位使其成为了各级各类学校的主要教学语言，但是俄语依然作为通用语言广为使用，许多人同时使用俄语和乌语。这就造成乌克兰的双语现象。全国90%以上的人使用乌语或俄语，有的人使用乌、俄两种语言；60%的人认为自己的母语是乌语，38%的人认为自己的母语是俄语。②

从微观方面来看，目前乌克兰语言生活状况很复杂。政府推行乌克兰化，通过政策调节公共领域语言使用。如：全国性更改地名、公共场所标识，统一将俄语换成乌语；法律诉讼中只能使用乌语；外语影片在翻录、配音和配字幕时必须使用乌语；电视直播必须使用乌语等。但政策对商业和私人领域语言使用影响不大。政府文件用乌语发行，但议员用俄语进行电视辩论。有政府官员出席的会议可能使用乌语作为会议正式语言，而发言者可能选择使用俄语。大学教授用乌语讲课，但在办公室与学生交谈时可能采用俄语。乌克兰这种特殊双语关系反映出语言社会分工的博弈，也反映出历史背景、政治力量和现实需求使乌语和俄语的关系处于动态发展变化之中，而乌克兰语言发展方向具有很大的不确定性。③

3.2.18.2 少数族群语言教育政策

乌克兰是一个多民族国家，有130多个民族。按各族人口占全国人口比重看，乌克兰族占乌克兰总人口的77%以上，其次是俄罗斯族，约占17%。其他少数民族约占乌克兰总人口的6%左右，主要有白俄罗斯、犹太、鞑靼、摩尔多瓦、波兰、匈牙利、罗马尼

① 何俊芳. 乌克兰《国家语言政策基本法》及实施意义. 民族论坛，2013(3)：10-15.

② Shumlianskyi, Stanislav. Conflicting Abstractions: Language Groups in Language Politics in Ukraine, *International Journal of the Society of Language*, 2010.

③ 戴曼纯. 乌克兰语言政治与乌克兰化. 俄罗斯东欧中亚研究，2013(2)：26-35.

亚、希腊、德意志、加告兹、保加利亚等民族。

宪法规定乌克兰语为唯一国语，但国家同时维护包括俄语在内的少数民族语言和文化。2003年乌克兰政府签署了《欧洲区域语言或少数人语言宪章批准书》。根据该法，当时被承认的区域或少数民族语言有13种，包括俄语、白俄罗斯语、保加利亚语、德语、现代希腊语、波兰语、加告兹语、犹太语、摩尔多瓦语、斯诺伐克语、罗马尼亚语、匈牙利语和克里米亚鞑靼语。政府支持少数民族语言教育，旨在促进语言和语言使用者之间平等，最终达到保存、保护与促进语言与文化多样性发展目标。①

但是，宪章批准书在现实语言调解中难以起到真正作用。在2005—2010年间颁布的一系列法令中，倾向于在社会使用中人为地歧视和排挤所有除乌克兰语之外的语言。如2007年11月25日乌克兰教育部有关中学生毕业考试和高校入学考试第1171号法令规定，所有中学毕业考试都要用乌克兰语进行，包括那些毕业于少数民族语言教学学校的学生；在电视和广播、电影业和影片配音译制、交通工具广告等方面均实行乌克兰语化的政策。2010年2月22日《关于国家语言政策思想的主张》总统令体现的也是上述思想的延续。之后，国家语言政策有所调整。2010年7月7日通过的乌克兰法《关于法院组织和审判法官地位》中规定，在诉讼程序中赋予区域语言官方地位。

2012年，乌克兰《国家语言政策基本法》第1章规定“区域语言或少数人语言是指传统上由本国公民在国家一定区域内使用的语言，使用该语言的群体在数量上少于本国其他居民；少数民族语言是由共同族裔来源连接着少数人的语言”。该法第2章指出“乌克兰国家语言政策的任务是对全面发展和使用国语——乌克兰语、区域语言或少数人语言的领域，以及居民在国家经济、政治和社会生活中、个体交往和国际交往中使用其他语言领域中的社会关系进行调节，保护公民在这一领域的宪法权利，培育对人的民族尊严及其语言和文化的尊重态度，加强乌克兰社会团结”。该法第8章有关“人及公民语言权利和自由保护”一章中指出：在官方文件和文本中公开贬低、不尊重、故意歪曲国语、区域语言或少数人语言，导致它们的使用出现故障和限制，破坏人权、挑起语言基础上的敌对，将根据《乌克兰刑法》第161章之规定追究责任。

新的语言法强调了对人及公民语言权利和自由的保护，尤其是对区域语言和少数人语言的保护。这与《欧洲区域语言或少数人语言宪章批准书》等法律的状况相适应。该法不仅践行了欧盟语言宪章批准书自身法律义务，同时对区域语言或少数人语言进一步确认。在新法中明确规定了18种乌克兰区域语言或少数人语言，包括俄语、白俄罗斯语、保加利亚语、德语、现代希腊语、波兰语、加告兹语、犹太语、摩尔多瓦语、斯诺伐克语、罗马尼亚语、匈牙利语、克里米亚鞑靼语、亚美尼亚语、罗姆语、罗辛语、卡拉伊姆语、克里木语。除了2003年《欧洲区域语言或少数人语言宪章》确定的13种语言，又增加了亚美尼亚语、罗姆语、罗辛语、卡拉伊姆语、克里木语5种少数人语言。新法为这些语言在相关领域的使用、保持和发展提供了法律依据和保障，也同时为这些语言所承载的文化的持久保持和发展提供了可能。尤其是那些使用人数较少的语言，如克里木鞑靼语、罗姆

① 何俊芳. 乌克兰〈国家语言政策基本法〉及实施意义. 民族论坛，2013(3)：10-15.

语、罗辛语、卡拉伊姆语、克里木语等。①

3.2.18.3 外语教育政策

自1991年独立后，乌克兰政府在保护和发展独立民族经济的同时，也积极谋求融入国际社会和全球经济大舞台，在外语教育方面进行了一系列改革措施。由单一政府统一管理的国有教育机构义务教育逐步向开放型学校自主收费办学模式过渡。同时，为顺应国家经济改革潮流、提高全民外语素质、推动乌克兰经济与国际接轨，乌克兰政府制定一系列语言学习规划和政策，促进外语教育在乌克兰的普及。1994年，教育部规定且《国家教育准则》也明确指出，高等教育所授全部课程包括必修课和选修课两大类。外语课是一切高校的必修课，教学时数为324学时，明显高于其他人文学科的学时数，且任何学校不得以任何借口压缩外语学时。外语实际上是不同教育层次的必修课程。乌克兰基础教育系统有2.2万所中小学，其中有550万名小学生。小学一年级开始学习外语，主要语种有英语、德语、法语、西班牙语。②

近年来，随着中乌经济关系密切，尤其是“一带一路”倡议的实施，乌克兰广大民众学习汉语、了解中国的愿望日益强烈，于是孔子学院的建立顺应了时代需求。截至2018年，已在乌克兰5所大学设立孔子学院，分别是基辅大学、卢甘斯克大学、哈尔科夫大学、南方师范大学和基辅国立语言大学。基辅第一东方语言中学开设了一个孔子课堂。③这些孔子学院和孔子课堂成为乌克兰民众了解中国语言文化，特别是了解当代中国的重要窗口和途径。

总而言之，乌克兰外语教育政策对提高全民外语素质、促进乌克兰国际交流和接轨产生了深远影响。

◎ 参考文献：

1. Shumlianskyi, Stanislav. Conflicting Abstractions: Language Groups in Language Politics in Ukraine[J]. *International Journal of the Society of Language*, 2010.
2. 戴曼纯. 乌克兰语言规划及制约因素[J]. 国外社会科学，2012(3)：72-81.
3. 戴曼纯. 乌克兰语言政治与乌克兰化[J]. 俄罗斯东欧中亚研究，2013(2)：26-35.
4. 何俊芳. 乌克兰《国家语言政策基本法》及实施意义[J]. 民族论坛，2013(3)：10-15.
5. 教育部语言文字信息管理司. 世界语言生活状况2016[M]. 北京：商务印书馆，2016.
6. 李发元. 论国家层面语言政策制定对国内民族团结和睦的影响——以乌克兰为例[J]. 西南民族大学学报(人文社会科学版)，2017(4)：56-62.
7. 周永模. 乌克兰国家外语教学状况概述[J]. 外语教学理论与实践，1997(1)：27-28，40.

① 何俊芳. 乌克兰《国家语言政策基本法》及实施意义. 民族论坛，2013(3)：10-15.

② 周永模. 乌克兰国家外语教学状况概述. 外语教学理论与实践，1997(1).

③ http://www.hanban.edu.cn/confuciousinstitutes/node_10961.htm，2018-08-18.

3.2.19 匈牙利

匈牙利(Hungary)是欧洲中部内陆国家，东与罗马尼亚相邻，西与斯洛文尼亚接壤，南与塞尔维亚交界，东北和西北分别与乌克兰和奥地利相邻。匈牙利国土面积约 93030 平方公里，人口约 979.8 万，① 主要民族为匈牙利(马扎尔)族。

匈牙利属中等发达国家，经合组织成员国，1999 年 3 月加入北约，2004 年 5 月加入欧盟，2007 年 12 月正式加入《申根协定》，同 170 多个国家建立了外交关系。

1949 年 10 月 4 日，匈牙利宣布承认中华人民共和国，10 月 6 日两国建立外交关系。建交后，两国友好关系全面发展，领导人互访等各种形式的往来密切，各领域合作不断加强。两国 2015 年签署《中华人民共和国与匈牙利政府关于共同推进丝绸之路经济带和 21 世纪海上丝绸之路建设的谅解备忘录》，2017 年 5 月签署《中华人民共和国和匈牙利关于建立全面战略伙伴关系的联合声明》，2017 年 11 月签署《中华人民共和国和匈牙利政府在共建“一带一路”倡议框架下的双边合作规划》。②

3.2.19.1 主体语言教育政策

匈牙利语是匈牙利的官方语言，也称作马扎尔语，属于乌拉尔语系芬兰-乌戈尔语族乌戈尔语支。匈牙利语是欧盟工作语言之一，是一种比较独特的语言。绝大多数匈牙利人以匈牙利语为第一语言，约占总人口的 98.9%，还有约 0.7%的人将匈牙利语当作第二语言，其他一些少数民族的人大多也能讲匈牙利语。匈牙利语的变体较多，根据地域不同分为十多种，有西部方言、西北方言、东北方言等。各方言差异不算太大，基本都可自如交流。从发音上看，匈牙利语包括 14 个元音和 25 个辅音，元音大多是长短对立分布，辅音的音长也有区别。根据词首元音搭配不同的后缀，实现元音的和谐。从书写上看，匈牙利语依赖丰富的词缀，可通过前缀和后缀及环缀来改变词的意义或句法功能。

匈牙利的宏观语言政策规定明确：(1)匈牙利的官方语言是匈牙利语。(2)匈牙利应当保护匈牙利语。③ 2003 年年初，匈牙利颁布新的语言法，第 2001 条旨在保护匈牙利语，并针对新时期出现的问题进行规定。语言法规定，相关出版物应当使用正确的语言。广告、通知、标识、提示信息等应用匈牙利语，或是匈牙利语加上一门外语表达。也就是说，必须使用匈牙利语。如果既有匈牙利语文本，又有外语文本，那么匈牙利语文本所占的版面和使用格式必须和外语文本的相同。该语言法面向的范围很广，匈牙利境内的新闻广告、广播电视、广告标识、销售信息、产品说明与介绍、无论公众或个人的信息发布等都在其列。④ 其后，匈牙利的大众媒体，不管是传统媒体，还是新兴出现的电子媒体等，

---

① http://www.fmprc.gov.cn/web/gjhdq_676201/gj_676203/oz_678770/1206_679858/1206x0_679860/, 2018-07-16.

② 中国同匈牙利的关系. http://www.fmprc.gov.cn/web/gjhdq_676201/gj_676203/oz_678770/1206_679858/sbgx_679862/, 2018-08-25.

③ Medgyes, P. & Miklósy, K. The Language Situation in Hungary. *Current Issues in Language Planning*, 2000, 1(2): 181.

④ http://www.cms-lawnow.com/ealerts/2003/01/language-act-comes-in-to-full-force-in-hungary=en, 2018-07-17.

基本都是以匈牙利语为主。2005 年匈牙利出台的高等教育法规定，每个人都可自由地选择高等教育机构。匈牙利的高等教育机构中使用的教学语言主要是匈牙利语。大学文凭和其他附加文凭上应当用匈牙利语和其他语言书写。

3.2.19.2 少数族群语言教育政策

除匈牙利族外，匈牙利境内的少数民族人口在总人口中所占比例较低，主要有吉卜赛族、罗姆族、德意志民族、斯洛伐克族、克罗地亚族、罗马尼亚族、塞尔维亚族、亚美尼亚族等。这些少数民族不仅人口少，还主要聚居在边境地区。

对于这些少数民族，匈牙利承认其应有的权利，包括语言权利。《匈牙利宪法》声明，“生活在匈牙利的少数民族是国家的组成部分”“国家应确保少数民族的语言教育，承认少数民族法律，承认他们参加教育和文化活动的权利和他们自己的母语”。宪法保障了少数民族集体参加公共事务的权利、发展和培养自己文化的权利、使用母语的权利、用本族语言书写自己名字的权利。① 1990 年宪法修正案中提出少数民族司法特派员制度。同年，新内阁组建完成后，人权委员会为解决少数民族和宗教方面的争端，继续建立与少数民族之间的联系。

《少数民族法》规定了集体和个人使用少数民族语言的权利，少数民族有发展各自的语言和历史的权利。无论何时何地，每个人都可自由地使用自己的母语。而且，少数民族使用自己母语的条件在特定法律、法规中必须得到国家的担保。法律保障了在涉及政府机构管理和法庭上使用少数民族语言的权利。在教育方面，少数民族的孩子有权选择在哪里接受各级教育，可在各自的少数民族地区或是在匈牙利境内。② 相应地，少数民族学生可以使用母语、本族语或匈牙利语进行学习。在入学时，少数民族学生有权使用自己的母语。若中学中，教育是用少数民族语言或双语展开的，学生在参加中学毕业考试时，有权要求用自己的母语进行。大学文凭和其他附加文凭方面，除了匈牙利语，可以加上英语、拉丁语，也可加上本族语言。

另外，少数民族语言在媒体方面的使用也有相关规定。根据《少数民族法》，特有的立法应保障少数民族语言的基本节目，在公共电视台和公共广播台中定期制作和播放。匈牙利广播电视台为多个少数民族地区制作电视节目，匈牙利少数民族本族语言电视节目也有播放。

3.2.19.3 外语教育政策

由于匈牙利语是一种较孤立的语言，和周边国家的语言属于不同语系，所以匈牙利人和他国人交流有一定障碍，外语在匈牙利的需求不断增加。从某种程度上来说，匈牙利的外语教学已成为教育的一个重要组成部分。在奥匈帝国时期，会讲德语的匈牙利人很多，德语自然而然是第一外语。在社会主义统治时期，因与苏俄的关系，所有学生都必须在小学和中学阶段学习俄语。其后，随着社会政治体制的改变，俄语从中小学的必修课中移

---

① A. Paulik & J. Solymosi. *Language Policy in Hungary*. https：//docplayer.net/21573188-Language-policy-in-hungary.html，2018-07-17.

② *Practice of Minority Protection in Central Europe*. http：//www.google.com/urlsa = trct = j&q = esrc = source=webcd，2018-07-17.

除，外语选择范围变得宽松许多。在当代，外语一如既往地得到重视。和全球发展相一致，英语成为许多匈牙利人的首选。和十年前相比，如今会说英语的匈牙利人比之前多了近 40%,① 而且学习英语的积极性比较高。有的匈牙利人还会说第二外语，这和匈牙利劳动市场的受聘要求不断提高也有一定关系。

2007 年匈牙利教育法修订案制定了匈牙利现代外语教学的原则和目标。从小学四年级开始，即学生十岁左右，外语课程就是必修课，并一直贯穿义务教育阶段。如果条件允许，外语教学还可提前进行。学生们要求至少掌握两门外语，学习的进度可不同，可进行个性化的安排。每周学习外语的时间也有一定规定。在中等职业学校中，外语学习也是必修课之一。学生可以自由选择学习哪种外语，匈牙利小学教育提供欧盟优先的宽泛的语言选择，英语、德语、法语、意大利语等在可选之列。在小学阶段，超过一半的学生都会选择学习英语。对于学生的学习状况，根据规定，义务教育结束时，达到的最低水平是欧洲共同语言参考标准的 B1 水平，高级外语教学计划结束后必须达到 B2 水平。

中国在匈牙利设立了 4 所孔子学院和 2 个孔子学堂，匈牙利大学也开设有中文系或中文专业，其中罗兰大学在 1932 年就开设了中文专业。一些私立培训机构也有汉语课程，形成了公立和私立教育相结合的局面。2004 年在首都布达佩斯建立了匈中双语小学，这是匈牙利唯一一所以汉语为必修科目的小学。另外，一些中学还开设有中文兴趣课。②

◎ 参考文献：

1. A. Paulik & J. Solymosi. *Language Policy in Hungary* [EB/OL]. https: //docplayer. net/21573188-Language-policy-in-hungary. html, 2018-07-17.
2. Medgyes, P. and Miklósy, K. The Language Situation in Hungary [J]. *Current Issues in Language Planning*, 2000, 1(2): 148-242.
3. *Practice of Minority Protection in Central Europe* [EB/OL]. http: //www. google. com/urlsa = trct = j&q = esrc = source = webcd, 2018-07-17.
4. 王辉. “一带一路”国家语言状况与语言政策(第一卷)[M]. 北京: 社会科学文献出版社, 2017.
5. http: //www. fmprc. gov. cn/web/gjhdq _ 676201/gj _ 676203/oz _ 678770/1206 _ 679858/1206x0_679860/, 2018-07-16.

① 王辉.“一带一路”国家语言状况与语言政策(第一卷). 北京: 社会科学文献出版社, 2017: 259.

② http: //www. hanban. edu. cn/confuciousinstitutes/node_10961. htm, 2018-08-26.

3.3 非洲国家语言国情与语言教育政策

3.3.1 埃及

阿拉伯埃及共和国(The Arab Republic of Egypt)简称埃及，大部分位于非洲的东北部，只有苏伊士运河以东的西奈半岛位于亚洲西南部。另位于连接欧、亚、非三大洲的要塞地区，还是大西洋和印度洋、红海和地中海之间的水路航线，战略位置和经济地位十分重要。埃及面积为100.1万平方公里，人口约为1.045亿。①

从人口数量上看，埃及仅次于尼日利亚，是非洲第二大国，也是中东地区人口最多的国家。从国家实力上看，埃及的经济在非洲国家中处于领先地位，是中东地区最发达的多元经济体之一，同时在旅游、工业、农业、科技、石油天然气出口等方面处于优势地位。从历史来看，埃及是世界四大文明古国之一，世界第一长河——尼罗河贯穿埃及，形成得天独厚的自然环境，孕育了古埃及辉煌灿烂的文明，因此埃及又被希腊历史学家和作家希罗多德称为“尼罗河的赠礼”。从国家影响力来看，埃及在中东、非洲地区，尤其是伊斯兰教信仰地区具有相当的影响力。伊斯兰教为国教，信徒主要是逊尼派，占总人口的84%，科普特基督徒和其他信徒约占16%。② 从国际关系上来看，埃及在阿拉伯地区以及非洲地区中均发挥着重要作用。埃及与165个国家建立了外交关系，曾担任2016—2017年联合国安理会非常任理事国，开罗现为阿拉伯国家联盟总部所在地。③

2016年1月，习近平主席访问中东四国，与埃及总统塞西共同为中埃—泰达苏伊士经贸合作区揭牌。这是中国第一个揭牌的驻海外工业园，是“一带一路”上实现生态循环发展的海外区域，是中国公司拥有土地所有权的海外基地，还是两个文明古国之间的合作，被称作“中埃合作桥梁”。④

3.3.1.1 主体语言教育政策

埃及的官方语言是“现代标准阿拉伯语”(Modern Standard Arabic)，又称“书面阿拉伯语”，是在书面或正式讲话中使用的阿拉伯语。“现代标准阿拉伯语”是阿拉伯国家的通用语言，即为“普通话”。语言的一致可以克服各个阿拉伯国家或地区不同的阿拉伯语方言造成的较大差别，以及沟通不便等困难。“现代标准阿拉伯语”虽是书面语言，但也从口语中引进了一些新出现的语法、词汇和表达，以跟上社会发展的脚步，表达现代的新概念和新事物。另外，“现代标准阿拉伯语”应用范围相当广泛，政府文件、媒体报道、报纸杂志、学校教学等都使用的是该语言，并且这种语言已成为22个阿拉伯国家和4个国际

---

① 埃及国家概况. http://www.fmprc.gov.cn/web/gjhdq_676201/gj_676203/fz_677316/1206_677342/1206x0_677344/，2018-08-24.

② 埃及国家概况. http://www.fmprc.gov.cn/web/gjhdq_676201/gj_676203/fz_677316/1206_677342/1206x0_677344/，2018-08-24.

③ https://www.yidaiyilu.gov.cn/gbjg/gbgk/10038.htm，2018-08-24.

④ http://china.cnr.cn/yaowen/20160122/t20160122_521198508.shtml，2018-08-24.

组织的现行官方语言。① 因此,"现代标准阿拉伯语"是阿拉伯国家中占有优势地位、具有相当功能性、促进认同感的一种非常重要的语言。

从宏观方面来看,埃及的语言教育政策清晰,明确、重视、加强和巩固"现代标准阿拉伯语"的主体地位。多年来,埃及每部宪法都明确规定"阿拉伯语是正式语言""在埃及和其他国家传播伊斯兰思想、学术文化……保护、研究阿拉伯语"②,一些法律条款规定"某些特定场合下必须使用阿拉伯语"③。埃及教育部对于本土的语言教育政策明确规定为"以阿拉伯语为主体的教学语言""大学的教学语言以阿拉伯语为主"④。埃及各级立法机构颁布的法律法规,政府的公文函件、行政规章等都是用现代标准阿拉伯语书写和颁布。埃及政府还不断颁布或修改已有的法令,规定必须使用阿拉伯语,例如2002年关于知识产权保护第82号法令第19条规定知识产权注册及其说明必须使用阿拉伯语;2003年劳动法第12号法令第二章第32条规定雇主应使用阿拉伯语撰写劳动合同。⑤

从中观方面来看,埃及的各级各类学校的教学语言均是"现代标准阿拉伯语"。埃及的中小学,不论公立还是私立,必须开设阿拉伯语语文课程和伊斯兰教宗教课程。在阿拉伯语语文课程上,学生系统地学习"现代标准阿拉伯语",能准确使用现代标准阿拉伯语语法结构,具有一定的阅读、写作能力和语法及文学欣赏能力。同时,学生在规定时间内必须研读一定数量的阿拉伯语文学作品,如《安塔拉传奇》(*Antara Legend*)。这部作品在阿拉伯国家的地位相当于《荷马史诗》。学生通过研读,既可体会阿拉伯语言自身的魅力,了解历史与文化,还可增强阿拉伯民族的荣誉感,提升民族的品格与精神,注重文化的传承。伊斯兰教宗教课程主要是对现代标准阿拉伯语的使用和实践,如诵读宗教典籍与教义教规、履行宗教仪式等。

埃及的大学教学语言也规定了"以阿拉伯语为主",教师使用阿拉伯语授课和研究。每所大学必须设有阿拉伯语院系,如埃及和整个阿拉伯世界最古老的高等教育机构之一——开罗大学(Cairo University)就设有阿拉伯语言与文化中心(Cairo University Center for Arabic Language & Culture)。⑥ 该中心的课程有"针对本国人的阿拉伯语课程"(Arabic Courses for Egyptians),帮助提升写作技巧或增强语法意识;"阿拉伯语特别课程"(Special Courses in the Language),如媒体语言、文学语言、伊斯兰教研究、埃及社会与文化、阿拉伯语书法等;"口语课程"(Colloquial Egyptians)等。还有针对外国人开设的阿拉伯语与

---

① 22个阿拉伯国家是:沙特阿拉伯、也门、阿联酋、阿曼、科威特、巴林、卡塔尔、伊拉克、叙利亚、约旦、黎巴嫩、巴勒斯坦、埃及、苏丹、利比亚、突尼斯、索马里、吉布提、毛里塔尼亚、科摩罗、阿尔及利亚、摩洛哥。4个国际组织是:联合国、阿拉伯国家联盟、伊斯兰会议组织、非洲联盟。

② http://www.360doc.com/content/15/0519/09/3872310_471625580.shtml, 2018-05-12.

③ 王辉."一带一路"国家语言状况与语言政策(第二卷).北京:社会科学文献出版社,2017:294.

④ 金欣.埃及的语言政策与语言状况.天津外国语大学学报,2016(3):57.

⑤ 王辉."一带一路"国家语言状况与语言政策(第二卷).北京:社会科学文献出版社,2017:293.

⑥ http://www.alcc.cu.edu.eg/, 2018-05-13.

方言课（Arabic Courses for Foreigners：Modern Standard Arabic Courses，Egyptian Dialect Courses）。①

埃及另一所著名大学——爱资哈尔大学（Al-Azhar University）是世界上最古老的大学之一，历史比牛津大学和剑桥大学还要悠久二百多年，是“独立的伊斯兰教科学机构”。爱资哈尔大学的教学语言就是“现代标准阿拉伯语”，培养的阿拉伯语高水平人才对阿拉伯语和伊斯兰教的文化传承与研究起着重要的作用，在伊斯兰教育和学术界有着很高的地位和声誉，爱资哈尔大学被称作“世界伊斯兰学术文化的灯塔和朝向”②。该校设有伊斯兰基础学院、伊斯兰宣教学院、伊斯兰研究与阿拉伯语学院，在该校的女子学院中设有多个系，如伊斯兰研究系、阿拉伯语系等。

从微观方面来看，埃及国家的方方面面主要通过潜移默化的方式来强调“现代标准阿拉伯语”的主体地位。埃及公共领域的语言，如道路标识、路牌指示、门牌号码、注意事项等，均采用“现代标准阿拉伯语”。各服务性行业，如商场、医院、酒店、餐馆等的介绍和说明，也是“现代标准阿拉伯语”。以上公共领域的语言会配以外文翻译，但毫无例外是“现代标准阿拉伯语在前”。埃及的各种类型媒体，包括报纸杂志、广播电台、电影电视等，占主流的是“现代标准阿拉伯语”。相对其他阿拉伯国家，埃及的媒体发展较全面和先进，其尼罗河卫星不仅为本国的电视频道服务，也向其他阿拉伯地区提供卫星服务。在互联网方面，一开始由于技术受限，网络上不能直接使用阿拉伯语，需用“阿拉伯聊天字母”（Arabic Chat Alphabets）进行转化，即把阿拉伯字母转为拉丁字母或其他特殊字母来输入，造成许多不便。后来该问题被解决，技术升级后，电脑和手机可以显示和输入阿拉伯语，使用者们可以在互联网上浏览阿拉伯语网页，用阿拉伯语进行各种操作。另外，埃及的各行业协会也通过各种方式强调“现代标准阿拉伯语”的重要性。如埃及的开罗语言学会是阿拉伯国家最早的语言学会之一，担负着维护、传承和研究阿拉伯语的任务。而且，在宗教活动和伊斯兰教的五大功修中，③ 一律要求使用标准阿拉伯语，如念功是用标准阿拉伯语来念诵清真言，礼功是用标准阿拉伯语来做礼拜，其他语言只起辅助和帮助理解的作用，不能用于正式的宗教仪式中。

3.3.1.2 少数族群语言教育政策

埃及国内的少数民族较多，其中主要有三个：努比亚人（Nubian）、柏柏尔人（Berber or Amazighen）、贝扎人（Bcja），使用的语言分别是北努比亚语、西瓦语和贝扎语。努比亚人是一支古老的民族，自古埃及时期就生活在埃及和苏丹境内，其祖先和埃及王朝前期的居民属于同一民族。今天努比亚人聚居区主要在埃及的南部，约有339000人。④ 虽然埃及的努比亚人基本接受和融入了阿拉伯文化，但语言仍得以保留。努比亚语属于尼罗-撒哈拉语系东苏丹语，有多个变体，埃及努比亚人使用的是北努比亚语变体（Nobiin or Mahas）。该努比亚语没有标准化文字，既可以写成拉丁文本，也可以写成阿拉伯文本。

---

① http：//alcc. cu. edu. eg/courses. aspx/typeid=3，2018-05-13.

② https：//baike. baidu. com/item/aladdin，2018-05-28.

③ 五大功修是：念功、礼功、斋功、课功、朝功。

④ Paul Lewis. *Ethnologue*：*Languages of the World*，*2016*. https：//www. ethnologue. com/，2018-06-02.

柏柏尔人是对非洲一些相似部落的统称，埃及的柏柏尔人主要居住在和利比亚搭界的西瓦及嘎拉地区，总共约有25000人。① 柏柏尔语属于亚非语系，存在不同的方言。埃及的柏柏尔人使用的是西瓦语(Siwa or Oasis Berber)，西瓦语属东柏柏尔语方言，受阿拉伯语字母和词汇影响较大，因为西瓦语中自身没有元音字母，借用阿拉伯语字母的元音来标记。贝扎人是非洲早期的游牧民族，很早就出现在古埃及的历史中，在某段时期内曾在政治上掌控古埃及。如今贝扎人主要聚集在埃及东南部红海省的山谷中，约有4000人。② 贝扎语(Beja language)是贝扎人的母语，是一种非书面的语言，只有口头用语，属于亚非语系库希特语族贝扎语支。埃及境内还有其他一些少数民族，人口较少，有的没有自己的语言，有的使用带有口音的阿拉伯语，有的使用阿拉伯语的变体等。另外，在日常生活中，埃及人大多使用埃及阿拉伯语方言。这些方言因地理地域、风土人情、生活习惯等的差异，在用词和表达上存在很大差异，还会不同程度地夹杂着英语、法语、叙利亚语、土耳其语、库尔德语、科普特语、波斯语等的发音和词汇，使得语言形式变得复杂和难懂，和标准阿拉伯语差别较大。综合种种原因，对待少数民族语言，埃及基本没有相应的少数民族语言教育政策，不具有一定的语言约束力，且因各民族尚未足够稳定，政府和人民自顾不暇，没有实质性的要求。这也从另一个方面体现了埃及的“现代标准阿拉伯语”的主体地位和不可取代性。

3.3.1.3 外语教育政策

埃及是阿拉伯国家中影响力较大的国家，是中东地区较发达的经济体之一，其经济支柱产业是旅游、侨汇、苏伊士运河收入和石油、天然气出口等，外语使用范围较广泛。阿拉伯语由于语言自身的限制，尤其是词汇的缺失，在某些先进的自然科学科技领域，需借助英语或其他语言表达新兴事物和概念。虽然有部分专业术语可以通过阿拉伯化或派生词的方法进行转译，但仍有相当数量的术语不方便翻译或转化。因此，埃及政府非常重视学生的外语教育。

埃及教育部规定“除母语——阿拉伯语之外，要至少为学生提供一种第二语言来学习科学、知识、艺术和实用创新领域的新知识，并将这些知识转化为社会服务，并致力于传播伊斯兰教和人道主义的服务工作”“大学的教学语言以阿拉伯语为主，在一些特殊专业可以适当使用其他语言来教学”。③

埃及的外语教育贯穿整个教育阶段。从幼儿园开始，学生便要求学习第一外语，即英语的学习。高中阶段学生还必须学习一门第二外语，且考核严格。埃及所有的公立学校和大部分的私立学校都规定以英语为第一外语进行学习。另一部分私立学校，如由一些海外机构设立的私立学校，同样注重国际化外语教学，它们会开设法语、德语等外语课程。在高等教育阶段，人文社会科学除经济类外，授课语言一般是阿拉伯语，自然科学学科更多地使用英文授课，一是因为阿拉伯语的词汇量限制所致，二是因为教材和参考书籍多为英

① 埃及有25000柏柏尔人. 金字塔报，2014-05-30. https://www.ahram.org.eg/News/21198/112/290732/，2018-06-05.

② 埃及大地不只回响阿拉伯语. 百姓之声，2016-05-10. https://www.soutalomma.com/220226.

③ 金欣. 埃及的语言政策与语言状况. 天津外国语大学学报，2016(3)：57.

语原版，三是因为教师多是留学归国人员或是访学的外教，所以英文授课方便教学和研究的开展。埃及曾是英国的殖民地，社会各方面留下许多痕迹，教育领域也不例外，其教育体制、学制、课程设置等都是西方模式。此外，一些他国政府在埃及设立的私立大学有较大影响，如开罗美国大学(The American University in Cairo)采用标准的美国模式进行教学，全英文授课，展示和输出美国的文化及价值观；埃及法国大学(Université Francaise d'Egypte)则是与法国巴黎第三大学、巴黎第六大学、南特大学等合作办学的私立大学，采用法语、英语和阿拉伯语三语教学。其他的一些私立学校和国际学校也使用一门外语作为教学语言，促使学生掌握外语交际和学习能力，为后续出国留学做好准备。

埃及的公共领域语言通常是多语并存的，阿拉伯语在前，其他语言在后。如街头的路牌指示，阿拉伯语后多是英语翻译，也有法语等。一些公共场所的说明和指示也是阿拉伯语加上外文的翻译。埃及的报纸有阿拉伯语的，也有英语的，如《埃及公报》《今日埃及》。埃及电视台有专门的电视电影外文频道，如尼罗河电视台的国际频道 NILE TV international① 设有英语、法语和希伯来语频道。同时，随着互联网和智能手机在埃及的普及，英语的使用面也就更为广泛。

埃及开设中文系的高校有 8 所，即开罗大学、爱资哈尔大学、艾因夏姆斯大学、苏伊士运河大学、埃及科技大学、明尼亚大学、法鲁斯大学和开罗高等语言翻译学院。此外，还有 60 多所大学开设有中文课程。中国在埃及建设的孔子学院有 2 所，分别在开罗大学和苏伊士运河大学内，孔子课堂 1 个，即尼罗河电视台孔子课堂。②

◎ 参考文献：

1. Paul Lewis. Ethnologue: *Languages of the World*, *2016* [EB/OL]. https://www.ethnologue.com/, 2018-06-02.
2. 埃及国家概况[EB/OL]. http://www.fmprc.gov.cn/web/gjhdq_676201/gj_676203/fz_677316/1206_677342/1206x0_677344/, 2018-08-24.
3. 埃及开罗大学网站. http://www.alcc.cu.edu.eg/, 2018-05-13.
4. 金欣. 埃及的语言政策与语言状况[J]. 天津外国语大学学报, 2016(3): 56-60.
5. 王辉. "一带一路"国家语言状况与语言政策(第二卷)[M]. 北京: 社会科学文献出版社, 2017.
6. https://www.yidaiyilu.gov.cn/gbjg/gbgk/10038.htm, 2018-08-24.

3.3.2 埃塞俄比亚

埃塞俄比亚联邦民主共和国(The Federal Democratic Republic of Ethiopia)简称埃塞俄比亚，是非洲东北部内陆国，面积 110.36 万平方公里，人口 1.05 亿。埃塞俄比亚高原占

① https://www.nileinternational.net/, 2018-08-12.
② http://www.hanban.edu.cn/confuciousinstitutes/node_10961.htm, 2018-08-26.

全国面积的2/3，平均海拔近3000米，素有"非洲屋脊"之称。埃塞俄比亚水资源丰富，号称"东非水塔"。境内河流湖泊较多，青尼罗河发源于此。埃塞俄比亚约有80多个民族，主要有奥罗莫族、阿姆哈拉族、提格雷族、索马里族、锡达莫族等。居民中45%信奉埃塞正教，40%~45%信奉伊斯兰教，5%信奉新教，其余信奉原始宗教。①

埃塞俄比亚是世界上最不发达国家之一，经济以农牧业为主，农业是其国民经济和出口创汇的支柱，另有少量渔业和林业，工业基础薄弱。埃塞俄比亚具有3000年文明史，旅游资源丰富，文物古迹及野生动物公园较多。

埃塞俄比亚是非洲联盟成员国，非盟总部就设在其首都亚的斯亚贝巴。埃塞俄比亚也是(东非)政府间发展组织、东部和南部非洲共同市场等组织成员，现任(东非)政府间发展组织轮值主席。② 1970年11月24日中国与埃塞俄比亚建交，建交后，双边关系总体良好。1988年两国签订文化合作协定。2000年12月，两国农业部和教育部就开展职业教育培训合作达成协议。2001年6月以来，中国派出多批职业教育教师应聘赴埃塞俄比亚对其职业教育骨干教师和学生进行短期或长期培训。

3.3.2.1 主体语言教育政策

在19世纪末欧洲殖民者争夺非洲的战争中，埃塞俄比亚是欧洲殖民国家从长期殖民主义中保留主权的两个国家之一。因为没有被殖民过，埃塞俄比亚的语言和文化都保留了自己鲜明的特色。

《埃塞俄比亚联邦民主共和国宪法》规定：埃塞俄比亚所有语言享有平等的国家承认权，阿姆哈拉语应该是联邦政府的工作语言，联邦成员可依法确定各自的工作语言。③ 埃塞俄比亚的官方语言是阿姆哈拉语，使用古老的吉兹字母拼写，属于阿非罗-亚细亚语系闪语族。埃塞俄比亚是一个多语国家，大约有80个民族语言群体，其中最大的四个是奥罗莫人、阿姆哈拉人、索马里人和提格雷亚人。埃塞俄比亚大多数人都使用亚非语系中的库希特语和闪语。

直到1994年，埃塞俄比亚政府提倡允许小学使用少数民族语言教学之前，该国小学一直使用阿姆哈拉语进行教学。但是对于母语不是阿姆哈拉语的儿童来说，他们还必须学习阿姆哈拉语。在北奥莫，有十一个主要族群有他们自己的语言，而非部落人群则说阿姆哈拉语，引入混合语言进行教学的尝试引起了语言混乱，所以四大主要民族被允许使用他们自己的语言教学。2010年，在对六种母语(阿凡奥罗莫语、阿姆哈拉语、哈拉里语、锡达莫语、索马里语和特格里尼亚语)的2至3年级学生进行早期阅读评估(EGRA)中发现，只有大约5%的儿童阅读流畅度高于每分钟60字的基准。④ 出现这样的情况，是因为埃塞俄比亚宪法赋予了所有少数民族发展语言和建立第一语言初级教育系统的权利。因此，虽

① http://www.fmprc.gov.cn/web/gjhdq_676201/gj_676203/fz_677316/1206_677366/1206x0_677368/, 2018-08-23.

② http://www.fmprc.gov.cn/web/gjhdq_676201/gj_676203/fz_677316/1206_677366/1206x0_677368/, 2018-08-23.

③ Article 5. *Constitution of the Federal Democratic Republic of Ethiopia*. August 23th.

④ Woldemariam, Hirut. The Challenges of Mother-tongue Education in Ethiopia: The Case of North Omo Area. *Language Matter: Studies in the Languages of Africa*, 2007: 210-235.

然阿姆哈拉语是小学的教学语言，但在许多地区已被当地语言所取代，如奥罗莫语和提格林尼亚语。这是埃塞俄比亚历届政府语言政策的显著变化。

3.3.2.2 少数族群语言教育政策

埃塞俄比亚大多数人都说非亚语系中的库希特语和闪语，其中前者有奥罗莫人讲的奥罗米法语、索马里人讲的索马里语；后者有阿姆哈拉人讲的阿姆哈拉语和提格雷扬人讲的蒂格里尼亚语，这四大主要民族人口占埃塞俄比亚总人口的四分之三。除此之外，还有很大一部分人使用非亚语系中的其他语言，包括库希特锡达莫语、阿法尔语、哈迪亚语和阿戈瓦语，以及闪米特古拉格语、哈拉里语、席尔特语和阿尔戈巴语。阿拉伯语也属于非亚语系，在某些地区同样使用。此外，在南部地区的少数民族语言中也有欧冒提克语。

《埃塞俄比亚联邦民主共和国宪法》第三章“基本权利与自由”第39条中规定埃塞俄比亚的每个民族和人民都有说、写和发展本民族的语言的权利；有权表达、发展和弘扬自己的文化；有权保护自己的历史。① 埃塞俄比亚各地区和特许城市可自由决定自己的工作语言。

3.3.2.3 外语教育政策

在埃塞俄比亚，英语是使用最为广泛的外语，是小学高年级和中学以及大学的教学语言。从政治上来说，一些埃塞俄比亚人把作为教学语言的英语和英语教科书视为用西方的价值观和身份认同来取代本国文化。因此，除了教育机构之外，英语很少得到埃塞俄比亚媒体的支持，一项对吉多和西达玛地区小学英语教学的研究(SNNPR)发现，五年级学生的英语水平很差，他们的老师英语也很差以至于不能胜任教学，而且他们还缺少英语教材。② 在埃塞俄比亚，语言类的专业学制为三年，汉语专业与英语专业、阿姆哈拉语(埃塞俄比亚官方语言)专业、提格雷语(埃塞俄比亚一地区语言)专业学制相同。③

埃塞俄比亚人通过孔子学院或孔子课堂在学校学习汉语。2010年5月，埃塞俄比亚职业教育培训学院与天津职业技术师范大学合作成立埃塞俄比亚职业教育孔子学院；2013年4月，中国在埃塞俄比亚开设了马克雷大学孔子课堂和阿瓦萨大学孔子课堂；2013年11月亚的斯亚贝巴大学与天津职业技术师范大学合作成立埃塞俄比亚亚的斯亚贝巴大学孔子学院。④ 2016年5月26日，埃塞俄比亚职业教育孔子学院下设阿斯大学孔子课堂举行揭牌仪式，埃塞俄比亚教育部国务部长 Teshome Lemma 在致辞中强调，汉语是促进中国和埃塞俄比亚两国经济和文化交流的基础，希望阿斯大学孔子课堂为埃塞俄比亚培养更多的汉语人才，为中国和埃塞俄比亚两国友好关系的发展多作贡献。中国驻埃塞俄比亚使馆文化参赞游翼、阿斯大学校长 Dr. Tolla 在致辞中表示，将进一步改善教学环境，扩大办学规模，努力扩大孔子课堂在当地的影响力。⑤ 在这样一种办学模式下，根据学时长短，可

---

① Article 39. *Constitution of the Federal Democratic Republic of Ethiopia*. Angust 23th.

② Yimer, Leulseged, Sree, R., Rao, V. The Problem of Using English as a Medium of Instruction in Ethiopia: With Reference to Gedeo and Sidam Zones Primary Schools. *Asian Journal of Research in Social Science and Humanities*, 2012: 237-253.

③ 高林. 关于埃塞俄比亚汉语专业教学现状的调查研究. 天津师范大学硕士论文，2017：7.

④ http://www.hanban.edu.cn/confuciousinstitutes/node_10961.htm，2018-08-23.

⑤ http://www.hanban.org/article/2016-05/31/content_645017.htm，2018-08-23.

将学生划分为两类，一类是汉语本科专业学生，另一类是汉语兴趣班学生。此外，孔子学院还提供对特殊人群的短期培训，如政府官员、中资企业工厂的工人等。汉语兴趣班学生学习时间较短，一周两课时。汉语本科专业每周教学不少于30学时，学制为3年。相比于兴趣班的学习，汉语本科专业学时更长，更适应埃塞俄比亚对汉语翻译人才的需要。到目前为止，埃塞俄比亚共有三所大学开设了汉语专业，分别是亚的斯亚贝巴大学、马克雷大学和阿瓦萨大学。这三所大学在地域上呈线性分布，辐射整个埃塞俄比亚。①

◎ **参考文献：**

1. *Constitution of the Federal Democratic Republic of Ethiopia*. August 23th，2018.
2. Woldemariam，Hirut. The Challenges of Mother-tongue Education in Ethiopia：The Case of North Omo Area[J]. *Language Matter：Studies in the Languages of Africa*，2007：210-235.
3. Yimer，Leulseged，Sree，R.，Rao，V. The Problem of Using English as a Medium of Instruction in Ethiopia：With Reference to Gedeo and Sidam Zones Primary Schools[J]. *Asian Journal of Research in Social Science and Humanities*，2012：237-253.
4. 高林. 关于埃塞俄比亚汉语专业教学现状的调查研究[D]. 天津师范大学硕士论文，2017(5)：7.
5. http：//www.fmprc.gov.cn/web/gjhdq_676201/gj_676203/fz_677316/1206_677366/1206x0_677368/，2018-08-23.
6. http：//www.hanban.edu.cn/confuciousinstitutes/node_10961.htm，2018-08-23.

3.3.3 布隆迪

布隆迪共和国(The Republic of Burundi)简称布隆迪，位于非洲中东部，北与卢旺达相邻，东、南与坦桑尼亚接壤，西与刚果民主共和国相接，因其地理位置，被称为"非洲的心脏"。

布隆迪国土面积27834平方公里，虽然国土面积小，但人口很稠密，据联合国2018年最新数据，该国总人口11272606人，人口密度为每平方公里约437人，是撒哈拉以南人口密度第二高的国家。② 它与卢旺达一样，也是由胡图族、图西族和特瓦族三大族群构成。其中，约84%的人是胡图族，15%的人是图西族，不足1%的人是特瓦族。

布隆迪于17世纪以前建立了封建王国。1890年成为德属东非的一部分。1922年成为比利时委任统治地。1946年联合国将布隆迪交由比利时"托管"。1962年7月1日宣布独立，成立布隆迪王国。独立后，国内多次发生军事政变。20世纪90年代以来，布隆迪战争频繁，局势动荡，民族矛盾尖锐，族群冲突时有发生，反政府武装力量与政府军时常交火。在国际社会斡旋下，2003年11月，布隆迪政府和最大的反政府武装保卫民主力量

① 高林. 关于埃塞俄比亚汉语专业教学现状的调查研究. 天津师范大学硕士论文，2017：7-8.

② http：//www.worldometers.info/world-population/burundi-population/，2018-09-04.

(FDD)签署一揽子和平协议，FDD加入过渡政府，布隆迪和平进程取得重大进展。2005年6月至8月，布隆迪举行选举，新政府成立。①

布隆迪是联合国宣布的世界最不发达国家之一，为农牧业国家，经济以农业为主，工业基础薄弱。经济上很大程度依靠国际援助。长年内战和政局不稳严重影响了经济发展。

1963年12月21日，中国与布隆迪建交。1965年1月29日布隆迪政府单方面宣布中断与中国的外交关系。1971年10月13日，两国恢复外交关系。此后两国友好合作关系发展顺利。②

3.3.3.1 主体语言教育政策

在布隆迪的三大族群中，胡图族是最大的族群。图西族人口虽少，却处于统治地位。特瓦族人口最少，是最早定居在东非和中非的居民。在语言种类繁多的非洲，多种本族语共存的现象普遍存在，布隆迪却有全民都使用的本土语——基隆迪语。据估计，约98%的布隆迪人会讲基隆迪语。官方语言为基隆迪语和法语，国语为基隆迪语。

独立后的很长一段时间，布隆迪实行双语政策，法语和基隆迪语共存。政府为实现国家统一，着力推动使用基隆迪语。自1973年，除城市的一些私立学校外，基隆迪语计划(Kirundisation Programme)在全国开始推行。1973年的教育改革强调“基隆迪语化(Kirundisation)”，目的是要拓宽用母语教学的范围。其首要提案是在小学整个阶段使用基隆迪语教学，法语从第三年开始作为课程学习。③ 实际上，小学使用基隆迪语教学的年限在不断缩短。1989年，法语从小学一年级开始被作为课程学习，小学的最后两年法语被用作教学语言，因此，法语是小学毕业考试所用语言，学生通过考试来获取进入初中学习的资格，而且，中学和大学都使用法语教学。④ 2005年布隆迪宪法第一部分第五条规定，布隆迪的国语是基隆迪语，所有法律的原始文本必须用基隆迪语。⑤

除国语——基隆迪语之外，法语也被列为官方语言。虽然只有3%~10%的人能讲流利的法语，但由于受比利时殖民统治的影响，法语在政府办公、商业和教育领域起着重要的作用，广泛使用在官方文件、报刊和广播中。有统一的民族语言，教学语言理应用国语，但事实并非如此。与最初的计划相反，基隆迪语计划在实施过程中限于小学四年级以下的课程。小学高年级课程的教学语言与国语相比，法语有优先权。有学者认为用国语教

---

① https://www.fmprc.gov.cn/web/gjhdq_676201/gj_676203/fz_677316/1206_677486/1206x0_677488/, 2018-08-24.

② https://www.fmprc.gov.cn/web/gjhdq_676201/gj_676203/fz_677316/1206_677486/1206x0_677488/, 2018-08-24.

③ Hamish McIlwraith. *Language Rich Africa Policy Dialogue—The Cape Town Language and Development Conference: Looking Beyond 2015*. http://www.teachingenglish.org.uk/article/language-rich-africa-policy-dialogue-cape-town-language-development-conference-looking, Section 1, p. 24.

④ Hamish McIlwraith. *Language Rich Africa Policy Dialogue—The Cape Town Language and Development Conference: Looking Beyond 2015*. http://www.teachingenglish.org.uk/article/language-rich-africa-policy-dialogue-cape-town-language-development-conference-looking, Section 1, p. 24.

⑤ Barbara Trudell. *The Impact of Language Policy and Practice on Children's Learning: Evidence from Eastern and Southern Africa*. UNICEF, 2016: 22.

学限于小学四年级以下，跟用基隆迪语教学缺乏术语表达有关，跟缺乏政策制定者的保证有关，也跟社会精英认为在教育体系中使用非洲语言会降低教育标准有关，还跟国际上隔离本国有关。①

在媒体用语方面，官方日报《新生报》用法语，官方刊物《团结》周刊用基隆迪语。布隆迪广播电台是国家电台，一台用基隆迪语对内广播，二台用法语、英语和斯瓦希里语对内对外广播。布隆迪国家电视台每天 17~23 时用基隆迪语、法语播放新闻和专题节目。

总体而言，布隆迪国家政策有利于推行本民族语言，但实际上，由于法语的国际影响力远远超过民族语言，法语在政府、学校等公共领域依然占据主导地位。

3.3.3.2 少数族群语言教育政策

胡图族人口最多，是最大的族群，图西族次之，特瓦族人口最少。虽然三大族群方言存在地区差异，但他们使用的主体语言相同，都讲基隆迪语。另外，有少部分居民讲斯瓦希里语。斯瓦希里语是一种混合语，是非洲大湖区、非洲东部和东南部语言的混合体，诞生于阿拉伯文化和班图文化的混合环境中，是东非商人的通用语，沿东非贸易线路传播，是非洲联盟的工作语言之一，在成员国之间通行。坦桑尼亚、肯尼亚、乌干达和刚果民主共和国把斯瓦希里语定为国语。斯瓦希里语主要用于商业贸易，在布琼布拉广泛使用。

3.3.3.3 外语教育政策

布隆迪的主要外语是英语，英语渐渐进入学校课堂。尽管没有公开的英语语言政策，在一些公立学校，英语在初中被作为课程学习，但一些私立学校甚至从小学开始就开设英语课程。一方面出于英语在国际语言上的地位，另一方面，英语也是东非共同体成员国的官方语言之一，提高国民的英语能力可以增进跟成员国国家的交流与合作。学生学好英语可以增强自己在未来人才市场的竞争力。

随着中国综合国力的不断提升，越来越多的布隆迪人渴望了解中国，学习汉语的重要性也正日益凸显。由中国渤海大学和布隆迪大学合办的布隆迪大学孔子学院于 2012 年 7 月 3 日在布隆迪首都布琼布拉正式揭牌，汉语也传入布隆迪。郁序忠大使在致辞中表示，"中国政府将一如既往，致力于加强与布隆迪在文化教育领域多种形式的交流和合作。他相信，布隆迪大学孔子学院的正式成立，必将为促进中布教育和大学间合作提供更多的机会"②。孔子学院架起中国与布隆迪之间的语言文化桥梁。布隆迪作为"一带一路"共建国家之一，与中国的合作会不断加强，定会有更多的人了解汉语，学习汉语。

◎ 参考文献：

1. Barbara Trudell. *The Impact of Language Policy and Practice on Children's Learning: Evidence from Eastern and Southern Africa*. UNICEF, 2016.

---

① Barbara Trudell. *The Impact of Language Policy and Practice on Children's Learning: Evidence from Eastern and Southern Africa*. UNICEF, 2016: 22.

② 郑治. 孔子学院首次落户布隆迪. http://news.cri.cn/gb/27824/2012/07/04/882s3754200.htm, 2012-07-04.

2. Hamish McIlwraith. *Language Rich Africa Policy Dialogue — The Cape Town Language and Development Conference: Looking Beyond 2015*[EB/OL]. http://www.teachingenglish.org.uk/article/language-rich-africa-policy-dialogue-cape-town-language-development-conference-looking, Section 1, p. 24.
3. 郑治，孔子学院首次落户布隆迪[EB/OL]. http://news.cri.cn/gb/27824/2012/07/04/882s3754200.htm, 2012-07-04.
4. https://www.fmprc.gov.cn/web/gjhdq_676201/gj_676203/fz_677316/1206_677486/1206x0_677488/, 2018-08-24.
5. http://www.worldometers.info/world-population/burundi-population/, 2018-09-04.

3.3.4 刚果民主共和国

刚果民主共和国(The Democratic Republic of the Congo)简称刚果(金)，旧称扎伊尔，是非洲中部的一个国家，东邻乌干达、卢旺达、布隆迪、坦桑尼亚，南接赞比亚、安哥拉，北连南苏丹和中非共和国，西隔刚果河与刚果共和国相望。西部有狭长走廊通大西洋。刚果(金)国土面积约234.5万平方公里。截至2016年，人口为7970万。全国有254个民族，人口最多的是阿赞德和孟格贝托两族。①

刚果(金)是联合国公布的世界最不发达国家之一。农业、采矿业占经济主导地位。20世纪90年代初起，因政局持续动荡，刚果经济连年负增长。1996年的内战和1998年的地区冲突严重影响经济发展。

刚果于1960年6月30日宣告独立，定国名为刚果共和国，结束了比利时的殖民统治。1964年8月改国名为刚果民主共和国。1966年5月首都改名金沙萨，国名简称刚果(金)。1971年10月改国名为扎伊尔共和国。1997年恢复刚果民主共和国国名。1998年8月，刚果(金)出现分裂分治局面。2003年内战结束，成立过渡政府，政局趋稳。②

1961年2月20日，中刚两国建交。同年9月18日，中刚关系暂时中止。1972年11月24日，两国实现关系正常化。

3.3.4.1 主体语言教育政策

法语为刚果(金)的官方语言，也是教学、行政管理、商务和国际交流所使用的语言。官方承认的民族语言为林加拉语(Lingala)、斯瓦希里语(Swahili)、基孔果语(Kikongo)和奇卢伯语(Tshiluba)。

法语自比利时殖民统治时期开始被用作官方语，在所有官方语域通行，在受过良好教育及精英阶层的人群中也广泛使用。据统计，2004年，将近47%的人能用法语交流和读写。在首都金沙萨，能听懂法语并用法语交流的人占该城市人口的68.5%，能用法语阅

① http://www.fmprc.gov.cn/web/gjhdq_676201/gj_676203/fz_677316/1206_677680/1206x0_677682/, 2018-08-30.

② http://www.fmprc.gov.cn/web/gjhdq_676201/gj_676203/fz_677316/1206_677680/1206x0_677682/, 2018-08-30.

读和写作的人占67%。①

根据宪法，基孔果语(Kikongo)是民族语言，但事实上基图巴语(Kituba)被奎卢(Kwilu)、宽果(Kwango)等省政府使用，它是由基孔果语和班图语族部分语言混合而成，这种方言在该国的许多市中心通行。林加拉语(Lingala)最初在刚果河的上游使用，在殖民统治时期，传教士鼓励其传播，从而迅速传播到其他地区。在莫布杜(Mobutu)执政时期，林加拉语曾被用作军队的官方语言，现在军队中和音乐领域广泛使用。在首都金沙萨，林加拉语是所使用的最主要的班图语言。斯瓦希里语属班图语族，在刚果有多种斯瓦希里语的变体，金瓦那语(Kingwana)是其中最主要的一种。奇卢伯语(Tshiluba)包括两种主要变体：卢伯开赛语(Luba-Kasai)和卢伯卢卢阿语(Luba-Lulua)，分别在开赛河以东和以西使用。

在语言教育政策上，独立时期，法语是唯一的教学语言。直到1972年，政府确立四种本土语言，包括林加拉语、斯瓦希里语、基孔果语和奇卢伯语，作为小学整个阶段的教学语言，法语从第三年开始作为外语学习。目前，小学一、二年级用四种民族语言教学，从三年级开始逐渐引入法语，初中毕业以前，这些语言一直作为课程学习，中等和高等教育用法语教学。②

在媒体用语上，主要的纸质出版物用法语。国家广播电视节目用法语和四种民族语言播放。据估计，有60%的广播用四种民族语言播放，其余的用法语，很少用英语。③

由此可见，在刚果(金)，法语与官方承认的四种民族语言共存。在正式交际尤其是政府办公、教学和司法领域，法语优先。四种民族语言主要用于族群间交流、区域商贸和电台播报。

3.3.4.2 少数族群语言教育政策

刚果(金)的本土语言可分为三大语族：班托伊德(Bantoid)语族、阿达马瓦-乌班吉安(Adamawa-Ubangian)语族和中苏丹(Central Sudanic)语族。这三大语族又可归为两大语系：班托伊德语族和阿达马瓦-乌班吉安语族属于尼日尔-刚果语系；中苏丹语族属于尼罗-撒哈拉语系。④ 班托伊德语族是刚果(金)最大的语族，有80%的人的母语属于这个语族。因为这个语族语言在词汇上与班图语族语言极其相近，因此常被称为班图语族。⑤

刚果(金)有许多少数族群语言，隆达(Lunda)、布德扎(Budza)、伦杜(Lendu)、赞德(Zande)、科莫(Komo)、乔克维(Chokwe)和南德(Nande)语是最主要的少数族群语言。少数族群语言主要用于家庭及族群内部成员间的交流。国家没有制定关于这些语言的语言教育政策。

---

① https://www.worldatlas.com/articles/what-languages-are-spoken-in-the-democratic-republic-of-the-congo.html，2018-08-30.

② http://www.languageeducationpolicy.org/lepbyworldregion/africacongo.html，2018-08-30.

③ https://infogalactic.com/info/Media_of_the_Democratic_Republic_of_the_Congo，2018-08-30.

④ https://www.worldatlas.com/articles/what-languages-are-spoken-in-the-democratic-republic-of-the-congo.html，2018-08-30.

⑤ http://www.oxfordhandbooks.com/view/10.1093/oxfordhb/9780199935345.001.0001/oxfordhb-9780199935345-e-17，2018-08-30.

3.3.4.3 外语教育政策

如前所述，法语是刚果(金)的主要外语，作为官方语言使用。近年来，汉语开始走进刚果人的生活。2018 年 8 月 21 日，由刚果(金)外交学院和中国中南大学合作设立的孔子学院在刚果(金)外交部举行揭牌仪式，这是该国开办的第一所孔子学院。刚果(金)外交部副部长马滕博在致辞中表示，刚中合办孔子学院意义重大，孔子学院将成为刚果(金)人民学习中文、了解中国文化、领略中国发展成就的窗口，刚果(金)愿同中方继续深化各领域合作，推动两国友好关系不断向前发展。①

◎ 参考文献：

1. 王松宇. 刚果(金)首所孔子学院举行揭牌仪式[EB/OL]. http://www.hanban.edu.cn/article/2018-08/22/content_742602.htm, 2018-08-22.
2. http://www.fmprc.gov.cn/web/gjhdq_676201/gj_676203/fz_677316/1206_677680/1206x0_677682/, 2018-08-30.
3. https://infogalactic.com/info/Media_of_the_Democratic_Republic_of_the_Congo, 2018-08-30.
4. http://www.languageeducationpolicy.org/lepbyworldregion/africacongo.html, 2018-08-30.
5. http://www.oxfordhandbooks.com/view/10.1093/oxfordhb/9780199935345.001.0001/oxfordhb-9780199935345-e-17, 2018-08-30.
6. https://www.worldatlas.com/articles/what-languages-are-spoken-in-the-democratic-republic-of-the-congo.html, 2018-08-30.

3.3.5 津巴布韦

津巴布韦共和国(The Republic of Zimbabwe)简称津巴布韦，是非洲东南部内陆高原国家，东邻莫桑比克，南接南非，西和西北与博茨瓦纳、赞比亚毗邻，首都为哈拉雷(Harare)。津巴布韦面积 39 万多平方公里，人口约 1615 万，其中 97.6%为黑人，主要有修纳族(Shona)和恩德贝莱族(Ndebele)，其他为白人和亚裔。官方语言为英语，属于班图语系的修纳语(Shona)和恩德贝莱语(Ndebele)是广泛使用的当地语。修纳人分为六大支系，都有自己的方言，但各方言之间互通。

津巴布韦的历史最早可追溯到 12 至 15 世纪在高原南部建立的津巴布韦国的修纳文明，其后取而代之的是恩德贝莱人的统治。19 世纪后期白人移民至此，并在 1895 年时正式建立殖民国家——罗得西亚(Rhodesia)。罗得西亚在 1911 年分裂成为北罗得西亚(今赞比亚)与南罗得西亚，后者在 1922 年时成为一个英属自治殖民地。随着民族独立运动的胜利，1980 年 4 月 18 日，罗得西亚宣布成为独立国家津巴布韦共和国。农业、矿业、制造

① 王松宇. 刚果(金)首所孔子学院举行揭牌仪式. http://www.hanban.edu.cn/article/2018-08/22/content_742602.htm, 2018-08-22.

业是津巴布韦的经济三大支柱，但由于发展困难，津巴布韦曾被列入全球最贫穷十大国家名单。2017 年 12 月，姆南加古瓦政府成立后，努力建设"经济新秩序"，宏观经济状况有所好转，但仍面临诸多困难。①

津巴布韦以发展同非洲国家特别是南部非洲国家关系为外交重点，大力推行"东向"政策，同 98 个国家建立了外交关系，是不结盟运动、77 国集团、非洲联盟、南部非洲发展共同体成员国。

中国与津巴布韦共和国于 1980 年 4 月 18 日津巴布韦独立当天建交。建交以来，两国关系发展顺利，历来是"全天候"朋友。2018 年 4 月 3 日中津两国确立全面战略合作伙伴关系，津巴布韦全方位参与"一带一路"建设，推动双方关系好上加好。②

3.3.5.1　主体语言教育政策

自其 1980 年独立以来，津巴布韦共和国的教育事业获得长足发展，民众受教育程度居非洲第二位，小学入学率年均 80%，成人识字率为 89%。实行中小学低收费普及教育，现有小学 4734 所、中学 1570 所、高等学校 13 所。③ 相较于其他非洲国家，津巴布韦是为数不多的在宪法、教育法等法律中对官方语言作出界定的国家。

1979 年《津巴布韦宪法》规定，不分种族、部落和性别，每个人都享有基本的权利和自由。在《宪法》指导下，1987 年的《教育法》规定了津巴布韦语言的法律地位："英语是官方语言，修纳语和恩德贝莱语是官方限制使用的国家语言。"1990 年和 1996 年津巴布韦政府对 1987 年《教育法》分别进行了两次修订，其中第十一章第 55 条语言政策规定，"……从一年级起，应在所有小学根据实际情况教授津巴布韦的三种语言，即修纳语、恩德贝莱语和英语……"，对教学语言则规定"在四年级前，视乎语种的普遍程度及学生的接受水平"，英语、修纳语和恩德贝莱语"都可作为教学语言使用"，"从四年级开始，以英语作为授课语言，但修纳语和恩德贝莱语作为一门课程，其授课时间应与英语课程时间相同"④。

2006 年 5 月，津巴布韦《教育法》第十二章第 62 条进一步修订语言教育政策，规定所

---

① http：//www.fmprc.gov.cn/web/gjhdq_676201/gj_676203/fz_677316/1206_677824/1206x0_677826/，2018-08-30.

② https：//www.yidaiyilu.gov.cn/xwzx/xgcdt/51819.htm，2018-04-03.

③ https：//www.fmprc.gov.cn/web/gjhdq_676201/gj_676203/fz_677316/1206_677824/1206x0_677826/，2018-08-30.

④ 津巴布韦学制是小学 7 年，初中 4 年，高中 2 年。学生一般 6 岁开始上小学，到 7 年级按国家规定进行考试，根据考试结果竞争进入各类初级中学。初中分为 4 个阶段（Form Ⅰ，Ⅱ，Ⅲ，Ⅳ），其中 Form Ⅰ，Form Ⅱ 对应的是 8，9 年级，学生需要参加并通过津巴布韦初级证书 ZJC（Zimbabwe Junior Certificate）考试。Form Ⅲ，Form Ⅳ 对应的是 10、11 年级。根据学生 ZJC 考试情况，学生们在接下来的 Form Ⅲ、Ⅳ 阶段被分配到相应的班级学习普通程度水平证书考试课程，即"O" Level（The "Ordinary Level Certificate Examination"）。Form Ⅲ，Form Ⅳ 的学生要得到"O" Level 的证书，必须通过至少 5 个科目，并且英语必须在 C 级以上。大多数获得"O" Level 证书的学生选择了进入职业学校或教育学院，只有那些成绩出色的学生才能进入"A" Level（The Advanced Level Certificate Examination）课程学习。"A" Level 对应的是高中考试，学生必须通过 2 门课程才能拿到证书。拿到了"A" Level 证书，就意味着学生有机会成为国家公务员或到英联邦国家任意大学，或美国等国家的大学去学习。

有学校九年级以下的班级均应以同等教学时间教授津巴布韦的三种主要语言，即修纳语、恩德贝莱语和英语；在八年级前，视乎语种的普遍程度及学生的接受水平，这三种主要语言均可作为教学语言。

为了保持交流的中立和提高操作效率，津巴布韦政府选择了英语；为了彰显民族主义，他们保留了修纳语和恩德贝莱语。尽管同为官方主体语言的本土修纳语和恩德贝莱语在中小学教学中所占比重和时长在逐渐增长，它们和英语的社会占有率和适用范围并不对等。

首先，由于教育法没有强制规定一定要使用本土语言作为教学语言，英语又是教育和培训的必要条件，因此大多数学校倾向于从一开始就使用英语作为教学语言。而且除了修纳语和恩德贝莱语课程以外，其他所有学科的教科书都是用英语编写的。其次，初中学生要想取得毕业证书即“O”Level 证书，必须通过至少 5 个科目的考试，并且英语必须在 C 级以上。再次，所有高等教育阶段的学习都必须通过英语考试。在中学和高等教育机构中，受过英语培训的教师数量明显超过受过修纳语和恩德贝莱语培训的教师。所以津巴布韦的本土语言没有一种被用作初中、高中及大学的教学语言。这一现状促进了英语的发展，却置修纳语和其他非洲语言的发展于不利，迫使修纳语和其他非洲语言的教师和学习者轻视他们的语言。

在法律方面，《津巴布韦宪法》第 82 条和第 87 条中提到，一个合格的法律从业者至少要在“以罗马-荷兰法或英国习惯法为基本法律，以英语为官方语言的国家”工作 7 年，才有资格被任命为高级法院或最高法院的法官。这条发文隐晦地表明，在津巴布韦，法律是用英语执行的，因为英语是该国理所当然的官方语言。而在第 13 条和第 18 条，《宪法》赋予了本土语言微弱的一席之地，“……应以一种能被嫌疑人理解的语言向其解释其被指控、逮捕或拘留的理由”“……如果他不能理解在审判中使用的语言，即英语，应准许在不支付报酬的情况下由口译员协助”。

在行政管理方面，地区和地方政府的正式函电以及地区和地方行政机关几乎一直使用英语。不过，值得玩味的是，在竞选期间的政治集会上，修纳语和恩德贝莱语突然就变成了官方语言。在议会中，尽管有些众议院议员会使用修纳语和恩德贝莱语，那些参与竞选的议员们则又恢复用英语交流了。总体来说，议会辩论是用英语进行的，法律的起草和颁布使用的也是英语。

此外，英语也主导着电子和平面媒体行业，修纳语和恩德贝莱语被广播电视台、网络和报纸边缘化。据统计，津巴布韦现有国家级广播电视电台 9 家，7 家以英语播出，反而“美国之声”（VOA）分别有一个修纳语和一个恩德贝莱语电台；国家级网络媒体 52 家，全部采用英文；国家级报纸 4 家，全部以英文发行；地方级报纸媒体 32 家，除了 *Umthunywa* 以恩德贝莱语发行和 *Kwayedza* 以修纳语发行以外，其余全部以英文发行。① 以津巴布韦广播公司（ZBC）为例，ZBC 有两个电视频道和 6 个广播电台，播出语言全部为英

① *Zimbabwe Newspapers and News Media Guide*. http：//www. abyznewslinks. com/zimba. htm，2018-08-31.

语。① 不仅如此，津巴布韦的官方通讯社津巴布韦全非通讯社(ZIANA)每天24小时不间断向国内报刊、电台、电视台及有关机构传送的新闻也采用英文发稿。

从殖民时期开始一直到津巴布韦共和国独立，津巴布韦语言委员会以各种方式参与了津巴布韦语料库规划以确保本土语言可以得到充分发展。独立后的津巴布韦国家语言委员会成员包括津巴布韦大学非洲语言系系主任、教育部人事、各司司长、学科小组和津巴布韦学校考试委员会、津巴布韦教会理事会、出版商、津巴布韦广播公司、文学社、课程开发单位负责人、印刷媒体编辑。除了修纳语和恩德贝莱语委员会，还有一个少数民族语言委员会。1996年，由津巴布韦大学非洲语言文学系的词汇项目组完成的修纳单语字典的编纂，是修纳语和恩德贝莱语母语使用者第一次系统参与的语料库规划。

3.3.5.2 少数族群语言教育政策

津巴布韦政府早期对少数族群语言采取的是“沉默”政策。尽管1987年的《教育法》承认六种少数民族语言的官方地位，即卡兰加语(Kalanga)、尚加尼语(Shangani)、齐切瓦语(Chewa)、文达语(Venda)、汤加语(Tonga)和纳姆比亚语(Nambya)，但对其使用领域没有作出明确的规定，而且这一政策只针对幼儿园和小学阶段的学生实施，教师培训学院不提供相应的语言培训课程，商业出版商因为市场太小也不愿意出版相应语言书籍。

1990年和1996年津巴布韦政府两次对1987年《教育法》进行修订，其中第十一章第55条规定：“在少数民族语言地区……教育部长可授权在这些地区小学教授少数民族语言。”2006年5月，津巴布韦《教育法》第十二章第62条进一步修订：在非修纳语和恩德贝莱语区域，除了使用修纳语和恩德贝莱语以外，“部长可授权在这些地区学校教授本土语言。”该《教育法》还第一次提到了“手语应成为聋哑人和听障人的优先教学语言”②。

近年来，政府仍在实行有利于少数民族语言的政策。教育体育文化部和土著语言促进会致力于制定少数民族土著语言课程大纲。土著语言促进会表示，此课程大纲要涵盖6种土著语言，即文达语、卡兰加语、汤加语、索托语、纳姆比亚语和尚加尼语。③ 2009年，政府通过《本土语言法案》，以保障土著语言和文化多元性。

2013年5月22日，《津巴布韦宪法修正案(第20号)》生效，津巴布韦迎来了独立以来的第二部宪法。该宪法承认境内各语言的官方地位，公平对待官方认可的各语言，为津巴布韦所有语言的发展创造条件，尊重境内公民每个人的语言选择权和使用权等。这无疑是一种建设性政策，既可保护少数民族的利益，也可维护语言的多元化。

3.3.5.3 外语教育政策

2006年5月，津巴布韦《教育法》第十二章第62条规定“部长可以授权学校教授外语”。2015年5月11日，津巴布韦政府决定将汉语纳入教育体系，规定该国公立学校的

① http://www.zbc.co.zw/, 2018-08-31.

② The Herald (Harare), OPINION. *Zimbabwe: Promote Minority Languages.* http://allafrica.com/stories/200703070130.html, 2007-03-07.

③ *Ministry Works on Indigenous Languages Syllabus.* http://www.chronicle.co.zw/inside.aspx?sectid=1368&cat=1.

学生必须学习4门外语，即汉语、法语、斯瓦西里语和葡萄牙语。① 其他外语包括德语、葡萄牙语、拉丁语。外国语言推广机构主要有法语联盟、英国文化委员会、歌德学院等西方机构，约占津巴布韦语言推广市场70%的份额。

津巴布韦官方汉语推广机构为2007年3月16日正式运行的津巴布韦大学孔子学院，隶属于津巴布韦大学文学院外语和文学系，被称为“中文部”，是非洲最早建立的孔子学院之一。在津巴布韦大学孔子学院及中国政府的支持下，津巴布韦汉语教学点正向津巴布韦国民教育体系扩展，涵盖1所小学、3所中学、1所师范院校和1所科技大学。除孔子学院及汉语教学点外，津巴布韦大学孔子学院的教师也利用相关资源举办社会短训班，为津巴布韦政府相关部门及社会人士提供汉语培训服务。目前，津巴布韦汉语教学本土化的主要成果为《修纳语和汉语双语词典》。② 该词典的发布和出版对推动中津关系具有重要意义，对生活在莫桑比克、赞比亚、马拉维、南非和博茨瓦纳等其他南部非洲使用修纳语的人民也有很大帮助。

◎ 参考文献：

1. Ministry Works on Indigenous Languages Syllabus[EB/OL]. http://www.chronicle.co.zw/inside.aspx? sectid=1368&cat=1.
2. The Herald (Harare), OPINION. *Zimbabwe: Promote Minority Languages*. http://allafrica.com/stories/200703070130.html, 2007-03-07.
3. *Zimbabwe Newspapers and News Media Guide*[EB/OL]. http://www.abyznewslinks.com/zimba.htm, 2018-08-31.
4. 费敏. 津巴布韦的汉语推广现状问题及对策[J]. 文化学刊, 2017(12): 167-172.
5. http://www.fmprc.gov.cn/web/gjhdq_676201/gj_676203/fz_677316/1206_677824/1206x0_677826/, 2018-08-30.
6. https://www.yidaiyilu.gov.cn/xwzx/xgcdt/51819.htm, 2018-04-03.

3.3.6 肯尼亚

肯尼亚共和国(The Republic of Kenya)简称肯尼亚，首都内罗毕，位于非洲东部，赤道横贯中部，东非大裂谷纵贯南北，国土面积582646平方公里，人口4970万(2017年)。肯尼亚全国共有44个民族，主要有基库尤族(17%)、卢希亚族(14%)、卡伦金族(11%)、卢奥族(10%)和康巴族(10%)等。此外，还有少数印巴人、阿拉伯人和欧洲人。③

---

① 费敏. 津巴布韦的汉语推广现状问题及对策. 文化学刊, 2017(12): 167.

② 费敏. 津巴布韦的汉语推广现状问题及对策. 文化学刊, 2017(12).

③ http://www.fmprc.gov.cn/web/gjhdq_676201/gj_676203/fz_677316/1206_677946/1206x0_677948/, 2018-08-24.

肯尼亚是人类发源地之一，历史悠久。公元7世纪，非洲东南沿海地带形成一些商业城市，阿拉伯人开始到此经商和定居。肯尼亚是撒哈拉以南非洲经济基础较好的国家之一，农业是国民经济的主要支柱，旅游业也较为发达。肯尼亚政府重视发展教育事业，教育经费一直占政府财政支出的20%左右，联合国教科文组织2016年的统计显示，肯尼亚成人识字率为82%，在非洲国家中名列前茅。

肯尼亚奉行和平、睦邻友好和不结盟的外交政策，是联合国、非洲联盟、不结盟运动、七十七国集团成员国，《洛美协定》签字国，也是政府间发展组织、东部和南部非洲共同市场、东非共同体和环印度洋地区合作联盟等次地区组织的成员。

3.3.6.1　主体语言教育政策

斯瓦希里语是肯尼亚国语、第二官方语言，第一官方语言是英语。英语在商业、教育和政府中广泛使用。城乡居民较少使用多种语言，许多农村地区只讲本国语言。根据肯尼亚共和国宪法和国家语言政策，所有官方文件、法案和财政决议都应以英文发布。国民议会的所有成员都必须具有使用斯瓦希里语和英语的阅读和演讲能力。除了施政之外，语言政策还通过肯尼亚的教育系统实施，英语已被规定为小学和高等教育所有教学的首选语言。

语言体现了使用者所在国家或者族群的价值观和民族精神，语言推广与历史、政治、经济、文化等有着密切的关系。殖民时期，资本主义国家在其殖民地强制推行本国语言，对一些非洲殖民地国家，包括肯尼亚，在语言政策和语言规划上影响至今。① 19世纪末肯尼亚成为英国东非保护国的一部分，对于殖民者来说，灌输和推行本国语言都是确认自身优越地位的一种必然手段。英语作为肯尼亚第一官方语言，其形成是有深层次的历史原因的。殖民时期的肯尼亚语言教育政策经历了“二战”前和“二战”后两个阶段的变化。

1909年，肯尼亚联合传教会就教育领域的语言问题作出规定：小学初期的三个阶段使用母语教学，中期阶段使用斯瓦希里语教学，小学后期直至大学都使用英语教学。② 因为大多数肯尼亚人的母语都是斯瓦希里语，所以当时的肯尼亚人民使用的语言主要是英语和斯瓦希里语。“二战”后，英国殖民政府的语言政策发生了变化，1950—1951年，教育部建议在小学低年级同时教授英语和母语，并呼吁在课程中取消斯瓦希里语，除非是在母语地区，这一政策于1953年至1955年生效。③

基于上述历史原因，1963年肯尼亚实行自治时，宣布英语为官方语言，并用于所有重要部门，包括教育部门。1964年肯尼亚奥明德委员会通过了新小学教学法(New Primary Approach)，强调了英语的学习，同时也强调了在不同层次和地区的教育系统中使用母语和斯瓦希里语。1967年，肯尼亚教育研究所(K.I.E)开始出版各种母语的包括斯瓦希里语在内的书籍，供小学使用。同年，委员会宣布斯瓦希里语作为成人教育的语言使用。尽

① 黄鸣奋. 民族语言世界推广概述. 海外华文教育，2006(2)：7.

② Wendo Nabea. Language Policy in Kenya：Negotiation with Hegemony. *The Journal of Pan African Studies*，2009，3(1)：123.

③ Wendo Nabea. Language Policy in Kenya：Negotiation with Hegemony. *The Journal of Pan African Studies*，2009，3(1)：124.

管如此，1976 年加查提委员会建议从四年级开始英语成为教学语言，并一直延续到大学。此后，英语在肯尼亚教育体系中至高无上的地位根深蒂固。虽然该委员会也宣布斯瓦希里语为小学和中学的重要科目，但与英语相比，斯瓦希里语在学校课程中处于劣势。每周 40 小时的课时中，英语被分配了 8~10 个时段，而斯瓦希里语只有 3 个小时。① 斯瓦希里语是几百年来东非地区居民广泛使用的一种通用语，肯尼亚在 20 世纪 70 年代初曾宣布斯瓦希里语为国语。虽然使用广泛，但由于不是官方语言，它多在非正式场合使用。1981 年，麦凯委员会制定了 8-4-4 教育体制，即 8 年小学，4 年中学，4 年大学，在这一教育体制中，学校仍然使用英语教学，同时规定斯瓦希里语是小学和中学教育的必修科目。

1998 年肯尼亚成立全国斯瓦希里语协会(简称 CHAKITA)，负责在肯尼亚推广斯瓦希里语。全国斯瓦希里语协会的主要活动是与学术机构合作，指导对斯瓦希里语语言和文学的研究，并发展斯瓦希里语，使其能够作为国家发展的一种手段。该机构认为在治理中使用土著语言是社会经济发展的关键。该协会是影响肯尼亚文化和语言政策的关键，并且有助于确保斯瓦希里语在肯尼亚宪法中得到巩固。2000 年，肯尼亚议会通过了一项由查基塔赞助的法案，使斯瓦希里语成为国语，并使其在学校成为必修课。② 为推动本土语言的使用和发展，2005 年肯尼亚政府将斯瓦希里语定为第二官方语言。

肯尼亚的媒体包括 90 多个调频台、60 多个电视台以及未经证实的印刷报纸和杂志。出版物使用英语作为它们的主要沟通语言，一些媒体公司采用斯瓦希里语。在广播媒体中方言或社区语言使用普遍。

肯尼亚国有的肯尼亚广播公司在英语和斯瓦希里语中加上各种方言。皇家媒体服务公司是最大的全国性广播电台，它也用英语和斯瓦希里语和各种白话语广播。十二个私人广播电台和电视台的范围仅限于内罗毕地区。③ 进入信息时代，肯尼亚本国的语言学家与信息技术专家联手，利用现代信息技术实现本国语言在发展中的核心地位，开发各种本土语言输入法，世界最大搜索引擎——谷歌(Google)已在肯尼亚版中推出了斯瓦希里语搜索引擎。这些非洲本土语言版的操作系统和软件的推出将促进非洲语言的传承和发展，增强本土文化的包容性。④

3.3.6.2　少数族群语言教育政策

肯尼亚有着非常多样化的人口，包括在非洲发现的大多数民族、种族和语言群体。班图人和尼罗河人占全国人口的 97%左右。少数民族族群有基库尤族、卢奥族、卡伦金族、罗族、康巴族、基西族、米吉肯达族、梅鲁族、土尔卡纳族和马赛族。外来族群包括索马里人、亚洲人、欧洲人和肯尼亚阿拉伯人。

肯尼亚共有 68 种语言，大多数属于两大语系：尼日尔-刚果语系(班图语系)和尼罗-

---

① Wendo Nabea. Language Policy in Kenya：Negotiation with Hegemony. *The Journal of Pan African Studies*, 2009, 3(1)：126.

② Kimani Njogu. Language Policy in Kenya：The Opportunities, the Challenges. In：*Linguistic Typology and Representation of African Languages*. Africa World Press, 2005：69-82.

③ https：//en. wikipedia. org/wiki/Media_of_Kenya, 2018-08-27.

④ 罗美娜. 非洲国家的多元语言使用问题. 世界民族，2011(2)：80.

撒哈拉语系(尼罗语系)，分别由该国的班图语和尼罗语系的人口使用。库希特族和阿拉伯少数民族讲属于独立的亚非语系的语言，印度和欧洲居民讲印欧语系的语言。①

虽然肯尼亚民族众多，语言种类也不少，但是相较于英语和斯瓦希里语这两种语言来说，少数民族语言使用的范围和数量非常有限，政府和相关职能部门并没有特别制定少数民族语言政策。在现在全球化经济大背景下，有些民族语言可能濒临灭绝。

3.3.6.3　外语教育政策

由于历史原因及其经济特点，肯尼亚的语言环境比较开放活泼。肯尼亚有当地人、印度人、欧美人等，他们既有学习语言的天赋，又愿意学习并使用各种语言。肯尼亚人基本都会自然习得三种语言：英语、斯瓦西里语和自己的本族语，伊斯兰教教徒学习阿拉伯语，印度人则学习印度语和自己宗教的语言，一个肯尼亚公民身份的印度人会说五种语言。肯尼亚很多英式、法式体制的中小学设有法语、西班牙语、意大利语等外语课，社会上各种层次的语言学校更是随处可见，所以肯尼亚人从小就处于一种多语言学习和交流的环境中。② 在肯尼亚，最受欢迎的外语是法语、德语和西班牙语。意大利语在蒙巴萨和马林迪两大海边旅游城市很受欢迎。打开电视人们随时可以看到法语、西班牙语电视剧、电影、音乐等节目，电视为肯尼亚人了解外国文化和学习语言提供了方便，也给他们的休闲生活带去了很多乐趣。③

1963年中国和肯尼亚建交，多年来，两国的友好合作发展很顺利。随着两国间政治、经济的深入合作，越来越多的中国人到肯尼亚旅游。同时，越来越多的中国政府单位、公司企业也在肯尼亚蓬勃发展，为当地人民带来了大量的就业机会。汉语作为一种新兴外语，成为除法语和德语之外的又一个优选外语。

肯尼亚的汉语教学可以追溯到20世纪90年代末，那时，肯尼亚埃格顿大学就开设了汉语班，这是一种非正式的小班汉语教学。2005年12月，肯尼亚内罗毕大学与天津师范大学合作成立了肯尼亚也是非洲大陆第一所孔子学院——内罗毕大学孔子学院。2007年3月，中国国际广播电台和国际台驻肯尼亚电台合作成立内罗毕广播孔子课堂。2009年6月，肯尼亚肯雅塔大学与山东师范大学合作成立肯雅塔大学孔子学院。2012年10月，肯尼亚埃格顿大学与南京农业大学合作成立埃格顿大学孔子学院，这是对之前埃格顿大学汉语班的延续和更好的发展。2015年3月，肯尼亚莫伊大学与东华大学合作成立莫伊大学孔子学院。④

除了孔子学院，在肯尼亚，专科院校、培训机构和一小部分中学也都开设了汉语课程。这些院校和机构大多数位于首都内罗毕，其他地区的汉语教学相对较少。内罗毕大学孔子学院自成立以来就开设了汉语语言培训班，给内罗毕大学内部的学生和来自社会上的汉语兴趣生提供汉语培训课程。2010年学院经申请批准，开设了汉语本科学历班。肯雅

① https://en.wikipedia.org/wiki/Demographics_of_Kenya#Languages，2018-08-27.

② 段洁. 肯尼亚汉语教学的优势和尴尬. 中国·东盟博览，2013(3)：109.

③ 段洁. 肯尼亚汉语教学模式和教学资源分析与探索. 兰州大学硕士论文，2013：12.

④ http://www.hanban.edu.cn/confuciousinstitutes/node_10961.htm，2018-08-24.

塔大学孔子学院设有3种不同类型的进修班：证书班、速成班、初级班。① 肯尼亚的college相当于我国的专科院校，是肯尼亚数量和学生较多的一种学校，一般都设有语言学院并开设法语、德语、意大利语、西班牙语、葡萄牙语、阿拉伯语、汉语、日语等多种外语课程，但是这些课程的设置、教学规模和方式、师资情况等方面都良莠不齐，授课时长也较短。

除了汉语，目前肯尼亚还有韩语、法语、德语、西班牙语等多家国际语言推广机构，其中以法国的法盟、德国的歌德学院、西班牙的塞万提斯学院较具影响力。这些语言培训机构各有其独立大楼，经营模式成熟且本土化程度较高，占据着肯尼亚语言国际推广市场高端且较大的份额。它们的学费在当地的物价中属中高端消费，但仍能吸引很多学员长期学习并参加其中高级的语言等级测试。同时，也必须承认这些外语教学走在汉语作为外语教学的前面。特别是教材编写方面，英语、法语、德语等都有相当出色的教材出版。这些教材长时间地活跃在教学第一线，活跃在英语培训课堂、歌德学院课堂、法兰西语言课堂、塞万提斯学院课堂，受到使用者的广泛欢迎。这些都是我国在新形势下编写教材应该学习和借鉴的样板。②

◎ **参考文献：**

1. Kimani Njogu. Language Policy in Kenya: The Opportunities, the Challenges [A]. In: *Linguistic Typology and Representation of African Languages*[M]. Africa World Press, 2005: 69-82.
2. Wendo Nabea. Language Policy in Kenya: Negotiation with Hegemony[J]. *The Journal of Pan African Studies*, 2009, 3(1).
3. 段洁. 肯尼亚汉语教学的优势和尴尬[M]. 中国·东盟博览, 2013(3): 109-111.
4. 段洁. 肯尼亚汉语教学模式和教学资源分析与探索[D]. 兰州: 兰州大学, 2013.
5. 黄鸣奋. 民族语言世界推广概述[J]. 海外华文教育, 2006(2): 1-10, 18.
6. 李晓琪. 汉语国际推广事业中的教材建设[J]. 世界汉语教学, 2007(3): 11-12.
7. 罗美娜. 非洲国家的多元语言使用问题[J]. 世界民族, 2011(2): 76-81.
8. http://www.fmprc.gov.cn/web/gjhdq_676201/gj_676203/fz_677316/1206_677946/1206x0_677948/, 2018-08-24.
9. http://www.hanban.edu.cn/confuciousinstitutes/node_10961.htm, 2018-08-24.

3.3.7 卢旺达

卢旺达共和国(The Republic of Rwanda)简称卢旺达，地处非洲中东部，位于赤道南侧，东非大裂谷的西端，东与坦桑尼亚相邻，南与布隆迪相接，西与刚果(金)交界，北

① 段洁. 肯尼亚汉语教学模式和教学资源分析与探索. 兰州大学硕士论文, 2013: 24-25.

② 李晓琪. 汉语国际推广事业中的教材建设. 世界汉语教学, 2007(3): 12.

与乌干达接壤，中部以丘陵为主，东部边境地区主要是热带草原、平原和沼泽地，在国土面积狭小的土地上，分布着1800多个山丘，素有"千丘之国"之称，年平均气温不超过20度，享有"常青之国"和"非洲的瑞士"的美誉。卢旺达国土面积26338平方公里。截至2016年，人口1200万，由胡图(85%)、图西(14%)和特瓦(1%)三个部族组成。①

卢旺达于1962年7月1日宣告独立，成立共和国，结束了比利时的殖民统治。胡图族和图西族的矛盾自殖民统治时期一直存在，流血冲突不断，图西人遭到当政的胡图人的迫害，大批图西人逃到乌干达等邻近国家。由胡图族执政的政府强烈反对并阻止图西人回国，1990年10月由图西族难民组成的"爱国阵线"从乌干达发起进攻，与卢旺达政府军发生激烈冲突。1994年发生了惨绝人寰的种族大屠杀，7月"爱国阵线"取得胜利，夺取了政权。

中国与卢旺达自1971年建交以来，两国关系发展顺利。两国关系的友好促进了双边经贸关系和经济技术合作，也推动了两国文化的交流。2007年3月，双方就在卢旺达共建孔子学院签署协议。近年来，两国领导人频繁交流与对话，卢旺达总统保罗·卡加梅多次访华，习近平主席于2018年7月24日也对卢旺达进行了国事访问。

3.3.7.1　主体语言教育政策

卢旺达有四种官方语言：卢旺达语、法语、英语和斯瓦希里语。基亚卢旺达语(Kinyarwanda)简称卢旺达语，用拉丁字母书写，是班图语族的一种语言。班图-刚果语是尼日尔刚果语语系的分支，有700多万人使用，几乎所有卢旺达人会讲卢旺达语。据统计，49%的人只会卢旺达语，7%的人通晓卢旺达语和英语，7%的人通晓卢旺达、英、法三语。② 斯瓦希里语属班图语族，为非洲一主要通用语言，使用人口约有五千万，分布在东非各国和地区。

卢旺达的语言政策跟国家的政局有着紧密联系，语言的强弱随着权力集团的更迭而发生变化。独立后的卢旺达，语言政策主要分两个时期：独立后至20世纪90年代大屠杀时期，法语是国家大力推行的语言；大屠杀以后，英语渐渐取代法语的地位。不同时期，法语或英语在教育和行政管理方面处于强势，作为本族语的卢旺达语虽然未在国家机构和教育领域大力推行，却被民众广泛用于日常交际中。

在殖民入侵时，法语传入卢旺达。在独立以前，法语被定为官方语言，教学活动都使用法语。殖民主义终结，新政府成立，胡图族当政，国家考试体系确立，但法语作为该国官方语言的地位没有动摇。在教育政策上，独立之时，小学教育长达六年，前三年主要是识字，用本族语——卢旺达语教学，后三年注重普通技能培训，用法语教学。③ 1978年，教育部规定入学教育前八年，教学语言使用卢旺达语，从第九年开始，使用法语教学。因

① http://www.fmprc.gov.cn/web/gjhdq_676201/gj_676203/fz_677316/1206_678068/1206x0_678070/, 2018-08-12.

② http://rw.mofcom.gov.cn/article/xglj/201706/20170602589355.shtml, 2018-08-12.

③ Timothy P. Williams. The Political Economy of Primary Education: Lessons from Rwanda. *World Development*, 2017, 96: 552.

全国范围内法语语言能力和学术能力下降，1991年，语言政策又恢复到1978年以前的政策。①

在第二阶段，由图西族难民组成的“爱国阵线”夺取政权后，1995年，国家权力机构成立。逃往乌干达及邻近国的民众将新的语言带回到卢旺达，大多数难民能讲英语，英语在卢旺达广为传播。1996年6月18日的宪法修正案将英语确认为卢旺达的另一种官方语言。2003年6月4日，新宪法第五条规定，民族语言为卢旺达语。因而，卢旺达语、英语和法语都是官方语言。②

在语言教育政策上，20世纪90年代中期，卢旺达政府制定了三种语言共同作为教学语言的政策：小学四年级以前，接受母语教学；之后，接受法语教学还是英语教学，由父母选择相应的学校。③ 有了这一政策的指导，1996—2008年，小学高年级学生和初中生可以接受英语或法语的教学，卢旺达语和另一种外语(法语或英语)只作为课程学习。进入大学，学生可以用英语和法语进行学术活动。2008年，教育部文件规定小学低年级可用卢旺达语教学，从四年级开始，英语是唯一的教学语言，法语作为课程学习。④ 实际上，部分私立学校依然使用法语教学。总统卡加梅提到，对孩子的教育要符合国家的长远发展，他们在完成学业后，应能顺利进入劳动市场，胜任岗位工作。因而，所采用的教育语言应以此为目标，被放在优先位置。他明确了国家发展、语言和教育三者间的关系：为了可持续发展，教育要起作用；为了教育的成功进行，语言政策必须清楚。⑤ 诚然，语言教育政策跟国家发展息息相关，但教学语言的转变会导致师资缺乏等问题。由此看来，自20世纪90年代以来，英语的地位逐渐上升，法语的地位日渐下降，英语逐渐取代法语的地位。英语地位的显著上升跟英语国家在世界经济、政治等领域的主导地位不无关联。另一方面，东非国家像乌干达、肯尼亚都使用英语，重要的贸易伙伴南非也使用英语，放弃法语而选择英语可以增强与其他非洲国家的合作。

“斯瓦希里(Swahili)”源自阿拉伯语，意思是“海岸”，可指居住在东非斯瓦希里海岸的人群——斯瓦希里人，现主要分布在阿拉伯至赞比亚一带；也可指这个群体所讲的语言——斯瓦希里语。斯瓦希里语属班图语族，是一种混合语，是东非地区的人和来自印度和波斯湾的人长期交流混合而成的语言，在撒哈拉以南广泛使用，2004年成为非洲联盟的官方语言之一。它有许多种方言，大量外来词来自阿拉伯语，阿拉伯语是许多斯瓦希里

---

① Barbara Trudell. *The Impact of Language Policy and Practice on Children's Learning: Evidence from Eastern and Southern Africa*. UNICEF, 2016: 56.

② 教育部语言文字信息管理司. 世界语言生活状况. 北京：商务印书馆，2016：469.

③ Hamish McIlwraith. *Language Rich Africa Policy Dialogue — The Cape Town Language and Development Conference: Looking Beyond 2015*. http://www.teachingenglish.org.uk/article/language-rich-africa-policy-dialogue-cape-town-language-development-conference-looking, Section 1, p. 24.

④ Barbara Trudell. *The Impact of Language Policy and Practice on Children's Learning: Evidence from Eastern and Southern Africa*. UNICEF, 2016: 56.

⑤ Joseph Kweku Assan & Lawrence Walker. Enhancing Citizens Capability to Compete Globally: Rwanda's Formal Language and Education Policy and Its Implications for Development. *Journal of Education and Human Development*, 2018, 7(1): 37.

人的第二语言。不少斯瓦希里人居住在波斯湾的贸易中心。从古至今，国际商业贸易对斯瓦希里人来说十分重要。有部分民众，尤其是从肯尼亚、坦桑尼亚、刚果民主共和国及边境返回的难民把斯瓦希里语作为第二语言。2015 年，斯瓦希里语被作为中学的必修课。2017 年 2 月 9 日卢旺达《新时代报》报道，卢旺达下议院通过法律正式确认斯瓦希里语继卢旺达语、法语、英语之后，成为卢旺达第四种官方语言。① 据称，此举是为了卢旺达更加容易融入东非共同体区域一体化。

综上所述，卢旺达语言复杂，语言教育政策多变，政治、经济、历史等因素促成了卢旺达语言的多样性和政策的多变性。在不同的时段，各种语言的地位不同。虽然国家语言政策大力推行法语或英语，缺乏对本族语——卢旺达语的大力支持，但卢旺达语在非正式场合的日常交际中被广泛使用，它的地位及作用无法被取代。

3.3.7.2　少数族群语言教育政策

卢旺达主要聚居着三大民族：胡图族、图西族和特瓦族。胡图族占总人口的 84%，图西族占 15%，特瓦族占 1%。胡图族聚居在非洲大湖区，这一族群的渊源可能追溯到两三千年以前西非班图人的大扩张，现分布在卢旺达、布隆迪和刚果民主共和国的部分地区，以农耕为生。居住在卢旺达的胡图族是卢旺达的最大族群，本族语为卢旺达语。图西族主要聚居在卢旺达和布隆迪，这一族群可能起源于尼罗河流域，为寻找新的牧场，他们于 14 世纪或者 15 世纪从东北部进入这片土地，以游牧为生。居住在卢旺达的图西族是卢旺达的第二大族群，在卢旺达居住有 400 多年，被称为"鲁古鲁人"（Ruguru），本族语也为卢旺达语。在殖民主义者到来以前，图西族可与胡图族通婚，卢旺达由图西族统治。特瓦族也被称为巴特瓦族，是幸存下来的最早定居在大湖区的民族，现主要聚居在卢旺达、布隆迪、乌干达和刚果民主共和国的部分地区，主要讲基隆迪语、卢旺达语和卢基加语（Rukiga），卢基加语属于班图语族。

三大族群的人都会讲卢旺达语，这也是卢旺达语能战胜其他少数民族语言，作为官方语言的主要原因。

3.3.7.3　外语教育政策

如前所述，在卢旺达，外来语言——法语和英语一直被作为官方语言使用，在学校里，也被当作教学语言。目前卢旺达越来越多的人在了解和学习汉语。孔子学院作为外国人学习汉语和了解中国文化的窗口，于 2005 年进入非洲，随后，在非洲掀起了学习汉语的热潮。孔子学院于 2009 年在卢旺达首都基加利成立，作为基加利教育学院的一部分。卢旺达大学是卢旺达的最高学府，由六个学院组成，教育学院是其中之一。基加利教育学院于 2013 年并入卢旺达大学，成为卢旺达大学教育学院。卢旺达大学孔子学院由重庆师范大学与卢旺达大学教育学院联办，共有 13 个教学点。除大学校园外，在一些中学、驻卢中资企业、中国医疗队所在的马萨卡医院及卢旺达移民局等也都开设了汉语班。② 卢旺达大学孔子学院着力培养不同层次的老师及教育行业的领导，提供高水平的项目和培训，教学及研究对象包括本科生、研究生和职业教育人士，2015 年曾获得全球先进孔子学院

① http://www.mofcom.gov.cn/article/i/jyjl/k/201702/20170202513194.shtml，2018-08-31.

② http://korean.hanban.edu.cn/article/2018-07/20/content_740112.htm，2018-08-31.

称号。目前，在卢旺达大学孔子学院各个教学点登记在册的中文学习者就有近五千人，甚至有不少学生在假期通过参加汉语营活动来提高自己的汉语交流和中国文化知识水平。据卢旺达大学孔子学院中方院长张显介绍，参加 2018 年暑假汉语营的有三百多人，在学习中国语言的同时，不少卢旺达人也爱上了中国歌曲、中国武术和其他文体项目。① 随着两国各领域交流合作的日益密切，越来越多的卢旺达人将了解中国语言及文化。

◎ 参考文献：

1. Barbara Trudell. *The Impact of Language Policy and Practice on Children's Learning: Evidence from Eastern and Southern Africa*. UNICEF, 2016.
2. Hamish McIlwraith. *Language Rich Africa Policy Dialogue — The Cape Town Language and Development Conference: Looking Beyond 2015*[EB/OL]. http://www.teachingenglish.org.uk/article/language-rich-africa-policy-dialogue-cape-town-language-development-conference-looking, Section 1.
3. Joseph Kweku Assan & Lawrence Walker. Enhancing Citizens Capability to Compete Globally: Rwanda's Formal Language and Education Policy and Its Implications for Development[J]. *Journal of Education and Human Development*, 2018, 7(1).
4. Timothy P. Williams. The Political Economy of Primary Education: Lessons from Rwanda[J]. *World Development*, 2017, 96.
5. 教育部语言文字信息管理司. 世界语言生活状况[M]. 北京：商务印书馆，2016.
6. http://www.fmprc.gov.cn/web/gjhdq_676201/gj_676203/fz_677316/1206_678068/1206x0_678070/, 2018-08-12.
7. http://rw.mofcom.gov.cn/article/xglj/201706/20170602589355.shtml, 2018-08-12.

3.3.8 马达加斯加

马达加斯加共和国(The Republic of Madagascar)简称马达加斯加，位于南半球非洲大陆的东南部，印度洋西南面的马达加斯加岛上，是非洲第一、世界第四大岛，包括周围岛屿，国土面积 590750 平方公里。全岛大部分地区位于南回归线以北的热带地区，隔莫桑比克海峡与非洲大陆相望。

马达加斯加人主要由印尼移民以及东部非洲人与阿拉伯人混血组成。截至 2016 年，人口约 2490 万。② 马达加斯加超过 90%的人是马达加斯加人，由约 20 个族群构成，包括梅里纳(Merina)、贝希米扎拉卡(Betsimisaraka)、贝希略(Betsileo)、希米赫特(Tsimihety)、萨卡拉瓦(Sakalava)、安坦德罗(Antandroy)等。其中，梅里纳是最大的族

① http://korean.hanban.edu.cn/article/2018-07/20/content_740112.htm, 2018-08-31.

② http://www.fmprc.gov.cn/web/gjhdq_676201/gj_676203/fz_677316/1206_678092/1206x0_678094/, 2018-08-21.

群，占总人口的近五分之一。

1896年，马达加斯加沦为法国殖民地。1958年10月14日成为"法兰西共同体"内的自治共和国。1960年6月26日宣布独立，成立马尔加什共和国，亦称第一共和国。1975年12月21日，改国名为马达加斯加民主共和国，亦称第二共和国。1990年实行多党制。1992年8月19日，马达加斯加举行全民公投，通过《第三共和国宪法》，改国名为马达加斯加共和国。马达加斯加是世界最不发达国家之一，国民经济以农业为主，农业人口占全国总人口80%以上，工业基础非常薄弱，严重依赖外援。

法国是马达加斯加前宗主国，在马达加斯加文化、教育、卫生等领域具有较大影响。1972年，中国与马达加斯加建立大使级外交关系，两国展开多方面经贸合作。目前，中国已成为马达加斯加第一大贸易伙伴、第一大进口来源国和第四大出口目的地国。①

3.3.8.1 主体语言教育政策

法语与民族语言——马达加斯加语并存是马达加斯加语言使用情况的一大特点。马达加斯加语(Malagasy，下文简称马语)属于马来-波利尼西亚语系，语言学家认为它与婆罗洲东南部所讲的马尼安语(Maanyan)非常相近，这两种语言又与西印度尼西亚群岛语言如马来语、爪哇语等具有紧密联系。② 尽管地理上更靠近讲班图语的非洲，马语却是在梅里纳(Merina)方言基础上形成的标准语，是这个岛国的本土语言。

在语言教育政策方面，总体而言，国家重视母语在教育尤其是初级教育中的重要作用。在中高等教育阶段，政策向法语倾斜。在殖民统治以前，马语在大多数学校被用于教学语言。殖民统治时期，学校必须统一使用法语教学。独立后，国家首部宪法把法语和马达加斯加语都列为官方语言。1972年，激进的社会主义政体在全国推行"马达加斯加语化(Malgasization)"政策，马语成为唯一官方语言，也是唯一教学语言。"因为缺乏马语教材，公立小学的教学效果一直不好，一些法国移民和高级知识分子为了使自己的孩子接受更好的教育，就联合开办了很多私立小学，用法国教材和法语教学。"③这一时期，教育质量严重下降，接受教育的学童普遍未能掌握各个学科的技能，毕业后工作难求，许多人被迫从事低薪职业。1992年3月，"全国讨论会"通过决议，规定中小学恢复使用法语教学。④ 2008年，马达加斯加政府修改语言政策，马语作为初等教育的教学语言，法语作为二语起强化作用。⑤ 目前，小学和初中使用马达加斯加语教学，高中使用法语教学。初中阶段，如果外教的马达加斯加语不好，可以使用法语教学。

在媒体语言方面，全国主要报纸，如《马达加斯加午报》和《快报》用法语。《论坛报》用马语和法语，马达加斯加国家广播电台有两套节目，第一套节目用马语，第二套节目用法语和英语。马达加斯加国家电视台用马语和法语。

---

① http://www.sohu.com/a/205965744_157514? qq-pf-to=pcqq.c2c，2017-09-12.

② http://www.wildmadagascar.org/overview/the_people.html，2108-08-25.

③ 李安山. 马达加斯加的教育近况. 西亚非洲，2001(1)：65.

④ 李安山. 马达加斯加的教育近况. 西亚非洲，2001(1)：65.

⑤ Barbara Trudell. The Impact of Language Policy and Practice on Children's Learning: Evidence from Eastern and Southern Africa. UNICEF，2016：42.

由此可见，马语在日常交际和初中等教育中占据主导地位。法语在高等教育、政府、学术等领域优势明显。法语的重要性主要因为它的国际影响力，也与马达加斯加多数领导人接受了法语教育有关。

3.3.8.2 少数族群语言教育政策

马达加斯加族群众多，各族群语言大体相同，都使用马语。依地理位置不同，马语大体可分为两大方言区：东部马达加斯加方言和西部马达加斯加方言。使用东部马达加斯加方言的人最多。马语中有大量外来词、语音和语法上的修饰词来自班图语。马语因地区差异而不同，这些方言彼此相通，班图语言元素存在于每种方言中。有部分外来词来自阿拉伯语和斯瓦希里语。如周名和月名来自阿拉伯语，动物名源于东非的斯瓦希里语。在19世纪和20世纪，许多英语和法语词也被收录进马语词汇。各族群虽大小不同，但有统一的语言——马语。

3.3.8.3 外语教育政策

在全球化和英语作为世界通用语言的影响下，英语在一些大城市被用于交际。2003年，国家开启“实验性计划(Pilot Project)”，在44所小学的低年级开设英语课，并希望能将这一计划推广到全国。① 2007年的宪法表明英语也是官方语言之一，但英语作为官方语言的地位在2010年的全民公决中被撤销。目前，英语主要用于国家的外交上。② 在一些公共区域，如酒店、海关、旅游景区等地方也可见使用英语的情况。

近年来，随着中国与马达加斯加合作加深，该国学习汉语的人数迅速增加。现已成立两所孔子学院(塔那那利佛大学孔子学院和塔马塔夫大学孔子学院)和一个孔子课堂。马达加斯加塔那那利佛大学孔子学院于2008年成立，2009年3月正式开始教学活动。孔子学院在马达加斯加建立了多个汉语教学点。在塔那那利佛大学、马达加斯加通信与管理大学、马达加斯加先进技术学院、马达加斯加英语语言学院、马达加斯加商务公关与管理高等学院、马达加斯加天主教大学等高校开设了汉语学分课程。在塔那那利佛大学孔子学院开设了汉语言文学本科专业。③ 孔子学院在专注汉语教学的同时，也向学习者介绍中国文化知识，展示中国民俗风情，传播中国文化。马达加斯加在2017年与中国政府签署了“一带一路”合作备忘录。④ 当前，两国在各领域的合作正在积极发展和深化，对汉语人才的需求也越来越大，将会有更多的当地人加入到学习汉语的队伍。

◎ 参考文献：

1. Barbara Trudell. *The Impact of Language Policy and Practice on Children's Learning*: *Evidence from Eastern and Southern Africa*, UNICEF, 2016.
2. 李安山. 马达加斯加的教育近况[J]. 西亚非洲, 2001(1).

① http://web.newworldencyclopedia.org/entry/Madagascar, 2018-08-25.

② https://www.worldatlas.com/articles/what-languages-are-spoken-in-madagascar.html, 2017-08-01.

③ http://www.hanban.edu.cn/node_6781.htm, 2018-09-02.

④ http://www.hanban.org/article/2018-08/24/content_742655.htm, 2018-09-02.

3. http://web.newworldencyclopedia.org/entry/Madagascar, 2018-08-25.
4. http://www.fmprc.gov.cn/web/gjhdq_676201/gj_676203/fz_677316/1206_678092/1206x0_678094/, 2018-08-21.
5. http://www.hanban.edu.cn/node_6781.htm, 2018-09-02.
6. http://www.hanban.org/article/2018-08/24/content_742655.htm, 2018-09-02.
7. http://www.wildmadagascar.org/overview/the_people.html, 2108-08-25.
8. https://www.worldatlas.com/articles/what-languages-are-spoken-in-madagascar.html, 2017-08-01.

3.3.9 马拉维

马拉维共和国(The Republic of Malawi)简称马拉维，是非洲东南部内陆国家，同坦桑尼亚、莫桑比克、赞比亚三国接壤，首都是利隆圭。马拉维国土狭长，东非大裂谷纵贯其南北，将其分为北部、中部和南部3个区，总面积约11.85万平方公里，同我国的福建省差不多，人口约1800万。① 境内河流、湖泊众多，素有"水乡之国"的美称。马拉维是一个多民族国家，民族构成复杂而分散，主要民族为尼昂加族、契瓦族和尧族，其他还有隆韦族、恩戈尼族、菲帕族、尼亚库族，另外还有来自印巴、欧洲等地的其他种族。

最早的马拉维王国(Maravi Kingdom)建立于16世纪中叶，1891年马拉维沦为"英属中非保护地"，马拉维进入英国殖民时代。1964年7月6日，马拉维取得国家独立，改名马拉维。1966年7月6日宣布成立共和国，但仍隶属于英联邦，因此其行政、司法、教育等都采取英国模式。1993年6月，马拉维通过全民公决，决定实行多党制，从此走上了多党民主选举、联合执政的道路。

马拉维是世界最不发达国家之一，经济以农业为主，严重依赖国际援助，是非洲联盟、不结盟运动、南部非洲发展共同体、东南部非洲共同市场等国际和地区组织的成员国，与90多个国家建立了外交关系。2007年12月28日，中马两国建立大使级外交关系。建交以来，中马领导频繁互访，两国在文化、教育、卫生、体育、新闻、青年、妇女等领域展开全面合作。2010年3月，中马签署了文化合作协定。

3.3.9.1 主体语言教育政策

马拉维是非洲为数不多的以自己本民族语言——齐切瓦语(Chichewa)②作为国语的国家，其官方语言是英语。在马拉维，语言的使用主要遵从于历史政治实践(或传统)、教育法中的表述及国家宪法的规定。目前，当地语言只有齐切瓦语、图姆布卡语和尧语有标准的正字法和出版的教材。③

---

① https://www.fmprc.gov.cn/web/gjhdq_676201/gj_676203/fz_677316/1206_678116/1206x0_678118/, 2018-09-01.

② 笔者注：旧称齐昂加语(Chinyanja)，是马拉维总统班达的母语。1968年，班达总统下令齐昂加语正式更名为齐切瓦语并被确立为国语，下文统称齐切瓦语。

③ 阿尔·姆特吉，郭伟. 学习新语言的政策挑战：马拉维实例. 世界教育信息，2014(18)：24.

马拉维教育沿袭英国教育制度，学校有公立和私立两种。学制小学 8 年、中学 4 年。1994 年起实行小学免费义务教育，全国有中学近 1000 所、小学 5000 余所、公立大学 4 所（即马拉维大学、姆祖祖大学、利隆圭农业与自然资源大学和马拉维科技大学），有多所私立大学。① 政府掌控公立学校的语言教育政策，私立学校则自己决定使用何种语言，但无论在哪种学校，英语都是最普遍的交流语言。学前阶段教学语言的采用有三种情况：大多数幼儿园使用方言加上一点英语；一部分幼儿园采取双语政策，即同时使用英语和方言；少数只使用英语作为教学和交流的媒介。农村幼儿园大多使用方言，而城市幼儿园倾向于采用双语教学，精英幼儿园只使用英语。

1996 年，教育部规定学校开设英语和齐切瓦语课程，相应地，这两门课程分别采用英语和齐切瓦语进行教学。小学阶段的其他课程，“小学 1~4 年级的学生采用国语或者方言授课”。但是由于很少有教师接受过其他方言的培训，齐切瓦语和英语仍然是许多学校的首选教学语言。但同时也规定，除了齐切瓦语课，从 5 年级到 8 年级所有的教学都必须用英语完成。而在中学到大学阶段，英语也是唯一的教学语言。此外，英语成为一个强制性的科目，而通过英语考试是获得证书或教育的先决条件。除了法语、拉丁语和齐切瓦语课程以外，所有的教学都是用英语完成的。所有大学生第一年必修英语课，也就是说，所有的马拉维大学生必须修学每周 4 小时的学术用途英语技能课程，并通过考试，才能继续第二年的深造。2013 年，马拉维通过了新的《教育法》以取代 1962 年法案，新《教育法》赋予教育部长绝对权力来选择该国教学语言。随之，在 2014 年 3 月，马拉维前教育部长甘美巴（Luscious Kanyumba）宣布为了提升学生英语语法和英语语言能力，从 2018 年 9 月 8 日开始，在马拉维所有公立学校，教学语言一律使用英语。② 这样，英语不仅成为一年级到三年级的教学语言，而且从一年级起作为教学科目开设。而母语——齐切瓦语将从一年级起只被作为教学科目存在。③

传媒方面，媒体语言的选择也受到马拉维语言政策的影响。马拉维国家广播公司（Malawi Broadcasting Corporation，MBC）自 1964 年成立以来主要以英语和齐切瓦语编播节目，其中齐切瓦语的广播频率（58.9%）高于英语（41%）。④ 当地报纸也体现了马拉维的双语政策，但与电台广播不同，英语是出版物的主要语言。两份日报《每日时报》《民族报》都是以英文刊出，周报《马拉维新闻》则以英文、齐切瓦文两种语言刊出。英语的优势也可以在电影等其他媒体领域看到，图书馆和书店有大量的英语书籍。

3.3.9.2 少数族群语言教育政策

民族数量之众决定了马拉维语言文化种类之多，基本上一个民族就代表一种语言、一

---

① https://www.fmprc.gov.cn/web/gjhdq_676201/gj_676203/fz_677316/1206_678116/1206x0_678118/，2018-09-01.

② Lameck Masina. *Malawi Schools to Teach in English.* https://www.aljazeera.com/news/africa/2014/08/malawi-schools-teach-english-local-debate-colonial-201482184041156272.html，2014-08-21.

③ 阿尔·姆特吉，郭伟. 学习新语言的政策挑战：马拉维实例. 世界教育信息，2014(18)：24.

④ Michael M. Kretzer. Language Policy in Malawi: A Study of Its Contexts, Factors for Its Development and Consequences. *Journal of Language and Literature*，2016，27：20-38.

种文化。在马拉维，目前使用的语言多达17种，包括14种民族方言和3种外来语言。①然而马拉维少数族群语言的社会地位不容乐观。班达时代，小学阶段没有地方方言科目，也没有一种地方方言为教学语言。1971年，马拉维大学将齐切瓦语单列为一门学科，与此同时，又从学校课程设置中撤销了其他的方言课程。1996年，马拉维教育部规定："对我国小学1~4年级的学生采用母语或者方言授课，该法令即日执行。"这项法令意味着在小学1~4年级阶段，16种地方方言重回课堂。然而，随着2013年新《教育法》的出台，地方方言则又被压缩到小学高年级阶段的语言课程教学里去了。

传媒方面，1968年班达总统禁止在广播中使用图姆布卡语之前，马拉维国家广播公司也辅以小规模图姆布卡语广播。马拉维国家广播公司每天广播19小时，自1996年新政以来，已用6种马拉维语每天15分钟广播新闻，这些语言包括奇切瓦语、图姆布卡语、尧语、隆美尔语、塞纳语和汤加语。面向农村人口的报纸有时会用一点图姆布卡语和尧语。②

马拉维政府对移民语言保持沉默。这些语言包括希腊语、意大利语、古吉拉特语、索马里语、黎巴嫩语、乌尔都语和旁遮普语，这些语言仅存在于马拉维少数民族社区中。教育系统和媒体并没有迎合移民，相反，他们默认这些移民已经掌握了英语和奇切瓦语。亚洲人是最早移民马拉维的，构成了马拉维最高的社会经济阶层，但学校没有给予他们任何语言方面的考虑，大多数移民子女将只能就读于用英语授课的私立学校。③

3.3.9.3 外语教育政策

马拉维的教育法规定，在学校中外语作为教学科目，但在学校系统之外的外语教学并没有官方政策规定。目前，只有法语在中学阶段作为一门科目开设。学习英语的民间组织、国际合作伙伴、非政府组织及其他相关组织与机构强烈要求马拉维在教育体系之外进行更多的外语教学活动，比如通过语言、文化中心等机构对学生进行汉语、德语、葡萄牙语的教学。现在，曾经一度关闭的法国文化中心已经重开。马拉维的孔子学院有1所，于2014年年底在马拉维大学成立，合作对象是对外经济贸易大学。④

◎ 参考文献：

1. Elias Kaphesi. The Influence of Language Policy in Education on Mathematics Classroom Discourse in Malawi: The Teachers' Perspective [J]. *Teacher Development*, 2003, 7(2): 265-286.
2. Lameck Masina. Malawi Schools to Teach in English [EB/OL]. https://www.aljazeera.com/news/africa/2014/08/malawi-schools-teach-english-local-debate-colonial-201482184041156272.html, 2014-08-21.

① https://www.ethnologue.com/country/MW, 2018-08-25.

② 阿尔·姆特吉，郭伟. 学习新语言的政策挑战：马拉维实例. 世界教育信息，2014(18)：24.

③ 阿尔·姆特吉，郭伟. 学习新语言的政策挑战：马拉维实例. 世界教育信息，2014(18)：24.

④ http://www.hanban.edu.cn/confuciousinstitutes/node_10961.htm, 2018-09-02.

3. Michael M. Kretzer. Language Policy in Malawi: A Study of Its Contexts, Factors for Its Development and Consequences[J]. *Journal of Language and Literature*, 2016, 27: 20-38.
4. 阿尔·姆特吉，郭伟. 学习新语言的政策挑战：马拉维实例[J]. 世界教育信息，2014(18)：24.
5. http://www.hanban.edu.cn/confuciousinstitutes/node_10961.htm, 2018-09-02.
6. https://www.ethnologue.com/country/MW, 2018-08-25.
7. https://www.fmprc.gov.cn/web/gjhdq_676201/gj_676203/fz_677316/1206_678116/1206x0_678118/, 2018-09-01.

3.3.10 莫桑比克

莫桑比克共和国(The Republic of Mozambique)简称莫桑比克，位于非洲东南部，首都是马普托。莫桑比克国土面积799380平方公里，人口2886万。莫桑比克是一个农业国家，林木和水利资源丰富。莫桑比克的主要民族有马库阿-洛姆埃族(约占总人口的40%)、绍纳-卡兰加族、尚加纳族、佐加族、马拉维-尼扬加族、马孔德族和尧族等。28.4%的居民信奉天主教，17.9%信奉伊斯兰教，其他多信仰原始宗教和基督教新教。

莫桑比克是联合国、南部非洲发展共同体、不结盟运动、英联邦、伊斯兰会议组织、环印度洋地区合作联盟、葡语国家共同体和非洲联盟成员国。①

3.3.10.1 主体语言教育政策

莫桑比克的官方语言是葡萄牙语，这是葡萄牙在莫桑比克长达400多年殖民统治的必然结果。在葡萄牙统治时期，殖民政府执行单一的语言政策，强制莫桑比克人民只能学习葡萄牙语，在公共场合也只能说葡萄牙语。19世纪末，葡萄牙在第69条教会章程中规定学校只能使用葡语进行教学，并且要求教授葡语课程。② 但是为了达到更好的传教效果，在传教活动中，可以使用莫桑比克的民族语言——班图语。

1975年宣布独立的莫桑比克政府默许了葡萄牙语的官方语言和通用语言地位。在语言教育政策方面，依旧是实行一元语言教学政策，从小学到大学，葡萄牙语仍旧是唯一的教学语言。1990年，莫桑比克以法律的形式确立了官方语言。宪法修订案第一次包含了两条关于语言的法规，一直沿用至今：(1)莫桑比克共和国以葡萄牙语(以下简称葡语)为官方语言。(2)国家应重视民族语言，推动民族语言作为沟通媒介语的发展，扩大其在国民教育中的使用。宪法明确了葡语地位，同时表现出对民族语言的包容态度。③ 作为民族语言的班图语是莫桑比克传统身份的象征，也是绝大多数莫桑比克人的母语，班图语也被称为国语。

1993年开始，莫桑比克的语言政策出现了变化，两种不同的语言教育政策同时实施：

---

① http://www.fmprc.gov.cn/web/gjhdq_676201/gj_676203/fz_677316/1206_678236/1206x0_678238/, 2018-08-24.

② 安妮. 莫桑比克语言政策及其对汉语传播的影响. 浙江师范大学硕士毕业论文，2016：10.

③ 安妮. 莫桑比克语言政策及其对汉语传播的影响. 浙江师范大学硕士毕业论文，2016：12.

(1)在城市地区的学校实行葡语教育。(2)在莫桑比克16个乡村学校引进母语教育，即实行双语教育。很多莫桑比克的学者认为在莫桑比克实行双语教育是合理的，双语教育可以提高基础教育的质量。① 双语教育取得了显著的成效，对于农村地区的学生来说，使用熟悉的民族语言进行授课，能够帮助他们更有效地学习基础知识。虽然有更多语言进入教育系统，但葡语作为官方语言，在教育中的地位不可撼动。比如，在其义务教育阶段的前7年，葡语课时2268个，占全部课时的37%。②

2004年国家教育发展协会(INDE)和教育部(INE)联合发布的"基础教育课程计划"(Basic Education Curriculum Plan)提出了三种双语教育模式供实施学校选择：一是以民族语言为双语教学媒介语，二是在单语学校中加设民族语言选修课，三是在单语教学中使用民族语言作为辅助。2012年教育部发布的《2012—2016教育战略计划》中唯一的语言政策，就是扩大基础教育中的双语教育计划。截至2015年，莫桑比克已有551所学校和98000名学生加入了该计划，16种民族语言被运用于教学中。③

就莫桑比克全国整体而言，接受高等教育的人数较低，文盲率相对偏高，作为官方语言的葡萄牙语实际上并不是很普及，其使用者多为年轻人和城市的中上阶层人群。

3.3.10.2　少数族群语言教育政策

莫桑比克境内主要民族有马库阿-洛姆埃族(约占总人口的40%)，主要民族语言为马库阿语和洛姆埃语及其变体，分布于莫桑比克东北部的德尔加杜角省、尼亚萨省、楠普拉省、赞比西亚省。绍纳-卡兰加族主要民族语言为绍纳语和兰加语及其变体，主要分布于中部索法拉省、马尼卡省和南部的马普托省。尚加纳族主要民族语言为聪加语及其变体，主要分布于南部加扎省和马普托省。佐加族主要民族语言为佐加语及其变体，主要分布于南部伊尼扬巴内省。马拉维-尼扬加族主要民族语言为尼扬加语及其变体，主要分布于西北部太特省。马孔德族主要民族语言为马孔德语及其变体，主要分布于东北部德尔加杜角省内。尧族主要民族语言为尧语及其变体，主要分布于东北部尼亚萨省内。④ 莫桑比克宪法第9条规定承认民族语言，并认为这些语言是"文化和教育遗产"，国家"应促进其发展，并将其作为传达我们身份的语言增加使用"⑤。

3.3.10.3　外语教育政策

在莫桑比克，从中学开始，英语和法语也被纳入日常外语教育中。在1975年到1993年期间，从8年级到11年级开设英语课程，由于英语的国际影响力，现在时间延长为7年，从6年级到12年级开设。在一些语言背景复杂的私立学校或者国际学校，英语不仅是一门课程，而且还被用作教学语言。⑥ 而法语课程则为两年，从11年级到12年级。莫桑比克大学的语言政策主要以葡萄牙语为教学语言，同时会使用英语作为一个学期或一个

---

① 江铃玲. 蒙德拉内大学孔子学院的现状、问题与对策——基于莫桑比克语言政策和语言环境的分析. 浙江师范大学硕士论文，2016：14.

② 安妮，孙春颖. 语言功能视角下莫桑比克语言政策的社会效应. 渤海大学学报，2018(5)：24.

③ 安妮. 莫桑比克语言政策及其对汉语传播的影响. 浙江师范大学硕士论文，2016：16.

④ 安妮. 莫桑比克语言政策及其对汉语传播的影响. 浙江师范大学硕士论文，2016：9.

⑤ https：//en. wikipedia. org/wiki/Languages_of_Mozambique，2018-08-24.

⑥ 安妮，孙春颖. 语言功能视角下莫桑比克语言政策的社会效应. 渤海大学学报，2018(5)：24.

学年的学术主题研究或英语教学。这一政策的主要目的在于培养学生的英语学习技能，也考虑到大多数特定科目的学科材料英语版本的居多。莫桑比克师范大学是莫桑比克三所高等院校之一，主要培养中学教师，除了培养葡语教师外，也培养英语、法语、德语教师，在大学里也专门设置了英语和法语的学士和硕士学位，在研究生课程中，新开设了笔译和会议翻译课程。因此我们可知，在大学里，虽然官方上奉行以葡语为单语政策，但也意识到语言的多样性以及多种语言的潜在价值，积极促进外语教育。①

在莫桑比克，英语是很多培训机构或者语言学院最受欢迎的外语，其次是法语，政府鼓励支持英语和法语教育。英语和法语教育已经持续了数十年，有了一定的民众基础，形成了比较完备的语言教育体制。② 但就全国整体的语言使用情况来看，英语和法语的流通范围其实很小。

2012年，莫桑比克蒙德拉内大学和浙江师范大学合作成立莫桑比克蒙德拉内大学孔子学院，目前开设了汉语专业，提供不同等级的语言课程，包括基础语言班、语言进修班、蒙大汉语选修课、HSK强化辅导班等。③ 除了蒙德拉内大学，孔子学院在马普托市及周边地区也开设了一些教学点，比如为莫桑比克非常著名的马普托国际学校开设了汉语、太极拳和五步拳等课程。

总而言之，在莫桑比克的教育体系中，葡萄牙语是第一位的，其次是部族语言。主要外语为英语和法语，汉语则相对薄弱，因为汉语作为外语进入莫桑比克语言教育的时间比较晚，也没有太多语言政策上的优势，使用汉语交流的莫桑比克人更是几乎没有。然而纵观莫桑比克多年的语言政策可知，莫桑比克的语言政策是以现实需求为导向的，注重实用性，因此汉语这门外语在莫桑比克的发展前景是挑战与机遇并存的。

◎ 参考文献：

1. 安妮，孙春颖. 语言功能视角下莫桑比克语言政策的社会效应[J]. 渤海大学学报，2018(5)：23-28.
2. 安妮. 莫桑比克语言政策及其对汉语传播的影响[D]. 金华：浙江师范大学，2016.
3. 江铃玲. 蒙德拉内大学孔子学院的现状、问题与对策——基于莫桑比克语言政策和语言环境的分析[D]. 金华：浙江师范大学，2016.
4. http：//www. fmprc. gov. cn/web/gjhdq _ 676201/gj _ 676203/fz _ 677316/1206 _ 678236/1206x0_678238/，2018-08-24.

① 江铃玲. 蒙德拉内大学孔子学院的现状、问题与对策——基于莫桑比克语言政策和语言环境的分析. 浙江师范大学硕士毕业论文，2016：14.

② 江铃玲. 蒙德拉内大学孔子学院的现状、问题与对策——基于莫桑比克语言政策和语言环境的分析. 浙江师范大学硕士毕业论文，2016：16.

③ http：//www. sohu. com/a/165526427_826665，2018-08-24.

3.3.11 纳米比亚

纳米比亚共和国(The Republic of Namibia)简称纳米比亚，位于非洲西南部，北同安哥拉、赞比亚为邻，东、南接壤博茨瓦纳和南非，西边是大西洋。国土面积824269平方公里，人口约248万。境内88%的人口为黑人，白人和有色人约占总人口的12%。奥万博族是最大的民族，占总人口的50%。①

纳米比亚1990年独立后，政局较稳定，经济保持平稳增长。纳米比亚是世界上海洋渔业资源最丰富的国家之一，铀、钻石等矿产资源和产量居非洲前列，旅游业较发达，产值占国内生产总值的10%左右。纳米比亚是南部非洲关税同盟和兰特货币区成员国。

中国与纳米比亚自1990年3月22日建交以来，完成了对纳米比亚的多项援助项目，双边经贸关系稳步发展，两国政府在文化和教育领域签有合作协定。2018年3月，两国建立全面战略合作伙伴关系。②

3.3.11.1 主体语言教育政策

纳米比亚是多语言国家，由于语言问题的敏感性和涉及的身份认同等问题，短时间内难以平衡和解决，纳米比亚政府规定：唯一的官方语言为英语，通用阿非利卡语、德语、广雅语、纳马语及赫雷罗语。英语虽具有官方语言的地位，但纳米比亚人在日常生活中都使用本土母语，如阿非利加语、恩敦加语等，还有白人使用南非语和德语。

纳米比亚的宪法规定，任何语言都是平等的。纳米比亚政府在相关文件中提到，“无论语言使用者的数量或某一语言的发展程度，任何语言都处于平等的地位”“母语是最理想的教学语言，是表达想法与学习知识的最自然的媒介”“在基础教育的早期阶段，母语教学对于学生的概念形成、读写能力与算术能力的掌握尤为关键”③。因此，纳米比亚政府规定，从小学一年级到三年级，教学语言为学生的母语，自四年级起教学语言逐渐过渡到英语，而母语则作为语言课程开设。

作为母语的第一语言，学生可选择的语言有阿非利加语、德语、科霍戈万语、恩敦加语、鲁旺加语、塞茨瓦纳语、辛卜库苏语、英语、朱霍安语、广雅语、赫雷罗语以及西洛齐语。2003年，纳米比亚语言文化部出台新政策——《纳米比亚学校语言政策(试行)》。该政策旨在对以前政策进行修订，力图提升母语在学校初级教育阶段的地位，在其后的教育阶段中，将母语作为必修课。此举目的是提高学生的英语水平和对于本土文化的认同感。同时，为了适应社会的发展、保护和保留纳米比亚本土语言的存在价值和文化价值，纳米比亚政府对本土语言进行规范化的措施，使本土语言不断更新发展，跟随时代的潮流而散发新的活力。

除了对本土语言的保护和规定，对于官方语言——英语，纳米比亚政府秉承“英语是

---

① http://www.fmprc.gov.cn/web/gjhdq_676201/gj_676203/fz_677316/1206_678260/1206x0_678262/, 2018-08-10.

② http://www.fmprc.gov.cn/web/gjhdq_676201/gj_676203/fz_677316/1206_678260/1206x0_678262/, 2018-08-10.

③ 赵燕清. 纳米比亚语言教育政策研究. 浙江师范大学硕士学位论文，2017.

一种更广泛交流的语言”的精神，也有诸多规定，如前文中提到的四年级的教学语言过渡到英语，学校在得到基础教育文化部的批准后，在一至三年级也可使用英语教学；在中学阶段，即八至十二年级，所有课程一律用英语教学；英语作为一门重要必修课程，贯穿纳米比亚整个学校系统。

3.3.11.2 少数族群语言教育政策

纳米比亚88%为黑人，白人和有色人约占总人口的12%。奥万博族是最大的民族，占总人口的50%。其他主要民族有卡万戈、达马拉、赫雷罗以及卡普里维、纳马、布须曼、雷霍伯特和茨瓦纳族。① 这些民族大多有自己的母语，且不能称作绝对意义上的少数，其语言教育政策和前文主体语言教育政策是糅合在一起的。在学校语言课程的设置上，一至三年级的课程教授以母语为主。新出台的《基础教育课程大纲》规定，“小学一至三年级的教学语言为母语或当地主要语言”“对于学生母语种类繁多且同一母语群体的学生人数较少的学校，应当将不同年级的同母语的学生组织成统一的班级进行母语教学。对于部分无法开设母语课程的学校，要向区教育局提交开设单语课程的申请”②。

尽管纳米比亚对这些民族语言多有推广，但实际问题不容忽视。一是这些语言和时代发展的不匹配。由于民族语言多半较封闭，发展相对滞后，自身局限导致缺乏现代的新词汇和一些专业术语，在某些情况下使用非常不方便，甚至有无法表达的地方。二是由于政府投入有限，如此多的民族语言要推广，不是简单和容易的事情。民族语言的教材陈旧，而编写新教材要花费大量人力、物力和财力，且出版昂贵，致使民族语言教材逐渐减少，质量也没保证，课堂上学生几人共用一本书的现象常见。三是英语的官方地位、国际劳力市场上英语的优势等对民族语言都有冲击，加之英语表达的优势，有许多具备专业语言知识的学者，使得学生愿意学习。据统计，说赫雷罗语的学生中约有31%的人在小学低年级阶段接受的是母语教学。说科霍戈万语和塞茨瓦纳语的学生中分别约有33%和41%的人可以接受母语教学。而说布须曼语和辛卜库苏语的学生仅有13%和2%的人在小学低年级阶段接受的是母语教学。③

3.3.11.3 外语教育政策

纳米比亚的语言国情较特殊，学生要学习民族语言作为第一语言，学习英语或阿非利加语作为第二语言，同时还有外语学习的要求。根据《纳米比亚学校语言政策(试行)》，对于外语学习，学生自八年级起至十二年级可以选修一门外语课程，可供选择的有法语和德语。④ 德语是纳米比亚境内一些白人的母语，有一定的语言环境，方便交流。法语则是非洲一些曾被当作殖民地国家的语言，也有方便交流沟通的作用。对纳米比亚许多本土人来说，母语是本族语，英语已经是一门外语，法语或德语相当于第二门外语。且英语地位

① http://www.fmprc.gov.cn/web/gjhdq_676201/gj_676203/fz_677316/1206_678260/1206x0_678262/，2018-08-10.

② 赵燕清. 纳米比亚语言教育政策研究. 浙江师范大学硕士学位论文，2017.

③ Andree-Jeanne Totemeye. Multilingualism and Language Policy for Namibian Schools. In：*PRAESA Occasional Papers*. South Africa：University of Cape Town Press，2010：12.

④ 赵燕清. 纳米比亚语言教育政策研究. 浙江师范大学硕士学位论文，2017.

较高，纳米比亚政府的主要精力仍放在英语学习上，对于师资培训，也以英语为主。再者，纳米比亚贫富差距很大，基尼系数高达 0.743，失业率高达 51.2%。① 对于处于社会上层的公民，英语学习不是太大问题，无形中英语成为社会阶层的过滤器，而外语学习也主要是针对社会上层。

中国在纳米比亚建设有 1 所孔子学院，于 2013 年 8 月 23 日在纳米比亚大学校内成立，中方合作单位是中国地质大学(北京)，是非洲大陆的第 27 所孔子学院。②

◎ 参考文献：

1. Andree-Jeanne Totemeye. Multilingualism and Language Policy for Namibian Schools[A]. In: *PRAESA Occasional Papers*[C]. South Africa: Universtity of Cape Town Press, 2010.
2. 赵燕清. 纳米比亚语言教育政策研究[D]. 金华：浙江师范大学，2017.
3. http://www.fmprc.gov.cn/web/gjhdq_676201/gj_676203/fz_677316/1206_678260/1206x0_678262/，2018-08-10.
4. http://www.hanban.edu.cn/confuciousinstitutes/node_10961.htm，2018-08-26.

3.3.12 南非

南非共和国(The Republic of South Africa)简称南非，地处非洲大陆的最南端，其东、南、西三面被印度洋和大西洋环抱，陆地上和纳米比亚、津巴布韦、博茨瓦纳、莱索托、莫桑比克、斯威士兰接壤。东面隔印度洋和澳大利亚相望，西面隔大西洋和巴西、阿根廷相望。南非是非洲较发达国家，自然资源丰富，黄金、钻石产量排名世界前列，深井采矿技术先进，是非洲第二大经济体，经济水平相对稳定，属于中等收入的发展中国家，国民生活水平相对较高，有显著的地区影响力。国土面积为 1219090 平方公里，人口约 5652 万，分黑人、有色人、白人和亚裔四大种族。南非已同 186 个国家建立外交关系，积极参与大湖地区和平进程以及津巴布韦和苏丹等非洲热点问题的解决，努力促进非洲一体化和非洲联盟建设，是联合国、非洲联盟、英联邦、二十国集团等国际组织或多边机制成员国。③

南非 1998 年同中国建交以来，双边关系一直快速全面地发展。中国是南非最大贸易伙伴，双向投资规模不断扩大。中南两国签有文化合作协定及其执行计划，多层次、多渠道文化交流与合作发展顺利。双方已有 32 对省市结好，建立了友省(市)关系。2018 年 7 月 24 日，中国主席习近平在比勒陀利亚同南非总统拉马福萨举行会谈，就推进新时期中

---

① http://www.fmprc.gov.cn/web/gjhdq_676201/gj_676203/fz_677316/1206_678260/1206x0_678262/，2018-08-11.

② http://www.hanban.edu.cn/confuciousinstitutes/node_10961.htm，2018-08-26.

③ http://www.fmprc.gov.cn/web/gjhdq_676201/gj_676203/fz_677316/1206_678284/1206x0_678286/t9441.shtml，2018-08-05.

南全面战略伙伴关系达成重要共识。2018 年 7 月 26 日，金砖国家领导人第十次会晤在南非约翰内斯堡举行，习近平主席发表“让美好愿景变为现实”的讲话。①

3.3.12.1 主体语言教育政策

南非的官方语言有 11 种，分别是英语、阿非利卡语(南非荷兰语)、祖鲁语、科萨语、斯佩迪语、茨瓦纳语、索托语、聪加语、斯威士语、文达语和恩德贝勒语。如此多的官方语言和南非独特的历史背景有关，南非因此成为世界上少有的多官方语言国家之一。南非在荷兰殖民统治时期、英国殖民统治时期、种族隔离时期、民族团结政府等不同时期，实行的语言教育政策是不同的。在两个殖民统治时期都实行过单语制度；在种族隔离时期，官方语言是英语和阿非利卡语(南非荷兰语)，歧视打压各土著语言，遭到强烈的反抗。在民族团结政府时期，《南非共和国宪法》明确规定，除了英语和阿非利卡语，其余 9 种土著语言也是官方语言，形成了今天的局面。1996 年颁布的《南非共和国宪法》第六条第二款规定：“国家必须积极采取切实可行的措施提高现行语言的地位，并促进它们的运用。”《南非共和国宪法》第二十九条第二款规定：“公共教育机构应合理提供切实可行的教育，在这样的机构里，每个公民都享有接受使用官方语言或自选语言进行教育的权利。”②

为了能促进多语制度的发展与实施、彻底贯彻《南非共和国宪法》的精神，南非政府先后组建了国语服务局、南非国家语言委员会、语言规划专职小组，以及促进和保护各种文化、宗教和语言全体权利委员会等机构和部门，从事语言立法的研究和探讨。③ 这些机构以立法的形式出台许多政策文件，对语言的使用进行了诸多的规定。1997 年南非政府公告第 685 号颁布《教育语言政策》和《关于语言政策的原则与标准》，根据规定，“从小学三年级开始，学生必须至少选修两种语言，五年级学生必须通过一门语言，十年级学生必须通过两门语言，其中一门必须是官方语言”④。2002 年 11 月《南非高等教育语言政策》出台，得到许多高校的积极回应，对本校的语言使用情况进行调查，并制定出台本校的语言政策。同时，高校语言政策的制定必须和《国家高等教育规划》的目的一致，还需听取多方建议等。

总的来说，南非明确规定实行多语制度，确保除英语和阿非利卡语(南非荷兰语)以外的 9 种土著语言的官方地位，并通过相关规划和设立基金的方式，加强对土著语言的保护和研究。同时，鼓励高校制定个性化的语言教育政策，推动学生学好指定的语言，加强土著文化的传承等。尽管有学者提出，南非对教育的改革和为学生提供公平公正教育的局面是“令人失望的”⑤，但可以看出南非政府及南非教育委员会的努力，他们期望保证具有

---

① https://www.yidaiyilu.gov.cn/xwzx/xgcdt/60977.htm，2018-08-24.

② *Constitution of the Republic of South Africa*，*Act 108 of 1996*，http://www.policy.org.za/govdocs/constitution/saconst.html，2018-08-07.

③ 中国社会科学院民族研究所. 国家、民族与语言——语言政策国别研究. 北京：语文出版社，2003：219-220.

④ 李旭. 南非高等教育语言政策管窥. 西亚非洲，2006(2)：63.

⑤ Nancy H. Hornberger. *Encyclopedia of Language and Education.* 上海：上海外语教育出版社，2012：362.

潜力的公民获得平等的教育机会和获取成功的通道。

3.3.12.2 少数族群语言教育政策

南非的四大种族为黑人、有色人、白人和亚裔，分别占总人口的80.7%、8.8%、8.0%和2.5%。黑人主要有祖鲁、科萨、斯威士、茨瓦纳、北索托、南索托、聪加、文达、恩德贝莱9个部族，主要使用班图语。有色人主要是殖民时期的白人同当地黑人所生的混血人种，主要使用阿非利卡语。白人主要为阿非利卡人(以荷兰裔为主，融合法国、德国移民形成的非洲白人民族)和英裔白人，语言为阿非利卡语和英语。亚裔人主要是印度人(占绝大多数)和华人。① 1996年南非颁布的《南非共和国宪法》第二十九条规定，"每个公民都享有接受使用官方语言或自选语言进行教育的权利""要充分考虑到公平性、实用性和纠正过去相关种族歧视法律及做法所造成后果的各种需要"。第三十条规定："公民有权自由选择其使用的语言，并参与各种文化生活，但公民行使此权利时不得违反权利法案的任何条款或准则。"②1997年南非政府公告第685号颁布《教育语言政策》和《关于语言政策的原则与标准》，确立相关目标是："促进获得具有实际意义的教育；促进多语制；促进非洲语言的编典及其现代化；在国家建设战略背景下促进人们尊重多元性；在南非学校和其他教育机构中促成新型的多语机制。"这些政策明确阐述了"促进多语制，开发官方语言，尊重国家使用的所有语言"，并提出了"使用附加双语制"作为教育语言的可取方法。③ 因此，南非政府在制定各项语言教育政策时都会考虑多语制，并将其作为政策的目标之一。南非政府还提到："使我们的语言④，发展成为学术语言的多语言环境的同时，避免现有教学语言成为创设这一环境的障碍。"不过，尽管政府大力倡导，但实际问题是，南非普通民众对土著语言学习的积极性不高，因为民众大多认为，土著语言进行个人交际，可产生身份认同感和自我认同感，但仅此就足够了，无需扩大使用范围，"而学校的任务是传授更宽泛的交际语言"⑤。另外，多语制使得语言的标准化更加复杂，政府政策实施难度加大，产生了财政经费投入负担重等一系列的问题。

3.3.12.3 外语教育政策

南非是世界上少有的多语言国家之一，独特的历史背景造就了极其多元化的语言教育政策。据南非语言规划任务小组的调查报告，⑥ 南非境内有80多种语言，比较主要的就有20多种，其中包含作为官方语言的11种，其他的语言有葡萄牙语、印地语、古吉拉特

---

① http://www.fmprc.gov.cn/web/gjhdq_676201/gj_676203/fz_677316/1206_678284/1206x0_678286/t9441.shtml, 2018-08-07.

② *Constitution of the Republic of South Africa, Act 108 of 1996*. http://www.policy.org.za/govdocs/constitution/saconst.html, 2018-08-07.

③ 李旭. 南非高等教育语言政策管窥. 西亚非洲, 2006(2): 63.

④ 笔者注："我们的语言"指的是非洲土著语言。

⑤ Murray S. Language Issues in South African Education: An Overview. In: *Language in South Africa*. Cambridge Universtity Press, 2002: 434.

⑥ V. N. Webb. *Language Policy Development in South Africa*. http://www.up.ac.za/academic/libarts/crpl/language-dev-in-SA.pdf, 2018-08-10.

语、泰米尔语、希腊语、意大利语、乌尔都语、德语、荷兰语、法语、泰卢固语等。①1997年出台的《关于语言政策的原则与标准》中提出："要保护、促进、实现和扩大个人的教育语言权利，通过多语言主义的发展来促进国家与国际的交流。"这项政策提出，通过对教育部门、学校、个人的权利与义务等详细的规定，来促进实现语言教育政策的相应目标。从南非语言教育政策的总体框架上看，外语教育占有一席之地："通过制定相关策略、措施促进外语教学与研究，尤其要加强对国家的文化、贸易和外交关系至关重要的外国语言进行教学与研究。"②在这些政策的导向下，南非境内把英语作为教学语言的高校逐渐增多，尽管英语算不上"正宗的外语"，但受国际大环境的影响，英语的重要性凸显。2003年，金山大学率先响应政府的号召，选用英语和色索托语为教学语言，法语为外语。③ 随着时代的发展，南非学校多语制的趋势是包含更多国际通用的语言，更好地和国际接轨。

中国在南非设有孔子学院5所，分别在斯坦陵布什大学、开普敦大学、罗德斯大学、德班理工大学、约翰内斯堡大学，另外，还有3所孔子学堂，分别在开普数学科技学院、威斯福中学和中国文化和国际教育交流中心。④

◎ 参考文献：

1. *Constitution of the Republic of South Africa, Act 108 of 1996*[EB/OL]. http://www.policy.org.za/govdocs/constitution/saconst.html, 2018-08-07.
2. *Language Policy of the University of the Witwatersrand*[EB/OL]. http://www.wits.ac.za/dets/wcs/policy/languagepolicy.pdf, 2018-08-13.
3. Murray, S. Language Issues in South African Education: An Overview[A]. In: *Language in South Africa*[M]. Cambridge Universtity Press, 2002.
4. Nancy H. Hornberger. *Encyclopedia of Language and Education*[M]. 上海：上海外语教育出版社，2012.
5. V. N. Webb. *Language Policy Development in South Africa*. http://www.up.ac.za/academic/libarts/crpl/language-dev-in-SA.pdf, 2018-08-10.
6. 李旭. 南非高等教育语言政策管窥[J]. 西亚非洲，2006，(2)：62-66.
7. 中国社会科学院民族研究所. 国家、民族与语言——语言政策国别研究[M]. 北京：语文出版社，2003.
8. http://www.fmprc.gov.cn/web/gjhdq_676201/gj_676203/fz_677316/1206_678284/

① V. N. Webb, *Language Policy Development in South Africa*, http://www.up.ac.za/academic/libarts/crpl/language-dev-in-SA.pdf, 2018-08-10.

② 李旭. 南非高等教育语言政策管窥. 西亚非洲，2006(2)：64.

③ *Language Policy of the University of the Witwatersrand*. http://www.wits.ac.za/dets/wcs/policy/languagepolicy.pdf, 2018-08-13.

④ http://www.hanban.edu.cn/confuciousinstitutes/node_10961.htm, 2018-08-26.

1206x0_678286/t9441. shtml, 2018-08-05.

9. http://www. hanban. edu. cn/confuciousinstitutes/node_10961. htm, 2018-08-26.

10. https://www. yidaiyilu. gov. cn/xwzx/xgcdt/60977. htm, 2018-08-24.

3.3.13 南苏丹

南苏丹共和国(The Republic of South Sudan)简称南苏丹，是东非的一个内陆国家，首都是朱巴。国土面积约62万平方公里，人口约1253万(2017年)。19世纪以前，南苏丹没有成文历史。一般认为，丁卡族、努维尔族和希鲁克族于10世纪左右进入南苏丹。20世纪50年代和80年代，南北苏丹先后爆发两次内战。2005年1月，苏丹南北双方签署《全面和平协议》(CPA)，第二次内战结束。根据协议，南苏丹于2011年1月举行全民公投，98.83%的选民赞成独立。7月9日，南苏丹共和国成立。

南苏丹是多部族国家，有丁卡、努维尔、希鲁克、巴里等64个部族。居民大多信奉原始部落宗教，约18%的居民信奉伊斯兰教，约17%的居民信奉基督教。官方语言为英语，通用阿拉伯语。南苏丹是世界最不发达国家之一，教育水平相对落后，教学设施匮乏。①

2011年7月14日，联合国大会一致通过安理会关于南苏丹加入联合国的提议，南苏丹遂成为联合国第193个会员国。同年8月15日，非盟正式接纳南苏丹为其第54个成员国。2016年4月15日，南苏丹正式加入东非共同体。

3.3.13.1 主体语言教育政策

2011年7月9日南苏丹独立当日，原南方自治政府主席基尔签署南苏丹过渡期宪法，宪法第一部分明确规定：

(1)南苏丹的所有土著语言都是国家语言，应该受到尊重、发展和促进。

(2)英语应为南苏丹共和国的官方工作语言，以及各级教育的教学语言。

(3)国家促进手语的发展，为有特殊需要的人提供帮助。②

尽管过渡期宪法明确了英语为官方语言和各级教育的教学语言地位，但在南苏丹，多年来一直实行多语教育政策，这与南苏丹历史上的多语现象是分不开的。1899年英国与埃及共管苏丹，并于1902年将南北作为两个实体分而治之，英国殖民统治时期的南苏丹正规教育，其早期语言政策是在小学低年级使用南苏丹地区的主要民族语言教学，之后过渡到英语教学。③ 1956年苏丹独立，阿拉伯语成为教学语言。两次内战期间，恢复了小学阶段以南方民族主要语言为教学语言的双语制。④

---

① http://www. fmprc. gov. cn/web/gjhdq_676201/gj_676203/fz_677316/nsd_678308/nsdgg_678310/, 2018-08-23.

② *The Transitional Constitution of the Republic of South Sudan*. 2011: 3.

③ Barbara Trudell. *The Impact of Language Policy and Practice on Children's Learning: Evidence from Eastern and Southern Africa 2016*. UNIECF, 2016: 1.

④ 尹国杰. 南苏丹多语制下英语语言的冲突与并存. 文学教育, 2014(11): 120.

2005年的临时宪法规定，"苏丹南部的所有土著语言都是国家语言，应得到尊重、发展和推广""英语和阿拉伯语应为苏丹南部和各州政府一级的官方工作语言以及高等教育教学语言"①。南苏丹是最接近阿拉伯世界的非洲国家，南苏丹人说一种特殊的阿拉伯语，叫朱巴阿拉伯语，朱巴阿拉伯语被视为南苏丹的一种通用语。

2011年颁布的过渡期宪法不仅确定了英语作为官方语言的地位，还明确保留了土著语言的发展权力，而且《普通教育法案》第十四条"教育中的民族语言"规定，"所有土著语言都是民族语言"，英语与阿拉伯语应按照宪法相关规定处理；儿童期及小学一至三年级的教学语言应是所在地区的土著语言，城区学校可以选择广泛使用的民族语言作为教学语言；小学四至八年级应以英语作为教学语言。土著语言仍应是学生学习的科目，以确保学生能够在不同情景中用南苏丹共和国的民族语言流利、准确、有效地交流；根据宪法规定，中学及高校应以英语为教学语言。②

2016年，南苏丹加入东非共同体，2017年第29届非洲联盟首脑会议期间，南苏丹副总统邓·盖提出希望坦桑尼亚派遣斯瓦希里语教师到南苏丹，因为南苏丹希望在将斯瓦希里语作为官方语言采用之前，将斯瓦希里语引入学校课程。③ 斯瓦希里语是东非共同体的官方语言。语言政策能够强化和维系民族语言，也决定于该国的发展目标。作为东非共同体成员国之一的肯尼亚是南苏丹的重要邻国，两国长期保持良好的关系，肯尼亚在政治、经济、教育、医疗等各个方面都给予南苏丹大力支持与援助，而肯尼亚的官方语言是斯瓦希里语和英语，为了本国发展，南苏丹政府考虑未来将斯瓦希里语也作为官方语言是能够理解的。

3.3.13.2 少数族群语言教育政策

南苏丹被称为"非洲的民族语言博物馆"，各部族大多拥有自己的语言，但大多数语言使用范围狭窄，使用人数不超过千人，主要的民族语言有丁卡语、努维尔语、赞德语和基尔摩多语等，各部族通用语言为夹杂各种方言俚语的朱巴阿拉伯语。虽然《普通教育法案》中提及城区学校可以使用民族语言作为教学语言，并将土著语言纳入小学学习科目，但实际上，英语仍是最主要的教学语言，各族群语言所编写的教材少之又少。

3.3.13.3 外语教育政策

作为一个年轻的国家，南苏丹急需各方面的发展，需要与其他国家建立良好的关系以加强各个领域的现代技术发展，因此南苏丹把英语作为政府和教育部门以及商业活动的官方语言，也并未丢弃阿拉伯语，但是还需要发展更多外语。

◎ 参考文献：

1. Barbara Trudell. *The Impact of Language Policy and Practice on Children's Learning*: *Evidence*

① *The Interim Constitution of Southern Sudan*, No. 6 (1), (2), Part One, 2005: 3-4, retrieved 6 May, 2017.

② 尹国杰. 南苏丹多语制下英语语言的冲突与并存. 文学教育，2014(11)：120.

③ http://www.africanews.com/2017/07/06/s-sudan-to-adopt-swahili-as-official-language-seeks-tanzania-s-help/, 2018-08-23.

from Eastern and Southern Africa. UNIECF, 2016.
2. *The Interim Constitution of Southern Sudan*, 2005: 3-4, retrieved 6 May, 2017.
3. *The Transitional Constitution of the Republic of South Sudan*, 2011.
4. 尹国杰. 南苏丹多语制下英语语言的冲突与并存[J]. 文学教育, 2014(11): 120-122.
5. http://www.fmprc.gov.cn/web/gjhdq_676201/gj_676203/fz_677316/nsd_678308/nsdgg_678310/, 2018-08-23.

3.3.14 尼日尔

尼日尔共和国(The Republic of Niger)简称尼日尔，系西非内陆国家，东邻乍得，西界马里、布基纳法索，南与贝宁、尼日利亚接壤，北与阿尔及利亚、利比亚毗连，面积1267000平方公里，首都是尼亚美(Niamey)。全国划分为蒂拉贝里、多索、塔瓦、马拉迪、津德尔、阿加德兹和迪法7个大区、1个大区级市即首都尼亚美，36个省和265个镇，人口2150万(2017年)。①

尼日尔历史上未形成过统一的王朝。1922年沦为法国殖民地。1960年8月3日正式宣告独立。对外援依赖严重，根据联合国开发计划署《2016年人类发展报告》公布的人文发展指数，尼日尔在188个国家中排名第187位。

尼日尔奉行和平中立的外交政策，主张在平等、互相尊重国家主权和领土完整的基础上发展同一切国家或组织的友好关系，执行外交为国内政治和经济发展服务的方针。重视发展同西方大国、国际金融机构以及发展中大国的关系。坚持睦邻友好，积极参与地区事务。1996年8月19日中尼复交，此后两国关系得到迅速恢复和发展，尼日尔在中国香港设有名誉领事馆。②

2010年8月，中国国际广播电台调频节目在尼日尔马拉迪市、津德尔市和阿加德兹市正式开播。2018年8月31日，国家主席习近平在人民大会堂会见尼日尔总统伊素福。会见后，两国元首共同见证了双边合作文件的签署。2018年9月3日至4日，尼日尔总统伊素福在京参加中非合作论坛北京峰会。

3.3.14.1 主体语言教育政策

和大多数西非国家一样，尼日尔是一个多民族国家，居住着豪萨族(53%)、扎玛-桑海族(21.2%)、图阿雷格族(10.4%)、富拉族(9.9%)、卡努里族(4.4%)、特布族(0.4%)、古曼族(0.3%)和阿拉伯族(0.3%)。③ 此外，在尼日尔还居住着其他居民，如阿尔及利亚人、黎巴嫩人、利比亚人、莫西人、丹迪人、达加萨人、约鲁巴人、班巴拉人

① https://www.fmprc.gov.cn/web/gjhdq_676201/gj_676203/fz_677316/1206_678332/1206x0_678334/, 2018-09-05.

② https://www.fmprc.gov.cn/web/gjhdq_676201/gj_676203/fz_677316/1206_678332/1206x0_678336/, 2018-09-05.

③ https://en.wikipedia.org/wiki/Niger#Demographics, 2018-09-05，其中富拉族也称富尔富尔族，在法语中称为颇尔族(Peul)。

等，以及外国人，如阿拉伯人、法国人等。[①] 尼日尔的官方语言为法语，各民族均有自己的语言，都被视为第一语言，其中豪萨语和扎玛语可在全国大部分地区通用，被豪萨族和扎玛族以外的民族当作第二语言。[②] 在尼日尔还存在其他一些少数民族语言和外语。

和其他非洲国家一样，在尼日尔，语言的使用问题并不是哪种语言使用的人多哪种语言使用的人少的问题，而是国家语言的地位问题，因为在现实中，官方语言和国家语言并存是普遍的现象。目前，尼日尔的语言政策是通过投票立法，以便在教育和媒体上使用国家语言并继续推进其在行政和司法领域的使用。1999 年 7 月 18 日的宪法第 3 条明确规定“官方语言为法语”，同时规定“所有民族语言在任何情况下都具有国家语言的地位”，要求“所有居民都享有使用其语言的自由，并尊重他人的语言”。事实上，由于尼日尔民族语言众多，所有语言都可作为国家语言在任意场合使用的要求并不容易实现，因此，为了推广国家语言，2001 年 12 月 31 日第 2001-037 号法律第 2 条确定阿拉伯语、豪萨语等 10 种民族语言为国家语言，[③] 并设国家级语言推广机构（Promotion of National Languages），严格监管语言政策的执行。同时还规定，国家语言推广机构工作人员的语言能力是强制性的，必须取得语言认证书，以证明申请者的语言能力。

在教育层面，1998 年 6 月 1 日第 98/12 号法令第 10 条规定法语和国家语言是教学语言，其他语言是学校和大学的教学科目。2001 年 12 月 31 日第 2001-037 号法律第 4 条的教育指导方针进一步强化了“国家语言的使用和教学是强制性的”，须在尼日尔各教育机构加以实施。

尼日尔正规教育从幼儿园开始。幼儿园提供学前教育，招收 3 至 5 岁的孩子。由于幼儿教育在农村很难普及，在城市则多为私立，因此语言的使用由幼儿园自行选择，一般是幼儿的母语或第一语言。小学招收 6 至 7 岁的儿童，学制 6 年，学校按语言的使用情况分为四类，即法语学校、法语—阿拉伯语双语学校、其他国家语言—法语双语学校和为残疾人士提供服务的特殊学校。在这些学校，小学一～三年级使用的教学语言是学生的母语或第一语言，从四年级开始，法语作为教学语言过渡使用，从五年级开始，法语成为教学语言。但无论在哪类学校，都要从一年级开始开设法语和母语课程。通过入学考试，初中招收 11 至 13 岁的孩子，学制 4 年，法语是教学语言，同时学校开设母语课程。高中教育由普通教育和技术职业教育组成，除母语课程以外，官方语言——法语是所有学科包括第二外语的教学语言。

在非正规教育领域，教学语言的选择由社区或受教育目标群体决定，因此，在一般情况下，教学语言是一种占主导地位的国家语言。根据学生的要求，在培训开始或结束时也会辅以法语教学。

---

① http：//www. axl. cefan. ulaval. ca/afrique/nier. htm，2015-12-24.

② https：//en. wikipedia. org/wiki/Niger#Languages，2018-09-05.

③ https：//en. wikipedia. org/wiki/Niger#Languages，2018-09-05. 编者注：这 10 种语言分别是阿拉伯语、布达玛语、富尔富尔语、古曼语、豪萨语、卡努里语、扎玛-桑海语（简称扎玛语）、塔玛什克语、塔斯瓦克语和特布语。不过，在最初的法律文本中，这些语言和民族的名称是用英语写的（如：buduma 布达玛语，fulfude 富尔富尔语）。

在司法层面，《国民议会议事规则》(2011年)规定法律"以官方语言阅读和书写"，但议会辩论可以使用豪萨语和扎玛语。在法庭上，《刑事诉讼法》规定公认的书面语言是法语和古典阿拉伯语，① 在口头交流中，"所有尼日尔公民都有权以其选择的语言获得司法服务"，当法官、被告或被传唤人"对法语没有足够的了解时"，可以配备国家语言口译员，当公诉人、被告或民事当事人提出异议拒绝翻译时，法院对这一异议作出裁决，其决定不受任何上诉的影响。此外，《刑事诉讼法》第57条(2007年)规定，在法官监督下"司法警察可以使用母语打电话并听取所有可能提供有关事实情况的资料"。在审判结束时，判决是用法语或阿拉伯语(很少)进行的。

在公共行政领域，工作语言是法语，合同和集体协议必须以法语书写，否则无效，但在口头交流中也可以使用国家语言。另外，司法、卫生、教育和农业部门的文件可以用某些国家语言提供。这样做虽然不符合法律，但适用于国情，即法语用于正式场合，而在口头交流中，所有人都说两种或三种语言。有些人的国家语言，尤其是豪萨语和扎玛语，比官方语言说得好得多。实行双语在这个国家才是正常的做法。

在媒体和经济生活方面，平面媒体以法语为中心，大多数报纸都是用法语出版的。国家广播电台萨赫勒之声由法国海外广播公司统一管理。每天播音14小时，除用法语外，还用豪萨语、扎玛语、卡努里语、阿拉伯语、特布语等8种国家语言广播，节目覆盖率为95%。但外国电台如法国国际广播电台(RFI)、英国广播公司(BBC)、美国之音(VOA)或德国之声(deutsche welle)都以它们的语言(法语、英语或德语)提供节目。国家电视台萨赫勒电视台用法语和6种国家语言播放，可覆盖国土面积的70%和全国人口的80%。在尼亚美，还有一个私人电视频道、两家经济电视频道，它们都使用国家语言播出，此外，它们也转播一些国际频道，如法国电视5台(TV5)、新知台(Horizon Channel)等。

3.3.14.2　少数族群语言教育政策

虽然10种国家语言在法律上是平等公认的，但由于使用者数量不同，它们的实际使用情况并不平等。在校园里，目前10种公认的国家语言中只有5种被用于正规教育，豪萨语、扎玛语、富尔富尔语、塔玛什克语和卡努里语的使用者占97%，其他语言使用者占比几乎可以忽略不计，② 因此尼日尔政府一直将双语教育的推广作为当务之急。早在1974年，尼日尔政府就着手进行教育改革，改革的目标是在次年实现双语教育。从目前情况来看，以下改革成果被保留了下来，主要包括"使用国家语言和法语作为教学语言交替使用""指导和促进对双语教育的研究"以及"编写适合于双语教学需要的教学材料"。1998年，政府决定将双语教育推广开来，即中小学阶段使用母语作为教学语言，每个孩子都在他的母语中学习，法语则作为一门课程开设，仅在继续教育和高等教育阶段作为教学语言使用。2004年，尼日尔进行了广泛的课程改革。2008年政府决定，在尼日尔继续扩大双语教育：(1)启动小学教师双语培训，在教师培训学院开设双语课程。(2)每年开设400所双语学校(每个地区50个)。(3)先确定前五种语言(富尔富尔语、豪萨语、卡努

① 编者注：尼日尔居民88%信奉伊斯兰教，因此古典阿拉伯语在生活中占有一席之地。

② *Combined Periodic Report of the Republic of Niger 2003-2014 on the Implementation of the African Charter on Human and People's Rights*. Republic of Niger Fraternity-Work-Progress, 2014: 50.

里语、扎玛语和塔玛什克语)的教学材料并开发另外五种语言教材。多年的立法框架和实践使许多活动得以实现，促进了国家语言的发展。教师培训学院已有120名教师和600名学生接受了国家语言的培训，制作了双语教学手册，出版了若干部以国家语言撰写的书籍。2009年至2010年，建立了306所新双语学校，使全国双语学校总数达到499所。[①] 另外，职业技术学校、大专院校和大学都在它们的课程中加入了适当的语言培训，以确保学生成功融入社会，并在全国范围内有效地推广它们的研究成果。

至于学校具体选择哪种国家语言，2001年12月31日第2001-037号法律第7条规定，国家教育部负责双语学校国家语言的选择，但无论是教育部直接指定还是教育机构报批，都必须征求所在地居民的同意。

简言之，孩子必须首先掌握母语，才能继续其他语言的学习。在尼日尔，由于女孩通常比男孩接触法语机会少，因此使用母语有助于提升女孩入学率。女孩的小学入学率自2000年以来翻了一番，比例达到50%。为了鼓励贫困的家长让孩子入学并确保他们的教育，在技术和财政合作支持下，基础教育部采取了一些行动。其中包括：为女童制定国家教育和培训政策，成立一个由7个部委组成的女童教育跨部门小组，为女童教育制定政策框架，在2006—2007年建立临时农村学校取代以前的游牧学校以及在小学和中学建立方便残疾儿童的教室，开设适合于残疾儿童的学科等。这些政策有力地推动了教育事业的发展，提高了尼日尔学龄儿童受教育的机会。适龄儿童受教育率的提高反过来又促进了儿童母语的发展和规范，二者相得益彰。

与之相适应，政府还耗巨资修复了一些具有民族特色的文化设施，如行政大楼、尼亚美和津德尔博物馆、培训和音乐制作中心(Centre for Training and Music Production)等，增加了阅读和文化中心(CLACs)的文献基金投入，制定了文化企业家指南和图书发展战略，还成立了一个促进文化企业和产业的国家机构(阿佩克)，举办传统的舞蹈和音乐节、盐疗和尼日尔电影节等，以确保所有民族人民的福祉和促进社会和平。目前，大约有30名尼日尔文化促进者和艺术家在培训和音乐制作中心接受了音乐创作培训，不过，由于文化活动参与率较低、文化艺术设施有限、艺术家的专业水平较低，文化和艺术领域的发展也面临着巨大的挑战。

3.3.14.3 外语教育政策

尼日尔教育法规定，从小学六年级开始，学生必须学习一门新的外语，官方语言——法语是其教学语言。

◎ 参考文献：

1. *Combined Periodic Report of the Republic of Niger 2003-2014 on the Implementation of the African Charter on Human and People's Rights*. Republic of Niger Fraternity-Work-Progress, 2014.

---

① *Combined Periodic Report of the Republic of Niger 2003-2014 on the Implementation of the African Charter on Human and People's Rights*. Republic of Niger Fraternity-Work-Progress, 2014: 47-52.

2. http：//www. axl. cefan. ulaval. ca/afrique/niger. htm，2015-12-24.
3. http：//www. fmprc. gov. cn/web/gjhdq _ 676201/gj _ 676203/fz _ 677316/1206 _ 678332/1206x0_678334/，2018-09-05.
4. https：//en. wikipedia. org/wiki/Niger#Demographics，2018-09-05.
5. https：//en. wikipedia. org/wiki/Niger#Languages，2018-09-05.

3. 3. 15 苏丹

苏丹共和国(The Republic of the Sudan)全称苏丹，面积188万平方公里，人口约4078万，首都喀土穆，是世界第三大阿拉伯国家、非洲第二大国家。① 苏丹是非洲北部和南部之间的主要通道，北邻埃及，西接利比亚、乍得、中非，南毗南苏丹，东接埃塞俄比亚、厄立特里亚，东北濒临红海，海岸线长约720公里，战略位置十分重要，是"21世纪海上丝绸之路"上的重要国家。② 苏丹经济结构单一，以农牧业为主，工业落后，基础薄弱，对自然及外援依赖性强，是联合国宣布的世界最不发达国家之一。

苏丹奉行独立自主的外交政策，维护国家主权和统一，反对西方强权政治，主张加强阿拉伯国家团结，密切同非洲国家的合作，同世界上近100个国家建立了外交关系。苏丹历来奉行对华友好政策，是中国全天候的朋友。自1959年2月4日同中国建立外交关系以来，两国长期友好。苏丹是同中国合作最多的非洲国家之一。2015年9月1日，中苏两国签署《中华人民共和国和苏丹共和国关于建立战略伙伴关系的联合声明》。③ 作为最早积极响应"一带一路"倡议，并与中国签署共建"一带一路"协议的国家，苏丹有能力成为"一带一路"建设的重要节点。2018年9月2日，国家主席习近平在人民大会堂会见苏丹总统巴希尔，会后，两国元首共同见证了双边合作文件的签署。

3. 3. 15. 1 主体语言教育政策

苏丹是一个多民族、多语言国家。据国际少数民族组织统计，苏丹境内居住着500多个民族，大多数民族曾经拥有自己的语言，在殖民时期由于受到不同宗主国语言规划和正字法的影响，加之民族之间的融合交流，现存语言多达100多种，如果加上这些语言产生的变体语音，苏丹方言大概超过400种。④

在多语言国家，政府的首要目标是在经济和社会层面实现国家的完整，而教育内容和语言是影响一个民族凝聚力的重要因素。一方面，语言的统一可以更有利于苏丹国家的统一和民族认同感的培养；另一方面，保护文化多样性和语言多样性，是苏丹文化个性的一部分。缘于此，自1956年苏丹独立以来，苏丹国内关于国家语言的确立和教育语言阿拉

① http：//www. sudan. gov. sd，2018-09-04.

② https：//www. fmprc. gov. cn/web/gjhdq _ 676201/gj _ 676203/fz _ 677316/1206 _ 678526/1206x0 _ 678528/，2018-09-04.

③ https：//www. fmprc. gov. cn/web/gjhdq_676201/gj_676203/fz_677316/1206_678526/1207_678538/t1295500. shtml，2018-09-04.

④ https：//minorityrights. org/country/sudan/，2018-06.

伯化之争从未停止，语言教育政策也经常变化。20世纪70年代，苏丹第一次内战结束，南北双方签订《亚的斯亚贝巴协议》(*Addis Ababa Accord*)，规定苏丹官方语言为阿拉伯语，主要工作语言为英语。苏丹政府规定：小学阶段，农村学校1~6年级的教学语言都是地方方言，同时开设英语和阿拉伯语口语课，逐年强化学习；城市学校1~6年级的教学语言都是阿拉伯语，英语在1~2年级仅开设口语课，3~4年级开设读写课，5~6年级继续强化英语学习。中学阶段，除英语课程以外，其他所有初中课程都采用阿拉伯语教学，高中采用英语教学，同时开设阿拉伯语文学课。成人教育则用地方方言和阿拉伯语进行。随着苏丹第二次内战结束，北方苏丹伊斯兰政权实施教育改革，加强全国的阿拉伯化和伊斯兰化，命令所有小学改为伊斯兰学校，“按照《古兰经》的教义生活”“计划在2002年年初将喀土穆的所有学校(小学)改造成古兰经学校”，将《古兰经》教给儿童。这一方案因遭到南方基督教居民的反对最后未能实施。为摆脱对英语的依赖，喀土穆大学率先对最早使用英语教学的几个学院开始进行小范围试点语言改革，强调在行政管理工作(包括学校的各种文件、报表、财务工作)上使用阿拉伯语，要求条件具备的学院或系科尽可能地使用阿拉伯语上课。但是喀土穆大学在发展和推广阿拉伯语作为教学语言的同时，并不排斥英语和其他外语的使用，而且注意发挥英语的长处，特别是在科研工作和理、工、医等学院的教学工作中更是如此。随后，《高等教育法》将阿拉伯语规定为苏丹高校的教学语言，教学语言的改革开始在高校实施。除了一些私立学院和南方地区的部分大学还用英语作为教学语言，几乎所有的大学都用阿拉伯语进行教学。

为了切断苏丹书面语言与罗马文字(与基督教有关)的联系，保持阿拉伯语和其他苏丹方言之间的联系，苏丹于1993年开始实施“语言组”战略，规定所有方言一律采用阿拉伯语书写。该项目由伊斯兰教育科学及文化组织(ISESCO)资助，由位于喀土穆的非洲国际大学主办，一直持续到2010年年初。苏丹文化研究所为每个社区组织了培训讲习班，开设识字班，设立正字法和识字方案、翻译《圣经》和转录口述历史。2005年，大约有30个语言小组在工作和制作识字教材。除此以外，20世纪90年代立法、司法和行政方面，苏丹联邦议会只使用阿拉伯语，法律的起草和颁布也使用阿拉伯语，所有法院(包括宪法法院、最高法院、普通民事法院和刑事法院、军事法庭和部落法院)的记录语言通常是阿拉伯语。在必要时，法官使用口译员。在公共服务中，口头语言和书面语言使用的都是现代标准阿拉伯语。

2005年苏丹新宪法对英语的地位和国家语言做了很大变动，阿拉伯语不再是“官方语言”,① 而是“在苏丹广泛使用的国家语言”，英语是“国家政府的官方工作语言”和“高等教育的教学语言”，所有地方方言都是“国家语言”,② 必须得到尊重、发展和推广。该宪法再次重申了“禁止歧视语言”的规定。

这一法令的最大特点是地方政府和教育机构可以自主决策，自由选择互动语言。2005

---

① 在苏丹历史上曾颁布过三部宪法，即1973年宪法、1998年宪法和2005年过渡期宪法。其中1973年宪法规定苏丹官方语言为阿拉伯语，主要工作语言为英语，1998年宪法规定阿拉伯语是苏丹共和国的官方语言，同时允许发展其他地方方言和国际语言。

② 亦有人译为“民族语言”。

年的制宪会议进一步商定，将在总统任期内成立一个理事会，监督新语言政策的实施。与以往苏丹语言政策相比，2005 年新宪法是里程碑式的进步，符合目前全球将语言权利视为一项重要人权的趋势。根据这一法令，南部苏丹地区包括努巴山区选择了英语作为工作和交流语言，也选择了英语作为教育中使用的主要语言。在所有学段使用英语也暴露出一些问题，南部地区普遍缺乏训练有素的教师，因此在许多学校，教学语言使用的是地方方言，英语则作为一门学科学习。

在官方层面，总统在 2009 年 2 月宣布成立国家语言开发推广委员会，宣布了未来工作目标，以保护和促进民族语言和文化遗产。然而，由于该委员会的成立是基于临时宪法，委员会缺乏经济支持，其未来也面临着严重的不确定性。

另外，大多数公共场合的公告或标志都是阿拉伯语和英语双语。政府部门和公共教育领域，以及大部分商务领域使用的是英语。苏丹共和国议会官方网站所有一级页面用的是英语，页面上的子目录大多也是英语，只有“媒体中心”界面使用阿拉伯语，财政和经济计划部、外交部、教育部、情报部、高等教育部和科学研究部这 6 个部门使用的是英语和阿拉伯语双语。①

由于苏丹的地方方言也被认为是国家语言，地方政府机构有时也会用地方方言与服务对象进行交流。② 传媒方面，官方通讯社——苏丹通讯社（SUNA）于 1971 年成立，在境内、境外以阿拉伯语、英语和法语三种语言播出。苏丹电视台有三个电台，它们都使用现代标准阿拉伯语。苏丹国家广播电台设在喀土穆以北的恩图曼，建于 1940 年，用阿拉伯语、英语、法语、索马里语等语言对国内外播音。在国内共有 9 个发射台，每日除用阿拉伯语播放 19 个小时的节目外，还用英、法等语言广播 3 个半小时。苏丹国家电视台设在喀土穆以北的恩图曼，建于 1963 年 12 月，每天用阿拉伯语、英语播送节目约 15 个小时，同各阿拉伯国家和一些外国电视台有业务交流关系，收视观众约 1000 万。主要的报纸有《今日新闻报》《新闻报》和《舆论报》，均为阿拉伯语日报。《新地平线》为英文报，《今日苏丹》为英文月刊。③

3.3.15.2　少数族群语言教育政策

语言学家已经在苏丹发现了至少 114 种地方方言，这些方言里使用最广泛的少数民族语言是贝贾语，它属于亚非语系和库希特语族群，据估计，红海沿岸地区有 200 万人（其中有 120 万人是母语为英语的人）说这种语言。另一种少数民族语言是富尔语，在达尔富尔地区有 744000 人使用。迪林语的使用人数正在逐渐减少，目前大概有 11000 人说这种方言。其他地方方言还包括朱巴阿拉伯语、乍得阿拉伯语、豪萨语、丁卡语、努尔语、马萨利特语、扎格哈瓦语、努比亚语、尼日尔-刚果语，以及目前只剩 2 人会讲的比尔吉

① www. sudan. gov. sd，2018-09-04.

② https：//www. graphicmaps. com/sudan/languages，2018-05-01.

③ https：//www. fmprc. gov. cn/web/gjhdq _ 676201/gj _ 676203/fz _ 677316/1206 _ 678526/1206x0 _ 678528/，2018-09-04.

德语。①

推广地方方言的举措似乎大多数都停留在民间或宗教层面。从2006年开始，美国圣经协会分别在喀土穆和努巴山开设了摩洛识字项目(Moro Literacy Project)。语言研究人员为苏丹濒危语言项目带来了新的国际资金援助，通过非正式网络建立了苏丹语言学家与西方大学(如爱丁堡大学、科隆大学)之间的合作关系。还有一些语言活动实际上是在国外进行的。在乍得，与语言研究中心一起工作的扎格哈瓦社区成员通过对骆驼上的标记取样，提出了一种贝利亚语(Beria)的专门书写系统。类似的团体机构还有很多，可能给人一种地方方言蓬勃发展的印象。然而，许多活动可能都面临着不能持久的问题。截至2010年中旬，无论在苏丹境内还是境外，一些原本在2009年6月还能正常访问的网站已不能进入(如澳大利亚丁卡语言研究所、贝利亚语促进协会网站)。没有强有力的制度体系和协调保障，苏丹就不可能有真正的语言规划，更不可能有长期稳定的实施计划。

3.3.15.3 外语教育政策

汉语教学在苏丹众多外语教学中地位显著。1993年喀土穆大学文学院创建中文系，从1994年开始隔年招生，并邀请一批汉语学者到学校讲学。苏丹成为北非及阿拉伯国家中继埃及之后又一个教中文的国家。2007年和2008年两年，喀土穆大学已为苏丹政府、能源矿业部、内政部移民局、私立中学等举办了二十多期汉语培训，课程包括基础汉语、考前辅导、汉语短期班等。2008年10月，国家汉办与喀土穆大学签署合作建设孔子学院正式协议，同年，在苏丹设立了第一个非洲汉语水平考试(HSK)考点。2009年11月，孔子学院正式揭牌，合作机构是西北师范大学。此外，喀土穆大学中文系从2008年开始每年招生，该大学每年还举行一些中文活动，如“汉语桥”、HSK、中国文化展览等。近几年，中国商品、中国公司和中餐馆纷纷涌入苏丹，而在不远的将来，汉语或许会成为苏丹最时尚的舶来品。

◎ 参考文献：

1. Joyce Chepkemoi. *What Languages Are Spoken in Sudan*? https://www.worldatlas.com/articles/what-languages-are-spoken-in-sudan.html, 2017-08-01.
2. http://www.fmprc.gov.cn/web/gjhdq_676201/gj_676203/fz_677316/1206_678526/1206x0_678528/, 2018-09-04.
3. http://www.sudan.gov.sd, 2018-09-04.
4. https://minorityrights.org/country/sudan/, 2018-06.
5. https://www.graphicmaps.com/sudan/languages, 2018-05-01.
6. https://www.worldatlas.com/articles/what-languages-are-spoken-in-sudan.html, 2017-08-01.

① Joyce Chepkemoi. *What Languages Are Spoken in Sudan*? https://www.worldatlas.com/articles/what-languages-are-spoken-in-sudan.html, 2017-08-01.

3.3.16 坦桑尼亚

坦桑尼亚联合共和国(The United Republic of Tanzania)简称坦桑尼亚，首都多多马，是古人类发源地之一，位于非洲东部、赤道以南，国土面积 94.5 万平方公里，全国总人口 5730 万人(2017 年)。坦桑尼亚经济以农业为主，旅游业发达。坦桑尼亚有 126 个民族，人口超过 100 万的有苏库马、尼亚姆维奇、查加、赫赫、马康迪和哈亚族。另有一些阿拉伯人、印巴人和欧洲人后裔。坦噶尼喀(大陆)居民中 32%信奉天主教和基督教，30%信奉伊斯兰教，其余信奉原始拜物教；桑给巴尔居民几乎全部信奉伊斯兰教。坦桑尼亚是联合国、不结盟运动、英联邦、非洲联盟、东非共同体、南部非洲发展共同体及环印度洋地区合作联盟等组织的成员国。①

坦桑尼亚实行小学免费义务教育，成人识字率为 90.4%，是非洲文盲率最低的国家之一。坦桑尼亚的语言基本可划为三类：地方民族母语、斯瓦希里国语和外国语言(主要是英语)。②

3.3.16.1 主体语言教育政策

坦桑尼亚是一个多语种国家，它有超过百种的地方民族语言，虽然语种众多，但是在独立之前，没有哪一种语言是被大多数人或者民族所使用的。由于历史原因，在坦桑尼亚，针对不同教育阶段而选择设置的语言课程也会出现导向不明的情况，因此，人们常常认为坦桑尼亚的语言政策是混乱和矛盾的。

20 世纪 60 年代坦桑尼亚独立之后，当时的总理卡瓦瓦在东非地区语言研究国际会议上宣布，斯瓦希里语不仅是坦桑尼亚的一种官方语言，也是该国的国语。③

斯瓦希里语和英语一样，都是坦桑尼亚的官方语言，但使用人数又远远大于英语。斯瓦希里语作为官方语言最早始于 17 世纪德国殖民时期。“一战”结束后，英国接管了德国对坦桑尼亚的殖民统治。为了巩固宗主国的统治地位、加强宗主国语言的传播，英国政府要求他们建立的小学同时使用斯瓦希里语和英语授课。

1964 年坦桑尼亚共和国成立后建立了资本主义社会制度，实施中学免费教育政策，但仍然保留了殖民时期的教育语言政策。1967 年坦桑尼亚建立了社会主义制度，政府实施了教育自立政策(ESR)，给所有的孩子提供上学机会，并规定斯瓦希里语为小学教育唯一的授课语言。④ 20 世纪 70 年代，斯瓦希里语成为坦桑尼亚基础教育和成人教育的唯一教学语言，但在一些国际小学依旧使用英语授课。坦桑尼亚人民对于英语的感情是非常复杂的，作为社会地位和受教育程度高的象征，坦桑尼亚中高等教育阶段的教学仍旧使用的是英语，比如坦桑尼亚的高等学府——达累斯萨拉姆大学，除了斯语系的教学语言使用斯瓦希里语，其他院系的教学语言，甚至大学的官方语言都是英语。

---

① http://www.fmprc.gov.cn/web/gjhdq_676201/gj_676203/fz_677316/1206_678574/1206x0_678576/, 2018-08-25.

② 教育部语言文字信息管理司. 世界语言生活状况(2016). 北京：商务印书馆，2016：448.

③ 教育部语言文字信息管理司. 世界语言生活状况(2016). 北京：商务印书馆，2016：450.

④ 莫海文. 坦桑尼亚小学教育语言政策的两难选择. 教育学术月刊，2011(7)：98.

20 世纪 60 年代末起，政府尝试将斯瓦希里语用于中等教育，但基础教育到中等教育的教学语言断层固化了语言的沟壑，斯瓦希里语和英语这两种教学语言不可能在短期内实现彼此的转换。因此，坦桑尼亚教育部做出了在中等教育阶段逐步用斯瓦希里语取代英语作为教学语言的安排，并于 20 世纪 70 年代初完成了部分学科的斯瓦希里语教材编写工作，但很快，这一项目就被搁浅了。

20 世纪 90 年代以来，坦桑尼亚实行多党制，对于斯瓦希里语和英语在本国的地位问题，国内形成了两大对立阵营。由于全球化进程的日益加快、英语强大的影响力，以及考虑到自己孩子未来的就业竞争问题，越来越多的家庭支持将英语作为小学教学语言。1992 年政府立法允许私立小学用英语授课。[①] 随后，国家通过法案将私立小学合法化。一时间，坦桑尼亚的私立小学发展势头异常迅猛，约占全国小学数量的三分之一。1995 年，教育文化部出台《教育培训政策》，其中第五章“正规教育与培训”详细规定了学前教育到中等教育阶段的教学语言和语言课程设置，具体内容如下：其一，学前教育阶段的教学语言为斯瓦希里语，英语为必修科目；其二，基础教育阶段的教学语言为斯瓦希里语，英语为必修科目；其三，中学阶段使用英语作为教学语言，斯瓦希里语自初中一年级起为必修科目。因此，小学一年级应开展英语课程学习，确保七年基础教育后，学生具备足够的英语识字能力，以应对中等教育、高等教育及就业市场对英语能力的要求。[②] 至此，几乎所有的私立小学都使用英语作为教学语言，而公立小学则使用斯瓦希里语作为教学语言，私立小学的毕业生在语言上就明显比公立小学毕业生占优势。由此可见，这一时期英语在坦桑尼亚教育领域占据优势，斯瓦希里语的地位出现倒退。1997 年，教育文化部出台的《文化政策中》，第一章涵盖对国语、本土语言、外语和教学语言的相关规定。其中第一条“国语”规定：坦桑尼亚宪法应将斯瓦希里语确立为国语；鼓励个人或机构使用斯瓦希里语写作或出版；国家斯瓦希里语协会负责斯瓦希里语的研究与推广；国家斯瓦希里语协会应与其他斯瓦希里语推广机构加强合作，获取充足资源，发挥各自职能；其他本土语言应继续促进斯瓦希里语发展。[③]

20 世纪 90 年代末坦桑尼亚政府提出将发展斯瓦希里语作为教学用语的建议，还为此成立了专门的专家委员会来推进和落实具体事宜，并正式将斯瓦希里语编入国家宪法。在这之后的几年间，坦桑尼亚政府相继做出一系列报告，希望中等教育阶段能够使用斯瓦希里语作为教学语言，但鉴于国内经济等各方面原因，这一转换教学语言提议的实现却是遥不可及。

时至今日，在中高等教育阶段，英语作为教学语言的地位在坦桑尼亚仍旧无法撼动，而在基础教育阶段，争论仍在继续，很多家长希望公立小学也将英语作为教学语言。斯瓦希里语和英语的地位在坦桑尼亚国内随着时局变换和社会、经济的发展而此消彼长，多变的坦桑尼亚语言教育政策也正是政治、经济发展的产物。

---

① 教育部语言文字信息管理司. 世界语言生活状况(2016). 北京：商务印书馆，2016：451.

② *Education and Training Policy of Tanzania*. http://www.moe.go.tz/index.php? option = com_docman&task = doc_view&gid = 108&Itemid = 617，2018-08-25.

③ 李丹. 本土化视野下的坦桑尼亚教学语言问题. 西亚非洲，2017(3)：132.

3.3.16.2 少数族群语言教育政策

坦桑尼亚是一个多语种的国家，当地人使用的大多数语言属于两大语系：尼日尔-刚果(班图)语系和尼罗-撒哈拉(尼罗)语系，桑给巴尔地区通用的语言是阿拉伯语。此外，哈扎族和桑达韦族的狩猎采集者使用吸气辅音来讲语言，这些辅音被暂时纳入克瓦桑语族中。库希特族和闪米特族的语言属于非亚语系，印度斯坦和英国居民讲印欧语系的语言。坦桑尼亚各民族通常在自己的族群里说母语，但是在与其他族群交流时，会使用斯瓦希里语和英语。

由于国家语言教育政策的限制，在坦桑尼亚，虽然少数民族语言在初等教育中可能会在非正式场合使用，但它们不能作为教学语言使用，而且在学校也没有专门开设少数民族语言科目。① 电视广播和报纸等媒体上基本没有用少数民族语言制作的节目。坦桑尼亚达累斯萨拉姆大学也没有开设少数民族语言课程。坦桑尼亚政府大力推广斯瓦希里语，希望用斯瓦希里语统一各个少数民族，这一举措导致该国小语种正在逐步衰退。

3.3.16.3 外语教育政策

坦桑尼亚目前国内的外语教育主要有法语和阿拉伯语几种语言。② 法语存在于一些培训机构和大学。阿拉伯语和斯瓦希里语以及豪萨语被称为非洲三大语言，早在1728年斯瓦希里语就以阿拉伯字母来拼写，到19世纪才受到欧洲殖民者的影响改用拉丁字母来拼音；斯瓦希里语吸收了大量阿拉伯语借词，连语言的名称"斯瓦希里"都是来自阿拉伯文سواحيل(*Sawahil*)"濒海地区"。在坦桑尼亚，超过三分之一的人口笃信伊斯兰教，因此在伊斯兰教教徒集中地区会出现阿拉伯语教学。此外，坦桑尼亚的一些国际学校还会开设德语、西班牙语等外语课程。

随着中国与坦桑尼亚两国间的社会、政治、经济和文化往来日益增多，在坦桑尼亚掀起了一股汉语热，2013年2月，多多马大学孔子学院借助2013年第四届"聚焦在非洲、坦桑过大年"活动在坦桑尼亚首次公开亮相，这是坦桑尼亚第一家以教授汉语、传播中华文化为宗旨的孔子学院。经过几年的发展，中文即将成为多多马大学本科国际关系课程的五个必修外语之一，旨在拓宽未来毕业生的就业机会。中国驻坦大使馆刘云先生对此表示热烈的欢迎，他认为此举将会使热爱中国文化的学生从中获益，比如可以拿到中国的奖学金以及在中国公司就业的机会。他说："这有助于毕业生开展与中国相关业务，加强与中国的贸易联系。"③

◎ 参考文献：

1. *Education and Training Policy of Tanzania*[EB/OL]. http://www.moe.go.tz/index.php?option=com_docman&task=doc_view&gid=108&Itemid=617, 2018-08-25.

---

① Muzale, Henry R. T & Rugemalira, Josephat M. Researching and Documenting the Languages of Tanzania. *Language Documentation and Conservation*, 2008, 2(1): 68-108.

② 教育部语言文字信息管理司. 世界语言生活状况(2016). 北京：商务印书馆，2016：452.

③ https://baijiahao.baidu.com/s?id=1577693387129569544&wfr=spider&for=pc, 2018-08-25.

2. Muzale, Henry R. T. & Rugemalira, Josephat M. Researching and Documenting the Languages of Tanzania[J]. *Language Documentation and Conservation*, 2008, 2(1): 68-108.
3. 教育部语言文字信息管理司. 世界语言生活状况(2016)[M]. 北京: 商务印书馆, 2016.
4. 李丹. 本土化视野下的坦桑尼亚教学语言问题[J]. 西亚非洲, 2017(3): 123-141.
5. 莫海文. 坦桑尼亚小学教育语言政策的两难选择[J]. 教育学术月刊, 2011(7): 98-100.

3.3.17 乌干达

乌干达共和国(The Republic of Uganda)简称乌干达，位于非洲东部，东与肯尼亚相邻，南与坦桑尼亚和卢旺达接壤，西与刚果民主共和国相接，北靠南苏丹，是地跨赤道的内陆国，曾被英国前首相丘吉尔喻为“非洲明珠”。全境大部位于东非高原，多湖，有“高原水乡”之称，国土面积241550平方公里，人口4290万(2017年)。全国约有65个民族。按语言划分，有班图人、尼罗人(即尼罗特人)、尼罗-闪米特人和苏丹人四大族群。每个族群由若干民族组成。班图族群占总人口的2/3以上，包括巴干达、巴尼安科莱、巴基加和巴索加等20个民族。尼罗族群包括兰吉、阿乔利等5个民族。尼罗-闪米特族群包括伊泰索、卡拉莫琼等7个民族。苏丹族群包括卢格巴拉、马迪等4个民族。①

公元1000年，地处乌南部的布干达地区就建立了王国。19世纪中叶，布干达王国成为东非地区最强盛的国家。19世纪50年代，殖民主义入侵，1894年6月，英国宣布布干达为其“保护国”。1896年，英国将“保护国”范围扩展到乌干达全境，并于1907年在乌干达设总督。乌干达于1962年10月独立，于1963年成立乌干达共和国。乌干达是联合国公布的世界最不发达国家之一，农牧业在整个国民经济中居主导地位，工业落后。

中乌于1962年建交。建交以来，两国一直保持友好关系，两国经贸关系和经济技术合作进展顺利。1986年乌干达“全国抵抗运动”执政后，中乌关系快速发展，两国在国际事务中相互支持和配合。乌干达是中国公民团队旅游目的地国。

3.3.17.1 主体语言教育政策

乌干达有40余种本土语言，主要分四大语族：班图语族、东尼罗特语族、西尼罗特语族和中苏丹语族。基奥加湖以南的地区以班图语族为主，以北的地区以东、西尼罗特语族为主。使用中苏丹语族的人主要集中在西北部。卢干达语属尼日尔-刚果语系班图语族，使用人口最多，使用人群主要分布在中部和南部。

英语是乌干达的官方语言，于19世纪80年代传入乌干达，从殖民统治时期至今，在所有正式交际场合，例如教育、司法、政治领域，英语皆处于主导地位。尽管只有少部分人能讲流利的英语，英语却被认为是获得职位、声望、经济和政治权力的必备工具。掌握好英语是获得较高社会地位的隐形手段，是社会身份和地位的符号表达。

在英语教育政策方面，国家强化英语的重要作用。1989年，教育部教育审查委员会

① http://www.fmprc.gov.cn/web/gjhdq_676201/gj_676203/fz_677316/1206_678622/1206x0_678624/, 2018-08-28.

建议母语作为初小(1~4 年级)的教学语言，英语作为课程学习。① 1992 年，政府的教育白皮书规定农村小学 1~4 年级，教学语言应使用本土语，5 年级开始用英语教学；城市小学从 1 年级开始用英语教学。在所有小学，英语和斯瓦希里语都作为必修课；本土语作为课程学习，但不用考试。② 2007 年课程改革规定，初小(1~3 年级)使用本土语，从 4 年级开始使用英语作为教学语言。③ Tembe Juliet Hirome(2008)就乌干达的多语语言政策作过研究，在乌干达东部，农村和城市的两所小学语言政策不同：在农村，教育的前四年教学语言为本土语，后阶段用英语；在城市，英语教学贯穿于教学的整个阶段，本土语只作为课程学习。④

除了英语，斯瓦希里语也是乌干达的官方语言，主要在北部和乌干达与肯尼亚、坦桑尼亚交界的区域使用，最初主要用于族群间交流和边境贸易，Ladefoged 估计有 35%的乌干达人能讲斯瓦希里语。⑤ 20 世纪前数十年，斯瓦希里语主要在军队和警察中使用，也用于教学。乌干达北部地区的人在殖民政府军中服过兵役，对斯瓦希里语有着特殊的感情，如今，在北部区域斯瓦希里语仍在使用。中部地区的人对斯瓦希里语怀有敌意。1928 年宣布将斯瓦希里语作为教育和行政管理的官方语言，这个政策遭到布干达人和大主教的坚决反对，不得不撤销，卢干达语重新作为官方语言使用。据说，在布干达，斯瓦希里语有负面联想，与奴隶身份和伊斯兰教相关。1972 年，阿明执政时期，斯瓦希里语再一次被宣布作为官方语言，政府机构、广播和电视都要使用此语言。阿明统治的结束宣告斯瓦希里语用作官方语言告一段落。2005 年，乌干达议会再一次批准它作为官方语言，主要是因为它在推进区域一体化方面的作用。由于部分乌干达人对斯瓦希里语的消极态度，斯瓦希里语在乌干达并不如在东非共同体成员国中受欢迎。

卢干达语是有记载的最早的非洲本土语之一，也是乌干达使用最广的本土语。1912 年成为乌干达的官方语言。因其他族群的反对，卢干达语作为官方语言曾一度被斯瓦希里语取代，后因布干达人的抗议，又恢复其地位。使用者主要分布在布干达的东南部、维多利亚湖周边和吉奥加湖周边。布干达首领在殖民时期作为行政官员大力推广此语言，后来卢干达语主要在文学、教育和教堂中使用。20 世纪 60 年代以前，卢干达语在乌干达东部的小学被用作教学语言。独立后，虽然卢干达语作为官方语言的地位沦陷，但使用范围已延伸到其他地区，尤其是城区。它在商务、运输、教堂、媒体等领域广泛使用。如今，在

---

① Barbara Trudell. *The Impact of Language Policy and Practice On Children's Learning: Evidence from Eastern and Southern Africa*. UNICEF, 2016: 80.

② McGregor, Gordon P., Kate Parry, eds. National Policy and Practice in Language and Literature Education: Some Reflections from Afar. In: *Language and Literacy in Uganda: Toward a Sustainable Reading Culture*. Kampala, Uganda: Fountain Publishers, 2000: 7.

③ Barbara Trudell. *The Impact of Language Policy and Practice on Children's Learning: Evidence from Eastern and Southern Africa*. UNICEF, 2016: 80.

④ Tembe Juliet Hirome. Language Education Policy and Multilingual Literacies in Ugandan Primary Schools. https://open.library.ubc.ca/cIRcle/collections/ubctheses/24/items/1.0058276, 2008.

⑤ Joshua Wanyama. English Rules in Uganda, but Local Languages Shouldn't Be Sidelined. https://theconversation.com/english-rules-in-uganda-but-local-languages-shouldnt-be-sidelined-49381, 2015-11-05.

乌干达的东西部大部分地区，卢干达语依然在教育和教堂中使用。有研究表明乌干达人使用卢干达语而非其他本土语的一个重要原因是卢干达语是通向城市生活的金钥匙。

综上所述，因种种原因，国家把英语和斯瓦希里语定为官方语言并大力推广，作为本族语的卢干达语主要用于族群间的日常交际和小学低年级阶段的教学语言，未享有国家政策上的大力支持，无法处于优显地位。

3.3.17.2 少数族群语言教育政策

乌干达地方语言众多。班图语族语言除了卢干达语外，还包括巴尼奥罗人(Banyoro)使用的卢尼奥罗语(Nyoro/Runyoro)、土柔人(Tooro)使用的土柔语(Tooro)等。其他语族语言如卢奥语(Luo)、卢格巴拉语(Lugbara)等都在不同的族群中使用。

除了族群语言，乌干达还有另外一种特殊语言——手语。手语由聋人社区的人使用。1995年，乌干达把手语写进宪法中。

在民族语言教育政策方面，独立以前，美国教育部1948年的一份报告提到在乌干达六种语言被用作教学语言，包括卢干达语(Luganda)、卢奥语(Luo)、卢尼奥罗语(Nyoro/Runyoro)、阿特索语(Ateso)、卢格巴拉语(Lugbara)和斯瓦希里语(Kiswahili)。① 独立后，1965年，政府制定了语言政策，六种本族语可作为小学教学语言使用，包括卢干达语、阿特索语、卢格巴拉语、卢奥语、卢尼奥罗语和卢基加语(Rukiga/Kiga)。② 孩子在入学后前几年，教学语言使用本族语。由于斯瓦希里语与伊斯兰教有着深厚的渊源，乌干达人担心会对政治权力造成威胁，斯瓦希里语不再用作教学语言。

在媒体用语方面，乌干达电台除了使用官方语言外，还使用20多种地方语言播放，如卢干达语(Luganda)、阿卢尔语(Alur)、卢格巴拉语(Lugbara)、马萨巴语(Masaba)、尼安科莱语(Nyankole)、尼奥莱语(Nyole)、索加语(Soga)和泰索语(Teso)。

3.3.17.3 外语教育政策

法语是乌干达的主要外语，在非洲也广泛流行，是刚果(金)等国家的官方语言。在工作难求的背景下，掌握法语意味着更多的就业机会。在乌干达有相当一部分人加入学习法语的队伍。法国大使馆文化部和麦克雷雷大学在首都坎帕拉曾联合举办过关于学习法语的讨论及针对法语老师的培训，不过目前没有发现关于国家制定法语教育的政策。

除了法语，汉语在乌干达被越来越多的人了解。关于汉语作为乌干达中学生学习课程的提案，乌干达教育科学技术及体育部已提交给乌干达国家课程研发中心。③ 孔子学院作为学习汉语和了解中国文化的窗口，于2014年12月19日在麦克雷雷大学成立。在“中非高校20+20合作计划”下，湘潭大学与乌干达麦克雷雷大学结成合作伙伴。随着中乌两国合作的加深，汉语在乌干达会不断得到推广。

---

① Kasozi, A. B. K. Policy Statements and the Failure to Develop a National Language in Uganda: A Historical Survey. In: Kate Parry, ed. *Language and Literacy in Uganda: Toward a Sustainable Reading Culture.* Kampala, Uganda: Fountain Publishers, 2000: 25.

② R. Mukama. *Theory and Practice in Language Policy: The Case of Uganda.* https://www.ajol.info/index.php/ksh/article/view/79063, 2009.

③ Godfrey Olukya. *Ugandan Schools to Teach Chinese.* http://www.theafricareport.com/East-Horn-Africa/ugandan-schools-to-teach-chinese.html, 2018-08-21.

◎ 参考文献：

1. Barbara Trudell. *The Impact of Language Policy and Practice on Children's Learning: Evidence from Eastern and Southern Africa*. UNICEF, 2016: 80.
2. Godfrey Olukya. *Ugandan Schools to Teach Chinese*[EB/OL]. http://www.theafricareport.com/East-Horn-Africa/ugandan-schools-to-teach-chinese.html, 2018-08-21.
3. Joshua Wanyama. English Rules in Uganda, but Local Languages Shouldn't Be Sidelined[EB/OL]. https://theconversation.com/english-rules-in-uganda-but-local-languages-shouldnt-be-sidelined-49381, 2015-11-05.
4. Kasozi, A. B. K. Policy Statements and the Failure to Develop a National Language in Uganda: A Historical Survey[A]. In: Kate Parry, ed. *Language and Literacy in Uganda: Toward a Sustainable Reading Culture*[M]. Kampala, Uganda: Fountain Publishers, 2000: 25.
5. McGregor, Gordon P. National Policy and Practice in Language and Literature Education: Some Reflections from Afar[A]. In: Kate Parry, ed. *Language and Literacy in Uganda: Toward a Sustainable Reading Culture*[M]. Kampala, Uganda: Fountain Publishers, 2000.
6. R. Mukama. *Theory and Practice in Language Policy: The Case of Uganda*[EB/OL]. https://www.ajol.info/index.php/ksh/article/view/79063, 2009.
7. Tembe Juliet Hirome. Language Education Policy and Multilingual Literacies in Ugandan Primary Schools[EB/OL]. https://open.library.ubc.ca/cIRcle/collections/ubctheses/24/items/1.0058276, 2008.
8. http://www.fmprc.gov.cn/web/gjhdq_676201/gj_676203/fz_677316/1206_678622/1206x0_678624/, 2018-08-28.

第四章 “一带一路”背景下我国语言教育政策及语言能力困境

我国是一个由56个民族组成的多民族国家。各民族的祖先自古就生活在这片广袤的土地上，彼此交流和融合，逐步形成了一个以汉民族为主并与其他少数民族和谐共处的中华民族大家庭。历史上虽然也有过少数分裂时期，但总体说来，我国基本上是一个统一的多民族国家，历朝历代中央或者地方政府都对语言文字非常重视，制定和颁发一些关于语言和文字的法规与标准，明确各语言地位，规范语言文字的使用，通过文字工作促进各民族之间的统一和谐。这些法规和标准促进了各民族之间的交流，有利于中华民族文化和精神的传承。

4.1 我国的语言国情

我国是一个多语种、多文种的国家，有130多种语言、30多种文字，在语言和文字的使用中呈现出主体多样性。① 在语言方面，以汉民族语言为主，各少数民族语言纷繁复杂；在汉民族语言内部，又呈现出以北方方言为主，其他各方言异彩纷呈的局面。在文字方面，汉字历史最久，使用人口最多，是我国的主体文字，它不仅是汉民族的文字，也是中国少数民族通用的文字。② 我国55个少数民族中，有20个民族有与自己的语言相一致的文字，但有些民族不同的支系或者不同的方言使用不同的文字，因此少数民族文字的种类共有30种。③

自秦汉以来的多民族融合统一的历史趋势和事实已经成为“民族文化深层结构中的一种社会心理，成为中华民族的一种政治思维定式”④。这种大一统思想也反映在语言文字的统一趋势上。历朝历代都制定和实行一些语言文字政策，如秦始皇颁布“书同文”文字政策，以法规的形式统一各国文字为小篆，并简化汉字字形。这些语言文字政策与举措改变了当时诸侯各国之间同一个汉字存在多种写法的混乱状况，“有利于多民族国家政治、经济和文化的统一和巩固，有利于汉字文化的传播和发展”⑤。隋编《切润》，确定官音，

① 周庆生. 中国“主体多样”语言政策的发展. 新疆师范大学学报(哲学社会科学版)，2013(2)：32.

② 道布. 中国的语言政策与规划. 民族研究，1998(6)：42.

③ 道布. 中国的语言政策与规划. 民族研究，1998(6)：44.

④ 周庆生. 中国语言文化传统与古代语言政策流变. 语言战略研究，2017(5)：73.

⑤ 周庆生. 中国语言文化传统与古代语言政策流变. 语言战略研究，2017(5)：75.

对后来的语言交流和发展产生很大影响。明代《洪武正韵》确定了当时汉语正音标准和文字规范标准，为全国各地士子读书、作诗用韵提供了统一的规范。① 在历史上，汉语和汉字只有在极少数时候失去其华夏正统地位(元代蒙古语文被定为“国语”)，在绝大多数时候都是作为官方和民间的主要语言文字在社会生活的各个方面广泛使用，“汉字文化始终处于中国传统语言文化的主导地位”②。

各民族的语言文字状况与其人口数量往往有着密切的关系。汉族人口最多，占总人口的91.6%(2010年第六次全国人口普查数据)，其民族语言——汉语自然是使用人口最多，在政治、经济、文化和教育的各个领域都被优先使用。在民族融合的历史过程中，很多其他民族在社会公共生活中也逐渐采用了汉语，汉语逐渐成为各民族交流的通用语，其主体语言地位是在历史发展过程中逐步形成的。各少数民族也因其所处地理位置、经济和文化发展程度、人口数量的多寡以及与汉民族融合程度的不同，其语言和文字的发展现状也处于不同的阶段。因此，了解我国基本语言国情和国家发展战略对语言服务的需求，了解“一带一路”背景下我国语言能力困境，对从宏观上提高我国语言教育政策服务于国家需要的能力有重要的启示作用。

4.1.1 汉语语言状况

汉语是汉民族的共同语言，是世界主要语言之一，也是世界上使用人数最多的语言。汉语属汉藏语系，是这个语系里最主要的语言，主要分布在中国、马来西亚、新加坡等国，此外，世界各地的华人也多以汉语为主要语言。

在中国境内，以汉语为母语的人口已经超过总人口的95%，③ 这其中除了汉族之外，还包括全部转用汉语的少数民族如回族和满族。④ 汉语主要有七大方言——北方方言、湘方言、赣方言、闽方言、吴方言、粤方言和客家方言。各方言之间的差异表现在语音、词汇、语法各个方面，其中，语音差异尤为明显。各方言区内部的语言交流比较畅通，无重大交流障碍，跨方言区存在较大的语言障碍，有些彼此之间完全不能互通，如赣方言、闽方言和粤方言之间。但是，由于自秦朝以来实行的“书同文”文字政策，各方言虽然在语音和语法上面有差异，但在文字上基本保持了一致。

在这些方言中，北方方言又称官方方言，分布地域最广，从南到北，从东到西，说该方言的人们之间能够相互交流，其使用人口最多，约占汉语总人口的67.75%，占全国总人口的64.51%。⑤ 因为其分布地域广、使用人口多，再加上一些历史原因，1955年，中国文字改革委员会就以北方方言为基础，以北京语音为标准音，确立汉民族的语言为中华人民共和国的共同语，将其称为“普通话”，并采取一系列措施，在全国推广普通话。

---

① 周庆生. 中国语言文化传统与古代语言政策流变. 语言战略研究，2017(5)：75.

② 周庆生. 中国语言文化传统与古代语言政策流变. 语言战略研究，2017(5)：75.

③ 周庆生. 中国“主体多样”语言政策的发展. 新疆师范大学学报(哲学社会科学版)，2013(2)：32.

④ 道布. 中国的语言政策与规划. 民族研究，1998(6)：42-52.

⑤ 周庆生. 中国“主体多样”语言政策的发展. 新疆师范大学学报(哲学社会科学版)，2013(2)：32-44.

2000年10月31日国务院颁布的《中华人民共和国国家通用语言文字法》确定普通话和规范汉字为国家通用语言文字的法律地位。60多年的推广普通话和规范汉字的工作取得了巨大成效，“目前全国有70%以上的人口具备普通话应用能力，95%以上的识字人口使用规范汉字，中华民族几千年书同字、语同音的梦想正在逐步成为现实”①。

汉语广泛应用于国内社会生活的方方面面，是国家政治、经济、文化等领域内的主要语言，是国家和地方主流媒体使用的语言，已开发出汉语言文字办公系统，实现普通话和汉语部分方言的信息化。

在国际上，汉语是联合国六种工作语言(英语、法语、俄语、汉语、西班牙语、阿拉伯语)之一。然而，虽然它拥有世界上数量最大的使用人口，但基本上限于中国境内和海外华人圈。周有光先生在20世纪80年代访问联合国时，得知汉语、俄语、阿拉伯语三者加起来还不足1%的使用几率。这种现状到目前为止都没有得到明显的改善。②

4.1.2 少数民族语言状况

中华人民共和国成立后，各级政府一直重视少数民族的语言文字工作。我国先后4次对少数民族的语言文字使用情况进行普查，以了解少数民族语言的活力、人们的语言文字能力，包括其民族语言与通用语的能力，并开展科学保护濒危少数民族语言文字工作，帮助各少数民族发展自己的语言文字事业。目前，我国已经基本掌握少数民族的语言国情。

中国55个少数民族中，除回族和满族通用汉语文外，其他53个民族都有本民族语言。③ 中国少数民族约有6000万人使用本民族语言，占少数民族总人口的60%以上，约有3000万人使用本民族文字。④ 中国55个少数民族中，有20个民族有与自己语言相一致的大约30种文字⑤(也有24个少数民族共有33种文字之说)⑥。其中，人口在百万以上、历史比较悠久的民族，如蒙古族、藏族、哈萨克族、朝鲜族等，大面积聚居在一起，其语言广泛应用于本民族的政治、经济、教育和文化等社会生活的方方面面。他们有自己的文字，有比较发达的出版事业。壮族、彝族和傣族等少数民族聚居区在其家庭内部、邻里之间，在农村和小城镇主要使用本民族语言，而在公共生活的正式场合则采用汉语或其当地通用的少数民族语言。他们虽然也有自己传统的文字或者拥有政府帮助创制的文字，但是这些文字使用范围和用途有限。其他少数民族的语言只在日常生活中使用，在政治生活、学校教育和集市贸易中往往使用其他民族语言(多为汉语)，他们基本上没有与自己的民族语言相一致的文字。⑦ 由于长期的多民族杂居，许多少数民族的人们具备有汉语、

① http://news.cntv.cn/2014/09/21/ARTI1411303040817170.shtml.

② 周有光. 汉语拼音和全球化时代——纪念《汉语拼音方案》公布50周年. 小学语文，2008(9)：1-9.

③ 中国的民族政策与各民族共同繁荣发展白皮书. http://www.scio.gov.cn/zhzc/8/1/document/1005878/1005878.htm，2009.

④ 中国的民族政策与各民族共同繁荣发展白皮书. http://www.scio.gov.cn/zhzc/8/1/document/1005878/1005878.htm，2009.

⑤ 道布. 中国的语言政策与规划. 民族研究，1998(6)：42-52.

⑥ 戴庆厦. 中国的语言国情及语言政策. 黔南民族师范学院学报，2015(3)：1-5.

⑦ 道布. 中国的语言政策与规划. 民族研究，1998(6)：42-52.

本民族语言能力，有的甚至还通晓其他少数民族的语言，成为"双语人"或者"三语人"。

由于中央和地方各级政府大力支持少数民族保护和发展自己的语言文字事业，民族出版和媒体事业发展迅速。民族出版社从1978年的17家发展到目前的38家，分布在北京等14个省(自治区、直辖市)，出版的少数民族文字种类由5种发展到26种，2008年出版少数民族文字图书5561种、6444万册，分别比1978年增长6.41倍和6.37倍。民族自治地方有使用民族语言的广播电视机构154个，中央和地方电台每天用21种民族语言进行广播。① 我国全国人民代表大会开会时，要将会议发言和文件翻译成蒙古族、藏族、维吾尔族、哈萨克族、朝鲜族、彝族、壮族等少数民族语言文字，这些语言和文字也是我国最有活力的少数民族语言和文字。

大多数少数民族处在边疆省份，他们的语言往往是跨境语言，即他们的语言或者语言变体的分布延伸到国境线以外。"我国55个少数民族中，蒙古族、藏族、维吾尔族、苗族、彝族、壮族、布依族、朝鲜族、瑶族、哈尼族、哈萨克族、傣族、傈僳族、佤族、拉祜族、景颇族、柯尔克孜族、布朗族、塔吉克族、怒族、乌孜别克族、俄罗斯族、鄂温克族、德昂族、京族、塔塔尔族、独龙族、赫哲族、门巴族、珞巴族30个民族的语言是跨境语言。"②跨境语言涉及跨境贸易、反恐、缉毒、边境安全等重大问题，与国家安全有着密切的关系。③ 鉴于语言的文化同构以及对人们身份的认同作用，如何充分利用这些语言资源，让它们在"一带一路"建设中发挥更大的作用，是新时期少数民族语言工作的一个重要研究任务。

中华人民共和国成立后，虽然中央和地方各级政府非常重视少数民族的语言文字工作，通过宪法和各项法律、法规赋予少数民族使用自己语言文字的权利和自由，但由于发达地区经济的驱动效应，经济欠发达地区的人们逐渐放弃自己的民族语言，主动学习和使用普通话，造成这些少数民族语言的使用人口数量日渐减少。中国大陆130种少数民族语言中，有75种语言使用人口不足5万人。黄行认为，"这些使用人口绝对数量很少的语言总的发展前景将不可避免地趋于濒危"④。少数民族语言学家孙宏开所做的调查显示，中国使用人口100人以内的语言有7种，如满语、羿语、木佬语和哈卡斯语等，基本上属于消亡的语言。⑤ 因为非物质文化遗产的90%以上是由少数民族语言及地方方言承载与传播的，⑥ 如果作为非物质文化载体的语言文字消失，那么非物质文化本身无从传播，该语言文字所传承的文化也将随之消失，中华民族的文化多样性将会大打折扣。

因此，研究和保护我国的濒危少数民族语种，预防那些目前还具有一定活力的语种走向衰退，是我国语言文字工作的重要内容。除了在家庭生活中鼓励使用母语、在学校中开展双语教育，还应该大力加强少数民族语言文字的信息化工作。目前，"国家采取各种措

---

① 中国的民族政策与各民族共同繁荣发展白皮书. http://www.scio.gov.cn/zhzc/8/1/document/1005878/1005878.htm，2009.

② 黄行. 少数民族语言文字使用情况调查述要. 民族翻译，2013(3)：64-78.

③ 赵蓉晖. 国家安全视域的中国外语规划. 云南师范大学学报，2010(2)：12-16.

④ 黄行. 少数民族语言文字使用情况调查述要. 民族翻译，2013(3)：64-78.

⑤ http://www.sohu.com/a/210042314_680076.

⑥ http://www.sohu.com/a/210042314_680076.

施促进少数民族语言文字规范化、标准化和信息处理工作的健康发展。对那些使用较广、历史悠久的语言文字，如蒙古文、藏文、维吾尔文(哈萨克文、柯尔克孜文)、朝鲜文、彝文和傣文等文字，国家已分别制定了编码字符集、键盘、字模的国家标准。在国际标准的最新版本中，已正式收入了中国提交的蒙古文、藏文、维吾尔文(哈萨克文、柯尔克孜文)、朝鲜文、彝文和傣文等文字编码字符集。开发出多种电子出版系统和办公自动化系统，建成了一些少数民族文种的网站或网页，有些软件已经可以在 Windows 上运行”①。

4.1.3 外语状况

我国的外语状况主要反映在两方面：一是来华留学和工作人员，二是我国的外语教学。

随着我国对外开放格局的扩大和“一带一路”建设的日益纵深发展，以及公安部 2016 年年初推出支持北京创新发展的 20 项出入境政策措施，② 来华工作和定居的人数逐渐增多。2018 年上半年入境外国人(不含外国边民)人数居前 10 位的国家分别是韩国、缅甸、日本、美国、俄罗斯、蒙古、菲律宾、马来西亚、越南、新加坡，来华就业、访问、定居、学习人数增幅平稳，共占 3.8%。③ 来华留学人员增长迅速，已经连续三年增幅在 10%以上，2017 年中国就已经成为亚洲最大的留学目的国。其中，“一带一路”沿线国家留学生 31.72 万人，占来华留学总人数的 64.85%。④ 来华人员不同的文化背景和语言极大地丰富了我国的外语语种数量，但同时也给我国的外语服务能力提出了严峻挑战。

在外语教育方面，我国已经充分意识到外语规划与布局不能够服务于我国的未来发展战略，已经加快调整外语语种的布局。根据束定芳 2013 年的统计，北京外国语大学的外语语种为 54 种，上海外国语大学的外语语种为 26 种。⑤ 目前在这两所学校的官网上发现，北京外国语大学开设的语种在短短的几年间已经迅速增加到 98 种，基本涵盖了所有与中国已经建交的国家的官方语言；上海外国语大学开设的外语语种已经增加到 38 种，其中包括 32 种现代语言和 6 种古典语言。这说明我国的外语语种的布局已经根据国家的战略方针迅速调整。因国家战略需要，我国外语语种数量迅速增加，以英语为主，逐渐发展起具备英语、日语、俄语、法语、西班牙语、阿拉伯语等近 100 种语种规模的外语教育。其他的传统外国语大学基本上都增开了数量不一的小语种。此外，一些综合性大学除了保留过去已经开设的通用外语语种外，也根据国家需要，逐步开设小语种本科专业，如北京大学共有 20 个本科语种专业。一些地方性的大学，尤其是边境省份的大学，根据其所在的地理位置，设置了除通用外语语种之外的我国的邻国或者周边国家的语种。如云南大学有 7 个本科语种专业，云南民族大学有 17 个本科语种专业，广西民族大学有 9 个本科语种专业。

---

① 中国的民族政策与各民族共同繁荣发展白皮书，2009.

② http：//www.xinhuanet.com/politics/2016-01/13/c_128621872.htm.

③ http：//www.xinhuanet.com/2018-07/20/c_1123151813.htm.

④ http：//news.sina.com.cn/o/2018-03-30/doc-ifystrme6499981.shtml.

⑤ 束定芳. 关于我国外语教育规划与布局的思考. 外语教学与研究，2013(3)：426-435.

目前，我国已经具备以英语、法语、俄语、德语、阿拉伯语等通用语种为主，以其他近90种非通用语种为辅的外语语种布局体系。出于国家安全利益的考虑和战略发展布局，国家语委先后于2011年和2014年在上海外国语大学和北京外国语大学分别设立了中国外语战略研究中心和国家语言能力发展研究中心，专司国家外语语种能力的外语教育政策与规划研究，目的是为维护国家利益、保障国家安全而培养储备多语种人才，建立国家外语人才动态数据库。

然而，因受过去外语教育政策影响和英语的国际通用语地位影响，我国各阶段的外语教育，尤其是基础阶段的外语教育，基本上等同于英语教育，导致英语低端水平人才过剩、语种能力严重不均衡的状况。且因将近一半的小语种都是在最近的5年内开设的，所以无论在人才培养规模还是质量上都不能满足"一带一路"建设对小语种人才的需求。

当前在语种规划方面急需完成的一项工作是，基于大数据，对我国全部高校外语人才培养和储备做出全面的统计，要具体到哪些高校办有哪些语种，每个语种已经培养了多少人才，并根据这些数据，结合国家战略发展方针，适时调整各语种招生计划，避免语言规划受当前政策的影响，而出现一窝蜂地盲目开办非通用语种专业，避免出现像英语和日语等低端人才过剩的情况，因为"语言人才的培养是一项既关乎国家发展又关乎学生个人命运的系统工程，它周期长、投入大，仅凭一腔热血和大干快上的决心，风险太大，需要学界冷静思考，认真调研，制定方案，且行且试，逐步完善"①。

4.2 我国的语言政策与语言教育政策

我国当代语言政策的核心内容为国家通用语言文字政策和少数民族语言文字政策。我国语言的主体多样性也反映在了语言政策上。《宪法》《国家通用语言文字法》以及中央和各少数民族地方政府依据《宪法》对国家通用语言文字和少数民族语言文字作出的相关规定，体现了通用语言文字政策的主体性和少数民族语言政策的多样性。《宪法》总纲第四条规定"各民族都有使用和发展自己的语言文字的自由"，赋予各民族语言平等的权利。为保障各民族交流的畅通，《宪法》总纲第十九条规定"国家推广全国通用的普通话"。主体性与多样性相结合是当代中国语言政策的基本特征。②③

语言教育政策是执行语言政策的一个重要政策措施，在学校教育方面，同样呈现出了语言教育政策的主体多样性。如《中华人民共和国教育法》规定"国家通用语言文字为学校及其他教育机构的基本教育教学语言文字，学校及其他教育机构应当使用国家通用语言文字进行教育教学"，但为了保障各少数民族的语言文字权利，在少数民族地区学校往往实施"通用语+母语"的双语教学语言教育政策。随着我国国际地位的提升和外部发展环境的变化，在外语教育方面，21世纪以来，开始在语言文字规划工作中纳入外语教育规划方

---

① 文秋芳."一带一路"语言人才的培养.语言战略研究，2016(2)：26-32.

② 王向豫.中国当代语言政策分析.吉林大学博士论文，2014.

③ 周庆生.中国"主体多样"语言政策的发展.新疆师范大学学报(哲学社会科学版)，2013(2)：32-44.

面的内容，根据国家的发展战略确定外语教育政策。

语言政策和语言教育政策的变化反映出人们语言观的发展变化，人们对语言功能认识的不断提升，促使语言在国家生活的方方面面发挥更大的作用。

4.2.1 主体语言政策及其教育政策

汉语的主体语言地位是在历史发展过程中逐步形成的，汉语是中华各民族之间交流的桥梁，也是维系各民族团结的纽带，它承载着中华民族的悠久历史和深邃思想。中华人民共和国成立后，一直致力于提高各民族之间交流质量的通用语的建设。1958 年，周恩来总理在《当前文字改革的任务》报告中确定了中国语言文字政策的基本框架，提出了整理和简化汉字、推广普通话、制定和推行《汉语拼音方案》三大任务。我国的语言文字工作在之后的几十年基本上在这个框架内进行。

4.2.1.1 推广普通话

我国是一个多民族、多方言的国家，推广普通话有利于增进我国各民族的交流与往来，增强中华民族的凝聚力。1954 年 10 月，周恩来总理提议设立“中国文字改革委员会”。1954 年 12 月，该机构成立，直属于国务院。在 1955 年 10月召开的首届“全国文字改革会议”和“现代汉语规范问题学术会议”期间，将汉民族共同语的正式名称定为“普通话”，将之定义为“以北京语音为标准音，以北方话为基础方言”。1955 年 10 月 26 日，《人民日报》发表题为“为促进汉字改革、推广普通话、实现汉语规范化而努力”的社论，文中提到：“中华人民共和国的共同语，就是以北方话为基础方言，以北京语音为标准音的普通话。”1956 年 2 月 6 日，国务院发布《关于推广普通话的指示》，把普通话的定义增补为“以北京语音为标准音，以北京话为基础方言，以典范的现代白话文著作为语法规范的现代汉民族共同语”，要求在文化教育系统和人们社会生活各方面推广普通话，鼓励全国各民族学习和使用普通话，至此正式确立了普通话的全国通用语地位。该指示要求中国文字改革委员会在 1956 年上半年完成《汉语拼音方案》，以便于普通话的教学和汉字的注音，要求中国科学院语言研究所在 1956 年完成以确定语音规范为目的的普通话正音词典，在 1958 年完成以确定词汇规范为目的的中型现代汉语词典，以帮助普通话的教学。

1982 年颁布的《中华人民共和国宪法》总纲第 19 条明确规定“国家推广全国通用的普通话”，为推广普通话提供了法律依据。同年，吕叔湘在《人民日报》上呼吁推广普通话，提出“所有学校都应该是推广普通话的阵地”“中学是推广普通话的重点”。1990 年国家语委明确以广东、福建两省和上海市作为南方方言区推广普通话的重点地区。1991 年第七届全国人大四次会议通过的《中华人民共和国国民经济和社会发展十年规划和第八个五年计划纲要》也明确提出要“大力推广普通话”。1995 年 3 月 18 日，第八届全国人民代表大会第三次会议通过《中华人民共和国教育法》第 12 条规定：“国家通用语言文字为学校及其他教育机构的基本教育教学语言文字，学校及其他教育机构应当使用国家通用语言文字进行教育教学。”

经国务院批准，自 1998 年起，将每年 9 月份的第三周确定为“全国普通话推广宣传周”(简称“推普周”)。各地先后提出了“树立语言规范意识，提高民族文化素质”“大力推广普通话，增强中华民族凝聚力”“爱国旗，唱国歌，说普通话”“推广普及普通话，为现代化建设营造良好的语言环境""我是中国娃，爱说普通话""都说普通话，沟通你我他；东西与南北，亲情如一家""普通话，承载文明，光彩中华""同祖同根，同声同心，同讲普通话，同传中国情""说普通话，爱新中华；携万众心，建现代化"等众多标语口号，将说普通话与公民素养、社会经济和文化建设、爱国情怀、中华民族文化的身份认同等结合起来。2014年是国务院确定全国推广普通话宣传周17周年，当时的教育部副部长、国家语言文字工作委员会主任李卫红说："17年来，国民语言文字应用能力显著增强，目前全国有70%以上的人口具备普通话应用能力，95%以上的识字人口使用规范汉字，中华民族几千年书同字、语同音的梦想正在逐步成为现实。"①

2000年10月31日，第九届全国人民代表大会常务委员会第十八次会议审议通过了《中华人民共和国国家通用语言文字法》，并于2001年正式实施。该法确立了普通话和规范汉字作为国家通用语言文字的法律地位，规定"学校及其他教育机构通过汉语文课程教授普通话和规范汉字""广播电台、电视台以普通话为基本的播音用语"。该法是我国第一部有关语言文字的法律，这部法律在后来的国家语言文字规范和统一工作中发挥了重要作用。

2016年8月23日，教育部、国家语委发布《国家语言文字事业"十三五"发展规划》，提出到2020年，"在全国范围内普通话基本普及，语言障碍基本消除"的发展目标，并要求"坚持把学校作为国家通用语言文字推行普及的主阵地和主渠道……在教育教学过程中坚持使用普通话"。

由于语言资源观及语言能力即劳动能力观点的逐步普及，普通话的推广工作开始与国家的脱贫工作结合起来。2017年3月14日，教育部、国家语委发布《国家通用语言文字普及攻坚工程实施方案》，以确保"到2020年，在全国范围内基本普及国家通用语言文字"目标的实现，提出"扶贫首要扶智，扶智应先通语"的普通话推广观念和脱贫致富的语言工作思路。2018年1月，教育部、国务院扶贫办和国家语委联合《推普脱贫攻坚行动计划(2018—2020)》，正式将推普与脱贫工作紧密结合起来。

4.2.1.2 制定和推行《汉语拼音方案》

普通话的推行离不开《汉语拼音方案》的制定与推广。该方案的出台，是很多文字专家在政府的大力支持下，经过10多年的努力才逐步完成的，并在以后的推广过程中不断完善。1949年10月，中华人民共和国成立之际，中国文字改革协会就在北京成立，开始了《汉语拼音方案》的研究制定工作。1952年2月，教育部设立了中国文字改革研究委员会，主要进行汉字笔画式拼音方案的研究工作。1954年12月，国务院设立了专门研究文字改革的机构——中国文字改革委员会(简称"文改会")，并于1955年2月在文改会下设拼音方案委员会，着手拟订拉丁字母式的拼音方案初稿。1955年10月，全国文字改革会议召开，决定采用拉丁字母式的拼音方案。1956年2月12日发表《汉语拼音方案》，征求各方面的意见。1956年10月，国务院设立《汉语拼音方案》审订委员会进行审议。审订委员会经多次会议、座谈及讨论之后，于1957年10月提出了修正草案。同年11月1日，国务院全体会议第六十次会议通过决议并发表修正草案。1958年2月11日，第一届全国

① http://news.cntv.cn/2014/09/21/ARTI1411303040817170.shtml.

人民代表大会第五次会议通过了《全国人民代表大会关于汉语拼音方案的决议》，由此诞生了中华人民共和国第一部法定的拉丁字母式汉语拼音方案。同年秋季，《汉语拼音方案》正式进入学校，成为我国儿童学习知识的起点。

此后，推行《汉语拼音方案》一直是我国语言文字工作的重要内容之一，它作为我国重要的语言文字方针政策，始终受到党和国家的高度重视。1986年，国家召开全国语言文字工作会议，确定了新时期语言文字工作的方针和五项任务，把“进一步推行《汉语拼音方案》，研究并解决实际使用中的有关问题”作为五项任务之一。1997年，国家召开第二次全国语言文字工作会议，确定了跨世纪语言文字工作的指导思想、奋斗目标，“继续推行《汉语拼音方案》，扩大使用范围”仍是四项主要任务之一。2000年，九届全国人大常委会第十八次会议审议通过了《中华人民共和国国家通用语言文字法》，确立了《汉语拼音方案》作为国家通用语言文字的“拼写和注音工具”的法律地位，作出“初等教育应当进行汉语拼音教学”的规定。2012年，《国家中长期语言文字事业改革和发展规划纲要》确定了到2020年的工作目标，明确指出要使“汉语拼音更好地发挥作用”。

《汉语拼音方案》的普及得益于我国语言文字政策法规强有力的支持和保障。一是制定颁布了《汉语拼音正词法基本规则》《中国地名汉语拼音字母拼写规则》《少数民族地名汉语拼音字母音译转写法》《中国人名汉语拼音字母拼写法》《〈汉语拼音方案〉的通用键盘表示规范》等一系列与《汉语拼音方案》配套的规范标准，以利社会应用。二是通过一系列政策法令和规范性文件，不断加大推行力度，对新闻出版、地名标志、体育活动、商店牌匾、商品包装等领域规范使用汉语拼音提出了明确要求。三是坚持在基础教育阶段开展汉语拼音教学，广泛开展“注音识字、提前读写”教学实验，努力提高国民的汉语拼音能力，目前全国已有超过10亿人掌握了汉语拼音。四是规定在对外汉语教学中，采用汉语拼音，不断扩大汉语拼音的国际影响力。赵国成认为，“《汉语拼音方案》为国际汉语教学打开了一扇门，从20世纪60年代开始，国内外开始采用汉语拼音教授汉语，大大加快了汉语走向世界的步伐”①。

4.2.1.3 简化汉字

汉字简化有着悠久的历史，从甲骨文到金文到篆书到隶书再到后来的行书和草书，一路走来，汉字形体经历了较大变化。汉字演化的历史在很大程度上是汉字书写简化的历史。简化字主要是对以前的繁体字笔画的“省简”，大多是从俗字、古字、草书中演变而来；也有用笔画较少的同音字或近音字取代笔画较多的字，比如“後面”的“後”和“皇后”的“后”本来是两个字，而为了省略笔画，就统一用笔画少的“后”替代笔画多的“後”。相对于以前的汉字，简化后的汉字笔画少，易学易记。繁体字字形复杂，有些繁体字同音同义但不同形，比如鲁迅在其作品《孔乙己》中，刻画了孔乙己以知道“回”字四种写法为傲的脱离生活实际的迂腐的知识分子形象。这一例子还说明了当时存在着文字乱象，没有统一的文字标准。一个字的多种写法只能为少数知识分子所掌握，而不能为普通老百姓所掌握，是造成文盲人数过多、社会文化水平低下的一个重要原因。繁体字笔画多，难学难记，不利于中国快速扫除文盲，提升国民素质。因此，自中华人民共和国成立后，就把汉

① http://www.xinhuanet.com/politics/2018-05/10/c_1122814528.htm? baike.

字简化工作作为提升国民文化素质的重要举措，通过各项法律法规，保障简化字的通行与使用。

1955年10月，全国文字改革会议讨论通过《汉字简化方案草案》，1956年1月28日，国务院全体会议第23次会议通过了《关于公布〈汉字简化方案〉的决议》，并于1月31日在《人民日报》上全文发表了国务院的《关于公布〈汉字简化方案〉的决议》和《汉字简化方案》。同年11月，教育部发出《关于在各级学校推行简化汉字的通知》，同月，解放军总政治部发出同样内容的通知。1964年，在1956年《汉字简化方案》的基础上，发布《简化字总表》。1986年，为解决前两版方案的缺点和不足，重新发表《简化字总表》。2000年10月31日颁布的《中华人民共和国国家通用语言文字法》在总则中规定“推行规范汉字”，从教育、文化出版、媒体等各方面规定，凡涉及汉语言文字的，一律采用规范汉字。2013年6月5日，与《简化字总表》相配套，发布《通用规范汉字表》。自此，经过50多年的努力建设与推广，规范汉字终于得到了普及。《中国语言文字事业发展报告（2017）》中指出，我国识字人口使用规范汉字比例超过95%。简化汉字的推行不仅有利于在中华人民共和国成立后的二十年里帮助广大人民群众快速脱盲，也有利于我国提升全民识字和文化水平，为实现现代化打下坚实的文化基础。

普通话的推广与汉语拼音和汉字简化工作密不可分。《汉语拼音方案》是国家推广普通话，也是人们学习普通话的语音工具，① 简化字是为了统一和规范汉字的书写而确定的普通话的文字表现形式。《汉语拼音方案》和《汉字简化方案》以及后来两版《简化字总表》的推行，为推广普通话提供了实实在在的可供参照的语音和书写规范，为真正实现中华民族在共同的文化生活中的“书同文”和“语同音”打下了坚实的基础。

中华人民共和国成立后，一直致力于普通话作为通用语的建设与推广，把“推广普通话”、推行《汉语拼音方案》和汉字简化字作为一项重要的政治任务来抓，是重要的国家方略，② 原因主要有以下几个方面：

首先，中国作为一个多民族统一国家，需要有一门通用语言来实现各民族之间的沟通与交流。国家或者民族身份的核心要素是语言共享，使用统一的官方语言象征国家团结和社会和谐。③ 由于语音的差异和各民族对同一个概念的不同的词汇表达，造成了彼此交流的障碍。普通话的推行，有助于消除各民族在交流中的语音和词汇表达的差异，有利于各民族的团结与统一，进一步促进民族的大融合，增强在国际上的中华民族意识。

其次，推行国家通用语言文字，是我国脱贫的一个重要经济发展举措。费希曼—普尔假设理论认为，经济发达的国家和地区，其语言具有高度统一性，而那些较为贫穷的国家和地区，其语言具有多样性。④ 中国为这一结论提供了一个很好的例证。我国地理学家胡焕庸在1935年绘制了中国第一张人口密度图，自东北的瑷珲至云南的腾冲，形成了一条

---

① 刘敏. 关于汉语拼音方案的解读. 安顺学院学报，2017(6)：46-49.

② 李永杰. 推广普通话与使用方言并行不悖. 中国社会科学报，2015-10-13.

③ 戴曼纯. 国家语言能力、语言规划与国家安全. 语言文字应用，2011(4)：123.

④ 国家语言文字工作委员会. 序　修筑扶贫脱困的语言大道. 选自：中国语言生活状况报告(2018). 北京：商务印书馆，2018.

东南与西北的分界线，史称“胡焕庸线”。在该线的东部和南部，人口稠密，经济相对发达，该线以西以北地区，人口稀少，经济落后。以西以北地区多是汉语方言复杂地区和少数民族语言地区，即使是经过了几十年建设后的今天，该线依然是我国经济发展水平高低的一个重要地理分界线。

再次，语言能力是劳动力的重要构成因素。经过了几十年的推广，普通话已经成为一个重要的教育资源和劳动力要素。① 掌握了普通话，也就具备国家通用语的语言能力，掌握了这一重要的个人发展资源。同样，普通话的地区普及率对一个地方的经济发展具有重要的促进作用。卞成林等对广西14个地级市的普通话普及率与经济发展的关系的研究表明，当普通话普及率达到60%以后，就会对该地区的经济发展产生显著效应。②

最后，推行国家通用语言文字是我国提升国际软实力的重要举措。中国实行改革开放，大力发展经济，经过40余年的建设，已经把我国建成了世界上第二大经济体，但经济上的强势地位和科技的快速发展并不能确保我国在国际上相应的政治地位。相反，西方国家，尤其是一些怀揣恶意的国家，有意地利用中国日渐增强的经济和科技实力来散播“中国威胁论”，挑起事端或者误导那些不了解中国的国家和人民，给中国的发展蓄意制造外部阻碍。因此，中国有必要充分利用目前已经取得的经济实力，对那些愿意加入“一带一路”倡议的国家和地区，将普通话作为语言资源分享给他们，将中国发展的契机带给他们，共谋发展，共享经济成功。让他们通过汉语的学习，逐渐了解中国文化的“中正仁和”的精神，了解张骞出使西域、和平开辟的中国和中亚之间的贸易通道，了解郑和七下西洋为沿途各国带去中国先进的种植业和手工业技术，从而了解中国的经济发展与西方的殖民扩张有着本质上的不同。这种通过语言学习而带来的对中国文化的了解和认同，并愿意与中国共商、共建和共享，就是中国软实力的体现。它是“通过吸引力而不是通过威逼或购买而达到目的的能力”③，是通过“语言文化、价值观、意识形态、民意等方面的影响力”④而为中国争取的和平发展的外部环境。2012年，教育部和国家语委联合发布《国家中长期语言文字事业改革和发展规划纲要(2012—2020年)》，提出当前语言文字工作的主要任务之一是“弘扬传播中华优秀文化”，通过推进国际汉语教育增强中华文化国际影响力，继续发挥普通话、规范汉字和《汉语拼音方案》在国际汉语教育和海外华文教育中的主导作用等对外汉语教育政策和方针。

4.2.2 少数民族语言政策与语言教育政策

中华人民共和国成立后，一直从宪法和法律的角度，保障少数民族的语言地位和少数民族使用自己语言文字的权利和自由。1949年9月，中国人民政治协商会议制定的《共同

① 国家语言文字工作委员会. 序　修筑扶贫脱困的语言大道. 选自：中国语言生活状况报告(2018). 北京：商务印书馆，2018.

② 国家语言文字工作委员会. 序　修筑扶贫脱困的语言大道. 选自：中国语言生活状况报告(2018). 北京：商务印书馆，2018.

③ Nye，J. S. Jr. Soft Power and European-American Affairs. In：Thomas L. Ilgen，eds. *Hard Power，Soft Power，and the Future of Transatlantic Relations*. Burlington，VT：Ashgate Publishing Company，2013：26.

④ 软实力. http：//zh. wikipedia. org.

纲领》总纲第九条规定“中华人民共和国境内各民族，均有平等的权利和义务”，赋予各少数民族和汉族平等的宪法权利和义务。其第五十三条规定：“各少数民族均有发展其语言、文字、保持或改革其风俗习惯及宗教信仰的自由，人民政府应帮助各少数民族的人民大众发展其政治、经济、文化、教育的建设事业。”后来虽然屡次修宪，但这两条作为我国少数民族享有的权利，其基本内容一直在宪法中得到保留。除了在宪法中对少数民族的语言与文字赋予其神圣的法律地位和权利外，还先后于 1999 年、2005 年和 2009 年分别发布了《中国的少数民族政策及其实践》《中国的民族区域自治》《中国的民族政策与各民族共同繁荣发展》3 份白皮书，多次重申各民族平等的法律地位和享有使用和发展本民族语言文字的权利。我国各级政府和相关机构在中华人民共和国成立后的 70 年里发布了多项法律和法规文件，以确保少数民族的权益，包括其语言文字权益。

在国家层面，从语言地位、语言权利、语言使用、语言教育和学习、语言文字保护以及语言文字工作人才培养等各方面，相继出台了一系列少数民族语言文字政策和法令法规，保护少数民族语言文字使用权利和自由：

(1)1951 年，《政务院关于民族事务的几项决定》第五项提出“帮助尚无文字的民族创立文字，帮助文字尚不完备的民族逐渐充实其文字”。

(2)1952 年，《中华人民共和国民族区域自治实施纲要》第 15 条规定“各民族自治区自治机关得采用一种在自治区内通用的民族文字，作为行使职权的主要工具；对不适用此种文字的民族行使职权时，应同时采用该民族的文字”。第 16 条规定：“各民族自治机关得采用各民族自己的语言文字，以发展各民族的文化教育事业”。

(3)1952 年通过的《政务院关于保障一切散居的少数民族成分享有民主平等权利的决定》第五条规定“凡散居的少数民族成分，有其本民族语言、文字者，得在法庭上以其本民族语言、文字进行辩诉”。该条内容于 1954 年纳入我国正式颁布的第一部《宪法》。

(4)1984 年颁发并实施的《中华人民共和国民族区域自治法》第 21 条规定：“民族自治地方的自治机关在执行职务的时候，依照本民族自治地方自治条例的规定，使用当地通用的一种或者几种语言文字；同时使用几种通用的语言文字执行职务的，可以以实行区域自治的民族的语言文字为主。”该法第 49 条规定：“民族自治地方的自治机关教育和鼓励各民族的干部互相学习语言文字。汉族干部要学习当地少数民族的语言文字，少数民族干部在学习、使用本民族语言文字的同时，也要学习全国通用的普通话和汉文。民族自治地方的国家工作人员能够熟练使用两种以上当地通用的语言文字的，予以奖励。”

(5)1991 年，国务院颁发《关于进一步做好少数民族语言文字工作的报告》国发 32 号文件，系统地提出了中国民族语文工作的方针、任务和措施。

(6)1993 年，国务院颁发《中国教育改革和发展纲要》，提出重视和发展少数民族教育事业，要对少数民族教育采取特殊的倾斜政策，同时要求各民族地区积极探索符合当地实际的发展教育的路子。1993 年 9 月 15 日，由国务院批准，经国家民族事务委员会发布的《城市民族工作条例》第 20 条规定，城市人民政府应当保障少数民族使用本民族语言文字的权利，并根据需要和条件，按照国家有关规定加强少数民族文字的翻译、出版和教学研究。

(7)1995 年 3 月 18 日，第八届全国人民代表大会第三次会议通过的《中华人民共和国教育法》第12条规定：“民族自治地方以少数民族学生为主的学校及其他教育机构，从实际出发，使用国家通用语言文字和本民族或者当地民族通用的语言文字实施双语教育。国家采取措施，为少数民族学生为主的学校及其他教育机构实施双语教育提供条件和支持。”

(8)2010年，国家民族事务委员会发布了《国家民委关于做好少数民族语言文字管理工作的意见》，提出今后的主要任务是“贯彻国家关于少数民族语言文字的方针政策；推进少数民族语言文字法制建设；搞好少数民族语言文字规范化、标准化和信息处理工作；促进少数民族语言文字的翻译、出版、教育、新闻、广播、影视、古籍整理事业；推进少数民族语言文字的学术研究、协作交流和人才培养；鼓励各民族互相学习语言文字”。

(9) 2010年，中共中央、国务院印发了《国家中长期教育改革和发展规划纲要(2010—2020年)》，规定“大力推进双语教学；全面开设汉语文课程，全面推广国家通用语言文字；尊重和保障少数民族使用本民族语言文字接受教育的权利；全面加强学前双语教育。国家对双语教学的师资培养培训、教学研究、教材开发和出版给予支持”。

(10)2013年，党的十七届六中全会提出“科学保护各民族语言文字”，开展我国语言资源、语言生态和语言保护等方面的研究工作。

(11)2016年，教育部、国家语委发布《国家语言文字事业“十三五”发展规划》，明确指出了要“结合国家实施的精准扶贫、精准脱贫方略，以提升教师、基层干部、青壮年农牧民的语言文字应用能力为重点，加快提高民族地区国家通用语言文字普及率”。

(12)2017年4月1日，国家民族事务委员会印发《国家民委“十三五”少数民族语言文字工作规划》，提出“到2020年，各民族使用和发展自己的语言文字的自由得到进一步保障，少数民族语言文字规范标准基本满足社会需求，信息化水平进一步提高；各民族语言文字科学保护得到加强，少数民族语言文字传承和弘扬中华民族优秀文化的作用进一步发挥，社会语言生活和谐发展”的少数民族语言文字事业的发展目标。

在地方层面，各省(区)根据《中华人民共和国宪法》《中华人民共和国民族区域自治法》和《中华人民共和国教育法》的有关法律规定，结合本省(区)实际情况，出台了很多具体规定，以保障少数民族语言权利，促进双语教育的发展，如甘肃省的《甘肃省人民政府关于加快民族教育的决定》、广西壮族自治区的《关于壮文进校实验工作的意见》以及《关于进一步加强壮文进校实验工作的意见》、西藏自治区的《西藏自治区学习、使用和发展藏语文的规定》、黑龙江省的《黑龙江民族教育条例》、内蒙古自治区的《内蒙古自治区学习使用蒙古语文奖励办法》、吉林省的《吉林省人民政府关于贯彻国务院深化改革　加快民族教育决定的意见》、青海省的《关于加强和改进民族中小学双语教育工作的指导意见》、新疆维吾尔自治区的《关于大力推进“双语”教学工作的决定》等众多少数民族语言文字政策和语言教育政策。20世纪90年代以来，各省(区)因地制宜，积极在本省(区)民族地区中小学开展各种模式的双语教育实验并取得了长足的进展。①

各级政府为少数民族的语言使用和发展积极创造条件，鼓励各民族之间互相学习彼此的语言。通过在民族学校实施双语教学，一方面确保少数民族的学生能够学会通用语言文

① 葛丰交. 全国少数民族地区双语教学情况概述. 新疆教育学院学报，2011(1)：69-77.

字，掌握通用语的语言资源；另一方面帮助少数民族的语言能够在社会、经济发展大潮中继续生存，避免被淘汰的厄运，并通过学校教育，帮助少数民族学生掌握现代语言技术。此外，还开展少数民族的语言研究工作和濒危少数民族语言的保护工作，开展少数民族语言文字的信息化工作。政府先后在中央和各民族地区建立了少数民族语言文字的工作机构和研究机构，培养了大批从事少数民族语言文字工作的干部和研究人员。

4.2.3 外语教育政策

中国的近代教育发端于外语教育，在中国近代教育史上，最新创办的新式学校大多是外国语文学校，最早的新式学校是1862年建立的京师同文馆。① 我国外语教育政策的价值取向在100多年的时间里，先后经历了从单一政治价值取向到国际国内政治和经济发展的双重价值取向，再到社会、个人和知识的三元价值取向的变化。② 外语教育政策是涉及外语教育全局的工作，对我国外语教育政策梳理后发现，从中华人民共和国成立后到21世纪的前10年，我国的外语教育一直缺乏战略层面的整体思考和规划，③ 外语教育规划无人问津。④⑤ 在过去相当长的一段时间里，我国外语教育政策一个突出的特点是，深受当时政治、外交和经济等政策的影响，比较注重眼前政治和经济利益，而忽视外语教育本身是一个长期的事业，缺乏长远发展规划和战略眼光，不利于我国长远经济建设和国际地位的提升。

4.2.3.1 中华人民共和国成立初期到1977年间的外语教育政策

受国家对外关系的影响，此阶段的外语教育政策的制定基本上是以单一的政治价值为取向。

在该阶段前期，由于中华人民共和国成立前中国共产党与苏联良好的政治关系以及中华人民共和国成立后西方国家对中国的恶意封锁，中国政府采取的是“一边倒”的外交政策。中国的政治、经济和文化往来的主要对象国为苏联，因此需要大量的俄语人才。受政府“一边倒”的外交政策影响，该阶段的外语教育政策主要是大力发展俄语教学，将俄语确定为当时最主要的外语语种。受政策的驱动和当时对“外国语乃斗争武器”的粗浅认识，以及俄语人才较好的经济待遇，⑥ 人们学习俄语的热情高涨。在“俄语热”的浪潮中，英语的学习热情迅速消退。在这一背景下，教育部于1953年7月20日下达《关于高等师范学校教育、英语、体育、政治等系科的调整设置的决定》(下文称《决定》)，要求全国只保留华东师范大学英语系，停办其他7所师范院校的英语系。1954年4月28日，教育部下达《关于秋季中学外语学科设置的通知》(下文称《通知》)，要求从1954年秋季学期开始，初中不再开设外语课，高中每周上4个课时的俄语课。1953年的《决定》和1954年的《通知》

① 李传松，许宝发. 中国近现代外语教育史. 上海：上海外语教育出版社，2006.

② 杨志勇. 我国外语教育政策的演变、反思与战略变革. 现代教育管理，2015(6)：67-70.

③ 束定芳. 关于我国外语教育规划与布局的思考. 外语教学与研究，2013(3)：426-435.

④ 胡文仲. 新中国六十年外语教育的成就与缺失. 外语教学与研究，2009(3)：163-169.

⑤ 李建华，崔志云，刘海英. 全球化背景下我国外语教育的定位和长期规划. 北华大学学报，2010(6)：37-40.

⑥ 胡壮麟. 中国外语教育六十年有感. 中国外语，2009(5)：5-9.

说明当初教育部门在下达外语教育政策和规划教育布局时，更多是基于当时的政治利益，缺乏对我国长期政治利益的考量，没有国际政治大格局的视野和远见，缺乏长远的教育目标，忽视教育的远期效应，对我国的外语教育造成了长期的负面影响。在很长一段时间里，外语教育片面发展、俄语人才供过于求和英语人才奇缺的不平衡局面都不能得到改正。① 尽管中央在1956年年初就作出“尽快扩大外语教学”的决定，教育部也在当年秋季在高中增设英语课程，恢复初中外语课程，首次提出俄语与英语的比例应为1∶1，② 教育部也于1959年下发《关于中学外语课程的通知》，调整中学的外语语种布局，规定大体上应有1/3的中学教俄语，其他2/3的中学教英语和其他外语，但是由于教育的延续性和惯性，直到1964年，教俄语的中学和教英语的中学比例仍然是2∶1。③

在该阶段后期，中苏关系交恶，中国与越来越多的亚、非、拉国家建交，英、美等西方发达国家与我国逐步建立外交关系。国际形势的转变促使我国恢复英语为重要通用外语语种的战略地位。1964年制定的《外语教育七年规划纲要》为我国第一个“严格意义上的外语教育规划”④。该《纲要》指出当时外语院校培养出来的学生在质量和数量上都远不能满足国家建设和外事工作的需要，整个外语教育的基础同国家需要之间呈现尖锐的矛盾。《纲要》确定了此后七年(1964—1970年)的外语教育方针及具体规划，对外语语种布局做了一定的规划：英语为学校教育中的第一大语种，调整语种比例，适当增加法语、西班牙语、阿拉伯语、日语和德语等语种学习人数的比例，适当收缩学习俄语人数的比例，其他非通用语种的人数要占一定的比例。该《纲要》执行后，“我国外语教育立即呈现了新的面貌”，虽然执行不到两年就因为“文化大革命”而夭折，但依然为今天的外语院校规模和外语语种布局打下了坚实的基础。⑤ “文化大革命”期间的十年是我国外语教育几乎陷入停顿的十年，因为“没有人对中国的外语政策去操心”⑥。

该阶段后期所制定的外语教育规划和教育政策与中华人民共和国成立初期的忽视国际大局、只考虑当下国内政治所需而采取的缩小语种、缩减英语教学规模的外语教育政策形成了鲜明的对比。因此，国家层面的外语语种规划和布局如果得当，会给未来产生深远而积极的影响。错误的全国性外语教育政策一旦执行，就会对后来的教育产生连续性消极影响。虽然错误的教育政策可以立即废除，但其产生的影响却很难在短时间内消除，需要制定和执行一系列其他政策来弥补其造成的损失。因此，制定外语教育规划不能犯短视的错误，应考虑教育政策执行后所产生的远期效应，将当前的政治、经济利益与国家的中长期发展战略结合起来。

4.2.3.2 1978—2010年的外语教育政策

在本阶段前期，表现出英语教育“一家独大”的特点，外语教育基本上等同于英语教

---

① 李建华，崔志云，刘海英. 全球化背景下我国外语教育的定位和长期规划. 北华大学学报，2010(6)：37-40.

② 胡文仲. 我国外语教育规划的得与失. 外语教学与研究，2001(4)：245-251.

③ 胡文仲. 我国外语教育规划的得与失. 外语教学与研究，2001(4)：245-251.

④ 胡文仲. 关于我国外语教育规划的思考. 外语教学与研究，2011(1)：130-137.

⑤ 胡文仲. 关于我国外语教育规划的思考. 外语教学与研究，2011(1)：130-137.

⑥ 胡壮麟. 中国外语教育六十年有感. 中国外语，2009(5)：5-9.

育。我国的外语教育，特别是英语教育，在"四人帮"倒台后迅速发展。教育部于1978年、1982年和1986年先后三次召开全国外语工作会议。1978年的会议总结了中华人民共和国成立以来外语教育的经验和教训，讨论了加强外语教育、提高外语教育水平、为实现四个现代化培养外语人才的办法和措施。同时，还就外语师资队伍建设、教材编写、电化教学、科学研究等方面的规划进行了讨论。该次会议"具有历史性的意义，它吹响了外语教育改革的号角。自此，外语教育以前所未有的速度向纵深发展"①。1979年3月，教育部印发《关于加强外语教育的几点建议》，提出语种布局要有战略眼光和长远规划，并给出具体的方针是大力发展英语教育，适当注意日、法、德、俄等其他通用语种的教育。1982年的全国外语工作会议后，教育部下发的《关于中小学外语教育意见》中进一步强化了英语作为主体外语的指导思想，提出全国中学语种设置应以英语为主，俄语也应占一定比例，有条件的学校适当开设日语。1983年邓小平同志在北京景山学校题词，提出了教育的"三个面向"：面向现代化、面向世界、面向未来，给我国的教育指明了方向。在面向现代化、面向世界、面向未来的教育中，外语教育是不可缺少的一环。因而，"三个面向"从长远战略高度指出了外语教育的重要性，是我国外语教育规划的重要指导方针。②1986年的外语工作会议发布了《关于改革和加强中学外语教学的几点意见》，提出中学外语教学工作的指导方针是：立足当前，着眼未来；区分层次，分类指导；讲求实效，保证质量；英语为主，兼设其他语种，分期分批地提高中学外语教学水平。外语教学要学以致用，有了听、说、读、写能力才能为"四化"建设服务，学生运用外语的能力是检验教学质量的主要尺度。会议重申了师资队伍建设、加强教学科研、改进教学方法等要求。③

这三次全国外语工作会议不仅提高了外语学科在教育中的地位，更重要的是明确了外语学科改革的方向与措施，推动了外语教育发展的进程。1980年将英语纳入高考科目中，并逐渐增加英语的比重，到1983年和其他科目一样，在高考中各占100分的比重，自此开始外语必修制度。外语同母语一样，在学校语言学科教育中占据了同样的地位。

1993年，国务院颁发《中国教育改革和发展纲要》，提出随着英语在国际政治、经济和文化生活中的普及，英语教育在我国外语教育中的重要性也应日益凸显，因而此阶段的外语教育基本上以英语教育为主。然而，不同于中华人民共和国成立后通过政策干预导致"俄语独大"的局面，造成"英语独大"的局面，除了政策引导的因素之外，还有很多其他因素。人们根据社会和个人发展需要，往往会自发地选择经济效益高和学习价值大的外语语种，因此，英语自然就成了首选语种。在该阶段的后期，高校扩招政策、大学英语四六级考试的普及、大学毕业证书与英语四六级证书的挂钩、社会用人单位对拥有英语四六级证书人才的青睐以及职称外语考试等一系列社会因素也促使人们选择英语作为外语学习语种。

在本阶段的后期，外语教育（尤其是英语教育）全面普及，同时外语学界开始反思外语教育政策、外语地位以及外语语种布局等方面的问题。我国的外语（英语）教育全面普

① 刘道义. 百年沧桑与辉煌——简述中国基础英语教育史. 中国教育科学，2015(4)：94-133.

② 陈琳. 从战略高度以科学发展观规划我国外语教育. 光明日报，2009-01-21.

③ 刘道义. 百年沧桑与辉煌——简述中国基础英语教育史. 中国教育科学，2015(4)：94-133.

及开始于2001年，[①] 目前，我国约有4亿多人在学习英语，占全国人数的三分之一。[②] 这一时期，我国相继出台《中共中央国务院关于深化教育改革 全面推进素质教育的决定》(1999)、《关于积极推进小学开设英语课程的指导意见》(2001)、《全日制义务教育普通高级中学英语课程标准》、《普通高中英语课程标准》、《初中俄语课程标准》、《全日制义务教育日语课程标准(实验)》、《普通高中日语课程标准(实验)》、《中小学英语教师专业等级标准》等外语教育政策，并于2006年成立全国基础外语教育研究培训中心。随着教育改革的深入，外语(英语)教育成为素质教育的重要组成部分。在高等教育阶段，教育部2001年发布的《关于加强高等学校本科教学工作，提高教学质量的若干意见》中明确提出“本科教育要创造条件，使用英语等外语进行公共课和专业课教学”，还特别强调“高新技术领域的生物技术、信息技术等专业，以及为适应我国入世后需要的金融、法律等专业，更要先行一步，力争三年内，外语教学课程要达到所开课程的5%至10%”。2007—2010年，教育部与财政部联合评选了一批高校中的双语教学示范课程，资助的课程数量分别为100门(2007年)、100门(2008年)、158门(2009年)、434门(2010年)，每门课程资助10万元。[③] 地方政府和学校的相应扶持政策也不断出台，例如，上海市从2009年开始，出资建设了一批高校全英语课程项目，建设周期为三年。其他地方也对当地的高校双语课程给予了政策上的大力扶持。在这样的政策环境下，英语迅速进入高校课堂成为教学语言，在教育中的功能得到扩大。但是，我国“一条龙”的外语教育政策因衔接问题，以及大部分国人学习英语的目的基本上是功利性的，并不是出于语言交流的考虑，造成了极大的人力、物力和时间等宝贵的社会资源的浪费。而英语“一家独大”的局面所带来的外语语种分布严重不均和语种能力严重不平衡等问题，逐渐影响到国家战略部署的实施。

因人们对语言功能的认识逐步拓宽，认识到语言不仅仅是一种交流工具，还是一种重要的提升国家政治和经济硬实力以及提升国家文化软实力的重要手段，人们开始反思引起当前外语教育中英语“一家独大”局面的政策层面上的原因，并通过比较国内外外语教育政策来寻求解决方法。[④⑤⑥]

4.2.3.3 2010年至今的外语教育政策

2010年是我国教育发展史上关键的一年。这一年，教育部出台《国家中长期教育改革和发展规划纲要(2010—2020年)》，标志着我国正式对各阶段和各类型的教育实施中长期科学发展规划。经过对前期外语教育中出现的问题的研究，以及21世纪前十年对语言教育政策的研究，我国的外语教育也开始逐步进入了语种科学规划和布局阶段。国家语委先

① 赵蓉晖. 中国的外语规划与政策的基本问题. http://www.rcfls.shisu.edu.cn/a3/f0/c3583a41968/page.psp#_ftn1，2014-08-31.

② 数亿学习者被指很疯狂 “全民英语热”折磨东亚. http://news.china.com.cn/edu/2010-03/13/content_19602772.htm，2010-03-13.

③ 赵蓉晖. 中国的外语规划与政策的基本问题. http://www.rcfls.shisu.edu.cn/a3/f0/c3583a41968/page.psp#_ftn1，2014-08-31.

④ 贾爱武. 以国家安全为取向的美国外语教育政策. 比较教育研究，2007(4)：13-18.

⑤ 张建伟，王克非. 德国外语教育政策研析. 外语教学与研究，2009(6)：459-464.

⑥ 沈骑. 我国高校外语教育政策的全球化取向. 现代教育管理，2010(1)：32-34.

后于2011年在上海外国语大学设立了中国外语战略研究中心、2014年在北京外国语大学设立了国家语言能力发展研究中心，专司国家外语语种能力的外语教育政策与规划研究，为国家的外语教育政策和规划的制定提供科学研究上的支持。2012年教育部、国家语委联合印发关于《国家中长期语言文字事业改革和发展规划纲要(2012—2020年)》的通知，要求建立和完善语言文字工作的长效机制，提出“根据国家战略需求，制定应对国际实务和突发事件的关键语言政策，建设国家多语言能力人才资源库”。张天伟认为，应从长期需求与准备、现实危机、潜在危机以及当前任务急需四个方面考虑关键语言的确定和政策制定。① 从2013年起，基于“一带一路”的战略部署，我国逐步增加外语语种。

一个国家的语言政策和语言教育政策都离不开其特定的历史背景，需基于当前的需要和长远的发展规划来制定。中华人民共和国成立以来，在国家通用语建设方面经历了确立语言文字标准、推行语言文字规范以及通用语言文字立法三个阶段，基本实现了在社会政治、经济和文化生活中的“语同音、字同文”的历史梦想。在民族语言文字工作方面，中央以及地方各级政府制定政策和法规，保障各少数民族使用本民族语言文字的权利和自由，同时为提高中华民族的凝聚力以及提升少数民族发展经济的能力，在少数民族地区开展普通话学校教育，帮助少数民族克服参与国家政治和经济生活的语言障碍。这些成功的历史经验充分说明，语言政策的制定和推行，既要充分满足国家和人民在政治、经济、文化和教育等社会生活中的当前需求，还需做好语言文字工作的中长期规划，充分发挥语言在社会生活各方面中的积极作用。在外语教育方面虽然取得了较大的进步，但也存在着较多问题，如因长期语种单一所造成的该语种低端人才过剩问题和其他语种人才严重不足问题，因长期固守了解外部世界、引进外国先进技术和经验等外语教育理念而造成的外语教学中的“中国文化失语”问题，以及当前我国对外传播优秀中国文化战略之间的矛盾问题等充分说明，外语教育政策需基于中长期的科学规划，要服务于国家的总体发展战略。

4.3 “一带一路”背景下我国的语言需求

我国提出的“一带一路”倡议，以经济建设为主导，以促进沿线各国经济繁荣、政治互信、文明互鉴和共同发展为目的，是一项将会对我国政治、经济、外交和文化等产生深远影响的伟大事业。“一带一路”建设离不开语言保障，② 需要语言铺路。③ 要实现“一带一路”倡议的“五通”，即政策沟通、设施联通、贸易畅通、资金融通和民心相通，都离不开语言相通。语言相通是“五通”的核心基础(见下图)，“五通”对语言的需求丰富多样，因此提升语言服务能力是当务之急。④ 下文将从发展经济、融通文化、提升国家软实力、

① 张天伟. 我国关键语言战略研究. 中国社会科学院研究生院学报，2015(2)：92-96.

② 赵世举. “一带一路”建设的语言需求及服务对策. 云南师范大学学报(哲学社会科学版)，2015(4)：36-42.

③ 戴曼纯. 培养国家需要的外语人才. 光明日报，2016-10-16.

④ 赵世举. “一带一路”建设的语言需求及服务对策. 云南师范大学学报(哲学社会科学版)，2015(4)：36-42.

维护国家安全四个方面分析"一带一路"建设提出的语言需求。

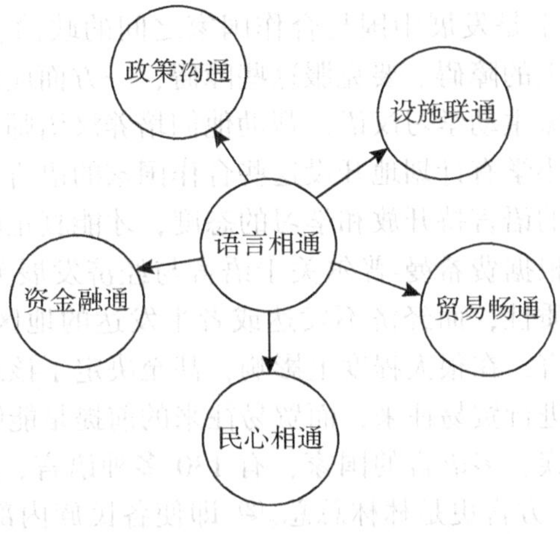

4.3.1　语言作为发展经济的需求

信息经济学的开拓者 Jacob Marschak 于 1965 年揭示语言具有价值、效用、费用和收益等经济属性，此后，语言就被人们看作经济活动中不可缺少的工具，是一种重要的资源。① 此后，语言经济学、语言产业、语言生活等逐渐进入学者的研究视野，也逐渐拓展人们对语言功能的认识。无论是国家经济的发展还是个人经济能力的提升，都需要语言的助推，这已经成为一个普遍的共识。

在国际经济生活中，语言的筑桥铺路作用尤为明显。Albert Breton 在其编辑的《语言和双语主义》中提出，国际贸易中的语言障碍类似于进行贸易的两个国家间的地理距离，克服语言障碍所花费的成本类似于运费，是支付给翻译人员的酬薪。② 自 2013 年"一带一路"倡议提出后，越来越多的国家与中国签定合作协议或者签署相关协议备忘录，目前有 100 多个国家参与共建"一带一路"。这些国家语言众多，常用语言有近 100 种，汉语在很多国家为外语，在一些国家尚未进入学校外语教育课程。崔启亮、刘佳鑫通过对我国 72 家国有企业的语言服务需求的调查发现，中译外和外译中的比例相差在 2~4 个百分点，说明我国企业已经由以前的以引进国外技术和资金为主发展到主动参与全球市场活动，输出中国产品和技术，中国的企业正在日益国际化；此外，虽然基本上还是以英汉互译为主，但翻译语种的数量日趋多样化。③ 随着越来越多的国家成为"一带一路"共建伙伴，以及越来越多的国内企业实施"走出去"战略，语言服务的内外需求也日益增加。因此，提升我国语言的经济服务能力迫在眉睫。单凭在"一带一路"共建国家增设孔子学院或者孔

---

① Marschak J. Economies of Language. *Behavioral Science*, 1965(10): 135-140.

② Breton, Albert. An Economic Analysis of Language. In: Breton, A., ed. *Economic Approaches to Language and Bilingualism*, *Canadian Heritage*, *Department of Public Works and Government Services*. Canada, Ottawa, 1998: 1-33.

③ 崔启亮，刘佳鑫. 国有企业语言服务需求调查分析及启示. 中国翻译，2016(4)：70-76.

软实力建设中具有无可替代的作用。① 习近平总书记在党的十九大报告中指出，"讲好中国故事，展现真实、立体、全面的中国，提高国家文化软实力"，为对外交流指明了任务，为提高文化软实力指明了途径。而讲好中国故事，传播好中国声音，需要提升语言能力。

讲好中国故事可以为中国创造一个和平发展的外部环境。中国经济的日益富强招来一些发达国家，尤其是美国、英国和日本的猜忌。他们依据自己历史上通过殖民扩张和对外掠夺等手段而取得巨大经济成绩的经验，蓄意制造和传播一些不利于中国进一步发展的言论，宣扬"中国威胁论"，恶意揣测中国提出"一带一路"倡议的目的或者故意曲解其意图，以误导或欺骗国际社会对中国产生误解甚至是敌意。这些发达国家采取"修昔底德陷阱"思维模式，即认为一个新崛起的大国必然要挑战现存大国，而现存大国也必然会回应这种威胁，因而冲突和战争变得不可避免。② 他们认为国强则必霸必战，将"一带一路"倡议解读为中国的"马歇尔计划"，认为"一带一路"建设是中国的地缘战略，是中国谋求欧亚霸权的重要举措。③ 西方发达国家的这种思维模式忽视或者根本不重视一大批收入不高的国家的真正需求，不给发展中国家任何发展和崛起的机会，是一种典型的霸权主义思维。如何打赢这样一场没有硝烟的战争，为中国的发展赢来和平的外部环境，并为其他发展中国家带去发展机会，是我国在"一带一路"建设中必须克服的问题和达到的目标。

为了消解西方宣扬的"中国威胁论"、打破西方的"修昔底德陷阱"思维定式和逻辑，中国必须以"一带一路"建设参与国家听得懂的语言，向他们讲授中国经济发展的逻辑或者范式。长期以来，绝大多数发展中国家都是通过学习西方的文本来认识经济发展的，但是如果西方的总结不到位或者产生了误导性的认识，那么发展中国家就容易忽视中国的价值以及自身蕴藏的力量。因而，我们应发挥语言和文化的软实力作用，帮助这些国家学习中国文本，了解中国历史和儒、释、道融合的中国特色的哲学思想，了解中华人民共和国成立之初就提出的和平共处五项原则，并且在"一带一路"建设中帮助他们在经济发展方面取得实质性成绩，逐步获得这些国家的理解和认同，最终共同构建人类命运共同体。"一带一路"倡议和建设的实施虽然是中国经济发展的一大举措，但更多是要表达中国的优秀文化、价值体系和社会制度，是中国软实力构建的"西游之路"。④

国家软实力的提升需要强大的国家语言能力的支撑。"一带一路"沿线国家的语言状况极为复杂，本着平等、互信和互惠的原则，抱着开放和包容的心态，学习彼此的语言，既是增强国家的整体的语言能力，也是增强民众自身的语言能力，使他们在掌握更多语言资源的前提下，获取更多的其他社会资源。

① 赵世举. 国家软实力建设亟待研究和应对的重要语言问题. http://www.cssn.cn/yyx/qtfzxk/201610/t20161026_3250463.shtml.

② 郑永年. 流动的中国国家形象："中国威胁论"的缘起与演变. 转引自：吴飞. 南京社会科学，2015(9)：7-16.

③ 钟飞腾. "一带一路"、新型全球化与大国关系. 外交评论(外交学院学报)，2017(3)：1-26.

④ 覃杰. 两大舆论场与软实力构建——"一带一路"视阈下中国的国家形象传播战略. 今传媒，2017(5)：53-54.

4.3.4　语言作为国家安全的需求

国家安全是一种国家没有处于危险的客观状态，没有外部的威胁和侵害，也没有内部的混乱、动荡和疾患，① 但它只是一种动态的状态，涉及的因素很多。其中，“语言能力所涉的安全范围远超出传统意义上的国家安全和军事安全范畴，囊括更多的领域，除领土完整和国家主权外，还有健康、环境和人口流动，尤其是社会语言安全、冲突或危机等”②。语言的安全需求包括两个方面：国家安全问题；群体、社会或个人的语言安全感问题。国家的语言安全需求指满足国家发展、保障安全的语言能力需求。③

在语言的国家安全需求方面，一些发达国家，如美国、英国、法国、澳大利亚和日本等国早已认识到语言对于国家安全的重要性，将国家的语言能力、语言规划、语言教育与国家安全紧密结合起来。英国21世纪初成立“国家语言指导小组”，从2002年起实施为期十年的“国家语言战略”。欧盟成员国众多，语言情况复杂，因而长期坚持语言多元化政策，出台《欧洲语言共同参考框架》。美国曾一度忽视外语教学，但1993年的世贸爆炸事件和2001年的“9·11事件”，迫使美国把国防安全重心转移到防恐并把注意力聚焦到阿拉伯地区之后，才发现自己国家精通联合国工作语言之一的阿拉伯语的人非常少，因而开始重视语言的安全防御作用。为此，针对“国家安全及联邦政府外语能力状况”举行两次听证会，讨论美国的语言状况和提高国家语言能力的方法，出台《国土安全教育法案》，指出国家外语能力对提高美国的经济竞争力、保障国家安全至关重要。2006年美国开始实施“国家安全语言计划”，提出从幼儿园到大学的外语教学自主、大力培养外语教师、培养高级外语人才，包括阿拉伯语、汉语、俄语、朝鲜语、波斯语、印地语和中美洲语言等关键战略语言人才培养等计划。2011年又颁布《国防部语言技能、区域知识、文化能力的战略规划：2011—2016》，将外语技能、区域知识和文化能力列为士兵的“作战能力”。继美国、英国之后，其他很多国家都相继开展自己的语言战略规划。④

因国内外政治环境的变化，以及因网络技术的发展而带来的没有硝烟的网络战场，都需要国家通过语言规划、语言政策、语言立法和语言监管等行政手段加强对语言生活的管理，将语言打造成维护国家安全的武器。⑤

首先，语言具有重要军事价值，对维护领土完整和保卫国家主权起着重要作用，为国家发展提供安全保障，“语言资源和语言能力已成为军事实力的核心要素”⑥。语言在军事上用途广泛，如收听或者监听外语电台，了解发达国家军事技术、军事思想、运作方式等，都需要具备较强的外语能力。其次，中国军队在国际军事行动中，如维和、反恐、护航等，也需要提高其语言能力，这有利于展示中国国力、中国形象以及让国际社会对中国

---

① 刘跃进. 国家安全学. 北京：中国政法大学出版社，2004.

② 戴曼纯. 国家语言能力、语言规划与国家安全. 语言文字应用，2011(4)：123-131.

③ 戴曼纯. 国家语言能力、语言规划与国家安全. 语言文字应用，2011(4)：123-131.

④ 沈骑，夏天. 论语言战略与国家利益的维护与拓展. 新疆师范大学学报(哲学社会科学版)，2014(4)：112-118.

⑤ 赵世举. 打造“语言武器”. 中国教育报，2013-11-15.

⑥ 赵世举. 打造“语言武器”. 中国教育报，2013-11-15.

形成负责任的大国和强国的印象。中国要承担大国职责，协助联合国维护和平和安全稳定，维和士兵们也需要懂一门国际通用语言。再次，国家之间军事交流和合作日趋频繁，也需要语言的支撑。虽然往往会选择交流双方中国力较强的那一方的语言，但如果在交流中较强方能使用较弱方的语言，以示友好与尊重，会在情感上让对方拉近心理距离，减少未来可能的军事摩擦和冲突。最后，小族语言是一种在军事上能够发挥重大作用的资源，因为其使用者少，可以用来开发军事密码，以确保军事通讯的安全，具有重大的军事价值。① 因此，控制和保护小族语言，包括一些濒危语言，不仅有利于保持国家的文化多样性，也有利于国家的军事安全。此外，跨境语言也同样具有重要的军事价值。

从国内来看，我国是一个多民族、多语言的国家，语言关系复杂，如果处理不好，会给国家安全和社会稳定带来隐患。在这方面，新加坡提供了一个比较成功的例子。该国尽管成立历史比较短暂，但因为其推行的四种官方语言(英语、华语、马来语和泰米尔语)为工作语言的政策，以及在学校实行双语教学(英语和母语)的语言教育政策，既保证了人们之间的无障碍交流，又尊重和保护了境内各民族自己的语言和文化身份，因而能够将不同民族维系在一起，让民众在不到半个世纪的时间里迅速确立自己的新加坡公民身份。李光耀在其回忆录中指出，语言政策能决定一个国家的成败。② 而因为没有处理好境内不同族群的语言关系而导致国家或者地区动荡的例子在本世纪屡见不鲜，如导致 2013—2014 年间的乌克兰危机的一个重要原因就是没有处理好俄语与乌克兰语之间的语言关系问题。在国内，2010 年引起媒体和语言学界广泛关注的广州“撑粤语”事件，③ 因为极个别民众误解政府推广普通话的用意，将之解读为政府可能要取消粤语，再加上某些别有用心的人的恶意助推，而逐渐演变成一场引起国际关注的公共事件。这些国内外的事例都说明了处理好语言关系对维护国家安全和社会稳定至关重要。

努力保障各民族、社会和个人的语言安全感也是维护国家安全的一个重要语言需求。在我国，虽然宪法和法律赋予各民族语言平等的权利，但因为普通话在社会各领域的广泛使用，已经成为一种公共资源。只有掌握了这种资源，才能获得更多的个人发展机会的情况下，已经形成了事实上的普通话和汉语各方言、普通话和各少数民族语言之间不平等的权利和利益分配，造成人们形成对自己的方言或者母语的不安全感的问题。因而，多语言环境下，和谐的语言关系是国家安全的重要保障。④

发挥语言的安全价值，一方面要鼓励人们发展自己的多语能力——母语能力、通用语能力和外语能力，从而提升个人语言能力和国家综合语言能力；另一方面要处理好各语言之间的关系，保障人们的语言安全感。鼓励人们根据所处场合和情形选择适当的语言，让每一个人既掌握公共语言资源，增加个人参与市场竞争的劳动能力，又牢记自己的母语，以母语传承家乡传统文化和价值观，保持中华民族文化多样性。

---

① 戴曼纯. 国家语言能力、语言规划与国家安全. 语言文字应用，2011(4)：123-131.

② 李光耀. 李光耀回忆录：我一生的挑战——新加坡双语之路. 南京：译林出版社，2013.

③ 屈哨兵. 广州“撑粤语”事件引发的思考. 云南师范大学学报(哲学社会科学版)，2011(1)：54-62.

④ 戴庆厦. 语言关系与国家安全. 云南师范大学学报(哲学社会科学版)，2010(2)：1-6.

4.4 “一带一路”背景下我国语言能力困境及原因分析

“一带一路”建设对语言服务提出了巨大的需求，语言铺路，语言先行，是人们一致的共识。语言相通也是实现“五通”的基本保障。然而，面对政治稳定、经济发展、国家安全和文化融通等方面巨大且迫切的语言需求，我国显示出了国家语言能力，尤其是外语能力不足的困境。国家语言能力是一个国家处理国内外事务所具备的语言能力，包括语种能力、国家主要语言的国内外地位、国民语言能力、拥有现代语言技术的能力和国家语言生活管理水平五个方面。① 本节将从这五个方面探讨我国的语言能力问题，并分析其形成原因。

4.4.1 国家总体外语语种能力较弱

随着“一带一路”建设的推进，越来越多的国家加入到共同建设的队伍中来，中国也日益由“本土型”国家向“国际型”国家转化。在此过程中，我国语言服务能力欠缺、语言人才储备不足问题日益凸显。

长期以来，我国外语语种单一，前期以俄语为主，1978 年以后以英语为主，辅以法语、俄语、西班牙语、阿拉伯语、德语以及周边少数几个国家的语言如日语、韩语等。较单一语种布局所造成的外语语种能力分布不均，总体外语能力较弱，已经是学界共识。目前，全国外语学习者中，约 94%学习英语，7%学习俄语，3%学习日语，极少数人同时学习两种语种。② 虽然从 2013 年起加快语种布局，增设了 50 多个小语种本科专业，但目前我国掌握的外语资源种类，以及外语资源质量均远远不能满足国家安全和发展战略的需要，国家外语能力匮乏。

导致我国总体语种能力较弱的一个重要原因是我国外语教育缺乏战略层面的整体思考与规划，外语语种、教育层次、区域分布、外语人才数量等方面都不能适应国家发展需求，不符合国家未来发展战略。③ 长期以来，外语语种的布局和规划缺乏宏观指导，外语人才培养数量和质量得不到有效监控和调整，导致外语教育不能有效服务于国家和地方发展战略。④ 我国学界对关键语言战略研究起步较晚，其研究成果在最近几年才开始服务于国家的语言文字规划。2012 年，我国才颁发首个中长期语言文字规划——《国家中长期语言文字事业改革和发展规划纲要(2012—2020)》，在里面第一次提到“根据国家战略需求，制定应对国际事务和突发事件的关键语言政策，建设国家多语言能力人才资源库”。2016 年，《国家语言文字事业“十三五”发展规划》第一次提出“重点提高保障国家战略和安全的语言文字服务能力”。自此，我国才把语言视为国家的重要战略要素，以战略眼光看待语

① 李宇明. 提升国家语言能力的若干思考. 南开语言学刊，2011(1)：1-8.

② 魏日宁，苏金智. 我国外语人才需求抽样调查. 转引自：戴曼纯. 外语教学与研究，2016(4)：614-624.

③ 束定芳. 关于我国外语教育规划与布局的思考. 外语教学与研究，2013(3)：426-435.

④ 束定芳. 中国外语战略研究. 上海：上海外语教育出版社，2012.

言的整体、长远和全局性发展问题，以解决国家和社会面临的现实语言问题、谋划长远发展为基本目标，① 开始比较科学的语言规划。

我国外语教育上存在的一些问题也导致了国家外语能力较弱的困境。长期以来，我国外语教育一直是"重工具、轻内容""重语言、轻文化""重西方、轻本土"，② 注重的只是西方文化价值观和生活观念的引进，而忽视中国价值观和生活观念内容的输入，导致"学不致用"和中国文化失语，思想逐步"异化"。

科学的语言规划从研究到内容制定到政策实施再到教育效果的显现，需要较长的一段时间，因而外语教育必须以国家的战略部署为指导，根据国家利益和社会发展需求等，从现实和长远两个角度，进行语种的规划和布局。③

4.4.2 通用语言文字的国内外地位困境

汉语(普通话)是中华人民共和国境内的通用语，作为联合国工作语言之一，汉语(普通话)名义上也是一种国际通用语言。

虽然2001年正式实施的《中华人民共和国通用语言文字法》确立了普通话的国家通用语地位，但是其普及状况依然不容乐观。经过几十年的建设与推广，普通话已经逐渐成为国民工作和日常生活中的主要交流语言，极大地减轻了各民族交流的语言障碍。但要达到《国家中长期语言文字事业改革和发展规划纲要(2012—2020)》中制定的"到2020年，普通话在全国范围内基本普及"目标，还需要做出很大的努力。根据《中国语言文字事业发展报告(2017)》显示，目前普通话普及率达到70%以上。然而对于中国这样一个有着近14亿人口的大国，70%以上的普及率就意味着有近4亿人尚不具备用普通话交流的能力，且其分布严重不均。西部和东部相差了20个百分点，大城市普及率超过90%，许多农村和民族地区只有40%左右，中西部地区还有很多青壮年农民、牧民无法用普通话进行基本的沟通交流。这已经成为阻碍个人脱贫致富、影响地方经济社会发展、制约国家全面建成小康社会，甚至影响民族团结和谐的重要因素。扶贫首先要扶智，扶智应先通语。④ 因普通话的公共资源效应，掌握普通话的人就具备掌握该资源所带来的社会效益，如更多的知识和信息、更好的就业机会。普通话能力已经成为劳动力的重要构成因素。对于近30%没有掌握普通话的群体来说，普通话的国家通用语地位和资源效应在一定程度上挤压了他们的生存空间，剥夺了他们的发展机会，导致他们产生与说普通话群体的疏离感、对自己母语的不安全感，进而可能产生敌对情绪，成为社会安全的隐患。因而在这个群体中推广普通话，是我国发展经济、维护民族团结和边境安全的重要举措，在他们中建立普通话通用语地位具有重要的国防、经济和社会意义。

汉语(普通话)是使用人口最多的语言，是联合国的工作语言之一。随着中国经济的

---

① 沈骑，夏天. 论语言战略与国家利益的维护与拓展. 新疆师范大学学报(哲学社会科学版)，2014(4)：112-118.

② 沈骑. 外语课程知识观的后现代解读. 现代教育科学(高教研究)，2008(3)：59-62.

③ 束定芳. 关于我国外语规划与布局的思考. 外语教学与研究，2013(3)：426-435.

④ 教育部，国家语委. 国家通用语言文字普及攻坚工程实施方案. 2017-03-14.

快速发展，国际上掀起了学习汉语的热潮，汉语的国际地位日益提升。主要表现在除了传统的以汉语为主要外语的国家如韩国、日本、越南外，越来越多的国家，如美国①②、英国③、俄罗斯④、德国⑤、法国⑥等，都把汉语作为重要外语。他们改变以往只在大学开设汉语的情况，开始在教育各阶段全面铺设汉语课程，汉语学习已经出现了低龄化趋势。⑦⑧ 参与“一带一路”建设的国家也正掀起汉语热潮，以便抓住发展机遇，更深度地参与到建设中。⑨ 但是，离汉语国际通用语地位的确立尚有很大的差距，有三种情况不容乐观：

其一，汉语虽然是联合国工作语言之一，但是其全球使用者多为海外华人和中国留学生，目前并不真正具备国际通用语的特征：跨种族、跨民族、跨国界，在其他国家作为官方语言、第二语言或者工作语言，广泛应与于国际政治、经济、科技、教育与文化等领域。因而，必须正确意识到，汉语在国际上真正起到的交流作用有限，需要中国经济的持续发展和汉语国际教育的大力助推。

其二，我国目前对外汉语教育能力与满足国际上对汉语的需求尚有一定距离。国际“汉语热”的兴起，尤其是当汉语成为很多学校的外语课程后，对汉语国际教学提出了新的要求。首先，中方能够提供的师资力量毕竟有限，远不能满足各国对中文学习的需求，所以要实现汉语师资的当地化。我国在对外汉语教学中所做的应该主要是“顶端之事、引领之事，即在理念、标准、教师、教材、教法、管理、资源等方面掌握话语权，并向当地提供及时、有效的支持，引导当地成为目的语学习的主要推动者和实施者，并保障其持久发展”⑩。其次，在教学内容方面，要根据不同年龄阶段学生的学习特点和当地的生活，结合中国文化语境和当地风俗，编写符合他们学习特点的汉语教材，在教学内容上适当本地化，注意当地文化生活与中国文化生活的互动，让学生一方面学会用汉语描述当地的生活，另一方面了解中国的生活和文化。最后，对外汉语教学离不开汉语和当地语言的对

---

① 韩莎莎. 40万人学中文！美国“汉语热”进入新阶段. http：//world. people. com. cn/n1/2016/0506/c1002-28331691. html.

② 钟声. 一种面向未来的投资. http：//theory. people. com. cn/n1/2018/0521/c40531-30002351. html.

③ 李应齐. 越来越多的英国学校开设汉语课程，更多的英国人认识到——学习中文，不再仅仅是兴趣. 人民日报，2017-10-24(16).

④ 吴焰，曲颂. 汉语在俄罗斯热了国家统一考试将纳入汉语科目. http：//edu. people. com. cn/n1/2017/0725/c1053-29426572. html.

⑤ 任平. 德国中小学汉语教学发展现状综述. 新课程研究，2014(5)：8-11.

⑥ 潘亮. 法国10年内学习汉语人数翻4番，汉语已成第四大外语. http：//world. huanqiu. com/exclusive/2017-02/10129579. html.

⑦ 李宇明. 对海外汉语学习者低龄化的思考. 世界汉语教学，2018(3)：291-301.

⑧ 林嘉懿. “汉语热”不断升温 学生呈现低龄化. http：//edu. people. com. cn/n1/2017/1117/c1053-29651947. html.

⑨ 朱怀. “一带一路”建设需要汉语国际教育本土化. http：//ex. cssn. cn/zx/bwyc/201709/t20170905_3629792. shtml.

⑩ 李宇明，施春宏. 汉语国际教育“当地化”的若干思考. 中国语文，2017(2)：245-252.

比，而我国因受制于过去外语语种规划的影响，没有把许多国家尤其是"一带一路"沿线国家的语言纳入外语学习规划中来，因而对它们研究极少，更遑论汉外对比研究了。这种困局会严重影响到对外汉语教学的质量和效果，因而需要加快这方面的语言理论研究，以指导汉语教学实践。

其三，因一些国家把外语教学看作文化侵略或者是文化传播的前沿阵地，我国对外汉语传播的主要机构——孔子学院和孔子课堂在这些国家遭到明确的或者变相的抵制。例如，2018年8月13日，美国《2019年国防授权法案》中明文规定"禁止通过孔子学院进行语言培训"，2014年，芝加哥大学和宾夕法尼亚大学相继提出终止与孔子学院的合作。此外，有些国家意识形态封闭，孔子学院很难进入这些国家。

英语国际通用语地位的确立离不开英国近两个世纪的全球殖民霸权以及美英等国家强大的经济和科技实力。而对中华民族这样一个以和为贵的民族来说，不可能靠霸权来推行汉语言文字，只能在其政治、经济、文化、教育、科技等各方面取得领先地位并掌握话语权之后，才能吸引他国主动学习汉语，逐步确立汉语国际通用语地位。

4.4.3 国民语言能力困境

语言能力是人最基础的、最核心的能力和素质之一，是人的基本能力和素质的综合体现。① 语言能力也是劳动力的重要构成要素，是重要的人力资本。② 国民语言能力是国民运用语言进行交际、沟通的能力，是一种多语能力，包括母语(方言)能力、国民国家通用语言文字应用能力和外语能力。③ 国民的语言能力是国家的语言资源，也是国家软实力的重要组成部分。④

随着我国经济的发展、科技信息技术日益普及、政府加大对教育的投资以及国民对教育的重视，我国国民的语言能力逐步提升，主要表现在以下几个方面：其一，普通话的普及率从2000年的53%提高到2015年的73%左右，95%以上的识字人口使用规范汉字。⑤ 其二，我国推行的民族地区双语教学政策使这些地区的学生从小就具备母语和汉语的双语能力。其三，基于我国的外语课程为必修课的教育政策，我国受过学校教育的国民，尤其是在改革开放后的最近三十年受过学校教育的国民，基本上具备某种程度的外语能力。

然而，"一带一路"背景下，仔细审视我国的国民语言能力，尤其是外语能力，与把我国建设成为社会主义经济和文化强国的战略需求之间存在着较大的差距，国民语言能力困境凸显：

在国家通用语方面，尚有4亿左右的人口没有掌握普通话交流能力，这个群体中大部分为贫困人口。这些人通常只会自己的方言或者民族语言，几乎不具备任何外语能力，在

① 赵世举. 从语言的功能看公民个人语言能力的地位和作用. 云南师范大学学报(哲学社会科学版)，2013(3)：37-43.

② 国家语言文字工作委员会. 序　修筑扶贫脱困的语言大道. 选自：中国语言生活状况报告(2018). 北京：商务印书馆，2018.

③ 魏晖. 国民语言能力建设刍议. 语言科学，2014(1)：1-9.

④ 李宇明. 公民语言能力是国家语言资源. 中国大学教学，2009(2)：23.

⑤ http：//news. sina. com. cn/o/2017-09-08/doc-ifyktzim8903459. shtml.

市场上往往是廉价的劳动力，多从事一些劳动密集型工作或者体力劳动，报酬都比较低，普遍劳动时间长、劳动强度大、稳定性差，在劳动力市场上不具备竞争优势。该群体中相当一部分也是我国劳务输出的重要来源。由于他们文化素质低、技能单一，且不具备外语能力，与公司管理人员以及当地存在严重的交流障碍，与国际劳务市场的要求还有一定距离。由于语言的思维认知功能和交际功能是人的本质属性之一，一个人的低语言能力显示出其低思维认知能力和交际能力，因此海外的这部分劳动力大军很难有传播中华优秀文化的意识，更不具备担任中华文化交流使者的能力。据中国一冶海外公司武汉分公司负责人介绍，其公司在非洲的一个国家有长达三年的房建项目，该项目所有的工作都是由中国工人和当地人一起完成。但到项目竣工当地人搬迁入住时，当地很多人依然以为是日本人援建的项目。问起其原因，就是这些建筑工人不具备与当地人交流的语言能力，平时下班后也只是局限于中国工友的小圈子，基本上不与当地人交流。这一案例充分说明，语言能力低是难以担负起建设文化强国的重任的。

在国民的外语能力方面，我国的外语教育虽然取得了很大进步，但受制于过去缺乏中长期语种规划的局限性，造成现在国民的外语能力比较单一，多以英语为主，且对英语的熟练掌握程度远低于日本、韩国等。① 戴曼纯调查发现，我国用人单位最需要的语种有21种，分别是英语、西班牙语、俄语、法语、德语、日语、阿拉伯语、葡萄牙语、越南语、乌克兰语、波斯语、豪萨语、土耳其语、马来语、意大利语、老挝语、柬埔寨语、泰语、蒙古语、缅甸语和韩语；既精通外语又具备其他专业知识的高端外语人才数量远不能满足社会需求；用人单位普遍反映外语人才的外语能力有限，不懂专业知识和缺乏国际视野。② 我国虽然目前能开设出上述紧缺语种，但是在人才的培养数量和质量上都不能达到用人单位的需求。外语能力有限、不懂专业知识及缺乏国际视野是我国外语人才的硬伤，而具有两种及以上外语能力的人更是屈指可数。

衡量国家外语能力高低的重要标志是一个国家能够掌握并使用外语资源的种类和质量，而这个质量就是国民外语能力的高低。随着越来越多的国家加入到“一带一路”倡议，我国需要更多的语种人才以及高水平的专业外语人才。国民外语能力的困境必会制约我国发展战略的进一步推进，因而，必须改革和创新当下外语人才培养模式，比如采用校企联合培养模式，即学校为企业的专业人才培训外语，或者根据某一类企业的集体需求特征，有针对性地开设“专业+外语”的人才培养模式，以解决当下的外语人才短缺问题。此外，对所需的周边国家小语种人才，因这些国家所处地理位置关系到我国的周边环境，因而他们的语言可以视作我国的关键战略语言，需要长期适量培育这些语种的高级人才。可以采取“就地取材、就近培养”的方针，根据地缘特点，结合我国的跨境语言人才的优势，不同地区和高校的语种开设可以各有侧重，如西南地区可多开设南亚语种，新疆地区可主要增设中亚语种，东北地区重点建设东亚语种等。③

受制于国民的语言能力困境，《国家中长期语言文字事业改革和发展纲要（2012—

① 魏晖. 国民语言能力建设刍议. 语言科学，2014(1)：1-9.

② 戴曼纯. 我国外语人才需求抽样调查. 外语教学与研究，2016(4)：614-624.

③ 张天伟. 非通用语种建设亟须全面布局. 光明日报，2017-06-04.

2020)》把"提高国民语言文字应用能力"作为语言文字事业的七大任务之一。要培养更多高素质的劳动者，提高国民语言能力是基础。从根本上来说，需要集合教育管理部门、外语教学研究专家以及社会用人单位的智慧，根据国家的中长期发展战略，合理布局外语语种，发展外语教育。

4.4.4 语言技术能力困境

语言技术"既指对语言进行处理的各种技术，也指对语言交际过程(编码、输出、传递、输入、解码、贮存)进行辅助及处理的所有技术"①。语言技术不仅改造、发展人类的语言生理器官，也在改变人类的语言习惯甚至是认知、思维习惯，促进人类的进化。② 语言技术能力，尤其是开发新技术能力，是国家语言能力的重要组成部分。"国家语言技术开发能力主要体现在两个方面：一是对语言信息的处理能力，即利用计算机实现语言信息的加工、获取和转换等任务的能力，典型技术包括语音识别、信息检索、机器翻译等；二是语言信息的挖掘能力，即从海量信息中快速、精准地提取想要的信息的能力，包括舆情监测、信息抽取、情感分析等方面。"③语言技术是具有战略意义的高新科技，可以广泛应用于国家安全、经济贸易、文化教育以及濒危语种的科学保护工作等领域。

从20世纪80年代中期开始，政府的支持，再加上民间资本的投入，我国的语言技术取得了较大的发展：

在语音识别方面，中科院自动化所、中科院声学所、清华大学、北京大学、哈尔滨工业大学、上海交通大学、中国科技大学、北京邮电大学、华中科技大学等教学科研机构经过30多年的努力，已经研发出了接近实用水平的汉语语音和主要少数民族语音识别系统，并且已经广泛应用于通信、贸易、语言学习等领域。此外，少数民族的语言信息化工作也取得了重大进步。捷通华声联合中国民族语文翻译局，相继推出维吾尔语、粤语、藏语、彝语、蒙古语、朝鲜语语音识别技术，为藏族、彝族、蒙古族、朝鲜族同胞的日常办公、沟通交流提供语音识别服务。在信息检索方面，我国已经具备了百度、360、搜狐、腾讯等重要搜索引擎的门户网站，这些搜索引擎具有较高的信息检索能力，是国家获取信息的重要工具。由于对外经贸和文化交流的日趋频繁，我国的翻译技术也取得了飞速发展。如百度翻译支持28种热门语言翻译，有道翻译推出的随身翻译机器"有道翻译蛋"能够处理27种语言的即时翻译，科大讯飞翻译机翻译的语种覆盖了"一带一路"沿线55种语言。这些翻译技术的广泛应用在一定程度上缓解了我国当下外语语种能力不足的困境。在信息挖掘方面，因其主要是根据要求有针对性地进行信息搜索并抽取关键和有用的信息，即把文本里包含的信息进行结构化处理，变成表格一样的组织形式并由系统进行检查和比较并得

① 李宇明. 语言技术对语言生活及社会发展的影响. 中国社会科学，2017(2)：145-156.

② 李宇明. 语言技术对语言生活及社会发展的影响. 中国社会科学，2017(2)：145-156.

③ 秦颖. 中外语言技术开发应用现状与展望. 云南师范大学学报(哲学社会科学版)，2016(2)：32-37.

出结论，是比信息检索更为复杂的技术，因而信息抽取是国家语言能力中标志性的技术。① 目前，国际上的研究主要集中在以英语等少数几门语言为文本的大型语料库的研究上，我国在这方面的研究和应用还处于初级阶段，有很大的提升空间。

虽然我国语言技术的开发和应用与发达国家的技术差距日益缩小，但还存在着诸多问题。其一，由于语言资源库的建设不足和对小语种的关注程度不够，我国的信息检索多局限于中文，不能对其他语种文字信息进行双向有效的检索，在一定程度上会漏掉对国家安全、经济发展等方面具有重要价值的情报的搜索和提取。其二，我国在高层次的信息抽取技术上与发达国家有很大差距。自然语言的信息处理需要精于语义和句法分析等方面的语言学家与计算机程序开发方面的专家合作，共同努力，在发现文本语义规律的基础上寻求算法，在海量语言文本基础上精准定位所需语义信息，这样才能做到网络信息的有效提取和监控。笔者2004年在新加坡南洋理工大学学习时，就听当时的语用学老师说美国的微软和谷歌聘请了顶尖语言学家和计算机程序专家合作，开发基于自然语言会话的人机对话程序。由此可见，美国在这方面的研究要比我国先行至少10年。其三，我国还有大量的少数民族语言和汉语方言的信息化工作有待推进，急需开发这些语言的信息处理技术，一方面有利于提高少数民族利用互联网技术发展自己的经济和文化的能力；另一方面也有利于国家挖掘这些语言的安全价值。其四，我国目前尚有大量的人口不具备使用语言技术的能力，严重限制了语言技术的推广和应用，也在一定程度上不利于我国经济的发展。语言技术能力是信息时代基本的劳动力因素，掌握这一能力，也就掌握了在网上获取资源和信息来为自己服务的能力。根据《世界互联网发展报告(2017)》，我国的网民规模在2017年就已经达到世界第一，有7.51亿人，但由于人口基数大，有相当一部分人，主要是那些受教育程度低的人，基本上不具备网络技术的使用能力，被信息时代抛弃。因而，在这一部分人中推广语言技术，帮助他们学会使用智能手机获取信息，提升个人的劳动力素质，丰富自己的文化生活，应是国家脱贫工作的思路之一，也是提高国民素质的一个举措。

4.4.5 国家语言生活管理水平困境

李宇明提出，语言生活是运用、学习和研究语言文字、语言知识和语言技术的各种活动，可从宏观的国家层面、中观的区域或者行业领域层面以及微观的个人或者领域终端三个层级来观察和管理语言生活。② 国家层面的语言生活即国家语言生活。在这一层级，语言生活的主要内容是保障国家语言交际的畅通、提升国家语言能力、通过语言促进文化传承和文化认同、维护国家的团结统一、获取语言的经济红利、向社会提供语言服务。语言生活的管理主要通过三种方式：制定语言政策，制定语言文字规范标准以及采取各种举措确保语言政策和语言文字规范标准的执行。③ 因为中国国土广袤以及语言模式的复杂状况，对语言本身进行任何管理都将会面临严重的挑战，所以政府要管理的是语言生活，而

① 秦颖. 中外语言技术开发应用现状与展望. 云南师范大学学报(哲学社会科学版)，2016(2)：32-37.

② 李宇明. 语言生活和语言生活研究. 语言研究规划，2016(3)：15-23.

③ 李宇明. 语言生活和语言生活研究. 语言研究规划，2016(3)：15-23.

不是语言本身。①

我国在语言政策方面实施了“大力推广和规范使用国家通用语言文字，科学保护各民族语言文字”总的语言文字方针政策，以保障国家语言交际的畅通，努力帮助国民获取通用语言的经济红利，维护国内各民族的团结和统一，保护语言和文化的多样性。经过几十年的各项语言教育政策的实施和社会的大力推广，普通话普及率得到了大力提升，识字人口的规范汉字使用率达到95%以上，民族地区双语教学不断得到改善，国民的外语能力也得到了很大提升，语言技术在社会生活各方面都发挥着越来越重要的作用。但不可否认的是，我国所取得的宏观语言工作成绩并不能掩盖目前在全球化和“一带一路”建设背景下所陷入的语言能力困境，它在一定程度上反映了国家在语言生活的管理上存在的一些问题。本部分将从语言生活管理的宏观、中观和微观三个层级，主要分析我国外语语种能力不足的问题。

我国语言战略规划起步较晚，在过去很长一段时期内，缺乏中长期的语言规划。在宏观层级，缺少对关键语言，即与“国家安全、国家战略、国家利益和国家发展密切相关的语言”的规划与管理。② 我国语言学研究的战略转向始于21世纪初，而世界主要发达国家半个世纪以前，就从国家安全与发展的高度积极探索语言生活中的整体性、全局性和前瞻性问题，把语言政策上升到了国家战略层面。③ 语言战略即宏观的语言规划，④ 是“语言政策或是语言管理被赋予重要的价值取向”⑤，统一筹划各语言在国家语言生活中地位并根据情势变化作出适时调整。我国的语言政策长期以来采取单一的价值取向，注重当下的政治或者经济利益，而忽视语言教育的长远效应和多元效应。例如20世纪50年代的俄语“一家独大”和改革开放后长达近40年的英语“一花独秀”的语言政策，造成了我国外语语种比较单一、外语人才严重不足、国家外语能力薄弱的局面。

在中观层级，表现出来的问题有很多。缺少对各语种学习人数的有效监控与管理，导致一些语种学习人数过剩而其他语种人数严重不足。此外，因对教学目标、教学内容的管理不足，我国在2018年以前一直缺乏一个统一的外语人才质量评估标准，2018年6月才出台第一个外语等级量表——《英语能力等级量表》。在英语教学内容上也管理不足，一直缺少中国传统文化方面的教育内容，导致英语教学中“中国文化失语”现象和学生在中国文化英语表达方面能力不强，无法达到输出中国文化价值观以提升中国软实力的长远目标。此外，因外语教学各阶段的教学目标重复、教学内容脱节等造成的耗时低效等问题，都反映出国家在语言生活上缺乏行之有效的管理措施。

在微观层级，缺乏积极有效的措施，因势利导，分流大语种的学习人数，而是任由国

① 伯纳德·斯波斯基.《中国语言规划论》(英文版)序——政府应当管理的是语言生活，而不是语言本身. 语言战略研究，2016(1)：88-90.

② 张天伟. 我国关键语言战略研究. 中国社会科学院研究生院学报，2015(3)：92-96.

③ 沈骑，夏天. 论语言战略与国家利益的维护与拓展. 新疆师范大学学报(哲学社会科学版)，2014(4)：112-118.

④ 沈骑，夏天. 论语言战略与国家利益的维护与拓展. 新疆师范大学学报(哲学社会科学版)，2014(4)：112-118.

⑤ Spolsky, B. *The Cambridge Handbook of Language Policy*. Cambridge：CUP, 2012.

民出于经济利益的考量选择一些经济效益高的语言学习。但是国家所需要的语言人才是多种多样的，仅凭公民自己选择语种不能满足国家的语言需求。比如，"一带一路"建设为我国公民提供了在这些国家的较多工作机会和较好的报酬，可以分流一部分英语学习者来学习这些国家的语言。另外，还可以鼓励边境少数民族在学好普通话的同时，也学好自己的民族语言，因为他们的民族语言有可能也是邻国的语言或者与邻国语言比较相近，比如，我国蒙古族的语言蒙古语，也是蒙古国和俄罗斯西伯利亚联邦管区的语言。哈萨克语是我国哈萨克族的语言，也是哈萨克斯坦国的国语，此外，乌兹别克斯坦、俄罗斯、蒙古等国也有相当大一部分人使用哈萨克语。我国有 50 余种跨境语言，其中有些语言在国外的活力和地位等级不高，没有多大价值，有些活力高的语言在境外采用了不同的文字，语音、语法也发生了较大变化。① 但是，尽管存在这些差异，对这些语言的学习依旧要相对简单一些。因此，合理开发和利用这些跨境语言，可以在很大程度上提升我国的外语能力。

造成外语教育生活问题的一个重要原因是管理部门权责不清和彼此独立为政，缺少合作，相互之间信息不透明。例如，自 2013 年国家实施"一带一路"倡议以来，我国的不少高校相继开设了很多小语种专业，从当时的 50 多个语种增加到现在的近 100 个语种。虽然在语种数量上我国与美国能够开设出 206 种外语的语种能力相比依然不足，但这新开设的 50 多个语种里，有多少语种招生规模已经足够，有多少还需要继续增加，对于需要申办小语种的高校来说，都是未知的关键信息，因而有着盲目开办的隐忧。同时让人忧心的是，在调查一些高校的小语种专业时，发现有相当多的小语种专业师资严重不足，有些学校的小语种专业只有 3 名教师。因此，如果缺少国家的宏观调控，在师资不足的情况下盲目开办小语种专业，将会对国家和学生个人带来不可逆的损失。

管中窥豹，国家对外语生活的管理存在的问题以及导致的处境，反映出我国整体语言生活管理尚有很大的进步空间，还需根据国家的战略发展总体规划，在宏观、中观和微观三个层级从多方面对语言生活进行管理、观察和研究，并根据情势的变化作出适时调整。

4.5 小　　结

我国多民族、多语言、多文字的复杂语言状况，决定了必须对国家的语言生活进行科学管理。发展经济、融通文化、维护国家安全和提升国家软实力等都要求有相应的语言服务。而我国语言能力，尤其是外语能力不足的现状不能够满足国家宏观发展战略的需求。所以要从宏观规划的角度，科学研究当今的语言生活现状，结合国家总体发展战略，制定科学的语言规划和政策，处理好各语言之间的关系，合理布局外语语种，调整外语教学理念，发展语言技术。在微观上，通过合理引导，鼓励公民个人在使用母语的同时，积极学习国家通用语，并学习 1~2 门外语，提升个人的综合语言能力，增强个人的劳动力素质。国家语言发展战略必须综合考虑公民个人语言的发展权益，只有将两者相互结合才有可能

① 黄行. 我国与"一带一路"核心区国家跨境语言文字状况. 云南师范大学学报(哲学社会科学版), 2015(5): 1-8.

达到提升国家总体语言能力的目标。

◎ 参考文献：

1. Breton, Albert. An Economic Analysis of Language [A]. In: Breton, A., ed. *Economic Approaches to Language and Bilingualism*, *Canadian Heritage* [M]. Department of Public Works and Government Services. Canada, Ottawa, 1998: 1-33.
2. Marschak J. Economies of Language [J]. *Behavioral Science*, 1965 (10): 135-140.
3. Nye, J. S. Jr. Soft Power and European-American Affairs [A]. In: Thomas L. Ilgen, eds. *Hard Power*, *Soft Power*, *and the Future of Transatlantic Relations* [M]. Burlington, VT: Ashgate Publishing Company, 2013: 26.
4. Spolsky, B. *The Cambridge Handbook of Language Policy* [M]. Cambridge: CUP, 2012.
5. 伯纳德·斯波斯基.《中国语言规划论》(英文版)序——政府应当管理的是语言生活，而不是语言本身[J]. 语言战略研究，2016(1): 88-90.
6. 陈琳. 从战略高度以科学发展观规划我国外语教育[N]. 光明日报，2009-01-21.
7. 崔启亮，刘佳鑫. 国有企业语言服务需求调查分析及启示[J]. 中国翻译，2016(4): 70-76.
8. 戴曼纯. 国家语言能力、语言规划与国家安全[J]. 语言文字应用，2011(4): 123-131.
9. 戴曼纯. 培养国家需要的外语人才[N]. 光明日报，2016-10-16.
10. 戴曼纯. 我国外语人才需求抽样调查[J]. 外语教学与研究，2016(4): 614-624.
11. 戴庆厦. 语言关系与国家安全[J]. 云南师范大学学报(哲学社会科学版)，2010(2): 1-6.
12. 戴庆厦. 中国的语言国情及语言政策[J]. 黔南民族师范学院学报，2015(3): 1-5.
13. 道布. 中国的语言政策与规划[J]. 民族研究，1998(6): 42-52.
14. 冯增俊，姚侃. 比较教育视角下新时代中国语言教育政策的战略走向[J]. 比较教育研究，2018(2): 89-95.
15. 葛丰交. 全国少数民族地区双语教学情况概述[J]. 新疆教育学院学报，2011(1): 69-77.
16. 国家语言文字工作委员会. 序　修筑扶贫脱困的语言大道. 选自：中国语言生活状况报告(2018)[M]. 北京：商务印书馆，2018.
17. 韩莎莎. 40万人学中文！美国"汉语热"进入新阶段[EB/OL]. http://world.people.com.cn/n1/2016/0506/c1002-28331691.html.
18. 何东昌：转引自：胡文仲. 我国外语教育规划的得与失[J]. 外语教学与研究，2001(4): 245-251.
19. 胡文仲. 关于我国外语教育规划的思考[J]. 外语教学与研究，2011(1): 130-137.
20. 胡文仲. 新中国六十年外语教育的成就与缺失[J]. 外语教学与研究，2009(3): 163-169.
21. 胡壮麟. 中国外语教育六十年有感[J]. 中国外语，2009(5): 5-9.

22. 黄行. 少数民族语言文字使用情况调查述要[J]. 民族翻译，2013(3)：64-78.
23. 黄行. 我国与“一带一路”核心区国家跨境语言文字状况[J]. 云南师范大学学报(哲学社会科学版)，2015(5)：1-8.
24. 贾爱武. 以国家安全为取向的美国外语教育政策[J]. 比较教育研究，2007(4)：13-18.
25. 教育部，国家语委. 国家通用语言文字普及攻坚工程实施方案[Z]. 2017.
26. 李传松，许宝发. 中国近现代外语教育史[M]. 上海：上海外语教育出版社，2006.
27. 李光耀. 李光耀回忆录：我一生的挑战——新加坡双语之路[M]. 南京：译林出版社，2013.
28. 李建华，崔志云，刘海英. 全球化背景下我国外语教育的定位和长期规划[J]. 北华大学学报，2010(6)：37-40.
29. 李应齐. 越来越多的英国学校开设汉语课程，更多的英国人认识到——学习中文，不再仅仅是兴趣[J]. 人民日报，2017-10-24.
30. 李永杰. 推广普通话与使用方言并行不悖[J]. 中国社会科学报，2015-10-13.
31. 李宇明. 对海外汉语学习者低龄化的思考[J]. 世界汉语教学，2018(3)：291-301.
32. 李宇明. 公民语言能力是国家语言资源[J]. 中国大学教学，2009(2)：23.
33. 李宇明，施春宏. 汉语国际教育“当地化”的若干思考[J]. 中国语文，2017(2)：245-252.
34. 李宇明. 提升国家语言能力的若干思考[J]. 南开语言学刊，2011(1)：1-8.
35. 李宇明. 语言技术对语言生活及社会发展的影响[J]. 中国社会科学，2017(2)：145-156.
36. 李宇明. 语言生活和语言生活研究[J]. 语言研究规划，2016(3)：15-23.
37. 林嘉懿. “汉语热”不断升温，学生呈现低龄化[EB/OL]. http：//edu. people. com. cn/n1/2017/1117/c1053-29651947. html.
38. 刘道义. 百年沧桑与辉煌——简述中国基础英语教育史[J]. 中国教育科学，2015(4)：94-133.
39. 刘敏. 关于汉语拼音方案的解读[J]. 安顺学院学报，2017(6)：46-49.
40. 刘跃进. 国家安全学[M]. 北京：中国政法大学出版社，2004.
41. 潘亮. 法国10年内学习汉语人数翻4番，汉语已成第四大外语[EB/OL]. http：//world. huanqiu. com/exclusive/2017-02/10129579. html.
42. 覃杰. “两大舆论场与软实力构建——“一带一路”视阈下中国的国家形象传播战略[J]. 今传媒，2017(5)：53-54.
43. 秦颖. 中外语言技术开发应用现状与展望[J]. 云南师范大学学报(哲学社会科学版)，2016(2)：32-37.
44. 屈哨兵. 广州“撑粤语”事件引发的思考[J]. 云南师范大学学报(哲学社会科学版)，2011(1)：54-62.
45. 饶高琦. 用科学的学习方式提升公民语言能力[N]. 光明日报，2018-08-13.
46. 任平. 德国中小学汉语教学发展现状综述[J]. 新课程研究，2014(5)：8-11.

47. 沈骑，夏天. 论语言战略与国家利益的维护与拓展[J]. 新疆师范大学学报(哲学社会科学版)，2014(4)：112-118.
48. 沈骑. 我国高校外语教育政策的全球化取向[J]. 现代教育管理，2010(1)：32-34.
49. 沈骑. 外语课程知识观的后现代解读[J]. 现代教育科学(高教研究)，2008(5)：59-62.
50. 束定芳. 中国外语战略研究[M]. 上海：上海外语教育出版社，2012.
51. 束定芳. 关于我国外语教育规划与布局的思考[J]. 外语教学与研究，2013(3)：426-435.
52. 王向豫. 中国当代语言政策分析[D]. 吉林大学博士论文，2014.
53. 魏晖. 国民语言能力建设刍议[J]. 语言科学，2014(1)：1-9.
54. 魏日宁，苏金智. 转引自：戴曼纯. 我国外语人才需求抽样调查[J]. 外语教学与研究，2016(4)：614-624.
55. 文秋芳. "一带一路"语言人才的培养[J]. 语言战略研究，2016(2)：26-32.
56. 吴飞. 流动的中国国家形象："中国威胁论"的缘起与演变[J]. 南京社会科学，2015(9)：7-16.
57. 吴焰，曲颂. 汉语在俄罗斯热了，国家统一考试将纳入汉语科目[EB/OL]. http：//edu. people. com. cn/n1/2017/0725/c1053-29426572. html.
58. 杨志勇. 我国外语教育政策的演变、反思与战略变革[J]. 现代教育管理，2015(6)：67-70.
59. 张建伟，王克非. 德国外语教育政策研析[J]. 外语教学与研究，2009(6)：459-464.
60. 张天伟. 非通用语种建设亟须全面布局[N]. 光明日报，2017-06-04.
61. 张天伟. 我国关键语言战略研究[J]. 中国社会科学院研究生院学报，2015(2)：92-96.
62. 赵蓉晖. 国家安全视域的中国外语规划[J]. 云南师范大学学报，2010(2)：12-16.
63. 赵蓉晖. 中国的外语规划与政策的基本问题[EB/OL]. http：//www. rcfls. shisu. edu. cn/a3/f0/c3583a41968/page. psp#_ftn1，2014-08-31.
64. 赵世举. "一带一路"建设的语言需求及服务对策[J]. 云南师范大学学报(哲学社会科学版)，2015(4)：36-42.
65. 赵世举. 从语言的功能看公民个人语言能力的地位和作用[J]. 云南师范大学学报(哲学社会科学版)，2013(3)：37-43.
66. 赵世举. 打造"语言武器"[N]. 中国教育报，2013-11-15.
67. 赵世举. 国家软实力建设亟待研究和应对的重要语言问题[EB/OL]. http：//www. cssn. cn/yyx/qtfzxk/201610/t20161026_3250463. shtml.
68. 钟飞腾. "一带一路"、新型全球化与大国关系[J]. 外交评论(外交学院学报)，2017(3)：1-26.
69. 中国的民族政策与各民族共同繁荣发展白皮书，2009 年[EB/OL]. http：//www. scio. gov. cn/zhzc/8/1/document/1005878/1005878. htm.
70. 钟声. 一种面向未来的投资[EB/OL]. http：//theory. people. com. cn/n1/2018/0521/

c40531-30002351. html.
71. 周庆生. 中国语言文化传统与古代语言政策流变[J]. 语言战略研究, 2017(5): 71-82.
72. 周庆生. 中国“主体多样”语言政策的发展[J]. 新疆师范大学学报(哲学社会科学版), 2013(2): 32-44.
73. 周有光. 汉语拼音和全球化时代——纪念《汉语拼音方案》公布50周年[J]. 小学语文, 2008(9): 1-9.
74. 朱怀. “一带一路”建设需要汉语国际教育本土化[EB/OL]. http: //ex. cssn. cn/zx/bwyc/201709/t20170905_3629792. shtml.

第五章 “一带一路”建设对我国语言教育政策的启示

“一带一路”建设促进了新的经济交往规则，对当前社会、经济的各个方面都产生了重大影响。在此背景下，“一带一路”共同体的语言生活也面临重构和机遇。目前我国的国家语言能力与我国作为“一带一路”倡议者和建设者的身份尚有距离，还不能满足“一带一路”建设及我国发展的新需求。因此，提升国家语言能力，加强“一带一路”语言能力建设的统筹力度已是当务之急。本书已对“一带一路”共建国家的语言国情、语言政策、语言教育政策等情况进行了深入分析，并探讨了“一带一路”背景下我国语言能力的现状与困境，本章将从完善外语教育语种规划、制定“一带一路”汉语传播规划、以需求为前提提升国民的语言能力和提升语言技术应用能力四个方面论述“一带一路”建设对我国语言教育政策的启示。

5.1 完善外语教育语种规划

语言对于促进文化多样性以及各国相互理解和合作具有重要作用，其意义已经得到了世界上越来越多国家的认同。成功的语言教育应该有助于促进语言的多样性，有利于民族间的相互理解和合作。制定和实施多语种的外语教育政策是目前全球语言教育政策发展的总趋势。① 在“一带一路”背景下，我国语言能力建设需要多语种化。语种设置既要考虑语种数量，也要考虑各语种比重；既要有全球意识，也要有区域意识；既要包括世界通用语言，也要包括“一带一路”共建国家的官方语言和区域通用语言。

5.1.1 做好语种选择，确立优先发展语言

语种的选择是国家外语教育规划的重要问题。② 选择何种语言不仅是语言问题，也是一个涉及政治、经济、外交等诸多因素的社会问题。我国目前外语语种单一，英语所占比重较大，而“一带一路”共建国家使用的俄语、印度语、印尼语、阿拉伯语等使用人口超过1亿的语种却在我国成为小语种，这种情况不利于“一带一路”共同体的合作共赢。在“一带一路”背景下，如何确定优先发展语言、各语言重要性的排序、非通用语语种教育的设立等都需要进一步规划和明确，也需要在师资、项目等方面给予支持。

---

① 王烈琴，于培文.“一带一路”发展战略与中国语言教育政策的对接. 河北学刊，2017(1)：185.

② 仲伟合，王巍巍，黄恩谋. 国家外语能力建设视角下的外语教育规划. 语言战略研究，2016(5)：48.

“一带一路”共建国家区域化特点突出，根据地域特点可分为东南亚、东亚、南亚、中亚、西亚、中东欧、东欧及北非8个区域。各区域内的语言使用较为相似，已形成部分影响较大的区域语言，如俄语是中亚的区域通用语，阿拉伯语在中东和北非地区是跨区域通用语，法语在西非和北非等地是实际上的跨区域通用语。① 以这些区域通用语言为重点，加强“一带一路”区域通用语战略研究，调查共建国家各类通用语使用现状、分布、活力状况等，可帮助我国更好地确定优先发展语言，为推动形成具有相对共识的区域通用语创造条件。

当然，只考虑较大区域通用语远远不够，除政府的外交事务和经济交往之外，各类民间经济贸易往来和文化交往都会涉及具有地缘优势，且具有通用语价值的非官方语种。从国家开放的角度看，全国各主要外语类高校以及一些地方高校已经或正在计划增设“一带一路”相关语种，语种数量在过去五年已经有了较大增长，但还远不能满足“一带一路”共建国家，特别是非洲国家的通用语种需求。另外，对涉及国家安全、海外利益的语种，也应积极规划、优先发展。与此同时，我国需要发挥国家影响力，确保汉语在经济领域、国际会议中的主导地位和作用，推动汉语成为“一带一路”建设的实际通用语言之一。

5.1.2 依托区域优势，优化语种布局

中国边疆地区大约有30个跨国、跨境民族。在外语规划问题上，我们特别需要根据区域特点，发挥地域优势，服务国家整体利益和地方政治、经济和社会发展的需求，形成合理的外语语种和人才规划与布局。②

2015年年初，国家发改委、外交部、商务部联合发布了《推动共建丝绸之路经济带和21世纪海上丝绸之路的愿景与行动》(简称《愿景与行动》)，明确了“一带一路”沿边境地区的地位和作用，强调沿边地区要利用自身区域优势推进“一带一路”建设，指出“在西北、东北地区，要发挥新疆、陕西、甘肃、内蒙古、黑龙江、吉林、辽宁的区位优势，加强与中亚、南亚、西亚等国家的交流合作，建设向北开放的重要窗口。在西南地区，要发挥广西、云南、西藏的地区优势，加强国家边境贸易和旅游文化合作”③。这些地区大多位于中国边境且都为多民族聚集区，其少数民族语言与“一带一路”共建国语言有着跨境同源的相通相近性，充分发挥这些地区的语言优势，能更好地为“一带一路”倡议下的“五通”建设服务。例如，“一带一路”沿边地区的内蒙古、黑龙江、吉林、辽宁等省市，可考虑加强俄语、蒙古语语种规划与布局；维吾尔语是新疆少数民族语言，它与阿塞拜疆、哈萨克斯坦、乌兹别克斯坦、土克曼斯坦、吉尔吉斯斯坦等中亚诸国语言同属阿尔泰语系突厥语族，因此可进行中亚诸国相关语种规划和文化人才培养。建议“一带一路”沿边地区学校利用地域优势在中小学阶段加强邻国语言的课程建设；在大学本科教育阶段，利用多

① 沈骑，夏天.“一带一路”语言战略规划的基本问题. 新疆师范大学学报(哲学社会科学版)，2018(1)：38.

② 束定芳. 关于我国外语教育规划与布局的思考. 外语教育与研究，2013(3)：430.

③ 推动共建丝绸之路经济带和21世纪海上丝绸之路的愿景与行动. http：//zhs. mofcom. gov. cn/article/xxfb/201503/20150300926644. shtml，2018-08-30.

语种优势，进行“关键语言”及非通用语种规划，设置相关语言专业，为在校大学生(外语专业和非外语专业)提供学习多种外语(如俄语、土耳其语、中亚、东南亚国家语言等)的机会；而在外语专业硕博士阶段，培养高端外语语言和文化人才，进行国别和区域问题研究。

5.1.3 设立专门语言规划管理机构，扶持外语研究机构

目前，我国语言规划与管理机构分散，职责划分不明确。就国家通用语而言，负责规划和管理国家语言文字工作的机构有国家语言文字工作委员会和教育部语言文字应用管理司；负责研究审定语言文字标准和规范、语言信息化的有教育部语言文字信息管理司，还有国家汉办负责汉语的对外推广和传播。就少数民族语言而言，负责规划和管理的有国家民族事务委员会和教育部语言文字信息管理司。就外语教育而言，负责基础外语教育和高等外语教育政策制定的分别为教育部基础教育司和高等教育司，而大学外语教学又由外语专业指导委员会和大学外语指导委员会两个不同机构负责。机构众多必然会花费大量的时间用于沟通和衔接，导致工作效率低下，也会影响国家整体发展。正如李宇明所指出的：“当前我国语言规划与管理，职责分散多处，各揽一块，政出多门，步调不一。应建立一个有权威、有效率的国家语言工作机构，统一语言规划，使汉语与少数民族语言、国内语言推广与国际语言传播、中华语言发展与外国语言教育、现实世界的语言生活与虚拟空间的语言生活等协调发展，以实现语言生活的和谐，进而促进社会和谐乃至世界和谐。”①

因此，以“一带一路”为契机，整合现有语言教育政策规划管理机构，对我国语言实行统一规划和管理，不仅有利于提高国家的语言工作效率、更好地把握“一带一路”语言发展形势、有针对性地规划和制定可行的语言政策、满足全球化和“一带一路”发展需要，还可对母语和外语的地位、语种的选择、资金投入、师资、教材、学习人数等语言规划中的关键问题进行必要的科学研究。专门规划机构也可根据各学校的办学规模、条件，甚至地理优势，有步骤、分阶段、分地区地合理分配专业布局，以免造成高校盲目增设多语种专业，导致语种分布不合理，浪费国家资源。

外语研究机构可以为教育政策的制定提供咨询服务。目前，我国针对外语教育政策的研究机构主要有中国外语教育研究中心、中国英语教学研究会、教育部高等学校大学外语和外语专业教学指导委员会等。总体看来，研究机构数量偏少，权威的和专业的研究机构就更少。② 政策的研究内容必须是广泛的和多维的，语言教育政策的制定尤其需要多学科的共同参与合作研究。因此，鼓励、扶持外语教育科研机构，增加研究主体，扩大语言研究层次，鼓励多学科合作，对于提升我国外语教育政策的稳定性、前瞻性和战略性显得尤为重要。

---

① 李宇明.“世界汉语教育丛书”序——探索语言传播规律. 云南师范大学学报(对外汉语教学与研究版)，2007(4)：3.

② 张治国. 全球化背景下中美语言教育政策的比较研究. 华东师范大学博士论文，2009：272.

5.2 制定“一带一路”汉语传播规划

语言传播的根本动因在于价值。有价值的语言才会被他族他国使用。语言传播价值不在语言自身，首先取决于语言领有者的社会及历史地位。① 近年来，随着中国经济和科技实力的增强，汉语的国际地位日益提升，但离国际通用语地位依然有较大差距。中国作为“一带一路”建设主要投资国和出口国，应积极开展汉语需求调查，有效促进汉语进入“一带一路”共建国家基础教育体系之中，使其成为外语教育语种之一。② 为实现上述目标，在开展共建国汉语需求调查、了解共建国语言政策现状的基础上，可通过孔子学院、跨境办学、吸引留学三方面助力汉语国际传播。

5.2.1 孔子学院

目前，我国境外办学的核心力量依旧是孔子学院。孔子学院作为国家汉办、国内承办高校和国外机构参与建成的汉语文化交流机构，在汉语国际传播中发挥着重要作用。据统计，截至2017年，“一带一路”沿线国家和地区中共建有孔子学院229所，孔子课堂197个。③ 孔子学院客观上为沿线国家的语言相通、民心相通做了铺垫。但孔子学院在快速发展过程中也存在着学院定位不清、管理体制落后、教学质量不高等诸多问题，而且由于政治偏见或价值观差异，孔子学院在某些国家遭到了抵制。

在“一带一路”建设中，我国需吸取经验，积极采取措施和对策，有效预防、化解孔子学院办学过程中各种纠纷和突发事件，避免或减少各种事件和纠纷造成的损害。首先，我国可以加强国家形象宣传，讲好中国故事以提升国家形象，向共建国家展现中华民族的风采，化解西方话语垄断，消除政治偏见。同时，可借鉴他国经验，强化双边或多边合作，为孔子学院的发展创造外部条件。例如，英国以国家政府的名义签订了很多双边协议或国际条约，有效地避免了教育服务贸易壁垒，为英国文化委员会在境外传播英国语言与文化营造了良好的外部环境，使英国语言与文化深入地球每一个角落，成为世界性通用语言；德国政府为避免教育服务贸易壁垒，也非常注意加强双边合作，签订互惠互利的双边协议。根据中德两国政府1979年签署的文化合作协定，1988年双方签订了关于在中国建立德国歌德学院分院的议定书，有效地减少和避免了歌德学院在华办学过程中教育纠纷和突发事件的发生。④ 在“一带一路”建设中，我国可借鉴教育服务贸易发达国家的经验和做法，主动与共建各国进行磋商或签订教育服务贸易双边协议，建立健全国际教育服务贸易纠纷解决机制，为孔子学院的发展提供制度保障。在孔子学院定位方面，也应明确其非政

---

① 李宇明. 探索语言传播规律. 云南师范大学学报(对外汉语教学与研究版)，2007(4)：1.

② 沈骑，夏天. “一带一路”语言战略规划的基本问题. 新疆师范大学学报(哲学社会科学版)，2018(1)：40.

③ 李宝贵，刘家宁. “一带一路”战略背景下孔子学院跨文化传播面临的机遇与挑战. 新疆师范大学学报(哲学社会科学版)，2017(4)：155.

④ 阮李全. 孔子学院境外办学纠纷及其应对策略. 社会科学家，2015(4)：119.

府组织的身份，淡化官方立场和政治色彩，强化孔子学院的"服务性"，并根据不同国家、地区的国情适时适地地调整教学策略，做到区域应对差别化。最后，针对孔子学院自身内部管理和教学质量问题，可通过建立机构管理体系和教学监督体系，完善管理，提升教师教学质量，发挥它在汉语国际交流中的核心平台作用。

5.2.2 跨境办学

2016年7月，教育部文件《推进共建"一带一路"教育行动》从国家层面明确了"一带一路"建设下推动跨境办学和来华留学教育的对策。截至2016年年底，教育部官方网站显示已有10省市、自治区公布了地区教育对外开放工作的实施意见，明确了跨境办学的工作要求。① 截至同年年底，我国高校已在境外设立了4个机构，创办了98个办学项目，分布在14个国家和地区，大部分在"一带一路"沿线地区，② 其中2016年开办的厦门大学马来西亚分校成为第一所在海外设立的中国知名大学分校。"一带一路"倡议提出以来，巴基斯坦、哈萨克斯坦、约旦、埃及等10多个国家向我国发出境外办学邀请。截至2017年，我国已与"一带一路"24个国家签订了学历学位互认协议。③ 这些政策和行动为推动汉语国际传播和我国教育"走出去"奠定了良好的基础。但需了解的是，我国的跨境办学还处于初期阶段，找准需求、扩大规模的同时还需要注意防范各国政策风险、办学投资风险以及做好质量保障工作。

在"一带一路"背景下，我国首先需要做好国别需求调查，有针对性地进行跨境办学总体规划和发展战略研究；国家相关部门如教育部、外交部也需尽快完善涉外办学法律法规，制定合理的跨境高等教育质量标准，增加境外办学政策指导，为高校提供办学政策支持和法律依据；各地高校也要做好境外国家教育政策研究和文化差异研究，结合自身优势，有针对性地开展跨境办学，同时控制办学风险，加强国际化教师队伍建设，保障教学质量。

5.2.3 吸引留学

目前，我国已是亚洲最大的留学目的国。2017年共有48.92万名外国留学生在我国高等院校学习，规模增速连续两年保持在10%以上，其中学历生24.15万人，占总数的49.37%，同比增幅15.04%，硕士和博士研究生共计约7.58万人，比2016年增加18.62%。"一带一路"共建国家留学生31.72万人，占总人数的64.84%，增幅达11.58%，高于各国平均增速。北京、上海、江苏、浙江等东部11省市来华留学生共计34.19万人，占总数的69.89%。④ 而根据2018年9月《中非合作论坛—北京行动计划》(2019—2021

---

① http://www.moe.gov.cn/jyb_xwfb/xw_zt/moe_357/jyzt_2016nztzl/2016_zt18/16zt18_gdkfgh/201610/t20161025_286132.html，2018-09-01.

② http://www.moe.gov.cn/jyb_xwfb/s5147/201803/t20180320_330665.html，2018-09-01.

③ http://www.moe.gov.cn/jyb_xwfb/xw_zt/moe_357/jyzt_2017nztzl/2017_zt03/2017_zt03_fj/17zt03_mtbd/201706/t20170605_306416.html，2018-09-01.

④ http://www.moe.gov.cn/jyb_xwfb/gzdt_gzdt/s5987/201803/t20180329_331772.html，2018-09-01.

年)，我国将实施“头雁计划”，为非洲培训1000名精英人才，提供5万个中国政府奖学金名额和5万个研修培训名额。① 纵观以上数据，我国“一带一路”共建国家留学生生源比例不断上升，生源结构正在优化，来华留学事业总体态势良好，但在留学生结构和教学质量方面还有待进一步改进。

首先，需改善我国留学生结构性失调情况。由以上数据可知，来华留学生依旧以非学历教育为主体，学历层次较低，高层次留学人员较少，总体生源质量不理想且在华留学主要集中在东部发达地区和大城市，区域发展不平衡。对此，我国需在国家层面做好整体谋划，加强综合协调。在大力吸引“一带一路”共建国家留学生的同时，提高招生要求，设置条件门槛。例如可通过奖学金政策引导，加大高层次留学人员比重，同时平衡区域发展。各省市相关部门及高校在制定来华留学发展规划时，也需严把招生关，切实保障生源质量。中西部地区和边境地区也可依托自身优势，制定相应留学政策，吸引留学生。其次，推广“一带一路”急需专业，扩大来华留学吸引力。立足“一带一路”战略需求，开设并推广“一带一路”共建国家发展急需的学科专业，如医疗卫生、交通运输、水利环境等。鼓励各国高等学校与我国高校联合培养学生，推动联盟内或校际间教育资源共享。② 最后，保障教学质量，培养高素质人才。教学质量仍是制约来华留学教育发展的薄弱环节。③ 相关高校应坚持用国际视野、国际标准审视人才培养质量，转变留学教育培养模式，调整专业结构，扎实推进教学改革。只有在师资、学科、专业、课程、管理等核心要素方面达到国际认同的标准且具备一流水平，我们的国际教育才能在“一带一路”共建国家脱颖而出，更具吸引力。

吸引来华留学生可助推我国高等教育的长期发展，但只有通过做好整体规划，提升培养质量，提高来华留学的吸引力和竞争力，才能最终实现我国从“留学大国”向“留学强国”的转变。

5.3 以需求为前提，提升国民的语言能力

语言素养是精神素养的一面镜子，国民语言能力可以反映国家整体精神面貌。语言能力提升是一个长期积累的过程，应成为终身教育的一部分。④ 提升国民语言能力既包括提升国民通用语能力，也包括提升国民外语能力。

5.3.1 国民通用语能力提升

一国的通用语往往是该国主要的信息载体。⑤ 因此，各国在制定语言教育政策时都强

---

① https://focacsummit.mfa.gov.cn/chn/hyqk/t1592247.htm，2018-09-12.

② 喻恺，胡伯特·埃特尔，瞿晓蔓．“一带一路”战略下我国高等教育国际输出的机遇与挑战．清华大学教育研究，2018(1)：73.

③ 郑刚，马乐．“一带一路”战略与来华留学生教育：基于2004—2014的数据分析．教育与经济，2016(4)：81.

④ 魏晖．国民语言能力建设刍议．语言科学，2014(1)：7.

⑤ 李宇明．中国语言规划三论．北京：商务印书馆，2015：7.

调通用语教育。就我国而言，树立国家通用语言文字认同感，有利于培育中华民族共同体意识、增进文化认同和国家认同。目前我国的普通话平均普及率已超过70%，但地区发展不平衡、城乡发展不平衡和民族地区普及率不高的问题依旧严重。① 以语言需求调查为依据，调查普及率较低地区语言现状是提高普通话普及程度和应用规范水平的首要工作。

教师是普及普通话的领头人和示范者。教师语言能力的高低直接影响了学生的语言水平。因此，要加强普通话普及率较低地区的教师培训。在教师业务培训中，可加入国家语言文字法律法规、方针政策和规范标准等内容，强化教师的国家通用语言文字意识，确保普通话和规范汉字为教育教学的基本用语用字，为学生创设良好的国家通用语言文字学习使用环境。对普通话未达到国家规定标准的教师，尤其是民族地区双语教师可通过脱产培训、远程自学、帮扶结对等方式快速提高其普通话水平，使其能够胜任双语教学工作。此外，提高普及率较低地区的公职人员普通话入职门槛，加强农村及少数民族地区普通话培训也是当前可以采取的实际措施。

5.3.2 国民外语能力提升

国民外语能力是国家竞争力的重要组成部分。目前，我国国民掌握外语语种数量较少，且外语学习者总体水平偏低。② 国民外语能力的提升首先需要开展国内外两方面的外语需求调查。特别是在"一带一路"背景下，语言需求已发生较大改变，只有充分调研，了解社会语言需求，了解国民语言需求，才能提高外语学习效率。首先，应加强政府的顶层设计和引导作用，激励各科研团体和相关单位协同构建"一带一路"建设所需的语言资源库、语言人才库。其次，应加强各科研机构和企业的合作，了解和掌握市场的实际语言需求。依据国家安全和市场需要，进行外语学科转型和语言人才培养模式的创新，为"一带一路"建设培养高端精英型语言人才和有语言专长的行业复合型人才。最后，加强与共建国家的学术交流与合作，协同推进语言国情的调查，以提升对各自语言政策的双向宣传力度和语言需求的把握，共同解决"一带一路"建设所面临的语言问题。

国民语言能力的提升也需要国民具有学习和使用外语的自觉，这种自觉既是自发的形成，也离不开国家有关部门的引导和支持。③ "一带一路"背景下，一方面，我国需要哪些外语人才、社会需求如何等，都要求政府和教育部门加以引导，进行宏观调控；另一方面，也需要持续开展国民外语能力状况调查，准确把握国民外语能力整体状况及国民学习和使用外语中存在的主要问题，在此基础上制定和完善国民外语教育政策，让国民的外语能力能切实为国家经济建设、安全和对外交流服务，实现国民的外语能力向国家语言能力的转化。另外，还需要引导社会妥善处理好国家通用语言文字与外语学习的关系、英语与其他语种学习的关系，改变全民学英语的状况，大力培养双语及多语人才，重视外语小语

① 国家通用语言文字普及攻坚工程实施方案. http://www.gov.cn/xinwen/2017-04/01/content_5182853.htm，2018-09-01.

② 戴曼纯. 我国外语人才需求抽样调查. 外语教学与研究，2016(4)：615.

③ 罗辉. 从国防安全到全球视野："二战"后美国外语教育政策变迁研究. 湖南师范大学博士论文，2017：261.

种人才的培养。

国民语言能力的提升还需要设立统一的外语能力评价标准。我国外语考试项目多，标准各异，不同考试成绩之间不可比，国际认可度不高。所有这些问题都不利于推动外语教育持续有序发展，也不利于提升我国教育国际化水平。目前，我国已加快外语能力评价标准的建设。2018 年 4 月，我国教育部和国家语言文字工作委员会共同颁布了《中国英语能力等级量表》。作为我国英语学习者的首个英语能力测评标准，它为引导我国英语教学和测试，培养学生实际语言运用能力、文化意识和跨文化交际能力提供了依据。但除英语外，我国其他语种的统一评价标准尚待建设。需要注意的是，建设语言评价标准时，对不同的语种应依据开设时间以及重要性的不同，在外语语言能力考核标准方面设置不同的要求。

5.4 提升语言技术应用能力

语言技术应用能力是语言能力的一部分。现代语言技术的应用是语言与计算机信息科学技术的一种时代性结合，是信息技术时代的必然需求。① 随着语言技术的发展，人们的社会交际越来越离不开语言技术支持的各类语言产品和服务，如智能手机、各种社交软件、翻译工具、视频音频等。要提升语言技术应用能力，首先需要加强我国的信息技术创新能力，努力发展国家信息技术水平。其次，需要加强国民整体的现代信息技术教育，关注国家中西部信息化发展较弱地区和很少上网，不能使用智能设备的信息边缘人群。具体到“一带一路”建设，则应重视搭建“一带一路”语言资源与服务平台，重视外语人才语言技术应用能力的培养。

“一带一路”语言资源与服务平台包括语言资源库建设和语言服务功能平台建设。平台要能满足我国及共建国家、企业、科研机构和个人获取语言资源和服务，进行语言调查和研究的需求。大数据技术的发展可以有效提高语言信息检索、提炼、过滤以及文本数据挖掘、语种自动辨识、跨语言检索等语言功能，② 为我国搭建语言资源与服务平台，实现复杂语境下的跨语言沟通和协作创造了条件。但“一带一路”共建国家众多，语情复杂，因此语言平台的建设需要推动共建国家进行官方合作，通过开展各国语言生活及语言生态的调查与评估，为语言平台建设提供数据信息支持，为我国语言教育政策的综合决策和“一带一路”语言战略实施提供服务。

语言技术应用能力包括对机器翻译、云端翻译、人工虚拟、跨语言检索等技术的掌握和运用。随着“一带一路”倡议的推进，语言交际的“技术性”越来越强，③ 语言技术的掌握和应用成为外语人才必须具备的基本能力。但现实情况并不乐观，以我国翻译专业教学为例，目前我国的翻译人才培养机构越来越重视翻译技术的教学与培训，但翻译技术离真

① 王天力，金彦君．“一带一路”背景下外语人才的五种语言应用能力的培养．黑龙江生态工程职业学院学报，2017(6)：120.

② 赵世举，黄南津．语言服务与“一带一路”．北京：社会科学文献出版社，2006：49.

③ 李宇明．不同媒介的语言特征与网络语言的发展．中国广播，2016(9)：19.

正进入课程体系还有一定距离，具体表现在学生对计算机基本操作技能和翻译工具的掌握普遍不足；缺乏教学所需资金、设备和教学环境；翻译教师和教学机构对教学中运用术语管理、机助翻译和翻译技术的重要性认识不到位；师资力量匮乏等。① 由此可见，目前外语人才培养质量与国家和市场的需求还存在较大差距。提升外语人才的语言技术应用能力，首先要解决技术学习问题。因此，需要加强对语言学习者进行常用语言技术和工具，如语言处理工具、检索工具、辅助翻译软件等的专项培训，并设置相应的考核标准。其次，要解决实际应用问题。语言技术工具应用性较强，在人才培养过程中需要为学习者创建信息化学习环境，也可通过校企合作，鼓励学习者到相应语言服务机构实习，掌握真实环境下的语言技术应用。

◎ 参考文献：

1. 戴曼纯. 我国外语人才需求抽样调查[J]. 外语教学与研究，2016(4)：614-624.
2. 国家通用语言文字普及攻坚工程实施方案[EB/OL]. http：//www.gov.cn/xinwen/2017-04/01/content_5182853.htm，2018-09-01.
3. 李宝贵，刘家宁."一带一路"战略背景下孔子学院跨文化传播面临的机遇与挑战[J]. 新疆师范大学学报(哲学社会科学版)，2017(4)：148-155.
4. 李宇明."世界汉语教育丛书"——序 探索语言传播规律[J]. 云南师范大学学报(对外汉语教学与研究版)，2007(4)：1-3.
5. 李宇明. 不同媒介的语言特征与网络语言的发展[J]. 中国广播，2016(9)：17-19.
6. 李宇明. 中国语言规划三论[M]. 北京：商务印书馆，2015.
7. 罗辉. 从国防安全到全球视野："二战"后美国外语教育政策变迁研究[D]. 湖南师范大学博士论文，2017.
8. 阮李全. 孔子学院境外办学纠纷及其应对策略[J]. 社会科学家，2015(4)：116-120.
9. 沈骑，夏天."一带一路"语言战略规划的基本问题[J]. 新疆师范大学学报(哲学社会科学版)，2018(1)：36-43.
10. 束定芳. 关于我国外语教育规划与布局的思考[J]. 外语教育与研究，2013(3)：426-435.
11. 推动共建丝绸之路经济带和21世纪海上丝绸之路的愿景与行动[EB/OL]. http：//zhs.mofcom.gov.cn/article/xxfb/201503/20150300926644.shtml，2018-08-30.
12. 王烈琴，于培文."一带一路"发展战略与中国语言教育政策的对接[J]. 河北学刊，2017(1)：185-189.
13. 王天力，金彦君."一带一路"背景下外语人才的五种语言应用能力的培养[J]. 黑龙江生态工程职业学院学报，2017(6)：119-122.
14. 魏晖. 国民语言能力建设刍议[J]. 语言科学，2014(1)：1-9.
15. 喻恺，胡伯特·埃特尔，瞿晓蔓."一带一路"战略下我国高等教育国际输出的机遇与

① 卢卫中，陈慧. 翻译技术与专业翻译人才培养. 外语电化教学，2014(3)：65.

挑战[J]. 清华大学教育研究，2018(1)：68-74.
16. 张治国. 全球化背景下中美语言教育政策的比较研究[D]. 华东师范大学博士论文，2009.
17. 赵世举，黄南津. 语言服务与“一带一路”[M]. 北京：社会科学文献出版社，2006.
18. 郑刚，马乐. “一带一路”战略与来华留学生教育：基于2004—2014的数据分析[J]. 教育与经济，2016(4)：77-82.
19. 仲伟合，王巍巍，黄恩谋. 国家外语能力建设视角下的外语教育规划[J]. 语言战略研究，2016(5)：45-51.
20. https：//focacsummit. mfa. gov. cn/chn/hyqk/t1592247. htm，2018-09-12.

第六章 结　语

2013 年中国发起"一带一路"倡议，得到越来越多的国家和国际组织的积极响应与参与。截至 2019 年 8 月，已经有 136 个国家和 30 个国际组织正式与中国签署了共建"一带一路"合作文件。① "一带一路"倡议及其核心理念已经被纳入联合国、二十国集团、亚太经合组织、上合组织等重要国际机构成果文件。"一带一路"正从中国倡议变成国际共识。

本书中梳理的亚、欧、非大陆上 80 个"一带一路"共建国家，除了像韩国这样极少数单一民族国家之外，大部分国家呈现出多民族、多语言的复杂状况。有近 70 种官方语言，100 余种主要少数民族语言，主要通用语言有英语、法语、阿拉伯语、俄语等。目前，各国政府都在不同程度上意识到了语言在国家政治、经济、文化建设中的软实力作用。为了维护境内各民族的稳定，大多数国家和政府都以宪法或者法律条文的形式，在确立官方语言或者通用语言的同时，认可各少数民族的语言权利，以避免民族矛盾与冲突，语言政策和语言教育政策成为缓和民族矛盾和维护国内和平的一个重要手段。有些国家，如苏联在解体后，各成员国纷纷独立，取消俄语的官方语言地位，将其降低为境内的少数族群语言地位，确立自己的主要民族语言为国家的官方语言，因而语言政策也是这些国家加强国民民族身份认同的重要手段。但是，因国家政治、经济发展需要和因受制于各民族之间的政治、经济发展不平衡的客观现实，各民族的语言权利并没有得到平等的对待，主要表现为在公共生活领域，通常以在国家政治、经济和文化生活中占主导地位的民族的语言为主，它们往往是国家的官方语言或者主体语言，而其他民族的语言多局限在小范围内使用。在本书的编写过程中，负责编写各共建国家的编者们比较容易在各国的政府网站和文献数据库中了解各国针对主体语言所制定的教育政策以及针对主体语言教育政策所做的相关研究，但是却很难找到关于少数族群语言的教育政策，更遑论针对它们的研究资料了。一个很可能的解释是这些国家虽然认可各少数族群的语言权利，但并没有从教育方面重视和保护少数族群语言，或者有些国家虽然制定了相关的少数族群语言教育政策，但因为经济能力的限制和出于经济利益考量，并不能在实践中给予这些语言同等的教育权利，而是任其在社会发展大潮中被主流或者主体语言逐渐吞没。

这 80 个"一带一路"共建国家大部分都属于发展中国家，相当一部分在历史上都有被西方发达国家（主要为英国和法国）殖民的历史，如绝大部分非洲国家和部分南亚、东南亚国家，还有一些深受西方国家影响，如亚洲和北非的阿拉伯国家。这些国家的语言状况呈现出一个共同的特征，即虽然确立主要民族语言为官方语言，但同时也将曾经的宗主国的语言（主要是英语和法语）确立为官方语言、工作语言或者通用语言，作为学校的主要

① https://www.yidaiyilu.gov.cn/xwzx/roll/77298.htm.

教学语言之一。

随着国际往来的日趋频繁，各国都比较注重外语教育，把外语教育看作提升国民素质、发展经济的重要举措。在这80个“一带一路”共建国家中，不少把英语或者法语作为主要外语课程教授和学习。目前，随着中国国力的提升和“一带一路”建设给各国带来的发展机会，汉语逐渐受到这些国家的重视，这些国家对汉语教育需求明显，但在有些国家，汉语教学和中国文化传播情况并不容乐观。

“一带一路”背景下的文化强国战略需要大力发展汉语国际教育，让汉语作为中国文化的使者，传递中华民族的声音。虽然越来越多的国家逐渐有汉语学习需求，但是，在这80个“一带一路”共建国家中，大部分国家并没有将汉语纳入其学校必修外语课程教育体系，汉语教学在这些国家目前还只是零星分布，主要依靠中国在这些国家设立的孔子学院、孔子课堂以及中方派驻的汉语教师，严重缺乏本土汉语教师，汉语传播速度极慢。因此，在师资方面，一方面，我国还需继续加强培养具有国际视野的中方汉语教师；另一方面，要帮助这些国家培养汉语教师，实现国际汉语教育师资的本土化，而我国只用在顶层提供语言标准等语言服务。在课程设置、教材开发、教学方法和理念等方面，需考虑当地的历史、文化、生活和宗教信仰，遵守各国制定的外语教育政策，和各国相关部门或者机构合作，开发出适合当地使用的汉语教材，让汉语教育切实服务于当地的发展战略，避免出现各国因担心中国借助汉语教育而实现文化入侵的情况。

“一带一路”建设需要强大的国家语言能力，尤其是外语能力的支撑。为了服务于国家宏观发展战略，我国已经加快语种规划与布局。主要外国语大学(如北京外国语大学和上海外国语大学)以及其他一些重要综合性大学从2013年起逐步增设外语语种，目前全国基本上具备开设近100种国外官方语言的教学能力，以往比较单一的外语语种布局问题在高校外语教育层面有了较大的改观。但在基础外语教育层面，基本上还是以英语教育为主，极少数地方在基础教育阶段开设有法语、日语等语种，而联合国规定的除汉语外的其他三种通用语种——西班牙语、俄语和阿拉伯语鲜有开设。由此可见，我国无论是在通用外语语种还是其他非通用外语语种(亦称小语种)能力建设方面，都需要对这些语言的国际使用实情和国内教学部署情况进行调研，在顶层做到科学规划和布局，在基础教育阶段和高等教育阶段做到合理引导，逐步建立国家外语语种规划和布局的宏观动态监控体系。

外语教学处于国家外语能力建设的实施环节，必须服务于国家宏观发展战略。外语教学的目的和内容要随着国家发展战略的转变而转变。当下我国建设文化强国战略的一个重要实现途径是通过外语教育，让国民不仅具备引进国外先进的科学技术和文化观念的能力，还需要具备向世界输出中华民族优秀思想的能力，以便让更多的国家了解中国和中国文化，从而理解中国所采取的政治制度和经济发展政策。“一带一路”建设为实现文化强国战略提供了重要契机，因而，要改变以往外语教学中中国文化失语的现象，从教学理念、教学目的、教学内容和教学方法上对外语教学进行改革，使之服务于我国的文化强国战略。

通过国际汉语教育和国内外语教学来提升国家语言能力是一个长期的过程，很难在短期内看出其效果，因而还需运用语言技术工具，如语言翻译软件、语音识别技术等，以满足当下“一带一路”建设对外语的迫切需求。

习近平主席曾经指出，国之交在于民相亲。民相亲则在于语相通，“一带一路”建设需要共建国家之间的语言相通，它给中国的语言能力建设提供了机遇，也提出了挑战。研究“一带一路”共建国家的语言状况以及语言教育政策，尤其是其外语教育政策，对实现共建国家之间的语相通、民相亲具有重要作用。它一方面对我国开展外语语种布局、科学规划外语教育具有重要的指导意义；另一方面有利于我国在这些国家开展汉语教育，帮助这些国家培养符合其发展战略的懂汉语的高端人才，与中国共享经济发展的红利，从而推动人类命运共同体的建设。